LUCIAN O. MEYSELS
In meinem Salon ist Österreich

*Für Simone*

LUCIAN O. MEYSELS

# In meinem Salon ist Österreich

## Berta Zuckerkandl und ihre Zeit

EDITION INW
ILLUSTRIERTE NEUE WELT · WIEN

Abbildungsverzeichnis:

Bildarchiv der Österreichischen Nationalbibliothek, Wien (18),
Foto Hilscher (1), Privatbesitz der Familie Zuckerkandl (10).

Umschlagbild: Berta Zuckerkandl (Photographie Atelier d'Ora Benda),
Bildarchiv der Österreichischen Nationalbibliothek.

CIP-Kurztitelaufnahme der Deutschen Bibliothek

**Meysels, Lucian O.:**
„In meinem Salon ist Österreich": Berta Zuckerkandl und ihre Zeit /
Lucian O. Meysels – Wien;
München : Herold Verlag, 1984.

Erweiterte Neuauflage
© 1994 by Edition INW · Illustrierte Neue Welt · Wien
Druck: Otto Koisser & Co KG, Wien
ISBN 3-9500356-0-5

# INHALT

1. Kapitel
DER ZEITUNGSZAR  9

2. Kapitel
DAS DEBÜT  15

3. Kapitel
ZWISCHEN WIEN UND PARIS  23

4. Kapitel
EIN MANN, EIN LEBEN  35

5. Kapitel
DIE BOTIN DES KRONPRINZEN  53

6. Kapitel
FEHDE MIT KARL KRAUS  59

7. Kapitel
DREYFUSARDIN DER ERSTEN STUNDE  73

8. Kapitel
MUSE DER SECESSION  77

9. Kapitel
EINE BRAUT FÜR GUSTAV MAHLER  85

10. Kapitel
DIE AFFÄRE KLIMT  95

11. Kapitel
CLEMENCEAU WIRD REGIERUNGSCHEF 103

12. Kapitel
DIE REVOLUTIONÄRE HOFRÄTIN 113

13. Kapitel
IM KAMPF FÜR DAS MODERNE 123

14. Kapitel
DER LETZTE FRIEDENSFRÜHLING 133

15. Kapitel
EINE WELT BRICHT ZUSAMMEN 137

16. Kapitel
IN GEHEIMER MISSION 145

17. Kapitel
WIENERIN IN „NEUTRALIEN" 155

18. Kapitel
BERLINS SCHATTEN 161

19. Kapitel
BIS ZUM BITTEREN ENDE 179

20. Kapitel
APPELL AN DEN „TIGER" 187

21. Kapitel
HEROLD DER SALZBURGER FESTSPIELE 201

22. Kapitel
DER ZWEITE SALON 215

23. Kapitel
HERMANN BAHRS SORGEN 223

24. Kapitel
HILFE VON PAINLEVÉ 229

25. Kapitel
ILLUSTRE KREISE 245

26. Kapitel
ÖSTERREICHS DREYFUS-AFFÄRE 255

27. Kapitel
EIN FREUND STIRBT 261

28. Kapitel
KONTAKT ZU DOLLFUSS 265

29. Kapitel
DER LETZTE AUFTRITT 273

30. Kapitel
ABSCHIED FÜR IMMER 281

NACHWORT 289

ANMERKUNGEN 292

LITERATURVERZEICHNIS 308

PERSONENREGISTER 310

# VORWORT

## zur vierten, erweiterten Auflage

Seit der ersten Veröffentlichung dieses Buches vor knapp 12 Jahren sind neue Erkenntnisse über Berta Zuckerkandl und ihr Leben bekannt geworden. In der vorliegenden vierten, wesentlich erweiterten Auflage werden erstmals bislang unbekannte Dokumente zitiert, die dem Autor in der Zwischenzeit zugegangen sind. So etwa, ein Teil der verloren geglaubten Briefe des großen Schriftstellers Hugo von Hofmannsthal an seine Freundin „B. Z.", welche die Empfängerin auf ihrer abenteuerlichen Flucht vor den Nazis 1940 im südfranzösischen Montpellier hatte zurücklassen müssen und welche, mehr oder weniger zufällig, in einem Konvolut alter Dokumente gefunden wurden. Die jüngste Ausgabe setzt sich auch kritisch mit der sensationell anmutenden Theorie des berühmten französischen Historikers und Clemenceau-Biographen Jean-Baptiste Duroselle auseinander, wonach die Heldin dieses Buches nicht nur die Vertraute, sondern auch die Geliebte des „Tigers" gewesen sei. Und daß diese Beziehung Clemenceaus Entscheidungen, Österreich betreffend, beeinflußt hätte.

Wien, im Juli 1994                                    Lucian O. Meysels

# 1. KAPITEL

# DER ZEITUNGSZAR

April 1864 in der Haupt- und Residenzstadt Wien, im 15. Regierungsjahr von Kaiser Franz Joseph I.

Das politische Klima in Mitteleuropa ist äußerst gespannt. Der Machtkampf zwischen Österreich und Preußen um die Vorherrschaft in Deutschland strebt seinem Höhepunkt zu. Ein militärischer Konflikt beginnt sich abzuzeichnen, auf den Preußen, ungeschlagen seit Jena und Auerstädt (1806), ungleich besser vorbereitet ist als das Habsburgerreich. Wenngleich niemand in Wien das zugeben will.

Sieben Jahre zuvor hat der Kaiser den Befehl gegeben, die Wiener Befestigungsanlagen zu schleifen und das Glacis zur Verbauung freizugeben. Aus allen Teilen der Monarchie, von Vorarlberg bis Siebenbürgen, strömen Tausende in die Hauptstadt. Unkontrolliert wachsen die Vorstädte und in ihnen das Elend. Die Forderungen nach Bürger- und Arbeiterrechten werden wieder laut.

Aufregung herrscht in jenen Tagen auch in der Wohnung der Familie Moriz Szeps in der Jägerzeile 99 – der heutigen Praterstraße –, in dem damals und bis 1938 vorwiegend von Juden bewohnten II. Wiener Gemeindebezirk. Aber die Erregung ist freudig. Moriz Szeps und seine Frau Amalie erwarten die Geburt ihres zweiten Kindes.

Am Mittwoch, dem 13. April, ist es soweit: es ist wieder eine Tochter. Zehn Tage später wird ihr Name „Bertha" im Matrikelamt der Wiener Israelitischen Kultusgemeinde eingetragen. Später wird sich die Trägerin modern „Berta", ohne „th", oder francophon „Berthe" nennen.

Seltsamerweise war der Geburtstag von Berta Szeps – um bei dieser Rechtschreibung zu bleiben – jahrelang umstritten. Oder, besser gesagt, sie selbst hat für die Verwirrung gesorgt. Sie war nämlich zeit ihres Lebens abergläubisch und verlegte deshalb ihren Geburtstag auf den 12. Bis sie selbst daran glaubte. Und nach ihrer Flucht aus Österreich im Anschlußjahr 1938 wurde sie durch einen Behördenfehler – diesmal ohne ihr Zutun – mit einem Mal um ein Jahr älter. Der Einfachheit halber fand sie sich damit ab, ihren Geburtstag als den 12. April 1863 anzugeben.

Zur Zeit ihrer Geburt gehörte Bertas Familie einer „neuen Klasse" an. Einer Minderheit innerhalb einer Minderheit: der langsam wachsenden Klasse der Wiener jüdischen Intellektuellen.

Das soziale Ansehen der Szeps' ließ sich nicht mit jenem der florierenden jüdischen Finanzaristokratie, wie der Rothschilds, Wertheimsteins, Efrussis oder Todescos, mit ihren feudalen, zum Teil auch protzigen Palais vergleichen. Aber ein Moriz Szeps stand turmhoch über den jüdischen Kaufleuten Wiens. Von den einfachen Gewerbetreibenden – der überwältigenden Mehrheit innerhalb der Minderheit – ganz zu schweigen.

Das Familienoberhaupt war in jeder Hinsicht eine ebenso imposante wie außergewöhnliche Erscheinung. Von massiger Gestalt, etwa mittelgroß, mit ebenmäßigen Zügen, gerader Nase und gestutztem Bart, sah er nach Ansicht seiner Zeitgenossen „ausgesprochen unjüdisch" aus.

Geboren wurde Moriz Szeps am 4. November 1834 im kleinen Ort Busk in Galizien. Sein Vater war Arzt, einer der ganz wenigen jüdischen Mediziner im nordöstlichen Teil der Monarchie zur Zeit des Vormärz. Für Dr. Szeps war eine akademische Bildung der einzige Weg zur Emanzipation eines Ostjuden. Deshalb sandte er seinen Sohn Moriz an die Universität Lemberg, um Naturwissenschaften zu studieren. Der junge Szeps entschied sich für die Fachrichtung Chemie und zeigte dabei soviel Fleiß und Talent, daß ihn sein Lehrer, der damals hochgeschätzte Chemiker Wolf, schon als knapp Zwanzigjährigen fallweise mit seiner Substituierung betraute.

Nach einigen Jahren konnte das provinzielle Lemberg den ehrgeizigen Studenten nicht mehr halten. Wie viele seiner Kollegen, zog es ihn in die Hauptstadt Wien, wobei er gleich das Fach wechselte, ohne aber sein Interesse an den Naturwissenschaften zu verlieren. Nunmehr gelang es ihm aber, bei Professor Karl von Rokitansky, einem der Väter der modernen pathologischen Anatomie, an der Wiener Universität zu inskribieren.

Die Studentenschaft der Alma Mater Rudolfina war damals, in den fünfziger Jahren des 19. Jahrhunderts, vorwiegend liberal ausgerichtet, gleichsam in tolerierter Opposition zum autoritären Regime des „Nach-März". Und – im Gegensatz zu den meisten seiner Kommilitonen – blieb Moriz Szeps dieser politischen Richtung sein Leben lang treu.

Schon als Student bewies Moriz Szeps seine literarischen, vorwiegend journalistischen Fähigkeiten. Er war nicht nur als Korrepetitor an der Universität gefragt, sondern besserte sein Einkommen auch mit naturwissenschaftlichen Artikeln für das „Familienbuch" des „Österreichischen Lloyd" auf. Damals, wie auch im allerletzten Abschnitt seiner journalistischen Karriere, als er sich von der Tagespolitik getrennt hatte, setzte er sich für den Ausbruch der Wissenschaft aus ihrem Elfenbeinturm ein. Und fand dafür in der Zeitschrift „Der Wanderer" ein geeignetes Forum.

Mit der Zeit lassen sich seine journalistischen Interessen mit der akademischen Arbeit nicht mehr vereinen. Als ihn der berühmte Zeitungsmann August Zang für die Wiener „Presse", der Vorläuferin der „Neuen Freien Presse", gewinnt, gibt er sein Universitätsstudium überhaupt auf.

10

Seine journalistische Karriere ist für einen Neuankömmling aus dem „Fernen Osten" der Monarchie wahrhaft kometenhaft. Schon nach einigen Jahren avanciert er zum Chefredakteur der gemäßigt-liberalen Wiener „Morgenpost", die er nach 1860, mehr seinen eigenen politischen Ansichten entsprechend, dem linken Flügel der Liberalen zuführt.

Schon sein erster Artikel in der „Morgenpost" erregt sozusagen überregionales Interesse. Er münzt für das Fürstentum Montenegro, das sich unter Danilo Njegos gegen die Türken erhoben hat, den Ausdruck „Wetterwinkel Europas", und diese Bezeichnung wird bald zu einem geflügelten Wort in der internationalen Journalistik.[1]

Neben seiner leitenden Funktion als Chefredakteur ist Szeps auch für den politischen Teil des Blattes und den Leitartikel zuständig. „Unter dem Strich", wie man damals das Feuilleton nennt, regiert aber weiter Sigmund Schlesinger, zu jener Zeit sicherlich der bedeutendste Vertreter dieses heute fast vergessenen Genres, der sich auch als Lustspielautor und Theaterkritiker einen Namen gemacht hat.

Die berufliche Zusammenarbeit zwischen Szeps und Schlesinger sollte über viele Jahre anhalten und dehnt sich auch auf den rein privaten Bereich aus. Szeps verliebt sich in Schlesingers Tochter Amalie – sie ist vier Jahre jünger als er selbst – und wird alsbald zum Schwiegersohn seines Feuilletonisten .

Das erste Kind ist ein Mädchen, Sophie, geboren 1860. Ob Moriz und Amalie Szeps enttäuscht waren, als sich vier Jahre später mit Berta wieder weiblicher Nachwuchs einstellt, ist nicht überliefert. Jedenfalls muß sich das Paar nicht lange um einen männlichen Stammhalter sorgen. 1865 wird ihr erster Sohn Leo, schon zwei Jahre später der zweite, Julius, geboren. Die jüngste Tochter, Ella, kommt 1869 zur Welt.

Inzwischen haben sich die Zeiten in Wien geändert, aber nicht zugunsten Österreichs. Zwei Jahre nach Bertas Geburt kommt es zur großen Zäsur: Der Krieg von 1866 beendet nicht nur die österreichische Herrschaft in Venetien, sondern zieht auch den Schlußstrich unter die Führungsrolle der Habsburger im deutschen Raum. Der Ausgleich mit Ungarn im Jahre 1867 bildet sozusagen die logische Konsequenz.

Als freiheitlich gesinntem Liberalen mochten die Rückschläge des Herrscherhauses Moriz Szeps nicht allzu schwer treffen. Als österreichischen Patrioten schmerzen sie ihn jedoch zutiefst. Bis an sein Lebensende wird er Preußen – und dessen Ministerpräsidenten Otto von Bismarck – die Schmach nicht verzeihen, die sie seinem Land 1866 zugefügt haben. In den folgenden Jahren setzt er den Einfluß, den er und seine jeweiligen Zeitungen besitzen, geradezu rücksichtslos dafür ein, um eine engere Anlehnung Österreichs an Preußen – und, nach 1870, an das Deutsche Reich – zu verhindern.

Vorerst hat Moriz Szeps jedoch ganz andere Sorgen. In Wien tobt 1867

11

– nicht zum erstenmal und nicht zum letztenmal – ein erbitterter Zeitungskrieg, in dem er eine führende und höchst umstrittene Rolle spielt.

Das „Objekt", um das es in dieser Auseinandersetzung geht, ist das „Wiener Journal". Diese Zeitung war ursprünglich als Kleinformat unter dem Namen „Wiener Tagblatt" – eine Bezeichnung, von der später noch die Rede sein wird – erschienen, und hatte die ansehnliche Auflage von 50.000 erreicht. Nach einiger Zeit war dieses Blatt in ein Großformat unter dem Namen „Wiener Journal" umgewandelt worden, das durch einen besonders niedrigen Abonnementpreis die Konkurrenz zu unterlaufen suchte. Das war dadurch leicht möglich, weil es als Regierungsorgan stempelfrei erscheinen konnte.

All das ändert sich schlagartig, als der Protektor des „Journals", Ministerpräsident Richard Graf Belcredi, im Februar 1867 abgesetzt wird. Daraufhin wird das mehr oder weniger herrenlos gewordene „Journal" wochenlang zum Verkauf angeboten. Darunter auch an Moriz Szeps und dessen Kollegen Heinrich Pollak.

Das war die große Chance, auf die Szeps jahrelang gewartet hatte – auf eine eigene Zeitung.

Den Kaufpreis glaubten er und Pollak unschwer aufbringen zu können. Schwerer wird es jedoch sein, das heruntergekommene Blatt journalistisch wieder attraktiv zu machen. Aber auch für dieses Problem findet er eine Lösung. Fast alle Redakteure der „Morgenpost", darunter auch Sigmund Schlesinger, sind bereit, ihrem Chef in das Abenteuer einer neuen Zeitung zu folgen.

Szeps begnügt sich mit Halbheiten. Der anrüchig gewordene Namen „Wiener Journal" wird über Bord geworfen. Dafür greifen die Initiatoren auf die alte Bezeichnung „Wiener Tagblatt" zurück: die erste Nummer des „Neuen Wiener Tagblattes" erscheint am 10. März 1867.

Die neue Zeitung kann ihren Lesern bald mit einem echten journalistischen Knüller aufwarten. Anfang August 1867 war Kaiser Franz Joseph mit dem französischen Monarchen Napoleon III. in Salzburg zusammengetroffen – zu einem Zeitpunkt, da sich Belcredis Nachfolger Graf Friedrich Beust in den ihm ergebenen Zeitungen für eine Allianz zwischen Österreich und Frankreich stark machte und den Eindruck erwecken wollte, ein entsprechender Pakt sei bereits zur Unterzeichnung bereit. Das „Tagblatt" konnte jedoch als erste Zeitung ihren Lesern enthüllen, daß sich Beusts Hoffnungen bei einem Kaisergipfel in Salzburg nicht erfüllt hätten.

Moriz Szeps ist inzwischen übersiedelt. Als einer der führenden Journalisten Wiens lebt er nicht mehr in der „jüdischen" Leopoldstadt, sondern in der Weihburggasse im Schatten des Stephansdomes. Das ist nicht nur vornehmer, sondern hat auch den Vorteil, daß der Zeitungsmann nur wenige Minuten in seine Redaktion zu gehen hat.

Dazu schrieb der Zeitungswissenschafter Professor Kurt Paupié in seiner Studie über Szeps: „Innerhalb von acht Jahren gelang es Moriz Szeps, sich vom einfachen Journalisten bis zum mehrfachen Millionär emporzuarbeiten. Sein Leben war voll harter Arbeit, doch reich an Glück."[2]

Die Millionen und das Glück erwiesen sich jedoch nicht als dauerhaft.

1872 wird das „Imperium Szeps" umstrukturiert – ein Wandel, der sich ein Jahrzehnt später für Szeps sehr ungünstig auswirkt. Am 16. Mai scheint er nicht mehr als Eigentümer, sondern als Herausgeber des Blattes auf, was seinen Widersachern schließlich eine Handhabe zu seiner Entmachtung geben wird.

So weit ist es aber noch nicht. Die Wiener Weltausstellung, aber auch, so seltsam es klingen mag, der Börsenkrach von 1873 begünstigen den weiteren Aufstieg des „Tagblattes", dank seiner ausgezeichneten Berichterstattung.

Gleichzeitig engagiert sich die Zeitung im beginnenden Kampf um die Rettung des Wienerwaldes, indem sie Joseph Schöffel, der später zum Retter des Grüngürtels vor der kommerziellen Abholzung avanciert, ihre Spalten zur Verfügung stellt. Dazu noch einmal Paupiè: „Damals zeigte es sich, was ein Mann und eine Zeitung vermögen, die sich selbstlos in den Dienst des allgemeinen Wohles stellen. Der Wienerwald wurde gerettet. Niederösterreich und Wien behielten ihren Schmuck und die Quelle ihrer Gesundheit."[3]

Einen weiteren Erfolg hatte das „Tagblatt" 1876 dank seiner hervorragenden Berichterstattung über den serbisch-türkischen Krieg zu verzeichnen, der sich alsbald in eine allgemeine Konfrontation in Südosteuropa verwandeln sollte.

Von nun an mußte Moriz Szeps als Chefredakteur eines Blattes von internationalem Format nicht mehr antichambrieren, wenn er die Großen der Welt interviewen wollte.

# 2. KAPITEL

# DAS DEBÜT

Der 14. Oktober 1878 ist ein wichtiger Tag im Leben der 14jährigen Berta Szeps. Er signalisiert ihren Eintritt in die Welt der Erwachsenen. Die Familie verläßt die Enge der Inneren Stadt und bezieht ein kleines Palais, das der Herausgeber des „Neuen Wiener Tagblattes" in der Liechtensteinstraße 51 eigens hatte erbauen lassen.

Der Alsergrund, oder besser gesagt, jener Teil des heutigen IX. Wiener Gemeindebezirks zwischen dem Josephinum in der Währinger Straße und dem von Fischer von Erlach erbauten Vorstadtpalais der mächtigen Fürsten Liechtenstein, ist die bevorzugte Gegend, in der sich arrivierte Wiener Bürger ansiedeln. Besonders jene, die noch nicht „Ringstraßenformat" erreicht haben – oder es nie erreichen werden –, aber immerhin einen wichtigen Faktor im gesellschaftlichen Leben Wiens darstellen.

Moriz Szeps hat ein besonders schön gelegenes Grundstück erworben. Am Rande eines kleinen Abhangs, den später die durch Heimito von Doderers Roman berühmt gewordene Strudelhofstiege überwinden wird, mit einem Blick auf das Palais Liechtenstein, das heute als Museum für moderne Kunst dient, damals aber noch die weltberühmte, inzwischen nach Vaduz verlagerte Bildergalerie des Fürstenhauses beherbergt.

Das kleine Palais Szeps dagegen dient seit den frühen siebziger Jahren unseres Jahrhunderts als Residenz der schwedischen Botschafter in Wien – früher war die Botschaft selbst darin untergebracht –, die das Erbe mit viel Sinn für Tradition bewahren. Ein Teil der ursprünglichen Ausstattung aus der Gründerzeit ist im ersten Stock noch erhalten. Verschwunden ist leider der umfangreiche Park mit seinem Rosengarten, in dem sich bei Schönwetter „tout Vienne" unter dem wachsamen Auge von Amalie Szeps zum Frühstück im Grünen traf.

Die zweite Übersiedlung der Familie Szeps erscheint rückblickend symptomatisch nicht nur für den Aufstieg des Zeitungsherausgebers, sondern auch für das letzte, bereits fragwürdige Aufblühen der Donaumonarchie. In Wien präsentiert sich die Welt wieder in ihrer gottgewollten Ordnung nach den vielen Erschütterungen der vergangenen Jahrzehnte, als könnten ihr niemand und nichts etwas anhaben.

Man steht unmittelbar vor dem Gipfeltreffen der Mächte in Berlin, das als „Berliner Kongreß" in die Geschichtsbücher eingegangen ist, und die

Großmachtstellung Österreich-Ungarns, wenn nicht in Deutschland so doch in Europa, noch einmal bestätigen soll. Nach den Jahren schmerzhafter Demütigungen und der dauernden Gebietsverluste – der Lombardei, Venetiens und – indirekt – der von Habsburgern regierten italienischen Kleinstaaten – soll die Donaumonarchie endlich wieder einen territorialen Gewinn verzeichnen.

Wenige Monate zuvor, im August 1878 – hatten österreichisch-ungarische Truppen Bosnien und die Herzegowina, die westlichsten Ausläufer des ottomanischen Reiches, besetzt oder, besser gesagt, „zu besetzen begonnen".

Am Vorabend des Berliner Kongresses ahnen nur die wenigsten in Wien, daß sich die beiden Territorien erst nach einem blutigen Feldzug würden „befreien" lassen. Wie sollte man auch. Hatte doch der letzte Krieg auf der Balkanhalbinsel 1875 mit einem Aufstand gegen die Türken und zugunsten eines Anschlusses an Österreich in eben dieser Herzegowina begonnen. Oder war das nur die diskrete Regie politischer Agenten?

Jedenfalls feiert man in Wien im Frühherbst 1878 den Gewinn eines neuen Juwels in der habsburgischen Krone. Sogar der zwanzigjährige Kronprinz Rudolf, der alsbald eine entscheidende Rolle im Leben der Familie Szeps spielen wird, ist hellauf begeistert. „Die Hinzufügung zweier Länder zur Monarchie macht Papa, so wie wir es schon lange wissen, sehr viel Freude", schreibt er an seinen ehemaligen Erzieher und Freund General Joseph Latour. „Ich glaube, daß er in Bosnien und der Herzegowina einen Ersatz für die Lombardei und Venetien sucht."[1]

Von jener großen Politik, auf die der Kronprinz in jugendlichem Enthusiasmus anspielt, und die, wenige Jahre später, auch ihr eigenes Leben überschatten wird, hat die kleine Berta Szeps damals noch keine Ahnung. Sie ist ein hübsches Mädchen, mittelgroß, mit langem braunen Haar und blitzblauen Augen. Für damalige Begriffe ist sie eher mager und bezaubert ihre Umwelt sowohl durch jugendliche Unbefangenheit als auch durch eine rasche Auffassungsgabe.

Im Herbst 1878 denkt sie aber nur an das schöne neue Haus und wandert dementsprechend auf ihren eigenen kleinen Wolken.

„Das Haus ist sehr schön", verzeichnet sie in ihrem Tagebuch. „Parterre und erster Stock sind umgeben von einem Garten, der bergauf geht. Im Parterre sind die Schlafzimmer von Papa und Mama und auch meine Brüder haben jeder extra ein Schlafzimmer. Dann ist noch eins für Sophie und mich da, und sogar eines für Ella. Aber sie schläft natürlich mit ihrer Gouvernante. Im ersten Stock sind die Empfangsräume. Eine wunderbare Treppe aus Marmor führt hinauf. Vater hat mir versprochen, daß ich beim ersten Empfang im neuen Haus mitmachen darf. Sophie natürlich, denn sie wird ja dann schon 16 Jahre alt sein."[2]

Im Hause Szeps gibt man sich eben emanzipiert.

Besonders das Treppengeländer aus massivem, schwarzem Holz hat es den Kindern angetan. Julius und Leo rutschen sofort herunter, und die Windsbraut Berta steht ihnen nicht nach. Nur Sophie hat für derartige Kindereien nichts übrig. Sie fühlt sich schon zu erwachsen.

Das erste Diner im neuen Haus, auf das sich Berta so sehr gefreut hat, wird allerdings kein voller Erfolg. Moriz Szeps hat sich plötzlich entschlossen, persönlich dem Berliner Kongreß zu berichten. „Mama hat geweint", schreibt Berta dazu. „Nun muß sie den ganzen Umzug allein durchführen."[3]

Aber Amalie Szeps läßt sich von überraschenden Entschlüssen ihres Mannes nicht so einfach überrollen. Einige Tage nach der Abreise beschließt sie, ihm mit ihren Kindern nach Berlin nachzufahren. Natürlich standesgemäß! Was der Frau eines der einflußreichsten Zeitungsmänner der Monarchie nicht schwerfällt. Ein Anruf beim Stationschef des – inzwischen abgerissenen – Nordbahnhofs genügt. Am folgenden Tag steht für die Familie Szeps samt Gouvernante ein eigener Salonwagen zur Verfügung, der an den Schnellzug nach Berlin angekoppelt wird.

Die Überraschung ist vollständig. Moriz Szeps wohnt im feudalen Hotel „Kaiserhof". Dort wird er nichtsahnend von seiner Familie im wahrsten Sinne des Wortes überfallen. Just bei einem privaten Gespräch mit einem der wichtigsten Teilnehmer des Berliner Kongresses: Großbritanniens Premierminister Benjamin Disraeli.

Für die kleine Berta ist dies das erste Zusammentreffen mit einem der Großen ihrer Zeit. „Er sah seltsam aus", notiert sie nach dem Zusammentreffen, „so habe ich mir als Kind immer einen Zauberer vorgestellt."[4]

Disraeli, am Höhepunkt seiner Karriere, nimmt die Störung äußerlich gelassen hin. Er streichelt Bertas Hand, nennt sie „a dear child" und zieht sich dann zurück.

Ihre Einführung in Weltpolitik geht noch am gleichen Abend weiter. Die Delegationen treffen bei einem Empfang im „Kaiserhof" zusammen. Berta betrachtet den Aufmarsch der Prominenz vom Stiegenkopf. Ein Mann erscheint ihr größer als alle anderen. Tags darauf erfährt sie, daß es Bismarck war.

Trotz seines ausgeprägten Familiensinns ist Moriz Szeps über den überraschenden Besuch seiner Familie keineswegs begeistert. Wie auch seine Tochter mit einem Anflug von Enttäuschung feststellen muß.

Was der hart arbeitende Journalist seiner Frau darüber zu sagen hatte, ist in Bertas jugendlicher Chronik nicht verzeichnet. Fest steht jedoch, daß er schon am folgenden Tag seine Familie wieder in den Zug nach Wien setzt, während er sich von neuem seiner Arbeit zuwendet.

„Ich glaube immer, daß diese Überraschung nicht ganz gelungen ist. Vater ist zu sehr beschäftigt",[5] schließt seine Tochter messerscharf.

Moriz Szeps ist wirklich über alle Maßen beschäftigt. Für ihn geht es nämlich nicht nur um die journalistische Berichterstattung. Bewußt, oder vielleicht auch unbewußt, engagiert er sich immer mehr aktiv in der Politik. Und in seinen Augen ist der Berliner Kongreß nicht jener große Erfolg, zu dem sich die Großmächte nunmehr gegenseitig gratulieren.

Der Herausgeber des „Neuen Wiener Tagblattes" kehrt somit äußerst sorgenvoll nach Wien zurück.

Dort erwartet ihn ein Problem, das ausnahmsweise nichts mit Politik zu tun hat, und dem er sich, vielleicht gerade deswegen, umso intensiver zuwendet: der Erziehung seiner Kinder. Das heißt, es geht nicht so sehr um die Söhne Leo und Julius – die gehen natürlich ins Gymnasium – als um die Töchter Sophie und Berta. Als ein Publizist, der sich in seiner Zeitung immer wieder für Volksbildung auf breiter Basis eingesetzt hat, ist für ihn die Erziehung der Mädchen ebenso wichtig wie jene der Knaben. Gerade das erweist sich indes für eine Familie aus dem jüdischen Großbürgertum im Wien der Gründerzeit als heikles Problem. Es gibt kaum geeignete höhere Schulen für jüdische Mädchen. Schließlich konnte Moriz Szeps seine Töchter schwerlich ins Sacré-Coeur schicken.

Dennoch ist Moriz Szeps fest entschlossen, auch den Mädchen die unter den gegebenen Umständen bestmögliche Erziehung zuteil werden zu lassen. Und er geht dabei, wie so oft, seinen eigenen Weg. Er engagiert nicht wie üblich einen Hauslehrer, sondern gleich mehrere. Für jedes Fach einen Spezialisten. Es müssen auch keine gelernten Pädagogen sein. Wenn es ihm passend erscheint, rekrutiert er die Hauslehrer auch aus den Reihen seiner eigenen Redakteure.

Fast ein halbes Jahrhundert später berichtet Berta darüber in einem Anflug von Nostalgie im „Neuen Wiener Journal": „Frei von jedem Schulzwang wünschte mein Vater uns eine Art Hochschulerziehung im eigenen Heim zu geben. So ließ er einen Chemiker, einen Physiker von Ruf, Kurse bei uns lesen. Und so kam auch der Leiter der Ambraser Sammlung, Albert Ilg, dreimal wöchentlich in unser Haus. Seine Vorträge umfaßten stets den ganzen Komplex der Kulturgeschichte... Er war in seiner Auffassung so modern, daß Aussprüche, für die Otto Wagner noch 1912 gesteinigt wurde, als Grundlage seiner uns eingeprägten Bekenntnisse wurden. Wie zum Beispiel dieser folgende: ‚Man wird über das Vaterunser[6] in der (Pariser) Madeleinekirche, über gotische Tunnels an der Nürnberger Eisenbahn, über das Zeitunglesen und Zigarrenrauchen in der Doktor-Faust-Stube einmal weidlich lachen."[7]

Von allen Hauslehrern übt Ilg auf Berta – wenn nicht auf Sophie – den stärksten und nachhaltigsten Einfluß aus. Jenen Teil ihres späteren, abenteuerlichen Lebens, der nicht mit Familie, Politik, Übersetzungen und Journalistik ausgefüllt ist, widmet sie fast ausschließlich der Förderung der zeitgenössischen Kunst, gleichgültig, ob sie dabei auf Verständnis oder Ablehnung stößt.

Das ist in den späten siebziger Jahren natürlich noch ferne Zukunftsmusik. Was aber die Politik betrifft, so läßt sie sich – so sehr sich Moriz Szeps in dieser Hinsicht auch bemühen mag – von seinem Familienleben auf die Dauer nicht trennen. Besonders Berta, mit ihrer quicken Auffassungsgabe, bemerkt bald, wie sehr die politische Lage in Österreich ihren Vater beansprucht, wenn nicht bedrückt.

Um 1880 engagiert sich das „Neue Wiener Tagblatt" immer mehr für ein Zusammengehen zwischen Österreich-Ungarn und Frankreich. Der Grund dafür liegt in der politischen Entwicklung in Paris. Solange Napoleon III. und, nach dessen Sturz, Marschall Mac Mahon Frankreich autoritär, oder fast autoritär, regierten, war das Regime dem liberalen Szeps nicht besonders sympathisch. Ab 1879 greifen jedoch die linken Republikaner in Paris immer energischer nach der Macht, deren politische Ansichten jenen des Wiener Zeitungsherausgebers am ehesten entsprechen. Was dieser in seinen Zeitungskommentaren offen zum Ausdruck bringt.

Das ist für ihn nicht ungefährlich. Sein Kurs ist nicht nur den Deutschnationalen, sondern auch den ultrakonservativen Kreisen am Hof ein Dorn im Auge. Sie behaupten in ihren Zeitungen, Moriz Szeps sei von den Franzosen bestochen, wenn nicht gekauft worden. Beweisen können sie dies natürlich nicht, aber selbst ein seriöser Historiker wie Oskar Freiherr von Mitis, Verfasser der ersten wissenschaftlich fundierten Kronprinz-Rudolf-Biographie, neigt zur Ansicht, bei so viel Rauch müsse es auch ein wenig Feuer gegeben haben.[8]

Berta Zuckerkandl weist diese Anspielungen in ihren Erinnerungen naturgemäß empört zurück. Selbstverständlich hätte ihr Vater nur aus den lautersten Motiven gehandelt und nie Geld von den Franzosen angenommen.

Jedenfalls zieht es Moriz Szeps immer öfter nach Paris, wo er einen kongenialen Gesprächspartner gefunden hat, der sich zu den gleichen Idealen des Liberalismus bekennt – wenn auch auf der Basis des Republikanismus: Leon Gambetta, seit 1879 Präsident der Deputiertenkammer, und ab 1881 Premierminister.

Gambetta ist, ebenso wie Szeps, Jude. 1870 hatte er die Welt durch seine spektakuläre Flucht mit einem Ballon aus dem von den Deutschen belagerten Paris aufmerksam gemacht. Das reaktionäre Regime nach der Vernichtung der Kommune hatte ihn ins politische Abseits gedrängt. Nun aber haben die „echten" Republikaner in Frankreich wieder die Mehrheit gewonnen, und Gambetta sucht sein Land aus der Isolation der Niederlage im deutschfranzösischen Krieg zu befreien.

Im Mai 1880 treffen die beiden im Palais Bourbon, dem Sitz des französischen Parlaments – Gambetta ist damals noch nicht Regierungschef, sondern lediglich Vorsitzender der Kammer – zum erstenmal zusammen. Sie verstehen sich auf Anhieb glänzend und stimmen bei ihrer europäischen „Tour d'horizon" in allen wesentlichen Punkten miteinander überein. Besonders was ihren gemeinsamen Feind Otto von Bismarck betrifft. In erster Linie geht es ihnen um den angeblich labilen Gesundheitszustand des Eisernen Kanzlers. Gambetta hat nicht davor zurückgeschreckt, Bismarcks Handschrift von Ärzten untersuchen zu lassen. Daraus schließt er – was heute lächerlich klingen mag – auf chronischen Alkoholismus und Schlaflosigkeit.

Auch Moriz Szeps hatte kurz zuvor Bismarck zum Gegenstand einer medizinischen Studie im „Neuen Wiener Tagblatt" gewählt.

Letztlich kommen die beiden Gesprächspartner zu dem gleichen Schluß: Der Kanzler sei völlig Herr seiner Sinne und würde daher keinen Präventivkrieg gegen Frankreich starten.

Bei seinem Parisbesuch trifft Moriz Szeps auch mit einem weiteren, damals in Europa noch unbekannten französischen Politiker zusammen, dessen Weg er und besonders seine Tochter Berta in den folgenden Jahren noch öfters kreuzen werden. Es ist der damalige Pariser Armenarzt Georges Clemenceau.

Während der Pariser Kommune war er Bürgermeister des 18. Bezirks (Montmartre). Obwohl er versucht hatte, die Exzesse der Kommunarden zu verhindern, galt er nach dem Sieg der Rechten als „Persona non grata" und mußte sich aus der Politik zurückziehen. Erst 1876 entsandte ihn der 18. Bezirk als Vertreter der extremen Linken in die Abgeordnetenkammer.

Noch vier Jahre später, bei seinem ersten Gespräch mit Moriz Szeps, bezeichnet sich Clemenceau als „politischen Neuling". Besonders was die Außenpolitik betrifft. Er entwickelt aber bemerkenswerte Thesen. Etwa, was einen möglichen Anschluß der deutschen Provinzen Österreichs an das Deutsche Reich betrifft. Dies, meint Clemenceau, müsse um jeden Preis verhindert werden. Selbst wenn Deutschland im Gegenzug bereit wäre, Elsaß-Lothringen an Frankreich zurückzugeben. Es wäre besser, einen Krieg zu führen, als einen Anschluß zuzulassen.

Noch ein halbes Jahrhundert später ärgert sich Berta in diesem Zusammenhang über die spätere Inkonsequenz des französischen Politikers: „So sprach Clemenceau 1880", ätzt sie förmlich in einem Artikel für das „Neue Wiener Journal". „Zerstörte dann dieses österreichische Reich 1918 und schenkte danach Deutschland selbst die Möglichkeit, daß die deutschen Provinzen Österreichs eventuell an Deutschland fallen... Clemenceau war damals ein Friedensapostel. Und wenn er einen Wunsch hatte, so war es der: das russische Bündnis mit Frankreich zu verhindern. "[9]

Für Moriz Szeps bildet jedoch die Pariser Reise im Mai 1880 das Vorspiel zu einer weiteren Visite in der Seine-Metropole im folgenden Sommer, wobei er erstmals seine Familie mitnimmt.

Das heißt: er ist fest entschlossen, den journalistischen und politischen Teil seiner Mission vom rein privaten sorgfältig zu trennen. Deshalb quartiert er Frau und Kinder nicht in Paris, sondern in St.-Germain-en-Laye ein, wo sich, wie es das Schicksal will, 40 Jahre später das Schicksal Österreichs entscheiden wird. Natürlich wohnt die Familie standesgemäß: in einem Appartement im „Pavillon Henri IV.". „Wir haben es sehr bequem",[10] urteilt die nunmehr 16jährige Berta. Kein Wunder, hat man doch den Diener und das Stubenmädchen aus Wien mitgenommen.

Der Zweck der Reise ist übrigens eher kultureller als außenpolitischer Natur. In Wien soll im Herbst ein großer internationaler Schriftstellerkongreß stattfinden, und Szeps hat es übernommen, dafür zu sorgen, daß neben deutschen Schriftstellern auch führende Schriftsteller Frankreichs an diesem Kongreß teilnehmen.

Trotz ihrer „Isolation" in St.-Germain angelt sich Berta auch diesmal „ihren" Prominenten. Es ist allerdings kein Staatsmann, sondern ein Künstler: der berühmte Komponist Jacques Offenbach, der sich im Pavillon von seiner harten Arbeit an „Hoffmanns Erzählungen" erholen soll. Offenbach trifft im Garten mit Szeps zusammen, und dieser stellt ihn seinen Töchtern vor. „Der Herr sah krank aus", vertraut Berta ihrem Tagebuch an. „Trotz der Sonne war er in einen Pelz gehüllt, er schien so gebrechlich. Das Gesicht war totenbleich. Noch bleicher, weil es von gefärbten schwarzen Haaren eingerahmt war."[11]

Bei aller Gebrechlichkeit hat der „Vater der klassischen Operette" nichts von seinem legendären Charme eingebüßt. „Ihr seid zwei liebe kleine Wienerinnen", begrüßt er die Mädchen. „Ich liebe Wienerinnen. Sicher tanzt ihr den Wiener Walzer glänzend. Ja, Wien! Wien! Eine charmante Stadt. Die Walzer meines lieben Freundes Johann Strauß sind unsterblich. Grüßt ihn von seinem Bewunderer Offenbach."[12]

Es ist Offenbachs letzter Gruß an seinen Freund und Rivalen. Bertas kindliche „Diagnose" erweist sich als zutreffend. Wenige Monate später stirbt der Komponist, ohne die Premiere seiner einzigen Oper erlebt zu haben.

Der Internationale Schriftstellerkongreß, der in Wien im folgenden Oktober (1880) glanzvoll über die Bühne geht, wird indessen unerwartet zu Bertas „Reifeprüfung". Was die Tagung betrifft, so wird sie zu einem großen Erfolg für die Idee der europäischen Völkerverständigung und führt – nicht zuletzt dank des pausenlosen persönlichen Einsatzes von Moriz Szeps – zu einer deutlichen Annäherung zwischen den österreichischen und französischen Literaten.

Der Zeitungsmann läßt sich dieses Engagement etwas kosten. In seinem Haus in der Liechtensteinstraße veranstaltet er eine prächtige Soiree für nicht weniger als 400 Gäste – Kongreßteilnehmer und Wiener Prominenz. Im Salon läßt er ein zerlegbares Theater aufstellen, die eigentliche Sensation findet jedoch im Freien statt. Mittels einer Dynamomaschine wird der Park elektrisch beleuchtet. So etwas hat man in der Wiener Vorstadt noch nie gesehen.

Als Schauspiel hat der Hausherr die heute fast völlig vergessene Komödie „Toto chez Tata" gewählt, weil darin sowohl französisch als auch deutsch gesprochen wird. Für die Hauptrolle hat er die polyglotte Stella Hohenfels, eine gebürtige Pariserin, vom Burgtheater engagiert. Die männliche Hauptrolle hat er mit dem „schwierigen" Friedrich Mitterwurzer besetzt, den man in Wien apodiktisch als größten Shakespeare-Darsteller seit dem Briten David Garrick ansieht.

Die junge Berta wird zu ihrer Freude dem Bühnenpersonal zugeteilt. Sie darf den Vorhang auf- und zuziehen und sich auch hinter den Kulissen nützlich machen. Ganz zufrieden ist sie mit dieser Aufgabe allerdings nicht, als sie erfährt, daß die ältere Sophie im Saal selbst die Honneurs machen darf.

Dennoch wird die kleine Schwester zur Retterin des Abends. Trotz des großen Einsatzes und der größten Anstrengungen des Hausherren, droht die Soiree nämlich an einem „äußeren Ereignis" zu scheitern.

Schuld daran trägt Mitterwurzers ungezügeltes Temperament. Er steht bereits mit der Hohenfels auf der improvisierten Bühne, während Berta auf das Klingelzeichen wartet, um den Vorhang in die Höhe zu ziehen. Da blickt Mitterwurzer routinemäßig durch das Guckloch und erspäht in der ersten Reihe seinen eigenen, verhaßten Theaterdirektor, den Freiherren von Dingelstedt.

Das raubt ihm fast den Atem . „Was, der Schuft ist eingeladen!" schreit er, so daß man es fast bis in den Zuschauerraum hört. „Vor diesem Gauner spiele ich nicht."[13]

Mit einer gewaltigen Geste reißt er sich die Perücke vom Kopf und flüchtet hinter die Kulissen. Die Hohenfels ist der Lage nicht gewachsen und bricht in Tränen aus. Der Abend scheint verloren, bevor er richtig begonnen hat. Nur Berta verliert nicht die Nerven und tritt spontan in Aktion. Sie gibt Mitterwurzer mit der einen Hand einen kräftigen Stoß, so daß er wieder auf der Bühne landet, und zieht gleichzeitig mit der anderen den Vorhang hoch. Jetzt gibt es auch für Mitterwurzer kein Zurück mehr. Er spielt die ganze Vorstellung durch, als wäre nichts geschehen. Nur zum Schluß, als er sich bereits vor dem applaudierenden Publikum, das von dem Zwischenfall nichts bemerkt hat, verbeugt, zischt er grimmig in Richtung seines Direktors: „Aus dessen Knochen bau' ich mir noch einmal einen Souffleurkasten."[14]

Glücklicherweise hören ihn nur seine Kollegen – und Berta. Sie selbst fragt sich später: „Woher hatte ich nur die Energie und Geistesgegenwart, den Vorhang rasch aufzuziehen und Mitterwurzer auf die Bühne zu stoßen?"[15]

22

# 3. KAPITEL

## ZWISCHEN WIEN UND PARIS

Am 28. Oktober 1881 kommt es in der Wiener Hofburg zu einem denkwürdigen Zusammentreffen, das das weitere Leben der beiden Gesprächspartner und ihrer Umgebung grundlegend beeinflußt. Ja, es hätte sogar die Zukunft Mitteleuropas einschneidend verändern können, wären die Ideen, die damals erörtert wurden, jemals in die Tat umgesetzt worden.

An jedem Oktobertag trifft Moriz Szeps zum erstenmal mit dem österreichisch-ungarischen Thronfolger, Kronprinz Rudolf, in dessen Gemächern zusammen. Kontakte werden aufgenommen, die bis zum Tod des Thronfolgers nicht abreißen sollen.

Das Datum ist übrigens umstritten. Nicht der Tag – der 28. Oktober steht fest, sondern das Jahr. In ihren Tagebucheintragungen spricht Berta Szeps-Zuckerkandl dezidiert vom 28. Oktober 1880. Die posthumen Biographen des Kronprinzen, Oskar Freiherr von Mitis, der bereits erwähnt wurde, und Brigitte Hamann, die Autorin der jüngsten Rudolf-Biographie, versetzten das Treffen jedoch in das Jahr 1881. Da es Berta Zuckerkandl mit Daten nie sehr genau nahm, muß man wohl den Schlußfolgerungen der beiden Historiker mehr Glauben schenken.[1]

Überdies steht fest, daß Berta ihre Tagebücher erst 1939, unmittelbar vor deren Veröffentlichung, redigiert hat, und ein Irrtum daher leicht möglich ist. Und sie selbst bestätigt in ihrer Rezension der ersten Ausgabe des Mitis-Buches im „Neuen Wiener Journal" am 20. September 1928, daß zumindest die Korrespondenz zwischen ihrem Vater und dem Thronfolger erst 1881 begonnen hat.[2]

Unbestritten bleibt indes die Bedeutung der Freundschaft - denn man kann wohl von einer Freundschaft sprechen - für das weitere Schicksal des Thronfolgers.

In ihrer Einschätzung dieser Freundschaft und ihrer politischen Bedeutung gehen die Meinungen der Historiker diametral auseinander.

So meint Mitis eher kritisch: „Wohl gewann Rudolf an dem Verkehr mit dem Journalisten großen Stils die dauernde Freude, sich mit einem Mann von beweglichem Geist über alle Fragen des öffentlichen Lebens aussprechen zu können, wohl eröffnete sich ihm der weitverzweigte Nachrichtendienst des Zeitungsmannes, den der wissens- und tatendurstige, von den Berufenen weniger entgegenkommend behandelte Thronerbe mit Begierde aufnahm, auch hatte er nun die ersehnte Gelegenheit, für seine Ansichten publizistisch einzutreten, sooft es ihm beliebte, aber – halb willens, halb unbewußt - geriet er, der einstens über die Verjudung der Monarchie und auch darüber geklagt hatte, daß die fortschrittliche Partei allzu sehr von der Presse abhänge, in die Macht der Szepschen Dialektik, in den Bannkreis seiner Anschauung und Tendenzen. Rudolf mußte bis an sein Lebensende, und noch darüber hinaus, das Kainszeichen dieser Freundschaft tragen, das ihm in den Kreisen, welche in dem Reich seines Vaters Macht besaßen, sei es aus hergebrachten Vorurteilen, sei es aus dem politischen Daseinskampf heraus, Widerspruch und Haß zuzog."[3]

Auch der berühmte Mediziner Theodor Billroth meinte einmal skeptisch, Szeps hätte dem Kronprinzen lediglich „durch seinen journalistischen Geist und Sarkasmus" imponiert.[4]

Wesentlich positiver beurteilt ein halbes Jahrhundert später und in Kenntnis des ‚Holocausts' im Weltkrieg II. Brigitte Hamann das Verhältnis zwischen Rudolf und seinem Freund: „Szeps war zweifellos ein Mann von Welt, erlesener Bildung und einer von den besten Journalisten, die das in dieser Hinsicht verwöhnte Wien je hatte. Daß ein Mann wie er große Anziehungskraft auf den jungen Kronprinzen haben mußte, liegt auf der Hand. Mag das freundschaftliche Verhältnis des Kronprinzen eines konservativen, demonstrativ katholischen, exklusiven Hofes, an dem nur Personen mit den berüchtigten 16 Ahnen Zutritt hatten, mit dem galizischen Juden und ‚demokratischen' Intellektuellen auch noch so schockierend gewirkt haben, eines ist nicht zu leugnen: Für die Persönlichkeitsentwicklung Rudolfs waren nicht seine engere und weitere Familie, nicht der Hof ausschlaggebend, sondern allein die liberalen Lehrer und Freunde. Nicht mit den hochadeligen Blutsverwandten fühlte sich Rudolf verbunden, sondern mit dem liberalen Bildungsbürgertum. (Der Kirchenrechtler) Zhisman hatte ihn zur Toleranz gegenüber anderen Religionen, (der Historiker) Gindely zur Toleranz gegenüber den Nationalitäten erzogen, (der Nationalökonom) Menger ihn gegen den Antisemitismus immun gemacht und bei ihm die Liebe zu dem am Hof so verachteten Journalistenstand geweckt. Diesen Weg ging der Kronprinz nun in der engen Freundschaft mit Moriz Szeps weiter."[5]

Am nüchternsten urteilt Fritz Zuckerkandl, der 1984 verstorbene Enkel des großen Zeitungsmannes: „Wie so oft hat das Judentum, also die jüdische Umgebung Rudolfs, subjektiv die gerechte Sache verteidigt, aber objektiv zu dem Scheitern Rudolfs beigetragen. Nehmen wir an, das ‚Neue Wiener Tagblatt' und die ‚Neue Freie Presse' wären damals in ‚arischen' Händen gewesen und hätten denselben gerechten Standpunkt vertreten, vieles hätte sich entscheidend ändern können."[6]

Carl Menger war es auch, der den Kronprinzen mit Szeps zusammengebracht hatte. Und Berta war – rein zufällig – bei der Anbahnung dieses Kontaktes dabei. „Heut war ein aufregender Tag", notierte sie. „Wir hatten gerade in Vaters Bibliothek den Kaffee genommen, als der Diener einen Besuch meldete. Es war Professor Carl Menger, der berühmte Nationalökonom. Er sagte, er sei vom Kronprinzen, dessen Lehrer er war, gebeten worden, Vater aufzusuchen. Um ihn aufzufordern, den Kronprinzen in der Hofburg zu besuchen. Der Kronprinz residiert zwar in Prag,[7] aber er kommt oft nach Wien. Vater ist nun heute zum erstenmal zum Kronprinzen gegangen."[8]

In Anbetracht der späteren Spannungen zwischen dem Kronprinzen und seiner Frau mutet es heute seltsam an, daß die meisten Zusammenkünfte zwischen Rudolf und Szeps just in den Privatgemächern der Kronprinzessin Stefanie stattfanden. In seinem eigenen Salon fühlte sich Rudolf nämlich vor Spionen nicht sicher. Und das viele Jahrzehnte vor der Erfindung versteckter Abhörgeräte.

„Diese Tür mag ich nicht",[9] gestand er Szeps schon bei ihrem ersten Treffen, nachdem sein Gast durch die besagte Tür eingetreten war. Die beiden zogen sich daraufhin in den Klaviersalon Stefanies zurück. Eine Beschreibung dieses Raums von Moriz Szeps ist übrigens überliefert: „Weißlackiertes, kurzes Klavier von Bösendorfer, kleiner weißlackierter Schreibtisch am Fenster, ebensolche Möbel mit blaßblauem Seidenstoff überzogen."[10]

Stefanie war jedenfalls über die Gespräche ihres Mannes im Bild, denn nach einigen Stunden holte sie Rudolf zum Essen ab. Sie bewahrte jedoch zeitlebens über dieses Kapitel Diskretion.

Es fällt noch heute schwer, sich zwei unterschiedlichere Gesprächspartner vorzustellen als Rudolf und Szeps. Und das bei einer Freundschaft, die über fast ein Jahrzehnt buchstäblich bis zum Tod des Kronprinzen andauerte.

Auf der einen Seite der junge Thronfolger, übersensibel, in seinem Privatleben labil, zumindest von mütterlicher Seite erblich schwer belastet. Auf der anderen der Journalist Szeps, 24 Jahre älter als der Kronprinz, weltgewandt, äußerlich wenn auch nicht innerlich von unerschütterlicher Ruhe, in jeder Situation Herr der Lage. Und daneben ein treuer Gatte und liebender Familienvater.

Vielleicht waren es gerade diese Gegensätze, welche die beiden intellektuell zueinander zogen, sowie die gemeinsamen Ideale des Liberalismus und die Überzeugung, daß nur ein rascher Richtungswechsel den Vielvölkerstaat der Habsburger noch retten könne.

Dazu kamen letztlich noch sehr konkrete gemeinsame Interessen. Der Kronprinz, dem ein verknöcherter Hof und eine ultrakonservative Regierung schon damals mißtrauten und von allem abzuschirmen suchten, was er nicht erfahren sollte, sah endlich eine Möglichkeit, über den Nachrichtendienst und das Korrespondentennetz des „Neuen Wiener Tagblattes" seinen Informationsrückstand wettzumachen. Darüber hinaus bot ihm die Zeitung eine einzigartige Gelegenheit, seine lang aufgestauten eigenen Ansichten – wenn auch streng anonym – der breiten Öffentlichkeit der Donaumonarchie bekanntzumachen.

Was Szeps betraf, so schmeichelte ihn sicher das Vertrauen, das ihm der Thronfolger so reichlich gewährte, wenngleich er selbst natürlich wußte, wie umstritten Rudolfs Stellung am Hofe war. Auch für den Zeitungsherausgeber bildete der Thronfolger eine einzigartige Informationsquelle, die er allen seinen Konkurrenten voraus hatte. Rudolf scheute nicht davor zurück, Szeps über vertrauliche Gespräche unter den gekrönten Häuptern Europas zu informieren.

Natürlich wußten sowohl Rudolf als auch Szeps, wie wichtig es war, die Vertraulichkeit ihrer Kontakte zu wahren. Obwohl zumindest Szeps ahnen mußte, daß sich diese Geheimhaltung auf die Dauer nicht würde aufrechterhalten lassen.

Vorerst läuft ihr Draht über vertrauenswürdige Mittelspersonen. Auf der Seite der Kronprinzen ist dies sein getreuer Kammerdiener, der allerdings sehr gebrechliche Karl Nehammer. Moriz Szeps dagegen wählt für diese heikle und fallweise nicht ganz ungefährliche Aufgabe seine siebzehnjährige Tochter Berta, die mit der Zeit zur rechten Hand ihres Vater avanciert.

„Seitdem Vater mit dem Kronprinzen in Verbindung getreten ist, bin ich seine vertrauliche Sekretärin geworden", verzeichnet sie stolz in ihrem Tagebuch. „Vater pflegt sehr früh am morgen aufzustehen. Schon um 7 Uhr nimmt er den Tee, weil der alte Nehammer meist schon um 8 Uhr da ist. Dieser alte Kammerdiener ist der einzige Mensch, dem der Kronprinz vertraut, ein lieber, aber recht gebrechlicher alter Mann, der seinen Herren abgöttisch liebt und ihn soviel wie möglich zu schützen sucht. Denn die Intrigen, welche die Erzherzoge gegen den ihnen verhaßten Thronfolger spinnen, nötigen Nehammer, äußerste Vorsicht zu gebrauchen, wenn er Briefe oder mündliche Botschaften zu überbringen hat."[11]

Szeps und Rudolf haben einen Kode vereinbart: Wenn Nehammer in der Liechtensteinstraße erscheint, so meldet ihn der Portier vorerst als „den Masseur" bei Berta an. Eigentlich ein etwas kindisches Versteckspiel, als ob der Portier in Nehammer nicht schon längst den stadtbekannten Kammerdiener des Kronprinzen erkannt hätte. Und Wiener Hausmeister spielten traditionsgemäß eine ähnliche Rolle wie die Pariser Concierge, als wichtige Informationsquelle des allgegenwärtigen Polizeiapparates.

Für Berta ist der Thronfolger natürlich ein Märchenprinz ohne Fehl, Furcht und Tadel. „Rudolf war 1882 erst 24 Jahre alt, aber an Bildung,

Wissen und Geistesgröße ragte er über alle Anwärter, die ausersehen waren, zu Ende des 19. Jahrhunderts Weltgeschichte zu machen, turmhoch empor. Dabei war er von so ritterlichem Wesen, besaß so viel Edelart und Charme, daß er sich alle Herzen gewann. Als er 1877 seine erste offizielle Auslandsreise nach der Großjährigkeitserklärung unternahm und England das erste Ziel war, bezauberte er sogar die gestrenge Königin Victoria. Die hohe Frau lud Rudolf nach Osborn ein, was als Zeichen besonderer Gnade galt . . . Man scherzte bei Hof: ‚Unsere Königin hat sich in den Kronprinzen verliebt!'."[12]

Die Gründe für die Zusammenarbeit zwischen dem Thronfolger und ihrem Vater interpretierte sie jedenfalls hochpolitisch: „Gleicher Wissensdrang, gleiche beinahe instinktive Ablehnung des stammverwandten Preußen und einer engen Beziehung mit Deutschland; gleiche im Tiefen verwurzelte demokratische Gesinnung, gleicher Haß gegen jede Reaktion; so war der Boden geartet, auf dem seltsames Vertrauen erblühen konnte."[13]

Vorerst entwickelt sich alles nach Plan, sowohl für Moriz Szeps als auch für seine frischgebackene Assistentin, die sich im Verlauf der Zeit immer mehr für die politischen Ideen ihres Vaters begeistert und dies noch lange nach seinem Tod (1902) tun wird, als diese Ideen längst veraltet galten.

Im August 1881 sieht Moriz Szeps eine ernstzunehmende Chance, seine außenpolitischen Ideen verwirklichen zu können. Die französische Linke gewinnt die Parlamentswahlen, und Gambetta wird endlich Ministerpräsident. Szeps befindet sich in jenen Tagen in Paris, um „nicht bloß eine französische, sondern eine europäische Wahl" mitzuerleben.

Aber die großen Pläne, die der französische Regierungschef und sein österreichischer Gesprächspartner schmieden, bleiben rein akademisch. Am 27. November 1882 verwundet sich Gambetta bei Reinigen seines Revolvers. Die Wunde scheint vorerst harmlos. Dann aber kommt eine Blutvergiftung dazu. Er stirbt in der Nacht vom 31. Dezember zum 1. Jänner 1883.

Mit dem unerwarteten Tod Gambettas hat Moriz Szeps seine Trumpfkarte im französischen Spiel verloren. Berta, die sich von Tag zu Tag mehr in der Politik engagiert, will an den Rückschlag nicht glauben: „Gambettas Tod kann nicht das Ende jeder Hoffnung für die französisch-österreichische Freundschaft sein. Solange der Kronprinz lebt, und Vater Wache hält, müssen neue Fäden geknüpft werden."[14]

Aber mit wem? Diese Frage kann vorerst niemand beantworten.

Vortrefflich funktioniert einstweilen die Verbindung zwischen der Hofburg und dem Palais in der Liechtensteinstraße. Nur die Geheimhaltung fällt immer schwerer.

In einer Art Beileidschreiben an Szeps anläßlich des Todes von Gambetta – „Eine Titanennatur, eine mächtige Gestalt, die mir immer Bewunderung und Sympathie einflößte." – warnt der Kronprinz: „Ich muß Sie heute auf einige eigentümliche Dinge aufmerksam machen. Man ist sehr aufmerksam und mißtrauisch mir gegenüber, und ich sehe von Tag zu Tag mehr, von welchem engen Kreis von Spionage, Denunziation und Überwachung ich umgeben bin. Seien Sie, falls man Sie über Ihre Beziehungen zu mir befragt, nur sehr vorsichtig. Auch wenn Sie Nehammer sprechen oder ihm Briefe und Aufträge übergeben, lassen Sie keine Vorsicht außer acht, und beobachten Sie auch ihn, ob er sich keine Ungeschicklichkeit zuschulden kommen läßt... Ich habe Ihnen schon einmal gesagt, daß ich Grund habe zu glauben, man kenne unsere Beziehung in hohen Kreisen. Seither habe ich greifbare Vermutungen gesammelt . . . Ich kenne leider nur zu gut die Kampfweise meiner Gegner; zuerst wird sondiert, angeschlichen, werden durch Kreuz- und Querfragen Fallen gelegt, und, wenn gut vorbereitet, dann geht der Hauptangriff los; ich habe das schon in einer bösen, in einer schmählichen Weise durchmachen müssen, doch davon einmal mündlich. Nun beginnen die Vorbereitungen. Man warnt und sondiert."[15]

Dieses „Man warnt und sondiert" bezieht sich offensichtlich auf ein Gespräch des Kronprinzen mit seinem „Onkel", dem Sieger von Custozza und Sprachrohr des ultrareaktionären Hofkamarilla - heute würde man von einer „Lobby" sprechen -, Erzherzog Albrecht[16]. Der Erzherzog, dessen Name Rudolf in seinem Brief an Szeps umschreibt, ohne dessen Identität zu verhehlen, hatte den Kronprinzen scheinheilig auf die Schreibweise des „Neuen Wiener Tagblattes" hingewiesen, als wüßte er nichts von den Kontakten des Thronfolgers just zu dieser Zeitung. „Szeps' Trauer – über den Tod Gambettas –", kommentiert der Erzherzog, „ist gewiß aufrichtig und berechtigt. Überhaupt scheint mir dieses ‚Tagblatt' ein gefährliches Blatt, selbst bedenklicher als die ‚Neue Freie Presse', weil es sich demokratisches Organ nennt, unbemerkt für die Förderung republikanischer Ideen arbeitet und sich dabei ab und zu mit dynastisch-loyalen patriotischen Leitartikeln drapiert, damit eine Menge Gutgesinnte düpiert, und in den unteren Klassen sehr verbreitet ist. So brachte es kürzlich einen von Loyalität triefenden Artikel über Dich. Er ist interessant..."[17]

Neben der offenkundigen Fronde der Hofkamarilla glaubt Berta Szeps in den Intrigen gegen Rudolf und ihren Vater auch die lange Hand Bismarcks im Spiel zu erkennen. Zu Recht oder Unrecht mutmaßt sie, der „Eiserne Kanzler" sei über alle Pläne Rudolfs genau informiert. Und noch ein halbes Jahrhundert später schreibt sie sich ihren Groll von der Seele: „Und er – Bismarck – wußte auch, da seine damalige ‚Gestapo' so gut arbeitete, wer Rudolfs Abneigungen gegen das deutsch-österreichische Bündnis eine so feste Basis gab. Bismarck hat den Einfluß von Moriz Szeps bis zum Tod des Kronprinzen gefürchtet."[18]

Mit seiner persönlichen – und im „Neuen Wiener Tagblatt" offen zur Schau getragenen – Trauer über den unzeitgemäßen Tod Gambettas hat sich Moriz Szeps in den Augen seiner Gegner eine „unpatriotische Blöße" gegeben. Und so entwickelt sich aus der Reise des Herausgebers des „Tagblattes" zum Begräbnis des französischen Ministerpräsidenten ein heißes politisches Eisen, wobei die unheilige Allianz der Ultrareaktionäre mit den Deutschnationalen auf dem Umweg über das „Neue Wiener Tagblatt" den Kronprinzen zu treffen sucht.

Am 27. Jänner 1883 – also schon wenige Tage nach der Bestattung Gambettas – entzieht der Statthalter von Niederösterreich, Graf Kielmannsegg, auf Betreiben der Regierung Taaffe und unter Berufung auf das reaktionäre Pressegesetz aus dem Jahr 1862 der Zeitung die Vertriebslizenz.[19]

In den achtziger Jahren des vergangenen Jahrhunderts ging der Zeitungsverkauf in Österreich fast ausschließlich über die kaiserlich-königlichen Tabaktrafiken vor sich. Kolporteure gab es noch keine.

Den Trafiken wurde nun auf Befehl des Statthalters verboten, das „Neue Wiener Tagblatt" zu verkaufen. Eine Möglichkeit des Rekurses gab es nicht.

Der Verwaltungsrat der „Tagblatt-AG" verliert den Kopf. Die Aktien fallen an einem Tag – dem 28. Jänner 1883 – beinahe auf den Nullpunkt. Aber Szeps findet seinerseits Verbündete. Der Direktor der Länderbank, eine französische Gründung, macht sich erbötig, für den Herausgeber das ganze Aktienpaket um einen Pappenstiel zurückzukaufen. Szeps ist jedoch ein schlechter Geschäftsmann. Er hält es mit seiner Ehre für unvereinbar, die Umstände zu nutzen.

Zurückblickend meint dazu seine Tochter, viele Jahrzehnte später: „Dies war der erste Schritt vom Wege seines bis dahin vom Glück beschirmten Lebens."[20]

Diese Ansicht teilt auch der Zeitungswissenschaftler Kurt Paupié: „Szeps verlor offensichtlich seine innere Sicherheit, er verlor den Abstand zu den Dingen, er wurde in einen Strudel gezogen, der ihn 1886 schließlich vernichtete."[21]

Das Verschleißverbot für eine der bedeutendsten Tageszeitungen Österreichs war in den relativ liberalen achtziger Jahren jedenfalls eine beispiellose Maßnahme. Und Taaffe glaubte wohl, die für ihn und seine politischen Hintermänner unbequem gewordene Zeitung mit einem Schlag vernichtet zu haben.

Aber Moriz Szeps ist noch nicht am Ende. Er beschließt, sein Blatt in Eigeninitiative zu retten. In erster Linie geht es darum, ein neues Vertriebsnetz aufzuziehen. In Bertas Begleitung zieht er durch die Straßen Wiens, um geeignete Verkaufslokale zu mieten.

Fast alle Wiener Buchläden erklären sich bereit, den Verkauf des „Tagblattes" zu übernehmen. Das genügt indes noch nicht, um die entfernteren Stadtteile mit der Zeitung zu versorgen. Erkundungsfahrten per Fiaker schaffen auch da Abhilfe.

Schon nach wenigen Wochen kann Szeps den beispiellosen Erfolg seiner Initiative mit einer glanzvollen Soiree in der Liechtensteinstraße feiern. Die verkaufte Auflage hat ihre alte Höhe praktisch wieder erreicht, wenngleich das Unternehmen natürlich mit höheren Kosten belastet ist.

Die Feier im Hause Szeps wird zu einer politischen Demonstration der Liberalen gegen das autoritäre Regime. Eduard Strauß, der Bruder des Walzerkönigs, dirigiert das Orchester. Sophie und Berta verteilen Tanzordnungen, die auf der Rückseite eine Miniaturausgabe der Titelseite der verfemten Nummer des „Neuen Wiener Tagblattes" tragen. Unter den Anwesenden befinden sich auch Mitglieder der ungarischen Regierung, die eigens aus Budapest gekommen sind, um ihre Solidarität und ihren Protest gegen die Regierung Taaffe zu manifestieren.

Der Kronprinz ist naturgemäß über die Aktion Taaffes entsetzt. Und erkennt sie für das, was sie ist, nämlich einen Tiefschlag gegen seine eigene Person. Nach einem Hofball lädt er Szeps zu mitternächtlicher Stunde zu sich, um ihm seine Solidarität auszudrücken. Rudolf ist dabei sehr erregt und trinkt ein Glas Champagner nach dem anderen. Mehr als ihm gut tut: „Ich habe meine Meinung über das Verbot des Blattes dem Bürgermeister und noch einigen mehr oder minder offiziellen Personen, die auf dem Hofball waren, gesagt. Aber was wird es nützen ? Man ist bei uns nun einmal in eine unheilvolle Richtung geraten und niemand hat mehr die Macht, wie es scheint, sie zu ändern. Das Verhängnis treibt uns dunklen Zielen zu, und dieses Verhängnis sind die Jesuiten, die sich mit den einflußreichsten Erzherzogen verbündet haben. Und zwar auch gegen mich."[22]

Das Gespräch dauert bis in die frühen Morgenstunden und zum Schluß ist es der Zeitungsmann, der den Kronprinzen aufmuntert.

Das „Neue Wiener Tagblatt" ist jedenfalls trotz des behördlichen Bannstrahls noch lange nicht am Ende. Dafür sorgen nicht nur der Herausgeber, sondern auch die Redaktion, für die Szeps einige der fähigsten Journalisten des deutschen Sprachraums gewonnen hat. Da ist vor allem der innenpolitische Ressortchef, Berthold Frischauer, ein Mann mit einem sechsten Sinn nicht nur für Nachrichten, sondern auch für die Interpretierung komplizierter Zusammenhänge. Einer seiner großen journalistischen Erfolge war bereits zur Zeit der Monarchie zur Legende geworden: Während der Zusammenkunft der drei Kaiser von Österreich, Deutschland und Rußland in Skiernevize hatte er sich in den Konferenzsaal eingeschlichen, im alten monumentalen Gehäuse des offenen Kamins versteckt und so die ganzen Gespräche belauscht.

Daß er darüber in seiner Zeitung auch berichten konnte, spricht übrigens

30

für das Ausmaß der Pressefreiheit, das im österreichisch-ungarischen „Völkerkerker" trotz widerlicher Schikanen – wie etwa das Verbreitungsverbot des „Tagblattes" – letztlich doch existierte. Frischauer wurde von seinem Chef auch dem Kronprinzen vorgestellt, und durfte diesen auf verschiedenen seiner Reisen begleiten – eine weitere Aufwertung für das „Neue Wiener Tagblatt".

Moriz Szeps muß indessen nach dem Tod Gambettas ein neues Zugpferd für seine frankophilen Pläne suchen. Der einzige französische Politiker, den er gut genug kennt, um ihn in seine Thesen einzuweihen, ist Georges Clemenceau. Dieser besitzt natürlich nicht die Position oder den Einfluß eines Gambetta. Und er agiert lieber ohne offiziellen Auftrag aus dem Hintergrund.

Clemenceau kommt 1883 erstmals nach Wien, um mit Szeps zu konferieren. Dieser bringt ihn überraschend und unangekündigt zum Mittagessen nach Hause, aber Amalie Szeps läßt sich durch einen ungeplanten Besuch nicht aus ihrer hausfraulichen Ruhe bringen. Sie kennt ihren Mann gut genug und hat für derartige Eventualitäten immer ein extra Gedeck in Reserve.

Dafür bezaubert der Besucher auf Anhieb die Tochter des Hauses.

Berta erinnert sich später an ihr erstes Zusammentreffen mit jenem Mann, der in ihrem eigenen Leben, aber auch in der Geschichte Österreichs eine bedeutende Rolle spielen wird: „Er – Clemenceau – war damals 42 Jahre alt. Schlanke biegsame Gestalt, ein eigenartiges interessantes Gesicht, von hinreißenden feurigen und doch kalten Augen erleuchtet. Er war mit raffinierter Eleganz gekleidet. Ein Mann, der Frauen gefährlich werden mußte. In der Deputiertenkammer galt er bereits als gefürchteter Redner. Jedes Wort eine Guillotine. Um diese Zeit begann er seine Karriere als ‚Ministerstürzer'. Ganz Paris stand unter dem Eindruck dieser außerordentlichen Persönlichkeit. Er kam, wir sahen ihn, und er siegte. Sofort freundete er sich mit Sophie und mir an. Unser moderner Mädchentypus interessierte ihn. Speziell für mich fühlte er große Sympathien und bald entpuppte er sich als unser lustiger Kamerad. Er hat es stets gleich herausgehabt, daß ich ihm bei seinen übermütigen Streichen gern assistierte. Immer sucht er sich ein Opfer aus, das er necken konnte. Sein Witz streifte manchmal an Grausamkeit."[23]

Also doch schon eine Vorahnung jenes „Tigers", den Berta erst Jahrzehnte später kennenlernen sollte, als er daran ging, ihre geliebte Heimat zu zerstückeln.

Aber davon konnte sie in den achtziger Jahren natürlich noch nichts ahnen. Vorerst sieht sie in Clemenceau nur einen herrlichen Erwachsenen mit dem Geist eines Spitzbuben, der ihr auf Anhieb hilft, aus der Disziplin des väterlichen – oder in diesem Fall mütterlichen – Haushalts auszubrechen.

Gerade in jenen Tagen benötigt Berta nämlich dringend einen überzeugenden Fürsprecher bei der gestrengen Mama. Momentan ist die Matriarchin Amalie Szeps nämlich auf ihre übermütige Tochter gar nicht gut zu sprechen. Zusammen mit einem anderen „liederlichen" Freund des Hauses, dem damaligen Jungschauspieler Alexander Girardi, hat sich die jüngere der beiden Szeps-Mädchen eben einen – wie sie meint – tollen Streich erlaubt. Während einer besonders faden Soiree hatten sich die beiden entfernt und insgeheim den Haupthahn der Leuchtgasleitung abgedreht. Girardi wußte genau, wie man's macht. „Wozu wär i denn a Schlosserbua",[24] scherzt er im echtesten Wiener Dialekt, als sie im Keller den Gashahn ausfindig gemacht haben. Sekunden später ist das ganze Haus in ägyptische Finsternis gestürzt. Allgemeine Verwirrung unter den Anwesenden. Dann wird es plötzlich wieder licht. Ein biblisches Wunder „Fiat lux" – ist geschehen. Und auch die Stimmung unter den Gästen ist wie ausgewechselt. Kein Hauch von Fadesse ist mehr zu verspüren.

Nur Amalie Szeps ist anderer Meinung. Sie besteht darauf, nach den Schuldigen zu suchen. Und diese sind auch alsbald demaskiert. Daraufhin wird Berta mit einem abendlichen Ausgehverbot bestraft. So streng sind eben die Sitten im Hause Szeps.

Einige Tage später lädt die Familie Szeps den berühmten Gast aus Paris zu einem Opernbesuch ein. Berta allerdings ist untröstlich, denn sie darf nicht mitgehen. Ihre Strafe ist noch nicht abgelaufen.

Mit seinem feinen „Riecher" errät Clemenceau sehr rasch den Grund der getrübten Stimmung seiner jungen Freundin. Unter Einsatz seines ganzen legendären Charmes setzt er sich bei der Herrin des Hauses für ihre „mißratene" Tochter ein. Und diese kann dem Franzosen nicht lange widerstehen. Der Abend ist „für den kleinen Teufel", wie Clemenceau sie nennt, gerettet, womit er für den Backfisch zum strahlenden Lohengrin avanciert, der seine Elsa gerettet hat.

Aber dem rettenden Lohengrin genügt es nicht, sich als Fürsprecher für ein keckes Mädchen zu betätigen. Er stiftet sie vielmehr zu immer neuen Teufeleien an, wobei die ganze seriöse Umwelt zu ihrer Zielscheibe wird.

Bei einem Ausflug auf den Semmering etwa kaufen die beiden eine Kuhglocke und knüpfen sie einem zerstreuten Bekannten an die rückwärtigen Knöpfe seines Überziehers. Bei jedem Schritt des Gefoppten läutet die Glocke. Dieser dreht sich nichtsahnend um, um die Kuh zu suchen, die ihn, wie er meint, beinahe über den Haufen gerannt hätte. Er sucht rechts und links, sogar hinter einer Hecke, bis er die Glocke entdeckt. Inzwischen lachen sich Berta und ihr böser Geist halbtot.

Auf der Rückreise stecken sie noch einem anderen Freund der Familie die Zeitung in Brand. Nicht gerade eine würdige Tätigkeit für einen künftigen Premierminister.

Neben Landpartien und Opernbesuchen findet der Gast aus Paris noch

Zeit für politische Gespräche. Den Höhepunkt seiner Visite bildet ein Abendessen im Hause Szeps, an dem auch Außenminister Graf Gustav Kalnoky, ansonsten nicht unbedingt ein Freund des „Neuen Wiener Tagblattes", teilnimmt.

An diesem Abend ist Clemenceau ganz groß in Form. „Im Herzen einer hierarchischen Monarchie habe ich eine echte lebende Demokratie entdeckt",[25] erklärt er in einer Tischrede. Und mit gallischem Esprit skizziert er das Bild eines Österreichs, das von der Dynastie Szeps regiert wird. Die Anwesenden reagieren vorerst mit gequältem Schweigen. Erst als der Minister sich selbst überwindet und applaudiert, stimmen auch die anderen in den allgemeinen Beifall ein.

Trotz der Bemühungen des Gastgebers bleibt dieser erste Besuch Clemenceaus in Wien ohne dauernde politische Resonanz. Das einzige bleibende Ergebnis ist eine enge Freundschaft mit den beiden Schwestern Sophie und Berta.

Aus Paris bedankt sich der Gast dann bei den beiden Mädchen: „Ihr charmanten kleinen Wienerinnen, ich bestehe darauf, daß ihr mich in Paris besucht. Papa und Mama sind natürlich auch eingeladen. Aber nur als Begleitung Eurer frechen Jugendmelodie."[26]

In der neuesten Clemenceau-Biographie[27], einem monumentalen Werk von 1077 Seiten, bezeichnet der französische Historiker Jean-Baptiste Duroselle Berta apodiktisch als Geliebte des späteren Tigers und spricht von dessen unwiderstehlicher Anziehungskraft auf jüngere Frauen. Im gegebenen Fall scheint seine Beweisführung allerdings dürftig. Als Indizien kann er lediglich Passagen aus der Korrespondenz zwischen den beiden anführen – zitiert aus Bertas Autobiographie und der französischen Ausgabe dieses Buches. Der Stil dieser Briefe ist gegebenermaßen schwülstig – typisch für das „Fin de siècle" –, aber es ergeben sich daraus keine schlüssigen Hinweise auf eine intime Beziehung.[27]

Aber zurück zu den Szeps-Schwestern: Berta und Sophie hätten sich am liebsten in den nächsten Zug nach Paris gesetzt, aber vorerst heißt es für sie geduldig sein. Tatsächlich werden sie die Einladung erst nach zwei Jahren annehmen können.

# 4. KAPITEL

## EIN MANN, EIN LEBEN

1883 ist in jeder Hinsicht ein aufregendes und entscheidendes Jahr im Leben der jungen Berta Szeps. Sie erweitert nicht nur ihren politischen und kulturellen Horizont, sondern trifft auch den einzigen Mann, der ihr Leben bestimmen soll.

Es beginnt mit einem jener kultur-gesellschaftlichen Ereignisse, die ihr Vater als seinen Beitrag zum österreichisch-französischen Kulturaustausch – lange bevor dieser Begriff gemünzt wurde – betrachtet. Sozusagen in Eigeninitiative lädt er den damals berühmtesten Schauspieler der Comedie Française, Constant Coquelin, zu einem Gastspiel nach Wien ein. Die Proben finden auf der bereits erwähnten zerlegbaren Bühne im Salon des Hauses Szeps statt. Die Matinee tags darauf im Carl-Theater in der Wiener Jägerzeile – unweit des Pratersterns – ist dem großen Publikum zugänglich. Sonnenthal, der Star des Wiener Burgtheaters, und Coquelin treten erstmals gemeinsam auf. Das Stück ist sozusagen Eigenbau: ein Redakteur des „Neuen Wiener Tagblattes" hat es eigens für den festlichen Anlaß geschrieben. Als zum effektvollen Schluß Sonnenthal auf französisch seinem Kollegen ewige Freundschaft versichert, und dieser in unsagbar komischem Deutsch antwortet, kennt die Begeisterung des Publikums keine Grenzen.

Auch Kronprinz Rudolf ist vom Widerhall, den die Vorstellung in der Öffentlichkeit findet, stark beeindruckt: „Wie gerne wäre ich gestern abend bei der Probe Ihr Gast gewesen", schreibt er an Szeps, „aber ich will morgen der – zweiten – Matinee beiwohnen, um die österreichisch-französische Verbrüderung zu genießen."[1]

Der Erfolg des französischen Gastspieles wird dann mit einem Empfang in der Liechtensteinstraße gefeiert. Zu dieser Soiree hat Berthold Frischauer, bereits Stammgast im Hause Szeps, einen Besucher aus der „Provinz" angekündigt: den erst 34jährigen, aber auf akademischem Boden bereits berühmten Professor der Anatomie an der Universität Graz, Emil Zuckerkandl.

Berta, welche die Liste der Gäste ausarbeitet, ist amüsiert: „Zuckerkandl? Was für ein komischer Name. Warum hat er ihn nicht geändert?"[2] will sie von Frischauer wissen.

Es ist damals gang und gäbe, daß assimilierte Juden ihre oft komisch anmutenden Namen, die sie bei der zwangsweisen Namensgebung erhalten haben, ändern. Im konkreten Fall klärt Frischauer jedoch den vorlauten Backfisch auf. „Das hat einen guten Grund. Er hat bereits mit 19 Jahren einen bisher unbekannten Knochen des menschlichen Körpers entdeckt. Dieser wurde nach ihm ‚Os Zuckerkandl' genannt. Und so ist der Name in die medizinischen Wörterbücher eingegangen."

Jetzt ist Bertas jugendliche Neugier erst recht erweckt. Mit großer Spannung erwarten sie und ihre Schwester Sophie den ungewöhnlichen Gast. Dessen Entree im noblen Salon der Familie Szeps gestaltet sich vorerst alles andere als eindrucksvoll, wenngleich Berta selbst später behauptet, der „geniale Forscher hat sich bei uns gut eingeführt".[3]

Dagegen spricht allerdings ihr Tagebuch: „Ich sehe plötzlich eine seltsame Figur. Ein junger Mann, dessen Gesicht auffallend edel und schön geschnitten war, aber seine Gestalt umflatterte ein Frack - dreimal zu groß. Die Ärmel hingen über die Hände hinunter, er sah grotesk aus. Sophie und ich wechselten entsetzte Blicke. ‚Du', sagte Sophie, ‚das muß dieser Zuckerkandl sein.' Ich rannte zu Frischauer. ‚Ja, er ist es. Er besitzt eben keinen eigenen Frack. Weil ihm Gesellschaft verhaßt ist. Für heute Abend hat er sich den Frack vom Oberkellner seines Stammcafes ausgeborgt. Ihm sind solche Sachen ganz egal.' "[4]

Rasch überwindet die Tochter des Hauses ihre anfängliche Befangenheit. Die Unbekümmertheit des jungen Gelehrten inmitten der großen Gesellschaft beginnt ihr mächtig zu imponieren. Sie geht auf ihn zu und fordert ihn demonstrativ auf, am Ehrentisch des Hausherrn Platz zu nehmen. „Mein Leben lang habe ich mich nicht so gut unterhalten. Ich glaube, wir sind zu übermütig gewesen. Vater sieht mich nach der Soiree streng an. Aber er wird schon wieder gut werden."[5]

Emil Zuckerkandl wird in den folgenden Monaten zum häufigen und allseits gerne gesehenen Gast im Hause Szeps. Und das trotz seines unkonventionellen ersten Auftrittes.

Natürlich ist er mit von der Partie, als Berta – abergläubisch am 12. und nicht am 13. April – ihren 19. Geburtstag feiert. Nicht in Wien, sondern im „Amalienhof", einem uralten Bauernhof in Kierling, unweit der Babenbergerstadt Klosterneuburg, den Moriz Szeps als Sommerhaus erworben hat. Der Herausgeber des „Neuen Wiener Tagblattes" betrachtet sich nämlich nur widerwillig als Stadtmenschen. Eigentlich würde er lieber das ganze Jahr lang auf dem Land leben. Zum „Amalienhof" kauft er später noch ein Gut, den „Harschhof", um dort allen Ernstes eine Landwirtschaft zu betreiben.

Noch gilt Emil Zuckerkandl nicht als Bertas Freier. Für sie ist er vorerst nur einer von ihren „Drei Musketieren", die anderen sind Girardi und der junge Dichter Karl Weiß. An jenem Geburtstag sitzen die Musketiere über ihre Anführerin zu Gericht. Sie setzen sie in einen Schubkarren und binden sie darin fest. Dann wird sie in einer Art Triumphzug zu ihrem Lieblingsplatz im Garten geführt. Der geniale Girardi verliest dort das „Urteil": „Ein ganzes Jahr lang sind Sie sehr schlimm gewesen. Sie haben das Gas während der Soiree abgedreht und noch viele andere Streiche gespielt. Wir haben beschlossen, daß Sie für Ihre Sünden büßen müssen."[6]

Dann verschwinden die drei Musketiere für einen Augenblick und kehren in bunte Fräcke gekleidet zurück. Girardi tritt vor und singt ein von Karl Weiß gedichtetes Couplet unter dem Titel „Bertas Missetaten".

Diese Moritat wird dann zu jedem Geburtstag durch entsprechende Verse ergänzt.

Berta bleibt weiterhin ein kleiner Wildfang. Anfang 1884 lädt Moriz Szeps den damals berühmten Hypnotiseur Hansen ein, eine Séance in der Liechtensteinstraße zu veranstalten. Hansen hypnotisiert seine „Opfer", indem er ihnen einen glitzernden Kristall vor die Augen hält und ihnen suggeriert, sie seien schläfrig. Bei den Szeps-Töchtern hat er aber gar kein Glück. Anstatt einzuschlafen, wie es sich gehört, verfallen sie in unziemliche Lachkrämpfe. Der arme Hansen ist zutiefst beleidigt und entlädt seine ganze Energie auf sein nächstes Opfer, dem alten Grafen Zichy, einem der wenigen Hocharistokraten, die dem Hause Szeps dauernd die Treue wahren. Dieser versinkt tatsächlich in einen tiefen, ohnmachtähnlichen Schlaf und erwacht erst nach einer für alle Anwesenden – außer ihm selbst – angstvollen Stunde.

Emil Zuckerkandl war übrigens bei dieser Séance nicht zugegen. Als seriöser Wissenschafter hätte er sich an den Vorgängen auch nicht beteiligt. Was Berta an ihm fasziniert ist allerdings nicht der Gelehrte, sondern der lebenslustige junge Kamerad. Das Bild, das sie in jenen Jahren von ihrem zukünftigen Mann zeichnet, trifft indes nur eine Seite seines Charakters. In den achtziger Jahren hatte der junge Anatom bereits heftige Kämpfe auf dem heißen Wiener und Grazer akademischen Boden mit bemerkenswerter Zivilcourage durchgestanden, wobei der an den österreichischen Universitäten latente bis offene Antisemitismus eine wesentliche Rolle spielte.

Zuckerkandl stammt aus Raab-Szigeth in Westungarn. Bis zu seinem 16. Lebensjahr wollte er eigentlich Violinvirtuose werden – und wäre es wahrscheinlich auch geworden. Er besuchte kein Gymnasium, um sich ganz dem Musikstudium zu widmen.

Eines Tages legt er jedoch die über alles geliebte Geige hin und beschließt apodiktisch: „Ich will studieren." Was bei seinem Nachholbedarf gar nicht leicht ist. Aber er tut es mit Feuereifer. Innerhalb eines Jahres – und ohne Hilfe eines Hauslehrers – bewältigt er den ganzen Gymnasiallehrstoff und maturiert obendrein mit Auszeichnung.

Aus ihm wird jedoch kein Bücherwurm. Als Student in Wien zählt er zu den übermütigsten seines Lehrjahres. Er hat zahlreiche Abenteuer und muß deswegen sogar etliche Nächte im Polizeiarrest verbringen. Er tritt einer studentischen Korporation bei und schlägt pflichtgemäß zahlreiche Mensuren.

Jugendlicher Übermut hält ihn aber nicht vom ernsthaften Studium ab. Eines Tages wird der berühmte Anatom Joseph Hyrtl durch Zufall auf ihn aufmerksam. Als ihm nämlich sein alter Institutsdiener ein besonders schönes Präparat eines Kniegelenks bringt, urteilt der, wegen seiner Strenge von Studenten und Assistenten gefürchtete, Professor: „Wirklich nicht schlecht. Der Kerl versteht die Sache besser als meine Assistenten. In welchem Jahrgang ist er?"

„In gar keinem", antwortete triumphierend der Diener. „Er ist ein ganz Neuer. Im ersten Semester. Ein sonderbarer kleiner Bub."[7]

Hyrtl läßt den „Buben" zu sich kommen und befördert ihn nach kurzer Zeit zu seinem Demonstrator. Einige Jahre nach seiner Promotion überspringt Zuckerkandl die Dozentur und wird vom Prorektor sofort zum außerordentlichen Professor an der Wiener medizinischen Fakultät ernannt. Damit ist er einer der jüngsten Professoren an einer österreichischen Hochschule.

Bald darauf geht es weiter aufwärts auf der akademischen Leiter. Er wird zum ordentlichen Professor für Anatomie an der Universität Graz berufen. Für einen jüdischen Wissenschaftler ist die steirische Hauptstadt damals – wie auch später – ein heißes Parkett. Schon machen sich jene Strömungen bemerkbar, die Graz 1938 den zweifelhaften Ruhm einer „Stadt der Volkserhebung" einbringen werden.

Bei Zuckerkandls Antrittsvorlesung organisieren deutsch-nationale Studenten eine lärmende Demonstration gegen den neuen Professor. Aber dieser ist nicht so leicht einzuschüchtern. Immerhin war er in Wien selbst Couleurstudent, und als die Antisemiten im Hörsaal zu johlen beginnen, ist er darauf vorbereitet. Seelenruhig zieht er einen Pack Visitenkarten aus der Rocktasche und wirft sie vor seine Widersacher hin: „Ich fordere Sie alle zum Duell."

Niemand nimmt die Forderung an, und damit hat er seine erste Schlacht bereits gewonnen. Künftig wird er auch von deutsch-nationalen Studenten, wenn nicht geliebt, so doch respektiert.

Für einen aufstrebenden Gelehrten ist auch eine etablierte Provinzuniversität nur eine Zwischenstation auf dem Weg zu höheren akademischen Ehren. Vorerst muß er sich jedoch in Geduld üben. Als nach etlichen Grazer Jahren an der Prager Universität die Lehrkanzel für Anatomie, welche durch Professor Rohling Weltruf erlangt hatte, frei wird, nimmt das dortige Kollegium der deutschen Universität Zuckerkandl nicht einmal in seinen Dreiervorschlag auf. Das Wiener Kultusministerium zeigt sich darüber verwundert und macht die Prager Fakultät ausdrücklich auf den Grazer Anatom aufmerksam.

Das Kollegium erstattet wohl ein neues Gutachten, aber wieder wird

Zuckerkandl darin nicht berücksichtigt. An seiner Stelle wird der Berner Anatom Aeby nach Prag berufen. Dieser erkrankt jedoch schon nach einem Jahr, und da mit seinem Aufkommen nicht mehr gerechnet werden kann, ernennen die Prager Professoren rasch einen völlig unbekannten Assistenten namens Rabel zum außerordentlichen Professor, um ihm die Nachfolge zu sichern. Was dann auch geschieht.

Diesen Vorfall kommentiert die angesehene „Österreichische Wochenschrift": „Zuckerkandl wurde zurückgesetzt, weil er dem Taufbecken ausweicht. Interessant ist, daß Dr. Rabel, welcher lediglich seiner christlich-germanischen Abstammung diese wunderbar rasche Karriere dankt, in der Wissenschaft ein Homo novus, schon jetzt als Nachfolger (Professor) Langers ins Auge gefaßt wird. So geht es zu in den Hallen der Wissenschaft mit ihren Lehrmeistern."[8]

Gegen Ende 1883 muß der Anatom einen weiteren beruflichen Rückschlag – oder zumindest einen verhinderten Aufstieg – in Kauf nehmen. In Wien ist durch den Abgang seines Lehrers, des berühmten Hyrtl, die Professur für Anatomie freigeworden. Moriz Szeps versucht nun in Eigenregie die Karriere Zuckerkandls, den er bereits als seinen Schwiegersohn in spe betrachtet, etwas zu forcieren. Zu diesem Zweck bittet er den Kronprinzen, sich für den jungen Anatomen einzusetzen, was dieser auch bereitwillig tut. Rudolf versucht seinerseits, den „Papst der Wiener medizinischen Schule", Professor Theodor Billroth, mit dem er eng befreundet ist, für die Kandidatur zu gewinnen.

Dabei stößt er allerdings auf Granit. „Ich sagte dem Kronprinzen frei, daß die Kandidatur Zuckerkandls, den ich sehr hoch schätze, für jetzt keine Aussicht habe", notiert Billroth in seinen Erinnerungen. „Das berührte ihn offenbar momentan unangenehm, doch hat er es mir nie nachgetragen, sondern hat es später sehr freundlich aufgenommen, daß ich bei der nächsten Vakanz sehr energisch für Zuckerkandl eintrat."[9]

Die erwähnte Vakanz liegt 1883 noch in der ferneren Zukunft. Emil Zuckerkandl bleibt einstweilen in Graz, seine angebetete Berta in Wien.

Inzwischen geraten das „Neue Wiener Tagblatt" und dessen Herausgeber neuerlich in einen heftigen politischen Sturm. Die Zeitung – und damit indirekt der Thronfolger – werden weiterhin gleichzeitig von zwei Seiten angegriffen. Auf der einen Seite steht die reaktionär-klerikale Partei der Prinzen Alois und Alfred Liechtenstein, in der Wiener „High Society" genannt „die beiden Ajaxe". Ihre Gruppe hatte 1884 eine Art national-sozialistisches Parteiprogramm aufgestellt, um bei den breiteren Massen mehr Anklang zu finden, die der Hocharistokratie naturgemäß mißtrauisch gegenüberstanden. Heute werden „die beiden Ajaxe" von einigen Politexperten als Vorläufer des Austro-Faschismus angesehen.

Wesentlich gefährlicher für Moriz Szeps – und letztlich für Österreich – erweist sich jedoch die zweite Gruppe seiner Feinde: Die radikalen Großdeutschen unter ihrem Führer Georg Ritter von Schönerer, der sich später damit brüstet, den Rassenantisemitismus in Österreich hoffähig gemacht zu haben. Seine Attacken richten sich nicht nur gegen die Juden, sondern auch gegen das Haus Habsburg, während er die Dynastie Hohenzollern in den Himmel lobt. Sein Endziel ist die Einverleibung der deutschsprechenden Provinzen Österreichs ins Deutsche Reich.

Im Frühjahr 1884 greift Schönerer im Wiener Abgeordnetenhaus den verstorbenen Minister Giskra in besonders beleidigender Form an. Daraufhin wird er vom Sohn des Verstorbenen zum Duell aufgefordert. Schönerer lehnt diese Forderung jedoch mit dem Hinweis auf seine Abgeordnetenimmunität schroff ab. Das „Neue Wiener Tagblatt" reagiert postwendend mit einem kritischen Artikel aus der Feder ihres Redakteurs Pechhöfer unter dem Titel „Mut hat auch der Mameluk".[10]

Im Gegenzug läuft der ansonsten keineswegs zimperliche Schönerer zum Kadi und klagt die Zeitung – wegen des Vorwurfs der Feigheit – auf Ehrenbeleidigung. Obwohl Moriz Szeps persönlich mit dem inkriminierten Artikel nichts zu tun hatte, nimmt er als Herausgeber und Chefredakteur die volle Verantwortung auf sich. Daraufhin klagt Schönerer ihn und den verantwortlichen Redakteur des „Tagblattes", Hahn. Natürlich mit einem politischen Hintergedanken: Szeps und Hahn sind, im Gegensatz zu Pechhöfer, Juden.

Die kaiserlich-königliche Justiz arbeitet langsam, und der Prozeß wird auf den folgenden Herbst vertagt. Inzwischen denkt Szeps nicht daran, die ganze Affäre besonders ernst zu nehmen. Wesentlich mehr erregt ihn – freudig – die Einladung Richard Wagners, im Juli zusammen mit seiner Familie einer Aufführung des „Parsifal" in Bayreuth beizuwohnen. Die Einladung kommt nicht von ungefähr: Wagner ist dem „Tagblatt" seit langem zu Dank verpflichtet. Zu einem Zeitpunkt, da noch alle anderen Kritiker in Wien Wagner „verfolgten", war das „Tagblatt" vehement für seine Musik eingetreten, wobei die Rivalität der Zeitung mit der „Neuen Freien Presse" – der heftigsten Kritikerin des Komponisten – wohl eine Rolle gespielt haben mag.

In Bayreuth rollt Wagner für seine Gäste aus Wien den „roten Teppich" aus, und diese sind von „Parsifal" überwältigt. Nur Berta, mit ihrer scharfen Beobachtungsgabe, bemängelt, daß sich das Publikum in der großen Pause „wie Wilde" beim Buffet um Wurst und Bier gerauft hätte.

Anschließend ist die Familie Szeps zu einem Empfang ins Haus Wahnfried, zu Ehren der bevorstehenden Hochzeit einer der Töchter Wagners, geladen.

Noch stärker als Wagner beeindruckt Berta dessen Schwiegervater Franz Liszt: „Nie werde ich den Augenblick vergessen, da ich ihm vorgestellt wurde und seine wunderbare lange, nervöse Hand, die so herrliche Dinge gespielt und komponiert hatte, in der meinen hielt . . . Wagner sprach mit mir über meinen Vater, und wie dankbar er ihm für die hingebende Art war, mit welcher er ihn verteidigt hatte, ,damals, als beinahe jeder Mensch gegen mich war'."[11]

Es gibt keinen Grund, den Inhalt des von Berta zitierten Gesprächs anzuzweifeln. Was seinen oft erwähnten Antisemitismus betraf, so hielt es Wagner offensichtlich mit seinem Zeitgenossen, dem späteren Wiener Bürgermeister Karl Lueger: „Wer ein Jud' ist, bestimme ich."

Von der wesentlich virulenteren Judenfeindlichkeit Franz Liszts scheint die junge Bewunderin des Pianisten – zumindest damals – nichts geahnt zu haben.

Die schönen Tage in Bayreuth gehen rasch vorbei. Und in Wien erwartet Moriz Szeps mehr Ärger als Vergnügen. So etwa der Schönerer-Prozeß. Vorerst gilt es aber, am 5. November seinen 50. Geburtstag gebührend zu feiern. Für ihn selbst scheint dies kein Grund zur Freude, und er verbittet sich jegliche Feier.

Dennoch lassen sich Verwaltungsrat und Redaktion die Gelegenheit nicht entgehen, den „Fünfziger" entsprechend zu würdigen. Auf der bereits legendären Hausbühne in der Liechtensteinstraße wird Szeps zu seiner Überraschung mit einem eigens für diesen Anlaß von seinen Kindern verfaßten Festspiel konfrontiert. Sobald der Geehrte jedoch erkennt, daß sein Gebot übergangen wurde, reagiert er nicht mit freudigem Erstaunen, sondern eisigem Zorn. Mit einem Mal ist die ganze Feststimmung wie beim Gastmahl des „Jedermann" verflogen. Nur ein persönliches Glückwunschschreiben des Kronprinzen, das gerade rechtzeitig eintrifft, kann die Stimmung des Jubilars einigermaßen wiederherstellen.

Übrigens hatte Moriz Szeps recht, seinen 50. Geburtstag nicht zu feiern, denn sein 51. Lebensjahr beginnt mit einer Reihe von harten Schicksalsschlägen.

Kaum zwei Wochen nach seinem Geburtstagsfest wird Szeps im Ehrenbeleidigungsprozeß gegen Schönerer zu einem Monat Gefängnis – zur allgemeinen Überraschung, unbedingt – verurteilt. Allerdings erhält er zwölf Monate Strafaufschub.

Ihn selbst trifft nicht so sehr die Verurteilung, als der Rückschlag, den die Sache der Liberalen durch den Ausgang des Verfahrens erlitten hat. Und die Art, in der das Gift des Antisemitismus das angeblich unparteiische Gericht beeinflußt hatte.

Zum zweiten Mal innerhalb von zwei kurzen Wochen ist es der Kronprinz, der den Verurteilten durch ein besonders herzlich gehaltenes Schreiben aufheitert: „Ich kenne Ihren echt österreichischen Patriotismus und Ihre edle Gesinnung und weiß daher, um wieviel mehr Sie durch das düstere Symptom unserer Zustände betroffen wurden als durch Ihre Verurteilung, die ja ein Opfer ist, das Sie Ihrer Überzeugung brachten, und auf die Sie stolz sein können. In den Augen aller echten Patrioten und die für unsere moderne Kultur kämpfenden Massen errangen Sie einen Märtyrer-Sieg."[12]

Das Urteil des Wiener Gerichtes ist aber nur der erste einer ganzen Reihe von Schicksalsschlägen, die in den folgenden Monaten auf die Familie Szeps niederprasseln. Zuerst erliegen vier wertvolle Zuchtpferde einer geheimnisvollen Seuche, dann Bertas Lieblingsdogge „Fox" und ihr heißgeliebter Papagei. Weihnachten verbringt die Familie in Abbazia. Auf der Rückreise bei klirrendem Frost erkrankt Ella, die jüngste Tochter, an einer Lungenentzündung. Acht Tage später stirbt sie in Wien, kaum sechzehn Jahre alt. Moriz Szeps sieht keinen anderen Ausweg, als sich um so intensiver in seine Arbeit zu stürzen. Im Mai 1885 ruft ihn Clemenceau zu einem geheimen Treffen nach Zürich, und da Szeps gerade an einem schmerzhaften Schreibkrampf laboriert, nimmt er Berta als seine Sekretärin mit, wodurch diese von einer passiven Beobachterin – oder bestenfalls Zwischenträgerin – erstmals zur Augen- und Ohrenzeugin der hohen Politik avanciert.

Der Ruf Clemenceaus ist dem Zeitungsherausgeber äußerst willkommen, da er auch mit seinen außenpolitischen Plänen in der letzten Zeit nichts als Rückschläge erlitten hat. Seit dem Tod Gambettas wird die französische Außenpolitik von „revanchistischen" Politikern dominiert, die von der Wiedereroberung der 1870 an das Deutsche Reich verlorenen Gebiete träumen. Unter diesen Umständen fällt es dem „Tagblatt" immer schwerer, einen profranzösischen Kurs überzeugend zu vertreten.

Aber auch Clemenceau hat in Zürich nichts Erfreuliches zu berichten. Er befürchtet vielmehr, Reichskanzler Bismarck könnte den extremistischen Strömungen in Frankreich durch einen Präventivkrieg begegnen. Wie würde sich Österreich in einem derartigen Fall verhalten?

Szeps antwortet – während Berta jedes Wort eifrig notiert –, die Regierung in Wien würde in einer derartigen Situation neutral bleiben. Das Gespräch endet schließlich mit einem Appell Clemenceaus an seinen Gesprächspartner, dieser möge den Kronprinzen von seinen Befürchtungen informieren.

Szeps tut dies sofort nach seiner Rückkehr, wobei er das von seiner Tochter verfaßte Gedächtnisprotokoll an Rudolf weiterleitet. Dieser reagiert nicht gerade diplomatisch. Er läßt den deutschen Militärattaché Graf Wedel zu sich kommen, um seine Besorgnis auszudrücken. Dieser ist naturgemäß über die Kontakte des Thronfolgers zu Szeps informiert und erkennt sofort – wie Berta selbst zugibt –, „woher der Wind weht". Und naturgemäß bestreitet er jegliche aggressive Absichten seiner Regierung gegenüber Frankreich.

Im Oktober 1885 tritt Szeps seine Gefängnisstrafe im Wiener Landesgericht an, die der Kaiser zuvor auf 14 Tage reduziert hatte. Paradoxerweise ist es für ihn geradezu eine Erleichterung, eine Zeitlang hinter Gitter zu verschwinden. Inzwischen hat sich nämlich die Stimmung in der Wiener Öffentlichkeit geändert. Szeps ist so etwas wie ein Märtyrer der liberalen Sache, und die Sympathie breitester Kreise fließt ihm und nicht seinem Besieger Schönerer zu.

Die Haftbedingungen sind überdies nicht besonders hart. Täglich kann der Häftling im Aufenthaltsraum Besucher empfangen, Blumen, Früchte und andere Geschenke erhalten. Er wird kaum bewacht, und nicht einmal seine Korrespondenz wird geöffnet. So ist es möglich, daß sogar ein Brief des Kronprinzen unbehindert in seine Zelle geschmuggelt werden kann.

„Ich bedauere sehr, Sie eingesponnen zu wissen", tröstet ihn der Kronprinz, „denn bei allen Erleichterungen" – zu denen Rudolf sicher beigetragen hat – „und philosophischen Erwägungen über die gesunde Ruhe ist es denn doch immerhin eine unangenehme Sache – denn sie ist erzwungen und nicht durch freie Wahl bestimmt. Gegen jeden Zwang lehnt sich mein Gefühl auf, und ich verstehe es gar nicht, wie Sie die Sache so ruhig nehmen können."[13]

Mit der Entlassung aus dem „Landl" geht endlich die Unglückssträhne der Familie Szeps zu Ende. Im Herbst 1885 trifft Berta ihre endgültige Wahl und verlobte sich förmlich mit Emil Zuckerkandl. Für die junge Frau zeichnet sich damit die erste längere Trennung von ihrer Familie ab, denn der Bräutigam ist weiterhin an die Grazer Universität gebunden. Und es bedeutet vorläufig das Ende von der Arbeit Bertas an der Seite ihres Vaters, die sie von Tag zu Tag mehr fasziniert.

Sehr zu ihrer Erleichterung nimmt ihr Vater die Nachricht von der bevorstehenden Trennung äußerlich gelassen auf. Sein einziger Kommentar: „Liebes Kind, jetzt wirst du nicht mehr lange meine Sekretärin sein."[14] Da er die Psyche seiner beiden Töchter genau kennt, schlägt er ihnen vor, ihn nach Paris zu begleiten, um sich dort neue Wintertoiletten anzuschaffen. Auch ihm selbst werde nach der dünnen Zellenluft ein Tapetenwechsel gut tun.

Diesmal ist Georges Clemenceau der Gastgeber. Er faßt die Visite seiner Freunde – besonders der beiden Mädchen – als verspätete Antwort auf seine Einladung aus dem Jahr 1883 auf. Und er ist fest entschlossen, den freundlichen Empfang, den man ihm damals bereitet hatte, womöglich noch zu übertreffen.

Neben Opernbesuchen und Spazierfahrten veranstaltet Clemenceau ein Diner im Pariser „Café Anglais", zu dem sich die liberal-republikanische Prominenz aus Politik und Kultur einfindet. Der berühmte „Grand-Seize"-Salon wird zu diesem Zweck in ein „Reich des Bacchus" verwandelt. Wie bei seinem letzten Besuch in Wien hält Clemenceau die Tischrede: „Ich trinke auf mein süßes Frankreich, das durch die Kultur seines Weines die Menschheit geadelt hat . . . Aber ich trinke auch auf die kleine Berta. Auf unsere treue und schöne Freundschaft!"[15]

Dennoch steht diesmal nicht Berta im Mittelpunkt des Geschehens, sondern ihre Schwester Sophie. Unter den Gästen im „Reich des Bacchus" befindet sich auch Paul Clemenceau, der um 13 Jahre jüngere Bruder des Staatsmannes. Und dessen Augenmerk konzentriert sich ausschließlich auf die ältere der beiden Schwestern.

Während sich Berta und ihr Vater die weltberühmten Kellereien des „Café Anglais" zeigen lassen, entspinnt sich zu ebener Erde ein heißer Flirt. Als die Gesellschaft aus dem Keller zurückkommt, haben Paul und Sophie eben ein „Vielliebchen" gegessen. Wobei dem, der den letzten Bissen ißt, ein Wunsch zusteht. „Was wünschen Sie sich, wenn Sie gewinnen?" will der Gastgeber wissen. „Ihr Bruder", antwortet Sophie keck, „hat mir eben erzählt, daß man jetzt Blumen blau färben kann. Ich möchte aber, daß er mir ein blaues Kätzchen schenkt."[16]

Sie gewinnt, und tags darauf erhält sie einen herrlichen Korb Veilchen, in deren Mitte ein hellblaues Kätzchen schnurrt.

In Paris gibt es zwar noch keine Verlobung, aber Moriz Szeps ahnt schon, daß er innerhalb weniger Wochen seine zweite Tochter verloren – oder an den Mann gebracht – hat.

Nicht nur für Sophie, sondern auch für Berta wird indes der Besuch an der Seine zu einem Erlebnis mit dauernder Wirkung. Die Familie beschließt, über Weihnachten in der französischen Metropole zu bleiben, und Clemenceau nützt diese Gelegenheit, um Berta in die Welt der Kunst – die sie bisher nur rein akademisch aus den Lehren Ilgs gekannt hatte – einzuführen. Zu einem Zeitpunkt, da die Impressionisten auch in Paris – vom übrigen Europa ganz zu schweigen – vom kulturellen und künstlerischen „Establishment" noch verhöhnt wurden, lehrt er sie die herrliche „Kunst des Sehens", die Parole dieser Kunstrichtung, erkennen und verstehen. Und gleichzeitig eröffnet er seiner Schülerin das Reich der ostasiatischen Kunst, das gerade in jener Epoche in Paris eine neue Würdigung erfährt. Mitte der achtziger Jahre haben die Brüder Goncourt, der Maler Manet und einige andere Kunstliebhaber, diese uralte Kunstgattung für Europa wiederentdeckt. Auch Clemenceau unterstützt diese Bestrebungen. Er selbst hat in seinem Heim eine kleine, aber exquisite Fernostsammlung aufgebaut. Seine schönsten Stücke sind asiatische Teekannen, sogenannte „Bokharas", und „Netsukes", feingeschnitzte Knöpfe, wie sie die alten Japaner an ihren traditionellen Gewändern trugen.

Berta ist einfach überwältigt. Fortan werden neben Literatur und Politik auch Malerei und Kunsthandwerk – wenngleich in anderen Stilrichtungen – ihr Leben bestimmen.

Nach Wien zurückgekehrt, beginnt sie nun ernsthaft mit den Vorbereitungen für ihre Hochzeit. Die Trauung findet am 15. April 1886 statt. Auf Bertas ausdrücklichen Wunsch nicht im Stadttempel der Israelitischen Kultusgemeinde in der Seitenstettengasse, sondern im Wintergarten des elterlichen Hauses in der Liechtensteinstraße. „Ich perhorreszierte seit jeher die öffentliche Schaustellung einer Trauung", verzeichnet sie später, reichlich pathetisch. „Diese heilige Handlung im Beisein neugieriger Gaffer vollziehen zu müssen – nein, dagegen wehrte ich mich. Mir kam das barbarisch vor."[17]

Der Akt der Trauung ist im Matrikelamt der Kultusgemeinde registriert, „mit Einwilligung des Brautvaters, gegeben in Wien am 14. April". Als „Erster Beistand" fungiert der Vater des Bräutigams, Leo Zuckerkandl. Moriz Szeps muß sich diesmal mit der Rolle des „Zweiten Beistandes" begnügen. Seltsamerweise bleibt in den Dokumenten die Rubrik „Die Trauung hat vollzogen . . ." – also der Name des Rabbiners – leer.[18]

Bertas Wünschen zum Trotz wird die Hochzeit zu einem großen gesellschaftlichen Ereignis. Die Geschenke sind so zahlreich, daß gar nicht alle, wie es sich gehört, zur Schau gestellt werden können. Und unter den vielen Gästen befindet sich auch Paul Clemenceau, der eigens aus Paris angereist ist. Weniger um Berta zu gratulieren, als aus Sehnsucht nach Sophie.

Die Hochzeitsreise führt das junge Ehepaar in das von der Braut geliebte Paris. Aber die Flitterwochen sind kurz bemessen. Schon Anfang Mai muß Emil Zuckerkandl seine Lehrtätigkeit in Graz wieder aufnehmen.

Der Braut fällt die Übersiedlung gar nicht leicht. Graz, das „Pensionopolis" der Donaumonarchie, ist ihr vom ersten Augenblick an recht unsympathisch. „Es liegt wohl reizend, aber ich glaube, es ist eine recht öde, gegen den Geist gehässige Provinzstadt",[19] urteilt sie schon nach wenigen Tagen.

Dabei hat sie eigentlich keinen Grund zur Klage. Das Ehepaar bezieht eine geräumige, vom Staat zugewiesene Wohnung im Gebäude des Anatomischen Instituts. Während sich das Ehepaar in Paris aufhielt, hatte es sich Moriz Szeps nicht nehmen lassen, die Wohnung mit allem Komfort einzurichten und auszustatten.

Emil Zuckerkandl, der bescheidene Gelehrte, ist entzückt. Berta dagegen erfährt schon in der ersten Nacht im neuen Heim eine Enttäuschung. Gegen zwei Uhr früh wird das Gartentor knarrend aufgesperrt, und ein Pferdewagen verläßt polternd den Hof. „Was ist los?" will die aufgeschreckte Frau von ihrem Mann wissen. „Es ist der Leichenwagen", antwortet dieser, als handle es sich um die natürlichste Sache der Welt.

Daran muß sich Berta nun wohl oder übel gewöhnen. Und sie ist mutig entschlossen, dies auch zu tun. Immer wieder sagt sie sich: „Er muß seelisch Ruhe haben." Emil Zuckerkandl lehrt nämlich nicht nur an der Universität, sondern arbeitet auch an seinem bedeutenden wissenschaftlichen Werk „Die Anatomie der Gehirnwindungen".

Noch Wochen nach der Trauung treffen Hochzeitsgeschenke in Graz ein. Darunter auch zwei riesige Doggen, die den unvergessenen „Fox" ersetzen sollen. Die Hundeliebhaberin ist begeistert, Köchin und Stubenmädchen weit weniger.

Die Hausfrau beschließt sofort, mit den zwei Neuankömmlingen einen Spaziergang zu unternehmen. Und selbstverständlich ist sie für diesen Ausgang nach der letzten Pariser Mode gekleidet. Als ginge sie auf den Champs-Élysées. Die Resonanz bei den biederen Grazer Bürgern auf dieses einigermaßen ungewöhnliche Schauspiel ist entsprechend stark. Wann immer Berta und ihre Beschützer eine Straße passieren, werden hinter ihnen die Fenster aufgerissen. Erregte, hämisch grinsende, zornige, aber auch gutmütig lächelnde Gesichter blicken auf sie herunter. „Ich sah mich um und glaubte mich beinahe inmitten der Schlußszene des zweiten Meistersinger-Aktes."[20]

Nach kurzer Zeit verläßt sie der Mut. Sie macht kehrt und läuft schnurstracks mit den beiden Doggen ins Haus zurück. Als ihr Mann mittags nach Hause kommt, hat sie ihre Fassung längst wiedergewonnen. Beide können über das ungewollte Abenteuer nur herzlich lachen, aber die Wienerin verzichtet in Zukunft auf derartige Promenaden an der Mur.

Zu Bertas Glück sind die langen Sommerferien nicht mehr fern. Anfang Juli erhält sie einen Brief von ihrer Schwester aus Karlsbad. Diese hat sich mit Paul Clemenceau verlobt. Emil und Berta setzen sich in den nächsten Zug. Die Begeisterung der Professorengattin kennt keine Grenzen. Jetzt werden die berühmten Clemenceaus zu ihren Verwandten. „Sie sind Aristokraten", rühmt sie in ihrem Tagebuch. „Sie legten während der Revolution ihren Titel ab und sind jetzt Republikaner mit Leib und Seele. Ich weiß, daß Sophie mit Paul sehr glücklich sein wird, aber es tut mir weh, daß sie nun so weit entfernt von uns leben wird. Vater betrachtet diese Heirat als schicksalshaft, weil seine Tochter einen Mann heiratet, dessen Vaterland früher oder später mit Deutschland Krieg führen muß. Und Deutschland ist ja leider unser Verbündeter. Wird es unser Schicksal sein, diesen Krieg vermeiden zu dürfen?"[21]

Unter den ersten Gratulationsschreiben, die in der Liechtensteinstraße eintreffen, ist auch ein Brief des Kronprinzen Rudolf: „Herzlichste Glückwünsche von Stefanie und mir zur Verlobung Ihrer Tochter, doch zugleich auch Teilnahme an dem schweren Opfer, das Sie bringen. Ich kann mir Ihr Bedauern vorstellen und mir denken, wie schwer es Ihnen fallen wird, ein Kind aus der Heimat scheiden zu sehen, um es in ein fernes und so unruhiges Land ziehen zu lassen. Hoffentlich wird die Zukunft all Ihre Bedenken verschwinden und Ihre schönsten Erwartungen in Erfüllung gehen lassen."[22]

Der Hinweis des Thronfolgers auf ein „unruhiges Land" kommt nicht von ungefähr. In Frankreich bahnt sich nämlich eine kritische Zuspitzung der innenpolitischen Lage an, an der nicht zuletzt Georges Clemenceau mitschuldig ist, was Berta Zuckerkandl in ihrer damals noch ungetrübten Heldenverehrung natürlich nicht wahrhaben will.

Was Moriz Szeps betrifft, so hat er zu jenem Zeitpunkt wenig Gelegenheit, zu den Ereignissen in Frankreich Stellung zu nehmen. Seine eigene Position als Herausgeber und Präsident des „Neuen Wiener Tagblattes" ist nämlich ernsthaft ins Wanken geraten. Die Finanziers im Verwaltungsrat der Zeitung stehen noch immer unter dem Schock der Lizenzentziehung, für die sie den Herausgeber, zumindest hinter vorgehaltener Hand, verantwortlich machen, und sie jammern über dessen kostspielige Rettungsmaßnahmen. Auch die Fehde mit Schönerer paßt den Duckmäusern überhaupt nicht ins Konzept. Sie drängen Szeps, doch etwas leiser zu treten. Dieser gibt jedoch nicht nach und spricht offen von der Möglichkeit, eine eigene Zeitung zu gründen. Daraufhin streben die Verwaltungsräte seine Entmachtung an, was ihnen am 16. Oktober 1886 auch gelingt. Und das, obwohl sie ihm noch wenige Jahre zuvor einen Vertrag auf Lebenszeit angeboten hatten.

Der einzige, der Szeps in dieser kritischen Lage den Rücken stärkt, ist der Kronprinz. „Sie müssen ein vollständig neues Blatt gründen", rät er ihm. „Sie dürfen nicht von einer Aktiengesellschaft abhängen. Wir wollen doch eine starke, unabhängige und freie Politik machen. Sie und ich werden ein neues Österreich aufbauen. Österreich darf sich von Deutschland nicht ins Schlepptau nehmen lassen. Das republikanische Frankreich soll an Stelle des reaktionären Preußen treten. Westliche Orientierung! Dies ist unser Programm!"[23]

Ein neues Österreich bedeutet vorerst eine neue Zeitung für Moriz Szeps. Und das ist nicht allein vom Willen des Herausgebers und seiner Freunde abhängig, sondern von der Finanzierung. Zuerst glaubt Szeps in dem Wiener Finanzier Dr. Rappaport einen Gönner gefunden zu haben, doch dieser stirbt unerwartet, bevor die Pläne verwirklicht werden können.

Rudolf selbst kommt als Mäzen nicht in Frage. Er ist zeitlebens in Geldschwierigkeiten und kann nicht einmal seinen eigenen, recht aufwendigen Lebensstil aus den Mitteln seiner Apanage finanzieren. Kurz zuvor hat er jedoch, wie er glaubt, den richtigen Mann für seine Zeitungspläne kennengelernt. Auf einer Jagd in Ungarn wird ihm Baron Moritz Hirsch – oder Maurice de Hirsch, wie dieser sich lieber nennt – vorgestellt. Der 55jährige Finanzier, Sohn einer jüdischen Familie aus Bayern, gilt in den achtziger Jahren als eine fast legendäre, wenn auch umstrittene Figur in der Welt der Hochfinanz. Beim Bau der türkischen Balkaneisenbahn hat er ein gigantisches Vermögen erworben, wenngleich mit Methoden, die in konservativen Finanzkreisen als anrüchig bezeichnet werden. Und als erklärter Kosmopolit ist er naturgemäß zur Zielscheibe zahlreicher antisemitischer Attacken geworden.

Er kann es sich jedoch leisten, nach seiner eigenen Façon zu leben. Er widmet sich in den achtziger Jahren nur noch der Philanthropie, wobei er sich besonders für seine verfolgten Glaubensgenossen einsetzt, von denen er als „zweiter Rothschild" angesehen wird.

Rudolf fällt es nicht schwer, den Baron für seine Zeitungsidee – trotz der offenkundigen finanziellen Risken - zu gewinnen. Um dem Kronprinzen einen Gefallen zu tun, erklärt sich Hirsch sofort bereit, Szeps das nötige Startkapital zu leihen, ebenso wie er später dem Thronfolger selbst bedeutende Summen vorschießen wird.

Moriz Szeps, dessen Begeisterung für das neue Projekt seinen bisher klaren Geschäftssinn immer mehr zu überschatten droht, will sofort beginnen. Er ersteht die in den vorangegangenen Jahren völlig heruntergekommene Wiener „Morgenpost", bei der er sich selbst hochgedient hatte, und er gibt ihr den Namen „Wiener Tagblatt" in Anlehnung an jene Zeitung, welche die Vorstufe zum „Neuen Wiener Tagblatt" gebildet hatte. Auch die graphische Gestaltung der neuen Zeitung paßt sich vollständig an jene des „Neuen Wiener Tagblattes" an – vielleicht kein fairer, aber nach der damaligen Rechtslage ein völlig legaler Schachzug.

In einem Aufruf an „seine" Stammleser wettert Szeps, wie es sonst gar nicht seine Art ist, gegen den „Machtanspruch einer Aktiengesellschaft", die ihn von seiner „freien publizistischen Tätigkeit zu trennen" versucht hätte. Und er resümiert: „Sie werden das ‚Tagblatt' so finden, wie es unter meiner Leitung immer war. Das ‚Wiener Tagblatt' gibt den liberalen Prinzipien und dem einheitlichen Staatsgedanken unentwegt Ausdruck. Unerschrocken tritt es für den Fortschritt ein, es hält treu zu den Interessen des deutschen Volkstums in Österreich, es ist frei und unabhängig von jeglicher Beeinflussung, es dient ganz und gar der Sache des Volkes."[24]

Die Mitarbeiterliste des „Wiener Tagblattes" kann sich wirklich sehen lassen. Die erste Ausgabe enthält ein Feuilleton von Peter Rosegger, im Lokalteil erscheint ein Artikel von Vinzenz Ciavacchi. Den Fortsetzungsroman „Der Ritter der blauen Erde" von Karl Schramm hat Szeps einfach von seiner alten Zeitung übernommen, doch muß er diesen nach einer Klage nach kurzer Zeit wieder absetzen.

In Graz beobachtet Berta Zuckerkandl diese Vorgänge mit gesunder Distanz. Und sie ist keineswegs so begeistert wie ihr Vater: „Er wirft ein sicheres und großes Einkommen hin und geht schweren Zeiten entgegen", urteilt sie mit weiser Voraussicht. „Doch er ist glücklich, daß er seine Überzeugungen verteidigen und für seine Ideale kämpfen kann, ohne von Aktienbesitzern und Verwaltungsräten gehemmt zu werden. Gott gebe es, daß es ihm gelingt."[25]

Berta muß natürlich dabei sein, wenn die neue Zeitung aus der Taufe gehoben wird. Die bevorstehende Hochzeit ihrer Schwester liefert ihr einen willkommenen Anlaß ins Haus, schnurstracks aus dem faden

Graz nach Wien zu fahren sowie eine Möglichkeit, ihre Freundschaft mit Georges Clemenceau zu festigen, der ebenfalls zur Trauung seines Bruders nach Österreich gekommen ist.

Trotz des eisigen Wetters – immerhin steht Weihnachten vor der Türe – finden die beiden genügend Zeit für umfangreiche Spaziergänge. Die Museen stehen an der Spitze ihres Besichtigungsprogrammes. Dann kommt die Hofburg, wo sie plötzlich auf den Kaiser selbst stoßen, der eben zusammen mit seinem Adjutanten die Burg verläßt.

Der Republikaner aus Paris zeigt sich nicht allzu beeindruckt. „Es ist ein seltsames Gefühl, einen Kaiser in Fleisch und Blut zu sehen. Seit Napoleon III. habe ich Kaiser nur als Wachsfiguren im Musée Grevin betrachtet. So eine Ausfahrt wäre heute bei uns in Paris undenkbar. Wie rasch man eben vergißt. Aber auch Wien sollte man diesen Rummel ersparen."

Seine Begleiterin sieht sich genötigt, ihre Vaterstadt zu verteidigen. Sie erinnert an die herrlichen Barockpaläste der Aristokraten. „Sie geben Wien erst seine einzigartige architektonische Gestaltung."

„Das ist aber auch das einzige, was ich an den Aristokraten bewundere", antwortet Clemenceau lakonisch.[26]

Die Hochzeit von Sophie Szeps und Paul Clemenceau findet am 22. Dezember 1886 im Standesamt des Wiener Rathauses statt. An eine religiöse Zeremonie wird nicht gedacht. Sophie ist Jüdin, wenngleich keineswegs eine praktizierende, die Clemenceaus, gebürtige Katholiken, sind überzeugte Antiklerikale.

Bei der Trauung fungiert Georges Clemenceau als Brautführer und Zeuge. Ein weiterer Bruder, Albert, ist Berta als Kavalier zugeteilt. Daneben sind nur wenige enge Freunde zu der Feier eingeladen. So etwa die Burgschauspielerin Stella Hohenfels, die es als gebürtige Pariserin auf sich nimmt, die französischen Gäste über die schwerwiegenden Unterschiede zwischen dem Wiener und Berliner Idiom der deutschen Sprache aufzuklären. „Bravo!" applaudiert Georges Clemenceau, „meine Sympathie für Österreich wird immer größer."

Nicht ganz so taktvoll wird die Bemerkung eines anderen alten Freundes des Hauses, des gebrechlichen Grafen Zichy, empfunden: „Bismarck hat sicher seine Spione hier. Wenn diese ihm über unsere Gespräche berichten, riskieren wir ernste Komplikationen."

Georges Clemenceau bleibt indes ungerührt: „Bismarck irrt, wenn er sich für allmächtig hält. Ich habe Napoleon als Diktator nie gemocht, aber schon er wußte, daß das Schicksal und nicht der Mensch die Politik bestimmt."[27]

Auf die Trauung folgt ein intimes Diner in der Liechtensteinstraße. Beim Nachtisch flüstert ein Diener Berta zu, daß der alte Nehammer sie im Auftrag des Kronprinzen zu sprechen wünsche. Sie verschwindet diskret aus dem Salon, während dort der Kaffee serviert wird. Nehammer wartet im Nebenzimmer. Er hat seine Rede offensichtlich auswendig gelernt: „Seine Kaiserliche Hoheit schickt mich mit einem mündlichen Auftrag: Fragen an, ob es möglich wäre, daß Herr Szeps und Herr Clemenceau ihn noch heute gegen 12 Uhr nachts besuchen. Es wäre keine andere Stunde für ein ruhiges Gespräch disponibel. Ich werde die Herrschaften dort erwarten, wo Herr Szeps die Kaiserliche Hoheit immer unbeobachtet aufsucht."[28]

„Wie ein Drei-Groschen-Roman", meint Clemenceau, als Berta ihn und ihren Vater von der Einladung informiert. „Ein edler Prinz, von Spionen umgeben."[29] Aber natürlich machen sie sich rechtzeitig auf den Weg in die Hofburg.

Alles verläuft nach Plan. Das Gespräch, das bis in die frühen Morgenstunden andauert, beginnt mit der Versicherung gegenseitiger Hochachtung und entwickelt sich zu einer allgemeinen Tour d'Horizon. In zwei Punkten stimmen Rudolf und sein französischer Besucher völlig überein: in ihrer Abneigung gegenüber Bismarck und dessen Politik sowie in der Hoffnung, die beide in die Person des Prince of Wales setzen. „Ich weiß bestimmt, daß, wenn er und ich einmal Englands und Österreichs Thron besteigen, sein Land und meines zu einem vollständigen Einverständnis kommen werden", beschließt Rudolf das Gespräch und verabschiedet sich von seinen Gästen mit einem warmen Händedruck.[30]

Frühe Biographen des Kronprinzen, aber auch Oskar von Mitis, bezweifelten, ob das Treffen zwischen Rudolf und Clemenceau „zur Geisterstunde" wirklich stattgefunden hätte. Seltsamerweise unternahm Berta Zuckerkandl in ihrer Rezension von Mitis' Buch nichts, um diese Zweifel zu zerstreuen und den Sachverhalt aufzuklären.[31]

Ihre Zurückhaltung hatte jedoch gute Gründe: Clemenceau war damals noch am Leben, und Berta fühlte sich ihm gegenüber zum Schweigen verpflichtet, da der „Tiger" selbst das Treffen nie publik gemacht hatte. Überdies behauptet sie selbst, das Gedächtnisprotokoll ihres Vaters viel später durch Zufall entdeckt zu haben. Erst nach ihrer Emigration aus Österreich, nachdem alle Beteiligten gestorben waren, fühlte sie sich berechtigt, den Inhalt des Gesprächs zu publizieren.

Übrigens ist auch Brigitte Hamann, Autorin der jüngsten Rudolf-Biographie, überzeugt, daß das Treffen, wie beschrieben, stattgefunden hat.

Für Moriz Szeps bedeutet die „gute Partie" seiner Tochter Sophie nur eine kurze Ablenkung von seinen beruflichen Schwierigkeiten. Trotz der einzigartigen Beziehungen ihres Chefredakteurs zu hohen und höchsten Persönlichkeiten im In- und Ausland und einer ausgezeichneten Redaktion ist dem „Wiener Tagblatt" kein kommerzieller Erfolg beschieden. Schon im Gründungsjahr gerät die Zeitung in finanzielle Schwierigkeiten. Genüßlich meldet darüber die deutsche Botschaft in Wien an das Außenministerium in Berlin: „Das Blatt scheint keine Zukunft zu haben, da es bei 14.000 Freiexemplaren nur 8000 Abonnenten zählt."[32]

Nicht daß Moriz Szeps wegen seiner Vorliebe für die hohe Politik die Zeitungsarbeit vernachlässigt hätte. Um Unkosten zu sparen, verfaßt er selbst den Fortsetzungsroman „Das Leben im Grabe". „Das ‚Wiener Tagblatt' braucht einen Romanerfolg", berichtet er darüber seinem Protektor Rudolf, „um sich weiter zu erhalten. Was muß man nicht auf seine alten Tage alles tun."[33]

Im November 1887 ist es soweit, daß Szeps ohne eine kräftige Finanzspritze nicht mehr weiter kann. Wieder interveniert der Kronprinz bei Baron Hirsch, und dieser erklärt sich bereit, weitere 100.000 Gulden vorzustrecken. „Was ich für Ihr Journal thue, das thue ich ganz und gar, um meine Bewunderung für die Persönlichkeit des österreichischen Thronfolgers auszudrücken. Niemand anderer als er wäre im Stande gewesen, mich zu bestimmen, einen Abzug von der Summe zu machen, die bereits für andere Zwecke ihre Verwendung finden sollte", erklärt er Szeps seine Großzügigkeit.[34]

Es gibt aber noch einen anderen Grund, warum Hirsch das „Wiener Tagblatt" finanziell unterstützt. Im Gegensatz zu anderen „jüdischen" Zeitungen Wiens, welche die steigende Flut des Antisemitismus in Österreich am liebsten ignorieren würden, hat Szeps sein Engagement im Kampf gegen die Judenhasser bis zur letzten Konsequenz – im Arrest – unter Beweis gestellt, was dem Baron entsprechend imponiert.

Anfang 1888 glaubt Szeps einen Ausweg aus seiner finanziellen Bedrängnis gefunden zu haben. Er hat erfahren, daß die Aktienmehrheit des „Neuen Wiener Tagblattes", an dem er noch immer mit seinem Herzen hängt, für 700.000 Gulden zu haben sei. Könnte er diese Aktien erwerben, dann wäre es ein leichtes, die beiden Tagblätter zu fusionieren.

Rudolf läßt sich von dieser Idee rasch begeistern und fühlt neuerdings bei Baron Hirsch vor. Dieser winkt jedoch ab. Selbst für den „Türken-Hirschen" sind 700.000 Gulden für ein riskantes Geschäft zu viel.[35]

Von all diesen Schwierigkeiten erfährt Berta Zuckerkandl in Graz sehr wenig. Sie lebt eher zurückgezogen, was wahrscheinlich mehr den Intentionen ihres Mannes als ihren eigenen entspricht. Mit ihrem Vater hat sie, abgesehen von sporadischen Besuchen und Gegenbesuchen, nur brieflichen Kontakt. Und in seinen Briefen läßt Moriz Szeps von seinen Problemen so wenig wie möglich durchsickern. So hört sie nur von den journalistischen Erfolgen, nicht aber den finanziellen Schwierigkeiten des „Tagblattes".

Immerhin erreicht sie es, daß ihr Mann vom Kronprinzen privat empfangen wird. Dieser fragt den Professor, ob es nicht unheimlich sei, in einem Anatomischen Institut zu wohnen, umgeben von Leichen und Skeletten, in einer allgegenwärtigen Atmosphäre des Todes. Der Anatom stellt dies in Abrede. „Nein! Selbst Totenschädel besitzen eine gewisse Schönheit, und bald wird man mit der Idee vertraut, daß der Tod kein Unglück ist, sondern eine notwendige, wundervolle Erfüllung des Lebens." Der Thronfolger zeigt sich äußerst beeindruckt. „Ja, man muß dem Gedanken an den Tod furchtlos ins Auge blicken." Schließlich ersucht er seinen Gast, ihm einen Totenschädel zu schenken.

Zuckerkandl schickt ihm daraufhin einen besonders präparierten Schädel, den der Kronprinz dann – zum Entsetzen seiner Umgebung – auf seinem Schreibtisch plaziert. Bis zu seinem eigenen Tod.

Später ist Berta versucht, aus dieser demonstrativen Handlung Rudolfs einen Schluß zu ziehen: „Wenn man die Sprache der Psychologen gebrauchen wollte, könnte das als Symbol aufgefaßt werden – als Symbol des im Unterbewußten lauernden Todeswunsches, dem Rudolf erlag."[36]

# 5. KAPITEL

## DIE BOTIN DES KRONPRINZEN

Anfang 1888 scheint sich eine große schicksalhafte Wende in der europäischen Politik abzuzeichnen. Im März stirbt der deutsche Kaiser Wilhelm I. im Alter von 91 Jahren – wobei in Wien Georg von Schönerer für einen Skandal sorgt, als seine Schlägertrupps die Redaktionsräume der „jüdischen" „Neuen Freien Presse" verwüsten: die Zeitung hatte den Tod des Kaisers um einige Stunden verfrüht gemeldet.

Wilhelms Sohn Friedrich, mit Victoria Adelaide, einer Tochter der britischen Königin Victoria, verheiratet, gilt als politisches Gegenteil seines Vaters. Er begünstigt die Liberalen, ist den Juden freundlich gesinnt, und hat seine Opposition zur Politik Bismarcks in den vorhergegangenen Jahren keineswegs verhehlt. Auf ihn konzentrieren sich nun die Hoffnungen der in die Defensive gedrängten europäischen Liberalen.

Schon wenige Monate später zerschlagen sich diese Erwartungen. Am 15. Juni 1888 stirbt Friedrich nach einer mißlungenen Kehlkopfoperation. An seine Stelle tritt sein Sohn, der erst 29jährige Wilhelm II., eigenwillig und, nicht zuletzt wegen eines verkümmerten Armes, komplexbeladen.

Der doppelte Herrscherwechsel in Berlin innerhalb eines Jahres hat sogar den „eisernen" Bismarck verunsichert. Er versucht sich nach allen Seiten abzusichern. Auch bei seinen Feinden. Dazu soll ihm eine Verständigung mit dem von ihm verachteten Kronprinzen Rudolf dienen, den er zu einem Treffen mit dem neuen Kaiser in die Reichshauptstadt einlädt.

Von dieser Zusammenkunft im August 1888 kehrt Rudolf in höchster Aufregung nach Wien zurück und läßt sofort seinen Mentor Szeps zu sich kommen. Bei einem vertraulichen Gespräch im Kanzleramt in der Wilhelmsstraße enthüllt er seinem Vertrauten, er hätte von einem perfiden Komplott Bismarcks gegen Frankreich erfahren. Der Kanzler wolle den ehemaligen französischen Verteidigungsminister und noch immer mächtigen General Georges Boulanger zu einem Staatsstreich gegen die Republik provozieren, um danach einen Vorwand für einen Einfall in Frankreich zu haben. Szeps müsse sofort nach Paris fahren, um den gemeinsamen Freund Clemenceau zu warnen.

Zum ersten – und wahrscheinlich einzigen – Mal muß der Journalist dem Kronprinzen eine Bitte abschlagen. Wegen dringender Angelegenheiten seiner Zeitung könne er Wien kurzfristig nicht verlassen. Er schlägt

Rudolf jedoch eine Alternative vor, durch die, wie er meint, die notwendige Geheimhaltung noch besser zu gewährleisten sei. „Kaiserliche Hoheit", eröffnet er Rudolf, „ich werde meinen Schwiegersohn Emil ersuchen, uns meine Tochter Berta zu leihen. Sie ist schon seit langem über unsere Kontakte informiert. Und auch Emil schätzt Clemenceau, der ihn oft im Anatomischen Institut besucht hat. Ja, das ist die Lösung! Wir werden Berta an meiner Stelle mit der Botschaft nach Paris schicken."[1]

Der Kronprinz ist von diesem Vorschlag begeistert, und die unmittelbar Betroffene nicht weniger. Sie befindet sich gerade im Elternhaus, nachdem die Universität Wien – nicht zuletzt auf Empfehlung Billroths – ihren Mann einstimmig zum Professor der Anatomie ernannt hat. Das Grazer Zwischenspiel, das ihr niemals behagt hatte, war damit zu Ende.

Berta läßt alles stehen und liegen – sie ist gerade mit der Übersiedlung beschäftigt – und nimmt den nächsten Zug nach Paris. Im Gepäck ein verschlüsseltes Memorandum ihres Vaters an Clemenceau.[2]

An der Seine erwartet den weiblichen „Kurier des Kronprinzen" allerdings eine persönliche Enttäuschung. Clemenceau zeigt sich über die Botschaft keineswegs erstaunt. Er reagiert eher amüsiert: „Rudolf meint wohl, er hätte Bismarcks Pläne durchschaut. Er ist naiv. Die Warnung, die du mir jetzt überbringst, ist nicht die erste." Und mit Boulanger werde er schon fertig werden.[3]

Also kehrt Berta, in ihrem Selbstbewußtsein etwas getroffen, nach Wien zurück, um sich nun ernsthaft der Übersiedlung aus Graz zuzuwenden.

Dies ist eine Aufgabe, die sie mit Begeisterung auf sich nimmt, handelt es sich doch um ein entscheidendes Avancement ihres Mannes. Die Wiener Medizinische Schule genießt gegen Ende des 19. Jahrhunderts einen in Europa einzigartigen Ruf. Beispiellos ist die Liste der Kapazitäten, die an ihr unterrichten: Theodor Billroth, Hermann Nothnagel, Julius Wagner-Jauregg, um nur einige zu nennen. Dieser illustren Reihe wird sich Emil Zuckerkandl bis zu seinem frühen Tod würdig anschließen.

Der frischgebackene Ordinarius bringt es indes fertig, schon mit seiner Antrittsvorlesung in höchsten Kreisen Mißfallen zu erregen. Kein Geringerer als der Unterrichtsminister wirft ihm persönlich vor, bei seinem Debüt „nicht vorsichtig genug" gewesen zu sein.

Der Anatom kann sich nur wundern: „Nicht vorsichtig? Ich habe einen rein wissenschaftlichen Vortrag gehalten."

„Ich weiß", konzediert der Minister, vom Mangel an diplomatischer Finesse seines Gesprächspartners peinlich berührt. „Aber auch in der Wissenschaft liegen Gefahren. Auf politischem Gebiet. Sie wissen, daß ich Ihre Ernennung beantragt habe, weil Ihr Ruf als Gelehrter mich dazu bewog. Doch jetzt bringen Sie mich wirklich in Verlegenheit. Österreich ist ein streng katholisches Land."

Zuckerkandl versteht noch immer nicht. „Ich bin meines Wissens niemals der katholischen Kirche zu nahe getreten. So etwas liegt mir völlig fern."

„Gewiß. Doch der Klerus muß auch bei fernliegenden Dingen berücksichtigt werden. Sie aber haben in Ihrer Antrittsvorlesung auf die Theorie von Darwin hingewiesen, daß der Mensch vom Affen abstamme. Das beleidigt das Dogma der Kirche auf das äußerste. Die konservative Presse verlangt Ihre Absetzung."

„Exzellenz, wozu wird dann in einem Land wie Österreich ein anatomischer Lehrstuhl errichtet? Da hätte man lieber noch eine Kirche bauen sollen. Sollen die Herren beschließen, was ihnen paßt. Ich werde lehren und forschen, wie ich es für richtig halte. Ich empfehle mich, Exzellenz."[4]

Zuckerkandl wird natürlich nicht entlassen, und auch die Aufregung um seine Antrittsvorlesung ist rasch vergessen.

Ungelöst bleibt allerdings die Frage eines Domizils für die „Heimkehrer", das einigermaßen ihrem Geschmack und finanziellen Mitteln entspricht. Nach einigen unbefriedigenden Angeboten übernimmt Berta bei der Suche die Initiative, während ihr Mann froh ist, sich wieder ausschließlich der Wissenschaft widmen zu können.

Wie sie schließlich zu ihrem Traumhaus kommt, ist der Gegenstand einer sehr merkwürdigen Geschichte, die sie in ihrem Tagebuch notiert: „Eines Nachts hatte ich einen seltsamen Traum. Nach langem Suchen hätte ich ein Haus gefunden. Ein wundervolles Haus. Es stand in einer Straße, die ‚Nußwald' hieß, von der ich niemals etwas gesehen oder gehört hatte. Ein schönes altes Haus mit großen Zimmern. Ich erinnere mich, daß ich im Traum durch diese Zimmer wanderte und durch eine kleine Halle in einen großen Garten trat. Ein wunderbarer Rasenplatz war von großen Nußbäumen umgeben. Als ich aufwachte, war ich tief enttäuscht und ich wußte, daß ich wieder einmal tagelang auf Haussuche gehen mußte."[5]

An jenem Tag beschließt Berta, ihre Suche auf Döbling, „eine ziemlich entlegene Vorstadt", zu konzentrieren. Dazu benötigt sie einen Fiaker, und da das Wetter schön ist, schlägt ihr der Kutscher vor, eine etwas längere, aber dafür landschaftlich schönere Route einzuschlagen. „Wir waren kaum eine Viertelstunde gefahren, als wir eine Straße passierten, die mir sonderbar bekannt war. Woher, wieso, das konnte ich nicht entdecken, denn ich wußte ganz bestimmt, daß ich noch niemals durch diese Straße gefahren war."[6]

Vom Kutscher erfährt sie erstmals den Namen der Straße, oder, besser gesagt, der Gasse. Es ist die Nußwaldgasse. Und plötzlich sieht sie jenes Haus vor sich, von dem sie in der Nacht zuvor geträumt hat.

Ohne eine Sekunde nachzudenken, welchen seltsamen Eindruck ihr Vorgehen erwecken könnte, springt sie aus dem Wagen, geht zum Tor des

Hauses und zieht am Glockenstrang. Die Hausfrau öffnet, und Berta fragt ohne jegliche Einleitung, ob das Haus zu vermieten sei. Die Dame des Hauses scheint überrascht und betroffen. Erst tags zuvor, eröffnete sie der Besucherin, hätte sie den Entschluß gefaßt, sich von ihrem Haus zu trennen.[7] Berta beschließt, das Haus nicht zu mieten, sondern zu kaufen. Das heißt: Emil Zuckerkandl kauft die Villa, nachdem ihn seine Frau, wahrscheinlich nicht zum ersten- und sicherlich nicht zum letzten Mal, vor vollendete Tatsachen gestellt hat.

Es erweist sich als glücklicher Entschluß. Berta Zuckerkandl wird bis 1916 in der Nußwaldgasse wohnen. In den zwanziger Jahren wird das Haus, inzwischen schon recht baufällig geworden, abgerissen und durch eine neue Villa ersetzt, der auch ein Teil des schönen Gartens zum Opfer fällt. Vor dem Haus steht noch heute ein uralter Baum, der inzwischen zu einem Naturdenkmal erklärt wurde. Es ist allerdings kein Nußbaum.

Nach dem Ersten Weltkrieg, also etliche Jahre nachdem sie aus der Nußwaldgasse ausgezogen war, erzählt Berta einem Freund, dem berühmten Schriftsteller Arthur Schnitzler, die Geschichte ihres Traumhauses. Dessen Deutung verdient es, festgehalten zu werden: „Stellen Sie sich einen Film vor, der rückwärts abläuft... Anders ist dieser Traum nicht zu erklären."[8]

Es fragt sich, wie Sigmund Freud den Traum gedeutet hätte. Denn auch er zählt später zu jenem großen Bekannten- und Freundeskreis, der sich im Laufe der Jahre um die Zuckerkandls versammelte.

Die Freude über die Rückkehr nach Wien ist indes kurz bemessen. Sie wird überschattet von den wachsenden Schwierigkeiten, die sich zu jener Zeit um das Haupt des Kronprinzen Rudolf zusammenbrauen, und die bereits unübersehbar an dessen labilem Gemüt zehren.

Gegen Ende 1888 schreibt Rudolf geradezu prophetisch an Moriz Szeps: „Unheimlich ist die Stille, wie die Stille vor einem Gewitter."[9]

Szeps stimmt mit dieser Beurteilung der Lage überein, wenngleich er mit den privaten Hintergründen nur teilweise vertraut ist. Aber er versucht, wie immer in jener Periode, den Thronfolger aufzumuntern. „Das abgelaufene Jahr wird in der Geschichte als ein Pompe funebre figurieren. Mehr war es nicht. Aber das ist unter Umständen auch genug. Denn wenn das Morsche und Alte weggeschafft wird, um Frischem und Jungem Platz zu machen, so ist das ein Akt der Erneuerung und Verjüngung, welcher für die Welt notwendig ist. Diese Pompes funebres von 1888 haben indes nicht viel verjüngt und erneuert und wirklich unheimlich ist die Stille, welche über Europa lagert. Was wird daraus werden? Wann werden in den Wetterschlägen des Schicksals jene Entscheidungen fallen, welche den Anfang einer neuen Zeit bilden?"[10]

Diese neue Zeit wird Rudolf nicht mehr erleben. Alsbald überstürzen sich die Ereignisse, die schon im Jänner 1889 in der Tragödie von Mayerling münden.

Moriz Szeps ist in den letzten Akt des Dramas am Rande involviert. Bei einer großen Soiree des Prinzen von Reuss, des deutschen Botschafters in Wien, brüskiert Kaiser Franz Joseph seinen Sohn vor der gesamten Gesellschaft. Dieser zieht sich fluchtartig in seine Gemächer zurück und ruft sofort nach Moriz Szeps. Als dieser eintrifft, findet er den Thronfolger in unbeschreiblicher Aufregung vor. „Der Kaiser hat mich vor aller Welt entwürdigt, beschimpft. Nun sind alle Bande zwischen ihm und mir zerrissen. Nun fühle ich mich frei."

Vergeblich bemüht sich Szeps, den Kronprinzen einigermaßen zu beruhigen. Er versucht es noch einmal, am folgenden Tag. Wieder vergeblich. Noch einmal versichert ihm Rudolf: „Von nun ab – hören Sie, Szeps –, von nun ab sind alle Fesseln, Pflichten, Bedenken von mir abgefallen."[11]

In diesem entscheidenden Konflikt mit dem Kaiser sahen Moriz Szeps und seine Tochter damals – und sie haben ihre Meinung auch später nicht geändert – den eigentlichen und entscheidenden Anstoß für den Selbstmord Rudolfs. Die Liebesaffäre mit der kleinen Mary Vetsera hielten beide nur für eine, wenn auch schicksalsschwere, Randerscheinung. Berta war auch überzeugt, daß Rudolf und Mary erst 14 Tage vor ihrem gemeinsamen Tod intim wurden.

Für die Familie Szeps hieß der eigentliche Schuldige Franz Joseph. „Rudolf starb an Österreich", verzeichnete Berta viel später in ihren Erinnerungen. „Weil er an dessen Zukunft verzweifelte. Er starb an seines Vaters starrer Despotie. Er starb, weil er die Freiheit liebte und nur Unterdrückung sah. Er starb, weil er in wahrhaft prophetischer Art den Zerfall seines Landes ahnte."[12]

Nicht alle Österreicher betrauerten den verstorbenen Kronprinzen. Klerikale und Großdeutsche waren eher erleichtert. Besonders letztere, die ihre Erleichterung offen zur Schau trugen. Die Gefahr eines außenpolitischen Kurswechsels, weg vom Bündnis mit dem Deutschen Reich, war abgewendet. Und einige Antisemiten mochten hoffen, daß der Tod des Kronprinzen auch das politische Ende des Moriz Szeps nach sich ziehen werde. Daß sich der Kaiser an dem Zeitungsmann rächen werde.

Derartige kleinliche Gedanken waren dem Kaiser indes fremd. Und auch Moriz Szeps bewies neuerlich seine Loyalität gegenüber dem Kaiserhaus unter schwierigsten Umständen. Er übergab dem Hof alle Dokumente und Briefe aus seinem Besitz, die Rudolf betrafen.

Erst gegen Mitte der zwanziger Jahre unseres Jahrhunderts recherchiert Rudolfs erster wirklich seriöser Biograph, Oskar Freiherr von Mitis, nach diesen Dokumenten im österreichischen Staatsarchiv, und muß resignierend feststellen, daß just die wichtigsten Papiere verschwunden sind.[13]

# 6. KAPITEL

## FEHDE MIT KARL KRAUS

Mit dem Tod des Kronprinzen bricht eine Welt – oder, besser gesagt, eine Traumwelt – für Moriz Szeps zusammen. Es ist ein psychologischer Schlag, von dem er sich nie völlig erholt.

Seine Tochter zeigt sich gerade in dieser kritischen Situation flexibler und widerstandsfähiger. Was auch verständlich ist, da ihr Rudolf nie soviel bedeutete wie ihrem Vater. Sie wendet sich eine Zeitlang bewußt von der hohen Politik ab und widmet sich um so intensiver der kulturellen und sozialen Sphäre. Und natürlich auch dem gesellschaftlichen Leben, denn Berta Zuckerkandl war immer ein äußerst geselliger Mensch.

Sie glaubt sogar, just in jener tristen Situation einen neuen Anfang erspähen zu können. „Der gewaltsame Tod des Kronprinzen, das vollständige Versickern des Liberalismus, eine immer stärker auftretende Reaktion in allen Dingen, die mit Kunst und Kultur zusammenhingen, ja ein gewisses Schildbürgertum, das den Menschen Scheuklappen anlegte und jeden geistigen Aufschwung verhinderte, gab Wien für eine kurze Zeitspanne das alternde, leere Antlitz einer verblühten Schönen. Aber es erwies sich, wie immer erst im Rückblick, daß es eine Übergangszeit war. Unter der Decke dieser Apathie sprießten bereits kostbare Keime. Und wie das herrliche Schauspiel der Natur Europa einen gemeinsamen Frühling schenkt, so gibt es auch – und dies ist eine wunderbare Erkenntnis – stets einen gemeinsamen Frühling geistiger Wiedergeburt."[1]

Und sie ist fest entschlossen, diese geistige Wiedergeburt in ihrer neuen Umgebung, im Traumhaus in der Nußwaldgasse, mit allen ihren Kräften zu fördern.

Vorerst muß sie jedoch, aus rein privaten Gründen, recht behutsam vorgehen. Emil Zuckerkandl hat zwar einen großen Freundeskreis, aber es sind in erster Linie Kollegen. Er ist aber momentan an allzuviel Geselligkeit – und sei sie noch so hochgeistig – nicht besonders interessiert. Sein Um und Auf ist das epochale wissenschaftliche Werk, mit dem er sich zu jener Zeit pausenlos befaßt. Es behandelt das sogenannte „chromaffine System", ein vom zentralen Nervensystem ausgehendes Gewebe, das von entscheidender Wichtigkeit für die Regelung des Blutdruckes im menschlichen Körper ist.

Wenn Emil Zuckerkandl an diesem Werk arbeitet, vergißt er sogar seine

Familie. Was seine Frau nur zu gut versteht und entschuldigt. „Dieser Zustand hatte nichts Bedrückendes oder Beleidigendes an sich. Im Gegenteil: es war, als schwebte der große Gelehrte über alles Irdische empor in höhere Regionen – ein Zustand der Euphorie, in welcher sich manchmal Menschen befinden, die einem großen Ziel zuschweben."

Endlich ist das Ziel erreicht, das Werk vollendet. Nur Berta bleibt auf dem Boden der Realität. Sie meint, ihr Mann müsse jetzt den Profit aus seiner Arbeit ernten. „Da ich in meiner Jugend an ein gewisses Wohlleben gewöhnt war, konnte ich mich schwer mit unserem neuen Lebensstandard abfinden", beklagte sie den mangelnden Geschäftssinn ihres Gatten.

Dieser läßt sich jedoch nicht beeinflussen. „Wenn ich immerfort daran denken soll, wie ich mit meiner Arbeit möglichst viel Geld verdienen kann", kontert er, „wäre ich gleich lieber Börsianer geworden."

Berta findet sich damit ab: „Nach und nach lernte ich Sparen und Wirtschaften."[2]

Dabei war Emil Zuckerkandl alles, aber nur kein weltfremder Gelehrter in einem Elfenbeinturm. Auch wenn er nicht immer – und nicht sofort – bereit war, die Geselligkeit seiner Frau zu unterstützen, so war er das, was man heute einen „Bürgerrechtskämpfer auf akademischem Boden" nennen würde. Und das ohne jegliche politische Ambition.

So setzte er sich an der Wiener Universität von Anfang an energisch für die Zulassung von Frauen zum Hochschulstudium ein, besonders an seiner eigenen, medizinischen Fakultät.

Seine älteren Kollegen sind vorerst entsetzt. So bemängelt der Dekan der medizinischen Fakultät allen Ernstes, Zuckerkandl hätte doch als Anatom genau wissen müssen, daß das weibliche Gehirn weniger entwickelt sei als das männliche. Dieser antwortet ungerührt: „Natürlich weiß ich das. Aber ich weiß auch, daß von hundert männlichen Studenten, die ich prüfe, 97 absolute Esel sind. Und so ist zu erwarten, daß auch nicht mehr als 97 von hundert weiblichen Studenten vollkommene Gänse sein werden."[3]

Der Kampf ist schließlich von Erfolg gekrönt. 1897 werden Frauen in Wien zum Medizinstudium zugelassen.

Zuckerkandl zögerte ebensowenig, gegen die geheiligten Vorurteile seiner Zeit – und auch einer späteren, unseligen Epoche – mutig zu Felde zu ziehen. So berief er sich in einem Vortrag zur Frage der Abstammung und Vererbung auf seine eigenen anthropologischen Studien in der – damals österreichischen – Krain und in der Untersteiermark. Dabei stellte er fest, daß der sonst schlechthin als germanisch geltende hellhaarige, hellhäutige und schlankwüchsige Typ überwiegend bei der slowenischen Bevölkerung auftrete, dagegen der als „slawisch" angesehene Typus mit dunklen Augen und Haaren sowie gedrungenem Körperbau besonders beim deutschen Bevölkerungsanteil auftrete.

Und anläßlich einer Vorlesung über die Rassentheorie versicherte er, „daß wir weder wissen wie die germanische noch wie der semitische Urtypus beschaffen war. Wir wissen nicht, wie die Leute früher ausgesehen haben".[4] Diese außerordentliche Zivilcourage imponierte sogar einem Zeitgenossen, welcher der Familie Szeps-Zuckerkandl nicht gerade freundlich gesinnt war, dem Wiener Literaten Karl Kraus. „Nun sind jene aufs Haupt geschlagen, denen es immer genügt hat zu wissen, wie die Leute jetzt aussehen", schrieb er in seiner „Fackel".[5]

Trotz des Vorranges, den Emil Zuckerkandl seiner wissenschaftlichen Arbeit einräumt, gelingt es seiner Frau im Laufe der Jahre – man schreibt jetzt Anfang der neunziger Jahre –, ihren Mann mehr und mehr für ihre eigenen kulturellen Aktivitäten zu gewinnen. Und bald wird er ein ebenso beherzter Kämpfer für die moderne Kunst – oder das, was man damals als „modern" ansah – wie seine Gattin.

Das gastliche Haus in der Nußwaldgasse wird mit der Zeit zu einer Art Treffpunkt der Wiener künstlerischen und literarischen Avantgarde sowie deren Sympathisanten in den Reihen der Wissenschaftler. Zu den häufigsten Gästen zählen die Mediziner Julius Wagner-Jauregg und Richard Krafft-Ebing, der Schriftsteller Hermann Bahr sowie der allzeit getreue Alexander Girardi. Später stoßen noch die bildenden Künstler und Architekten der Secession und des Jugendstils zum Kreis der Zuckerkandls.

Besonders stolz ist Berta auf die häufigen Besuche des Walzerkönigs Johann Strauß. Sie trägt diesen Stolz so offen zur Schau, daß sie ihre Freunde necken, der große Komponist käme eigentlich nicht zu ihr, sondern zu ihren herrlichen Nußbäumen, von denen er sich inspirieren lasse.

In den neunziger Jahren macht die Hausfrau in der Nußwaldgasse auch die Bekanntschaft des jungen Sigmund Freud. Dieser hat aber für Geselligkeit überhaupt nichts übrig und zieht sich lieber in die Räume des Anatomischen Instituts seines Freundes Zuckerkandl zurück, wo er auch Berta kennenlernte. Aber er wird nie ein richtiges Mitglied der „Clique".

Neben ihren gesellschaftlichen Kontakten kommt Berta Zuckerkandl noch ein weiteres, damals noch ungewöhnliches Kommunikationsmittel zugute: das Telefon. Der Fernsprecher wird bald für sie unentbehrlich. Die Höhe ihrer Telefonrechnungen läßt sich nicht mehr ermitteln, muß aber beträchtlich gewesen sein. Schließlich entschließt sie sich sogar, neben ihrem normalen Tagebuch ein „Telefontagebuch" anzulegen, in dem sie den Inhalt ihrer Gespräche nachträglich aufzeichnet.

Einige jener Freundschaften, die sich in den neunziger Jahren anbahnen, dauern ein Leben lang an. Etwa jene zwischen Berta und dem Schriftsteller Arthur Schnitzler. Dabei hatte gerade diese Bekanntschaft unter eher ungünstigen Vorzeichen begonnen.

Der Vater des Schriftstellers war Professor der Laryngologie und die

Zuckerkandls waren öfters bei ihm zum Nachtmahl eingeladen. Einmal verzögert sich jedoch das Abendessen, weil die Hausfrau offensichtlich ebenso nervös wie vergebens auf einen weiteren Gast wartet. Als man schließlich wohl oder übel zu Tisch geht, bleibt just der Sessel neben Berta leer. Erst nach der Vorspeise erscheint der verspätete Gast. „Ein auffallend hübscher, junger Mann, sehr elegant", berichtet Berta postwendend ihrer Schwester Sophie in Paris. „Eine Locke fällt ihm in die Stirn. Die Augen sehe ich nicht, denn er hat die Lider gesenkt. Eine kühle Verbeugung, dann setzt er sich zu mir. Es ist der Sohn des Hauses, Arthur Schnitzler. Das ist alles, was ich zunächst von ihm weiß, denn nicht ein Wort, kein einziges, hat er an mich gerichtet. So was ist mir noch nie passiert. Natürlich wende ich mich nach links zu meinem anderen Nachbarn, einem friedlichen Professor, und langweile mich tödlich. Die Stimmung ist überhaupt gedrückt. Man atmet auf, als die Hausfrau sich erhebt."

Während des schwarzen Kaffees zieht sich der alte Professor Schnitzler mit Emil Zuckerkandl kurz in ein Nebenzimmer zurück. Danach verabschieden sich die Gäste. Kaum auf der Straße, explodiert Berta: „Eine schöne Gesellschaft. Nicht um die Welt gehe ich noch einmal in dieses Haus. Dieser unartige junge Mann – das ist doch ein Taubstummer. Zum Schluß habe ich ihm schon sagen wollen: ‚Bitte, jetzt sprechen wir einmal von etwas anderem.'"[6]

Emil Zuckerkandl ist nicht empört wie seine Frau, sondern amüsiert, und er klärt sie unverzüglich über die Hintergründe der gespannten Stimmung im Hause Schnitzler auf. Eine halbe Stunde vor dem Diner hatte es einen heftigen Auftritt zwischen Vater und Sohn gegeben. Der junge Schnitzler hätte Nachfolger seines Vaters in dessen laryngologischer Klinik werden sollen. Einige Tage zuvor hatte er jedoch dem alten Professor eröffnet, daß er die Medizin an den Nagel hängen und lieber Stücke schreiben wolle. Er sei tief unglücklich, wenn er seinen Beruf als Arzt ausüben müsse, aber himmlisch glücklich, wenn er dichten könne.

Schnitzler senior ist entsetzt, aber trotzdem verständnisvoll. Er bittet seinen Sohn lediglich um eine Probe seiner literarischen Werke. Dieser übergibt ihm zwei Theaterstücke. Professor Schnitzler ist nebenbei Theaterarzt und daher mit vielen Schauspielern befreundet. Ohne Arthur etwas davon zu erzählen, übergibt er dessen Stücke dem Burgtheatermimen Sonnenthal zur Lektüre.

Eine Stunde vor dem mißlungenen Diner im Hause Schnitzler war die Antwort Sonnenthals eingetroffen. Arthur Schnitzler, urteilte der Schauspieler, sei als Schriftsteller völlig unbegabt.

Der junge Autor wollte sich jedoch dem Urteil des Älteren nicht beugen. Dies war der Grund des Familienkonflikts.

Damit ist die Kontroverse aber noch nicht zu Ende. Berta Zuckerkandl erfährt von dem unerwarteten Happy-End erst einige Wochen später, als sie ein anderer Freund des Hauses, Burgtheaterdirektor Max Burckhard, anruft: Das führende Theater des deutschen Sprachraums hat das Stück „Liebelei" aus der Feder des „völlig untalentierten" Arthur Schnitzler angenommen. „Was wird Sonnenthal dazu sagen?" will Berta daraufhin wissen. Burckhard lacht: „Was er sagen wird? Da ich ihm die Hauptrolle gebe, wird er im Brustton der Überzeugung tremolieren: ‚Ich habe ja immer gesagt... Arthur ist ein Genie!'"

Emil und Berta Zuckerkandl haben nun das Vergnügen, der Premiere der „Liebelei" in der Direktionsloge beizuwohnen. Es wird ein erfreulicherer Anlaß als das erste Zusammentreffen bei Professor Schnitzler.

Es wird sogar noch mehr als bloß ein großer Theaterabend. Arthur Schnitzler hat eine neue Gestalt in der typisch österreichischen Literatur kreiert: „das süße Wiener Mädel".

Aber nicht nur der Autor, auch Direktor Burckhard sonnt sich in den Strahlen des Premierenerfolges: „Es kommt im Leben eines Theaterdirektors wohl nur einmal vor, daß er ein dramatisches Genie entdeckt und gleich mit dessen Erstlingswerk diesen phänomenalen Erfolg erringt Die Götter werden mir das nicht so bald verzeihen, dieses neidische Gesindel. Vorläufig genieße ich aber Schnitzlers Triumph, der auf mich zurückstrahlt."[7]

Bertas eigene Begeisterung geht noch viel weiter: „Von hier geht für das moderne Theater ein ebenso neues Sein aus wie von Ibsen", meldet sie voll Pathos ihrer Schwester Sophie über den Theaterabend.[8]

Der Mann aber, der Schnitzlers Opus trotz Sonnenthals vernichtendem Urteil an das Burgtheater gebracht hat, gehört ebenfalls zum Kreis in der Nußwaldgasse. Es ist der Schriftsteller und Kritiker Hermann Bahr, mit dem die Zuckerkandls damals besonders eng befreundet sind. Bahr war 1894 nach drei Jahren in Berlin und Paris nach Wien zurückgekehrt, und er ist ebenso wie Berta in den Bann der Seine-Metropole und ihrer künstlerischen Welt geraten. Wie überhaupt der französischen Lebensart. Österreich dagegen scheint ihm verschlafen. „Wien schnarcht", verkündet er Berta gleich bei ihrem ersten Telefongespräch nach seiner Heimkehr – nachdem er die Dame des Hauses durch seinen Anruf zu unheiliger Morgenstunde aus dem besten Schlaf geschreckt hat. „Aber ich werde Wien wachbeuteln, das schwöre ich bei Gott. Obwohl Gott diesen Schwur wahrscheinlich nicht zur Kenntnis nimmt, denn er schnarcht ja auch."

Blasphemische Scherze dieser Art können Berta nicht schockieren. Viel zu sehr freut sie sich über die Heimkehr eines alten Freundes und erwartet seine Berichte aus der momentan schmerzlich vermißten Pariser Welt.

Bahr hatte an der Seine den Kampf der neuen Kunstrichtung – eines Manet, Renoir, Monet, Degas, Lautrec, Cézanne, Gauguin und Van Gogh –, den seine Freundin nur sporadisch und zumeist aus der Distanz hatte wahrnehmen können, bis zum großen Durchbruch miterlebt. Er war mit Rodin, Bertas Idol, oft zusammengetroffen, stand im Banne Emile Zolas und hatte Marcel Proust in dessen Anfängen entdeckt.

Was aber die Frau Professor an Bahr besonders zu schätzen weiß, ist sein Österreichertum – erkämpft auf einem langen Marsch vom deutschnationalen Couleurstudenten zum bewußten Patrioten. Für Berta ist der Schriftsteller der „österreichische Mensch" schlechthin. Sein Ziel ist es, die „österreichische Kultur als des Deutschtums schönste Blüte" auferstehen zu lassen.

Bald schart er um sich eine Gruppe junger Schriftsteller, die sich „Jung-Wien" nennt, und zu deren Protagonisten der blutjunge Hugo von Hofmannsthal – mit dem sich Berta allerdings erst viele Jahre später anfreundet –, Richard Beer-Hofmann, Peter Altenberg und auch Arthur Schnitzler zählen.

„Jung-Wien" und besonders sein „Prophet" Hermann Bahr sind in der Wiener literarischen Szene nicht unumstritten. Zu ihren härtesten Kritikern zählen nicht nur das traditionelle „Establishment", sondern auch der bereits erwähnte Karl Kraus, der eine Fehde vom Zaun bricht, die über Jahrzehnte andauern wird.

In der „Fackel" schießt sich Karl Kraus aus allen Rohren auf Bahr und dessen Anhänger ein, wobei er sich über alle Grenzen der Fairneß hinwegsetzt. „Die Kritik hat er – Bahr – längst für sich. Nun muß er trachten, auch das Publikum für sich zu gewinnen. Wie wirkt man auf die Premierengäste des Deutschen Volkstheaters? Man ist entweder ein wirksamer Dramatiker oder ein wirksamer Freimaurer. Als Herr Bahr für das Theater zu schreiben begann, entschloß er sich natürlich für das zweite. Daß er einst als antisemitischer Couleurstudent sein Unwesen getrieben hat, ward ihm dabei nicht angerechnet. Viel mehr Beachtung fand die Tatsache, daß er später sich geweigert hat, einen Aufruf für das Anzengruber-Denkmal zu unterzeichnen, weil Anzengruber Antisemit gewesen sei. Mit welcher seiner Weltanschauungen sollte Herr Bahr es unvereinbar finden, Logenbruder zu werden? Jetzt kann er wenigstens nicht mehr, wie ehedem, ganz durchfallen."[9]

Da Berta Zuckerkandl zu den Freunden und Bewunderern Bahrs zählt und diesen energisch verteidigt, schließt sie Kraus zwangsläufig in seine Attacken ein. „Das große gemeinsame Erleben", ätzt er einige Jahre später, „das die Zuckerkandl und den Bahr verband, war hauptsächlich das Glück, gleichzeitig auf Olbrichschen Stühlen zu sitzen."[10] Und als Bahr einmal zu Berta, die er seine „Concordia" nennt, sagt, sie sei „aus derselben Gegend wie meine Seele", kontert der bissige Literaturpapst postwendend: „Nämlich aus der Gegend zwischen Linz und Kolomea." Bahr stammte aus Linz, „Kolomea" ist ein antisemitischer Seitenhieb des Juden Kraus auf die ostjüdische Herkunft der Familie Szeps.[11]

Die Attacken des blutjungen und ehrgeizigen Kraus können den schon einigermaßen etablierten Kreis in der Nußwaldgasse nicht aus dessen arkadischer Ruhe bringen. Nach Angaben ihrer überlebenden Freunde und Verwandten hat sich Berta Zuckerkandl zwar über die dauernden Attacken in der „Fackel" geärgert, sie dachte aber niemals im Traum daran, den Autor zu klagen.

Für Unruhe im Hause Zuckerkandl sorgt indessen Alexander Girardi. Der Volksschauspieler befindet sich zu jener Zeit auf dem absoluten Gipfel seines Ruhmes, und gerade daran droht seine Karriere, wenn nicht sein Leben, zu zerbrechen.

Die dramatische Entwicklung beginnt mit einer Aufführung des „Zigeunerbaron" von Johann Strauß, in dem Girardi die Rolle des Schweinezüchters Szupan kreiert hatte.

In einer Parterreloge sitzt die Schauspielerin Helene Odilon. „Die Odilon" ist damals der Toast der Wiener Gesellschaft, die sie, trotz ihrer preußischen Herkunft, im Sturm erobert hat.

Girardi erblickt sie von der Bühne, schickt ihr Blumen, verliebt sich in sie – und ist verloren. Alles innerhalb weniger Tage. Als erster vertraut er sich seiner „Beichtmutter" Berta Zuckerkandl an. Diese erschrickt und bemüht sich, den Schwärmer etwas einzubremsen. „Die Odilon? Oh Radi..." Aber da ist nichts mehr zu machen. „Radi" läßt sich nicht bremsen. „Und wenn die Odilon aus der Hölle käm', mir ist sie das Paradies", wischt er alle klugen Einwände vom Tisch. „Berta, ich heirat' sie. Sie ist auch ganz verrückt nach mir."[12]

Und so geschieht es. Doch es kann natürlich nicht gut ausgehen. Vielleicht hat der berühmte Girardi der Odilon am Anfang wirklich gut gefallen. „Wenn ja, so in einem Anfall von Sinnlichkeit"[13], notiert Berta mit einem Anflug von Prüderie, die ihr eigentlich fremd ist. Aber schon in den Flitterwochen betrügt sie den Ahnungslosen mit einem feschen Galan.

Ahnungslos bleibt er allerdings nicht lange. Die Odilon treibt es zu offen. Anonyme Briefe treffen ein und machen ihn argwöhnisch. Eifersuchtsszenen, in denen „die Fetzen fliegen", und tränenreiche Versöhnungen wechseln einander in atemberaubendem Tempo ab.

Die Odilon streitet vorerst alles ab. Ihr Mann will es glauben, kann es aber nicht. Er ist kaum noch in der Lage, anständig Theater zu spielen. Von einer Probe rast er plötzlich davon, das entsetzte Ensemble hinter sich lassend. Er eilt nach Hause und durchwühlt den Schreibtisch seiner Frau. Auf einem Bogen Löschpapier entdeckt er ihre Schriftzüge. In einem Spiegel kann er sie entziffern: „Erwarte Dich heute Abend um acht Uhr. Der Idiot spielt. Er kann mir nicht nachspüren."[14]

Das kann er tatsächlich nicht, denn auch er weiß: Die Aufführung muß stattfinden. „The show must go on!" würde man heute sagen.

In der Folge verfällt der Wiener Publikumsliebling von Tag zu Tag. Selbst auf den Brettern, die seine Welt bedeuten, droht sein Zauber zu erlöschen. Er selbst bemerkt es vor den anderen und beginnt in der Garderobe Kokain zu schnupfen, das man ihm zur Behandlung einer Halsentzündung verschrieben hat. Das kann auch seinen Kollegen auf die Dauer nicht entgehen, und sie wenden sich hilfesuchend an Berta Zuckerkandl. Erstens, weil sie noch am ehesten Girardi beeinflussen kann, und zweitens, weil sie mit einem Mediziner, wenn auch einem Anatomen, verheiratet ist.

Was tut Berta daraufhin? Sie greift zum Telefon und macht sich erbötig, zu Girardi zu kommen. Brüsk, wie es sonst gar nicht seine Art ist, lehnt dieser jedes Hilfsangebot ab. „Ausgeschlossen! Niemand kann in meine Wohnung. Ich hab' die Klingel ausgeschaltet und mich noch dazu in meinem Zimmer eingeschlossen. Jetzt kann sie mit ihrem Amanten im Bett liegen, wo es ihr paßt. Aber nicht bei mir. Ich habe einen geladenen Revolver – ich schieß' sie nieder mitsamt ihren Amanten."[15]

Und er legt den Hörer auf. Zurück bleibt eine ernsthaft besorgte Freundin. Sie denkt einige Minuten lang nach und ruft dann den Psychiater Wagner-Jauregg an. „Was tut man, wenn ein Nervenkranker, ein Kokainist, sich in seinem Zimmer einsperrt und einen geladenen Revolver bei sich hat?"

„Da muß größte Vorsicht angewendet werden. List, niemals Gewalt. Um wen handelt es sich?"

„Um Girardi!"

„Oh, das tut mir leid. Ich stehe ganz zur Verfügung. Aber, wie gesagt: abwarten."[16]

Bevor die Samariterin wider Willen etwas unternehmen kann, läutet bei ihr neuerlich das Telefon. Am anderen Ende der Leitung meldet sich – zu Bertas maßloser Überraschung – niemand anderer als Helene Odilon. Aus dem Hotel Sacher. Sie ist ausgezogen, wie sie sagt, weil sie sich ihres Lebens nicht mehr sicher fühlt.

Mit derartiger Theatralik kommt die Odilon vielleicht bei ihren Liebhabern, nicht aber bei Berta Zuckerkandl an. Dieser ist das Leben der Schauspielerin gleichgültig. Ihr geht es nur darum, Girardi vor sich selbst – und seiner Frau – zu retten. Dazu, meint sie, müsse der Schauspieler einige Wochen lang in ein Sanatorium. Die Antwort der Odilon läßt sie aufhorchen: „In ein Sanatorium? Damit er am nächsten Tag zurückkommt und mich erschießt? Ins Irrenhaus muß er – denn da gehört er hin!"

„Um Himmels willen, das ist doch nicht Ihr Ernst?"

Der Odilon ist es ernst: „Eben habe ich mit dem Polizeipräsidenten gesprochen und ihm erklärt, daß mein Leben bedroht ist. Er wird Girardi festnehmen lassen. Nur verlangt er eine ärztliche Parere."

„Kein Arzt wird sich finden, denn diese niederträchtige Lüge..."

„Sie irren. Beweis, daß es keine Lüge ist: Mein Theaterarzt, der einige Szenen zwischen mir und Girardi beigewohnt hat. Er bestätigt seine Unzurechnungsfähigkeit. Jetzt wartet schon ein Ambulanzwagen, um ihn abzuholen, den Irrsinnigen."

Das ist für Berta zuviel: „Ich kenne Sie nicht mehr, Frau Odilon."[17]

Sie weiß, daß sie jetzt sehr schnell schalten muß, will sie Girardi vor dem Irrenhaus retten. Und sie tut genau das Richtige. Instinktiv weiß sie, daß gegen die unheilige Allianz von Polizeipräsidenten und Helene Odilon nur eine Person helfen kann: Girardis ehemalige Busenfreundin Katharina Schratt.

Die Freundin des Kaisers zählt nicht zu ihrem engeren Bekanntenkreis, aber sie kennt sie gut genug, um sie persönlich anzurufen. Und überdies ist ihre eigene „Nichte" Roserl[18] bei Katharina Schratt als Gesellschafterin angestellt.

Roserl ist es auch, die die Herrin des Hauses alarmiert. Doch diese zeigt sich eher reserviert, als sie hört, daß es um Girardi geht. „Was ist los?" will sie wissen, offensichtlich noch immer beleidigt, weil sich Girardi über ihre Trennung, Jahre zuvor, so rasch hinweggetröstet hatte.

„Eine Tragödie!" fleht Berta sie an. „Girardi wird von der Odilon zum Selbstmord getrieben. Sie will ihn in das Irrenhaus bringen. Der Polizeipräsident selbst steht zu ihren Diensten. Wenn Sie nicht intervenieren..."

„Ich? Intervenieren? Recht geschieht ihm! Er hat sich an eine Dirne weggeworfen."

Berta hat aber noch ein überzeugendes Argument auf Lager: „Soll man der Odilon den Triumph lassen, daß sie sogar über die Polizei gebieten kann?"

Dieser rhetorische Pfeil trifft ins Schwarze: „Das ist wahr. Diese freche Person! Was glaubt sie denn... Leut' einsperren lassen, wie es ihr paßt... Ja, Recht haben Sie, der werden wir's zeigen."

Worte des Dankes lehnt die Schratt ab: „Den Girardi will ich nie mehr sehen. Der soll mir nicht vor die Augen. Aber ich will das Möglichste tun.[19]

Die erste Schlacht ist damit gewonnen. Nun geht es aber darum, Girardi dem Zugriff der Polizei zu entziehen, bis Katharina Schratt beim Kaiser intervenieren kann.

Neuerlich ruft Berta bei Girardi an. Dieser hat inzwischen den Polizeiwagen vor seinem Haus entdeckt, denkt nicht an Selbstmord, sondern nur an Flucht. Aber wie soll er den Häschern entkommen? Sein Haus hat nur einen Ausgang.

Wieder weiß seine Freundin Rat. „Der Modesalon Madeleine im ersten Stock. Die Ateliers sind im Nebenhaus, aber sie sind mit dem Salon verbunden. So kannst du über die andere Stiege hinuntergehen."[20]

Jetzt denkt Girardi nicht mehr ans Sterben. Das „Räuber- und Gendarm"-Spiel beginnt ihm Spaß zu machen: „Fabelhafte Idee! Sherlock

Holmes kann sich vor dir verstecken. Aber: Die Spitzel unten, die erkennen mich doch gleich."

„Na, so mach' halt Maske. Wird dir nicht schwerfallen."

„Jesus! Ich hab' meine Perücke hier und den langen weißen Bart, schon für mein Grazer Gastspiel eingepackt. Vielleicht gelingt es mir noch, zu entkommen."[21]

Es gelingt, und Girardi flüchtet, aber nicht etwa zu den Zuckerkandls, sondern schnurstracks zu Katharina Schratt, die ihren alten Freund, allen beleidigten Schwüren zum Trotz, gastlich bei sich aufnimmt.

Berta erfährt sehr bald alle Einzelheiten von ihrer Cousine Roserl, und sie schildert alles in einem langen Brief an ihre Schwester Sophie. Dieses Schreiben ist so amüsant, daß man nach Jahrzehnten später darüber schmunzeln kann.

„Es läutet am Gartentor der Villa Schratt in Hietzing. Diese Villa hat ihr der Kaiser geschenkt, weil seine Residenz Schönbrunn nur ein paar Schritte davon entfernt ist. Das Stubenmädchen meldet: ,Ein alter Herr ist da. Er bittet, die gnädige Frau sprechen zu dürfen.' Die Schratt ist sehr gutmutig, sie weist nur ungern einen Bittsteller ab. Der alte Herr tritt ein, geht auf die Schratt zu: ,Kathi, ich bitt' dich, erbarme dich meiner!' – ,Jesus', schreit die Schratt auf. ,Der Xandl!' Dann beginnen beide zu weinen. Roserl hat mir erzählt, daß nach der ersten Rührung, als Girardi den langen weißen Bart und die Perücke abnahm, alle zu lachen anfingen... Hierauf wurde getafelt, wie man nur bei der Schratt zu schmausen bekommt. Doch plötzlich sagt die Schratt zu Roserl: ,Du gibst acht auf den verrückten Kerl da, daß er nicht wieder davonläuft. Ich geh zur Majestät, denn sonst wird der Herr Polizeipräsident noch eine Hausdurchsuchung bei mir vornehmen.'"

„Girardi war erschöpft eingeschlafen. Die Schratt – so erzählte sie es dann Roserl – ging zum Kaiser. Sie wird immer unangemeldet vorgelassen. Auch diesmal. Aber wer das Temperament der Schratt kennt, dem muß klar sein, daß dieser Besuch nicht glatt ablaufen konnte. ,Majestät', soll sie gesagt haben, ,in Ihrem Staat geht es schön zu. Da befiehlt eine hergelaufene Komödiantin dem Polizeipräsidenten. Sie diktiert, wer in Wien verrückt ist, und wer eingesperrt wird. Man muß sich ja schämen, in so einem Staat zu leben.'"

„Der Kaiser kennt seine Freundin und ist ihre Aufrichtigkeit gewöhnt. Gutmütig unterbricht er sie: ,Was ist denn geschehen? Wenn Sie so aufgeregt sind, muß es sich wirklich um ein großes Unrecht handeln.' – ,Majestät müssen den Polizeipräsident absetzen!' Der Kaiser ist etwas betroffen. ,Erzählen Sie', sagt er. Und Kathi, flammend vor Entrüstung, voll Haß gegen die Odilon, erzählt über den Skandal."

„Der Kaiser läßt den Grafen Paar – seinen Adjudanten – rufen und gibt den Befehl, dem Polizeipräsidenten sofort zu bedeuten, daß Herr Girardi

68

unbehelligt bleiben müsse. Weiteres möge er abwarten. ‚So liebe Freundin, sind Sie jetzt beruhigt? Aber für meine Mühe bitte ich mir nur eine Recompense aus. Ich möchte doch diesen Girardi, in den ganz Wien so verliebt ist, und der mir von Ihnen als der amüsanteste Mensch geschildert wird, kennenlernen. Ich lade mich bei Ihnen zu Tisch ein – zum Dejeuner – morgen Mittwoch.' ‚So eine Ehre für Girardi... Aber Majestät werden es nicht bedauern. Sie werden sich großartig unterhalten.'"[22]

„Die Schratt strahlt, als sie nach Hause kommt. ‚Dem Luder, der Odilon, habe ich das Genick gebrochen. Und der Polizeipräsident, der kann sich freuen.' Es wird ein besonderes Menü. Die Tafel deckt die Schratt mit ihrem Alt-Wiener-Porzellan aus der Augarten-Manufaktur. Girardi, bleich und schrecklich aufgeregt, wartet im Salon. An der Tür erscheint der Kaiser. Spricht Girardi freundlich an. Man geht zu Tisch. Der Kaiser konversiert mit der Schratt. Girardi spricht kein Wort. Die Schratt wirft ihm ermunternde Blicke zu und sucht seinen Humor aufzustacheln. Aber Girardi schweigt krampfhaft."

„Allmählich wird die Stimmung peinlich. Der Kaiser langweilt sich. Plötzlich wendet er sich, alle Etikette beiseite lassend, an Girardi: ‚Man hat mir so viel von Ihnen erzählt, von Ihrem Witz, Ihrem Humor. Ich hatte mich so darauf gefreut. Warum sind Sie so schweigsam?' Da platzt Girardi heraus: ‚Möcht' wissen, ob Sie, Majestät, geistreich und witzig sein würden, wenn Sie mit dem Kaiser von Österreich bei Tisch sitzen müßten?' Der Kaiser fing herzlichst an zu lachen. Die behagliche Stimmung stellte sich ein. Und Girardi ist jetzt Persona grata."[23]

Der Polizeipräsident von Wien wird natürlich nicht abgesetzt, und auch die Odilon bleibt eigentlich ungeschoren. Aber die Geschichte, für deren Authentizität in den wesentlichen Einzelheiten auch die große Burgschauspielerin Rosa Albach-Retty verbürgt, macht die Runde durch alle Wiener Salons. Danach geht es mit der Odilon bergab. Sie überlebt zwar Alexander Girardi um ganze 21 Jahre, stirbt aber 1933, völlig heruntergekommen, im Salzburger Armenhaus.

Natürlich sonnt sich auch Berta im „Triumph der Gerechtigkeit". Und einer, der ihre Rettungsaktion für den genialen Volksschauspieler besonders zu würdigen weiß, ist kein Geringerer als der Walzerkönig Johann Strauß. Mit 67 Jahren ist Strauß noch immer der unverbesserliche Charmeur. Er färbt seine Haare pechschwarz, wie es seine Bewunderer erwarten. Die schwarze Lockenpracht – echt oder gefärbt – führt er selbst auf seine „spanischen Vorfahren" zurück. Tatsächlich war besagter Vorfahr Jude. Seine Bekehrung zum Katholizismus war einst im Taufregister der Wiener Stephanskirche verzeichnet. 1939 entfernten die Nazis das ominöse Register. Die arischen Bürger der Ostmark und des Dritten Reiches sollten nicht um den Genuß der Strauß-Walzer gebracht werden.

Strauß selbst kann man kaum unterstellen, daß er seine jüdische Herkunft ernsthaft verschleiern wollte. Schließlich war er damals – 1892 – in dritter Ehe mit einer getauften Jüdin verheiratet. Dennoch: zur Zeit des grassierenden Antisemitismus war es besser, auf einen „Hidalgo" als auf einen Juden als Ahnen zu pochen.

Zu Ehren von Girardis wiedergewonnener Vernunft und seinem Bühnencomeback veranstaltet Strauß in seinem kleinen Palais in der Maxingstraße in Wien-Hietzing ein festliches Diner, zu dem auch das Ehepaar Zuckerkandl eingeladen ist. Adele Strauß, die bereits erwähnte Gattin des Walzerkönigs, hat für das Fest ein launiges Menü ausgearbeitet, das den Vielvölkerstaat Österreich-Ungarn versinnbildlichen soll. Berta Zuckerkandl, mit dem ihr eigenen Sinn für historische Ereignisse, hat die Speisekarte aufbewahrt und abgeschrieben. Es gab:

Risotto Suppe auf Triestiner Art
Fischpörkölt – Ungarisch
Braunbraten mit Zwiebeln – Polnisch
Serviettenknödel – Böhmisch
Backhendl mit Gurkensalat – Oberösterreichisch
Apfelstrudel – Wiener Idealgericht
Weine: Tokayer, Donauperle, Slivovitz

Genüßlich notiert die Chronistin: „Das kulinarische Österreich-Ungarn wurde mit Andacht verzehrt."[24]

Es wird aber im Hause Strauß nicht nur gegessen und getrunken. Berta nutzt die Gelegenheit, um Strauß eine alte Beschwerde vorzutragen „Warum sind die Libretti, die er für seine Operetten verwendet, so schlecht, sieht man von der ‚Fledermaus' und dem ‚Zigeunerbaron' ab?"[25]

Strauß gibt dies offen zu:„Man sagt von mir: ‚Der Strauß ist ein Genie!' ... Möglich. Da gibt es halt auch dumme Genies. Sooft man mir Libretti zur Auswahl vorlegt, wähl' ich immer das schlechteste aus. Es genügt, daß mir eine Szene, eine Figur gefällt, gleich fang' ich Feuer. Bei mir ist immer der erste Einfall tyrannisch. Ich komme nicht mehr davon los Und wenn es sich um eine Operette handelt, dann ist das ein Malheur. Wenn es aber nur ein Walzer ist, ist diese Tyrannei des ersten Einfalls ein Segen."[26]

Zur Feier des Tages oder, besser gesagt, des Abends, hat Strauß gleich einen neuen Walzer komponiert und ihn Girardi gewidmet. Und er erzählt seinen Gästen, wie und wo ihn die Muse geküßt hatte. „Vor ein paar Tagen, da ist auf den Stufen der Paulanerkirche ein armes, altes Weib gesessen. So elend. Der Tod hat ihr aus den Augen geschaut. Einen Korb hat sie neben sich stehen gehabt. Und mit zittrigen Händen hat sie mir ein paar Blumen gereicht. Es waren nur Veigerln und Maiglöckchen. Aber noch nie haben mich Blumen so trunken gemacht. Daß da der Tod sitzt und mir Frühlingsblumen reicht – das hat in mir eine Lust zum Leben geweckt."[27]

Alle Anwesenden scheinen zutiefst beeindruckt. Nur Girardi nicht. Beim Abschied klopft er Strauß auf die Schulter: „Sehr schön war's, die Überraschung. Nur nicht für mich. Was ist dir denn eingefallen? Koloraturen und Triller und solche Turnübungen? Kann ich trillern? Mit dem Kehlkopf wackeln? So a Gemeinheit! Sicher hast du wieder an die Madeln gedacht, du Gauner."[28]

Trotz rauschender Feste, gesellschaftlicher und häuslicher Pflichten, läßt Berta Zuckerkandl ihre Fäden nach Paris nicht abreißen. Und diese führen nicht nur zu ihrer Schwester und deren Mann, sondern auch zu ihrem umstrittensten Freund Georges Clemenceau.

Für Frankreichs unermüdlichen Königsmacher brechen Anfang der neunziger Jahre schwere Zeiten an.

1893 muß der künftige „Tiger" seinen Parlamentssitz verteidigen. Die Wahlkampagne gestaltet sich so mörderisch, daß er seine jüngste Tochter Therese der Obhut der Zuckerkandls in Wien übergibt. „Paßt auf Therese so lange wie möglich auf", schreibt er an Moriz Szeps. „Ich selbst will niemanden mehr sehen, nicht einmal meine engsten Freunde."[29]

Clemenceaus Pessimismus erweist sich als begründet. Er verliert seinen Parlamentssitz und muß während der folgenden Jahre die Rolle des politischen Außenseiters spielen. Das Mitgefühl der Zuckerkandls geht so weit, daß sie eine Reise nach Biarritz in Paris unterbrechen, um ihn zu trösten.

Alsbald hat Berta Zuckerkandl eigene Probleme. Das Jahr 1895 ist weder in ihren Memoiren noch in ihren Tagebüchern erwähnt. Dennoch ist es eine der wichtigsten Perioden in ihrem Leben: Am 30. Juli wird ihr einziges Kind, ihr Sohn Fritz, geboren, zu dem sie zeitlebens eine besonders enge Beziehung unterhält.

Auch um die Geburt des Stammhalters rankt sich eine – wahre – Anekdote. Die schlampige Hebamme unterläßt es, die Geburt im staatlichen Register eintragen zu lassen. Daraufhin verspricht Emil Zuckerkandl seiner Frau, die Eintragung nachträglich vornehmen zu lassen. Doch auch er erweist sich als vergeßlich. Erst als der kleine Fritz mit sechs Jahren an die Volksschule gehen soll, bemerkt man plötzlich, daß er vom Standpunkt der Behörden überhaupt nicht existiert. Daraufhin wird er in der lutherischen Stadtkirche in der Dorotheergasse evangelisch getauft. Ein rein formeller Schritt, welcher der damaligen Tendenz des arrivierten jüdischen Bürgertums zur Assimilation entspricht.

# 7. KAPITEL

## DREYFUSARDIN DER ERSTEN STUNDE

Das 19. Jahrhundert geht in vielen Ländern Europas mit großen Erschütterungen seinem Ende entgegen. Nicht nur in der Politik, sondern auch in Kunst und Wissenschaft kündigt sich eine neue Epoche mit umstürzender Heftigkeit an. Wahrlich, es ist kein beschauliches Fin de siécle, wie heute vielfach angenommen.

In Österreich strebt der Nationalitätenkonflikt einem dramatischen Höhepunkt zu. 1897 stürzt der österreichische Ministerpräsident, der aus Polen stammende Graf Kasimir Badeni, bei seinem Versuch, zumindest in Böhmen einen Ausgleich zwischen dem deutschen und tschechischen Element zu schaffen. Im gleichen Jahr wird der Führer der Christlichsozialen und Proponent einer eigenwilligen Form des Antisemitismus, Karl Lueger, nach dreimaligem Veto des Kaisers Bürgermeister der Haupt- und Residenzstadt Wien. Die traditionelle Vormacht der Liberalen ist damit endgültig gebrochen.

1897 setzt auch die von Georg Schönerer, dem alten Feind der Familie Szeps, forcierte „Los-von-Rom"-Bewegung in voller Schärfe ein, sozusagen als Ergänzung von Schönerers großdeutscher und antisemitischer Politik.

Selbst die arrivierten Wiener Juden können die Handschrift an der Wand nicht mehr übersehen. Als Reaktion auf die antisemitischen Exzesse entwickelt Theodor Herzl, damals Starkorrespondent der „Neuen Freien Presse", die Idee des politischen Zionismus.

Theodor Herzl und Berta Zuckerkandl entstammen einem ähnlichen Milieu, aber obwohl sie einander zweifellos kannten, bestand zwischen ihnen kaum persönlicher Kontakt. Dennoch gab es ein Bindeglied: die Affäre Dreyfus, die beide zutiefst berührte. Schon 1894 war der jüdische Hauptmann im französischen Generalstab, Alfred Dreyfus, als angeblicher Verräter nach einer Justizfarce verurteilt und auf die Teufelsinsel verschickt worden. Zuerst erkannten nur wenige das Ausmaß des Skandals, aber noch vor dem Ende des Jahrhunderts sollte der Name Dreyfus um die Welt gehen.

Theodor Herzl und Berta Zuckerkandl reagieren sehr unterschiedlich auf den Fall Dreyfus. Während Herzl seinen bisherigen Glauben an die Möglichkeit, die mitteleuropäische Judenfrage durch Assimilation zu lösen, verliert, betrachtet sie die Tragödie des jüdischen Hauptmannes ausschließlich vom Standpunkt des allgemeingültigen Rechts und der höheren Gerechtigkeit.

In ihren Büchern bezeichnet sich Berta gerne als „Dreyfusardin der ersten Stunde". Ihre erste Information über den Fall verdankt sie dem französischen Maler Eugene Carrière, der 1894 in Paris ihr Bild malt.[1] Bei einer Sitzung scheint ihr der sonst so heitere Künstler wie verstört. Sie versucht dies zu ignorieren, aber als die Session zu Ende ist, bemerkt sie, daß sich die Stimmung des Malers auch in seinem Werk, dem halbfertigen Portrait, widerspiegelt. „Sehe ich wirklich so traurig drein?", kritisiert sie den Meister.

Dieser entschuldigt sich. „Es ist möglich, daß sich meine Stimmung unwillkürlich in Ihren Zügen spiegelt. Jawohl, ich bin in einem Zustand tiefster Depression, denn ich weiß von einem Verbrechen und muß es untätig geschehen lassen."[2]

In großen Zügen schildert er ihr das Vorgefallene, und der Gedanke an Alfred Dreyfus läßt sie in den folgenden Jahren nicht mehr los, obwohl sie sich vorerst mit der Rolle einer passiven Beobachterin im fernen Wien begnügen muß.

Um so mehr engagieren sich ihre Pariser Freunde für den unschuldig Verurteilten. Allen voran Georges Clemenceau. Dieser war nicht zuletzt auf Grund der Enthüllungen des Chefs der Nachrichtenabteilung, Colonel Georges Picquart, zum überzeugten „Dreyfusard" geworden. Und Picquart war ein häufiger Gast bei Paul und Sophie Clemenceau, wobei ihr gemeinsames Interesse anfänglich eher der Musik als der Politik galt. Wie auch der Colonel zu jenem Zeitpunkt keinerlei Absicht hegte, sich in die hohe Politik einzumischen.

Hier ist vielleicht ein Wort über Sophie Clemenceaus Pariser Salon am Platz. Er war ein Bestandteil jener Welt, die Marcel Proust in seinem Werk „Auf der Suche nach der verlorenen Zeit" so trefflich geschildert hat. Die ganze Pariser Kulturwelt ging dort aus und ein, wenngleich Sophies Salon, im Gegensatz zu jenem ihrer Schwester, eher musikalisch ausgerichtet war.

Aber zurück zu Picquart. Dieser hatte, zuerst mehr oder weniger durch Zufall, den wahren Sachverhalt im Fall Dreyfus erfahren, und er weigerte sich, trotz schwerstem Druck von seiten seiner Vorgesetzten, an deren Verdunklungsaktion mitzumachen.

Berta Zuckerkandl erfährt von dieser dramatischen Wende, als Georges Clemenceau im August 1897 nach einem Kuraufenthalt in Karlsbad in Wien Zwischenstation macht. Die Zuckerkandls holen ihn vom Bahnhof ab, aber als sie ihn zu einer neuen Ausstellung in der Liechtenstein-Galerie einladen, lehnt er – zur Überraschung der Gastgeber – ab. Zuerst müsse er zur Hauptpost, um die letzten Briefe aus Paris abzuholen.

Ein Schreiben aus Paris regt den Gast maßlos auf, so daß an einen Ausstellungsbesuch nicht mehr zu denken ist. Erst auf einer Fahrt durch den Wienerwald beruhigt sich Clemenceau einigermaßen und weiht seine Freunde ein. Der französische Generalstab hätte sich entschlossen, Picquart mit allen Mitteln mundtot zu machen. Deshalb müsse er, Clemenceau, sofort nach Paris zurückfahren, um den Kampf für seinen Freund aufzunehmen.[3]

Was sich danach abspielt, erfahren die Zuckerkandls erst im folgenden Jahr, als sie selbst nach Paris kommen. Es steht schlecht um den tapferen Colonel. Seine Vorgesetzten hatten ihn zuerst auf ein Himmelfahrtskommando in Nordafrika geschickt. Clemenceau erzwingt seine Rückberufung nach Frankreich, aber die Generäle geben noch nicht auf. Sie stecken Picquart in ein Militärgefängnis. Dort befindet er sich noch, als die Zuckerkandls in Paris eintreffen. „Was wirst du jetzt tun?" fragt Berta Clemenceau. „Weiterkämpfen" ist die lakonische Antwort.[4]

Schließlich wird Picquart freigelassen, und auch Dreyfus wird nach Frankreich zurückgebracht, jedoch prompt von einem Militärtribunal zum zweiten Mal schuldig befunden. Schließlich akzeptiert der unschuldig Verurteilte – gegen den Wunsch seiner Freunde, die den Kampf für seine volle Rehabilitierung weiterführen wollen – einen Gnadenakt der französischen Regierung.

Der „halbe Sieg" – man schreibt inzwischen 1899 – ist dennoch Anlaß genug für eine Feier im Hause einer engagierten „Dreyfusardin", Madame Meard-Dorian, in der Rue de la Faisanderie,[5] zu der alle führenden Mitstreiter eingeladen sind. Unter ihnen befindet sich auch Berta Zuckerkandl, die, wie es der Zufall will, gerade in Paris weilt. Als eine der wenigen ausländischen „Dreyfusarden" wird ihr ein Ehrenplatz zwischen dem Maler Carrière – der sie für die Sache gewonnen hatte – und Colonel Picquart zugewiesen. Ihr gegenüber sitzt der eigentliche Held der Kampagne für die Freilassung Dreyfus', der Schriftsteller Emile Zola. Doch statt der erwarteten Jubelstimmung, die das Ereignis hätte auslösen sollen, senkt sich eine bleierne Stille über die Tafelrunde. Da beugt sich Carrière zu Berta und flüstert ihr mit dem ihm eigenen voltairianischen Sarkasmus ins Ohr: „Regardez-les, ces désenchantés du sacrifice." – „Schau sie dir an, die vom Opfer enttäuschten."[6]

Das Geflüster ist dem wachsamen Auge Clemenceaus nicht entgangen. „Was hat er dir gesagt?" will er nach dem Essen wissen. Berta erzählt es ihm und weist gleichzeitig auf die gedrückte Stimmung hin. Ihr Freund ist nicht erschüttert: „Ich weiß nicht, was ihr wollt. Auch ich bin enttäuscht, aber aus anderen Gründen als Carrière. Weil ein guter Kampf zu Ende ist."[7]

# 8. KAPITEL

## MUSE DER SECESSION

In ihren in Paris und Algier veröffentlichten Büchern hat Berta Zucker-kandl dem Fall Dreyfus breitesten Raum gewidmet. Tatsächlich war die Af-färe jedoch nur ein kurzes Zwischenspiel in ihrem Leben, oder der Ausbruch aus ihrer zwangsläufigen politischen Abstinenz in Österreich seit dem Tod des Kronprinzen. Einer Abstinenz, mit der sich auch ihr Vater in seinen müden, letzten Lebensjahren abgefunden hatte.

Berta wäre jedoch keine echte Tochter des Moriz Szeps gewesen, hätte sie sich mit ihrem geselligen Haus in der Nußwaldgasse und dem stetig wach-senden Ansehen ihres Mannes in der Welt der Medizin zufriedengegeben. Unermüdlich sucht sie ein neues Tätigkeitsfeld – und findet es in der bil-denden Kunst. Es ist ein weites Feld, denn auch in Wien – oder gerade in Wien – vollzieht sich in den letzten Jahren des 19. Jahrhunderts der dra-matische Durchbruch einer neuen Kunstrichtung.

Der ersten Bewegung in dieser Richtung, der sich die „Frau Professor" – bald wird man sie, nach dem weiteren Aufstieg ihres Gatten, nur noch „die Hofrätin" nennen – anschließt, ist die „Secession", genannt nach jenen Dis-sidenten, die das ehrwürdige Wiener Künstlerhaus verlassen hatten. Zu je-ner Zeit beginnt sich Berta Zuckerkandl übrigens zum ersten Mal publizi-stisch zu betätigen. „Wie sollte es mir genügen, nach all den neuen künst-lerischen Eindrücken, die ich in Paris gewonnen hatte, das Leben einer Ge-nießenden, einer Zuschauerin zu führen. Der Sturm neuen Schauens, neuen Fühlens riß mich fort. Ich begann meinem Empfinden schriftstellerische Form zu geben."[1]

All das mag heute reichlich schwülstig klingen, war aber zweifellos ehr-lich gemeint.

Einer der bedeutendsten Kunstsammler und -kenner seiner Zeit, Lud-wig Hevesi, geht soweit, Berta Zuckerkandl zu den eigentlichen Grün-dern der neuen Kunstrichtung zu zählen. „So war es denn auch im Salon der Verfasserin", schrieb er etliche Jahre später in seinem Vorwort zu ihrem ersten umfangreichen literarischen Opus „Zeitkunst", „daß zum ersten Mal der Gedanke der Wiener Secession ausgesprochen wurde. Da trafen sich die paar modernen Menschen, die ihm Gestalt gaben und den Kampf für die Kunsterneuerung begannen. Dieser Geist der Initiative hat die Verfasserin auch später nicht verlassen. So manchmal hat sie das erste

Wort in wichtiger Sache gesprochen, so manches Mal auch das Wort gebraucht, das kein anderer gesagt hatte.

Sie tat tiefe Blicke hinter die Kulissen des Werdens und seiner Hindernisse und war im Notfall sogar, was Gegner indiskret nannten. Aber Klagen
und Anklagen beirrten sie nicht. Sie blieb bei der Wahrheit, wie sie sie
empfand."[2]

In ihrer eigenen Darstellung der Ereignisse rund um die Gründung der
Secession beurteilt Berta Zuckerkandl ihre eigene Rolle bescheidener und
geht nicht so weit wie ihr Freund Hevesi. Sie selbst bezeichnet den genialen
Architekten Otto Wagner als den „Spiritus rector". Und sie hat, wie so oft,
eine „Telefonepisode" zur Hand, in der sie die Ereignisse literarisch einbin-
det:

„Hier Otto Wagner... Ich habe unlängst einen Artikel von Ihnen gelesen
und dabei entdeckt, daß Wien noch in Europa liegt und nicht in Botokuta-
nien. Darf ich mich vorstellen? Als den abgefallenen, geächteten, einstigen
Liebling des Künstlerhauses? Gnädige Frau, ich erlaube mir, Sie im Namen
der Secessionisten, die eben eine Gegenvereinigung gründen, anzurufen.
Heute abend gehen wir alle zum Heurigen nach Grinzing. Es wäre uns eine
Ehre, Sie dort begrüßen zu dürfen. Kann ich Sie mit einem feschen Fiaker
abholen?"[3]

Die modernen Künstler Wiens der späten neunziger Jahre sind nämlich
keine weltfremden Visionäre. Ein guter Teil der künstlerischen Diskussion
findet nicht in den Ateliers, sondern beim Heurigen statt.

„Anno dazumal", resümiert Berta Zuckerkandl voll Nostalgie Jahrzehnte
später, während ihrer Emigration in Algerien, „ähnelte ein echter Wiener
Heuriger wenig den späteren, aufgeputzten, als sie Mode wurden, und die
elegante Welt dieser Wiener Spezialität ihr Interesse zuwandte. Der an einem ärmlichen Giebel befestigte Buschen besagte, daß hier Heuriger ausgeschenkt wird. Hof oder Gärtchen – ungehobelte Bänke, grüngestrichene
Tische. Speisen gab es nicht. Man mußte einen Imbiß mitbringen. Nur der
heurige Saft, der so zu Kopf steigt, wurde ausgeschenkt. Auch die Musikanten, die bei keinem Heurigen fehlen durften, waren echt. Irgendwelche
arme Teufel, die aber mit dem jeden Wiener angeborenen Instinkt für
Rhythmus und Wohllaut spielten, sangen, was gerade populär war."[4]

Eine dritte, etwas abweichende Version der „Genesis" der Secession
findet sich in Bertas ersten, schon unmittelbar nach dem Anschluß Öster-
reichs veröffentlichten Buch „Ich erlebte 50 Jahre Weltgeschichte":
„Junge Künstler traten an mich heran: ‚Sie müssen mittun! Sie sind durch
Ihre Beziehungen mit Frankreich Vorkämpferin einer Bewegung, die
Wien aus dem Schlaf rütteln soll. Wir wissen, daß Sie mit Carrière, mit
Rodin befreundet sind. Sie können unserer Sache Pionierdienste lei-
sten."[5]

Ob beim Heurigen oder im Salon – die Idee der Secession ist geboren, nimmt konkrete Formen an. Schon nach wenigen Jahren ist das neue Haus der Secession fertig. Für die Wiener, wie Berta in ihrem Tagebuch notiert, vorerst ein Anblick des Entsetzens oder des Gelächters, weil ihnen die goldene durchbrochene Kuppel, mit welcher der Architekt Olbrich das Bauwerk krönt, als „noch nicht dagewesen" und daher provokatorisch erscheint. Aber die Inschrift, betont die Autorin, „schlug durch ihre Feierlichkeit alle Witze tot: Der Zeit ihre Kunst, der Kunst ihre Freiheit".[6]

Bis die Nationalsozialisten die Inschrift entfernten. Erst nach 1945 erhielt sie ihren angestammten Platz wieder zurück.

Trotz ihres überzeugten Engagements für die moderne Kunst glaubt „B. Z.", wie sie nun ihre Artikel zeichnet, Otto Wagner vor einem allzu forschen Vorpreschen warnen zu müssen. Doch dieser ist damals – man schreibt das Jahr 1896 – noch voll Zuversicht: „Ein paar harte Jahre, aber dann werden wir Sieger sein. Ich werde halt weniger verdienen. Man wird sich einschränken. Meine acht Kinder fressen am Sonntag jedes ein Gansl auf. Werden sie eben nur ein halbes fressen... Die Otto Wagner-Schule muß eine Armee von modernen Architekten ausbilden. Vorläufig ist schon der Klub der Sieben marschbereit. Olbrich, Hoffmann, Moser, Roller und so weiter... Heute noch ungeläufige Namen, aber jeder einzelne wird von sich reden machen... Und ich? Ich will der herrlichen Karlskirche – der Karlsplatz ist wüst wie ein ungarisches Dorf – den ihr gebührenden Rahmen geben. Das neue Museum, das darf niemand dort hinbauen als ich, und müßte ich daran sterben."

„Otto Wagner ist daran gestorben. Er hat das Museum nicht gebaut. Man wußte es zu verhindern", fügt seine Freundin hinzu.[7]

Doch zurück zur Jahrhundertwende. Eine geradezu logische Ergänzung der Mission der „Secessionisten" auf dem Gebiet der bildenden Kunst repräsentiert die 1903 gegründete „Wiener Werkstätte" im Bereich des Kunsthandwerks. Und auch bei diesem Unterfangen zählt Berta Zuckerkandl zu den Geburtshelfern.

Tatsächlich war die als „Produktionsgemeinschaft von Künstlern" geschaffene Wiener Werkstätte – mit dem erklärten Ziel, der Industrialisierung entgegenzuwirken und dem Kunsthandwerk neue Impulse zu geben – nur für Österreich ein absolutes Novum. Ähnliche Produktionskooperativen existieren bereits in England und Schottland, aber gerade an der Donau entwickelten sie sich zu einer echten Kunstrichtung, die im Laufe der Jahre jene internationale Bedeutung erhielt, die ihre ausländischen Vorbilder bei weitem in den Schatten stellen sollte.

Wenn wir Berta Zuckerkandls anekdotenhafter Schilderung glauben können – und wir können dies mit kleinen Abstrichen –, so wurde die Idee der Wiener Werkstätte, ebenso wie jene der Secession, beim Heurigen in Grinzing geboren, wobei ihre Darstellung, zumindest was die Initiatoren

des Projekts betrifft, mit späteren wissenschaftlichen Studien überein-
stimmt.

Der „Funke", so behauptet sie, ging von Gustav Klimt aus, „dem Anfüh-
rer, dem Wegweiser, dem von allen anerkannten Genie. Er, der keinen Vorgänger gehabt hat und keinen Nachfolger haben wird. Ein Einmaliger,
Einsamer, aufgetaucht aus dem Urgrund eines Stammes, eines Volkes. Pri-
mitiv und raffiniert, einfach und kompliziert, immer aber beseelt. So wurde
der junge Maler Gustav Klimt zur Galionsfigur der revolutionären Kunst-
bewegung, die weit über Österreichs Grenzen hinaus in ganz Europa ihre
Fahne aufpflanzen konnte."[8]

Die praktischen und praktikablen Vorschläge lieferten der vielseitige
Künstler Kolo Moser und der Architekt Josef Hoffmann.

Die „Gründungsdebatte" hat Berta Zuckerkandl in ihren Erinnerungen in
allen Einzelheiten festgehalten. Den Anstoß lieferte Kolo Moser mit dem
Argument, die „Revision der Unwerte" dürfe sich nicht auf Kunst und Ar-
chitektur beschränken, sondern müsse sich auch auf Gebrauchsgegenstände
ausdehnen. „Auch die Möbel sind verrottete Erzeugnisse. Wiener Tischler,
einmal die besten der Welt, wissen die Seele der Hölzer nicht mehr zu behandeln. Die edle gute Fläche, die schöne Maserung, wie sie die Biedermei-
erzeit noch kannte, existiert nicht mehr. Alles wird gedrechselt, angeklebt.
Eine Kredenz schaut aus wie ein gotischer Beichtstuhl. Sessel sollen durchaus so aussehen, als kämen sie aus dem Dogenpalast, Gasluster imitieren Pe-
troleumlampen. Die elektrische Kraft maskiert man als Kerze, und die Gebrauchsgegenstände? Einen Krug habe ich gesehen, um den fährt als Dekor
eine Eisenbahn, eine Uhr als Eulenkopf, ein Thermometer als Alpenstock,
scheußlich dieser Kramsch."

„Was ist eigentlich, was Sie Kramsch nennen?" will Ludwig Hevesi, ein
weiterer Teilnehmer der kreativen Heurigenrunde, wissen

Die Antwort liefert jedoch nicht Moser, sondern Josef Hoffrnann: „Er
meint damit das, was der Mensch im allgemeinen braucht, wenn er in einer
anständigen Umgebung leben will. Jeder Gebrauchsgegenstand, wie er jetzt
erzeugt wird, unsachlich und unehrlich, beleidigt nicht nur unser Auge,
auch unsere Hand, unseren logischen Sinn. Da wollen wir Ordnung machen,
nur wird das sehr lange dauern. Erst heißt es Arbeiter erziehen, die wieder
Meister ihres Handwerks sein müssen wie einst. Die Tradition des Kunsthandwerks ist abgerissen."

Nun mischt sich Klimt in die Debatte ein: „Ihr müßt eine Werkstätte
gründen, müßt Muster, Beispiele herstellen für Glas, Porzellan, Leder, Sil-
ber, Textilien, Schmuck, Tischlerei. Aber vor allem müßt Ihr selber lernen.
Alle müssen noch lernen."

Der Vorschlag wird von allen begeistert akzeptiert. Nur Otto Wagner hat
einen schwerwiegenden Einwand vorzubringen: „Wer wird das Geld herge-
ben?"[9]

Aber sogar der Mäzen ist unmittelbar zur Stelle: Der Fabrikant Fritz Wärndörfer. Er wird die Schul- und Produktionsstätten der Wiener Werkstätte jahrelang – bis 1914 – finanzieren. Dabei gibt er sich von Anfang an keinen großen Illusionen hin: „Vielleicht verliere ich mein Vermögen. Immer noch anständiger, als es in Monte Carlo oder am Turf zu verspielen."[10]

Allen Schwierigkeiten zum Trotz entwickelt sich die Wiener Werkstätte zu einer Institution von Weltformat, die mit der Erbauung des Palais Stoclet in Brüssel (1905 bis 1911) ihren Höhepunkt erreicht, das zur Gänze nach ihren Plänen ausgeführt und heute als eines der wenigen Gesamtkunstwerke der ersten Hälfte des 20. Jahrhunderts angesehen wird.

Die Werkstätte existierte trotz Krieg und Rezession bis Oktober 1932. Dann mußte sie ihre Tore schließen und ihre Warenlager versteigern. Vierzig Jahre nach diesem traurigen Tag für das österreichische Kunsthandwerk, und zu einem Zeitpunkt, da „WW"-Produkte von Museen und Kunstsammlern wieder zu Höchstpreisen ersteigert wurden, kommentierte der Wiener Kunstkritiker Karlheinz Roschitz in der Wochenzeitung „Die Furche": „Dieses mutige Bekenntnis zum Neuen war programmatisch gewesen. Man wollte den Geschmack des Durchschnittsbürgers regenerieren, auf die Qualität des Handwerks aufmerksam machen, allen sagen: Besser ein neues zeitgemäßes Original als eine Kopie vom Gestrigen. Oder, wie Hoffmann und Kolo Moser 1905 gemeinsam argumentierten: ‚Wir wollen innigen Kontakt zwischen Publikum, Entwerfer und Handwerker herstellen und gutes einfaches Hausgerät schaffen. Wir gehen von dem Zweck aus, die Gebrauchsfähigkeit ist unsere erste Bedingung. Unsere Stärke soll in guten Verhältnissen und guter Materialbehandlung bestehen... Wir können und wir wollen nicht mit der Billigkeit wetteifern; dieselbe geht vor allem auf Kosten des Arbeiters; um diesen wieder Freude am Schaffen und eine menschenwürdige Existenz zu erringen, halten wir für unsere vornehmste Pflicht.' Ein zutiefst humanes Programm stand im Hintergrund dieser künstlerischen Ideen, bei denen Leben, Umweltgestaltung, Humanität, Schönheit eins waren."[11]

Für die Verbreitung der Ideen der Wiener Werkstätte setzte sich Berta Zuckerkandl in ihren Publikationen und später in Zeitungsartikeln jahrzehntelang ein, so daß sie schließlich – zumindest in den Augen ihrer Kritiker – weitgehend mit der Institution selbst identifiziert wurde.

So wetterte einmal Karl Kraus: „Über diese und ähnliche Wirkungen wissen wir manches aus den Berichten einer Sage-femme-Hebamme der Kultur, der Zuckerkandl, bei der die Generationen ein- und ausgegangen sind. Der Ausblick auf die Wechselbeziehungen, die sich da zwischen Leben und Literatur ergeben haben, ist keineswegs erfreulich. Seitdem die Wiegen von der Wiener Werkstätte errichtet werden, entstammt ihnen ein blutarmes Geschlecht, welches sich durch die Buchhandlung Heller zu regenerieren sucht und für das, was ihm die Natur versagt hat, in der Psychoanalyse Ersatz findet."[12]

Noch schärfer wurden die Attacken des Literaturkritikers, als es zu einem Konflikt zwischen dem von ihm hochgelobten Architekten Adolf Loos und der Wiener Werkstätte kam: „Aber als Loos auch daran ging, das ‚Wiener Weh' noch aus dem anderen Punkt zu kurieren, nämlich dem Hang zum Ornament, da vereinigten sich die Leute der Wiener Werkstätte, welche Teller als Kunstwerke erzeugten, und diejenigen, die aus ihnen die Mehlspeise essen wollen, zu einem Sturm, in dem nur die Meinung hörbar wurde, daß dies nicht die richtige Art sei, den Fremdenverkehr zu heben, eine Meinung, der der Tadler zustimmen dürfte. Alles, was da ‚Geschmack' hat, sei es um das Gemüse mit Mehl oder die Kunst mit Zuckerkandl zu genießen; alles, was von der Barbarei einer ‚angewandten Kunst' lebt, zugleich auf die Kunst und auf den Kram pochend, im Schöpferstolz gekränkt und im Kredit verleumdet, war dank der willfährigen Preßmeute zur Parforcejagd entschlossen auf einen Menschen von geistiger Ehre, den noch kein Vorteil je zum Verzicht auf Wahrheit oder Irrtum vermocht hatte."[13]

Was Kraus nicht erwähnt, ist die Tatsache, daß sich „die Zuckerkandl" zumindest so früh wie er selbst für die Stilrichtung Adolf Loos' eingesetzt hatte. Als sich Loos gegen die Wiener Werkstätte wandte, traf sie dies besonders hart. Ihr Sohn Fritz Zuckerkandl meinte, sie hätte sich darüber wesentlich mehr geärgert, als über die Attacken in der „Fackel".

Die Artikel der „B. Z." über die Wiener Werkstätte sind zu zahlreich, um eingehend zitiert zu werden. Entscheidend für die Autorin war in jedem Fall die Synthese zwischen Kunst und Handwerk, und der Einfluß Josef Hoffmanns auf die künstlerische Gestaltung handwerklicher Produkte.

„Interieurs gaben die Stilentwicklung Hoffmanns wieder und damit die Entwicklung des österreichischen Möbelstils überhaupt. Und dann kam das Werk der Wiener Werkstätte. Die ganze Wiederbelebung des Silbers, der Holzbearbeitung, der Leder- und der Buchtechnik. Im Edelwert des Handwerklichen nur den Kostbarkeiten altjapanischer Kunst ähnlich; in der Reinheit, Selbstverständlichkeit und tiefen Empfindung des Proportionsgefühls den besten Formen echtester Kunstepochen vergleichbar."[14]

Oder im Bereich der Haute couture: „Zu solchen Höhepunkten sucht die Wiener Werkstätte das Wiener Schneidertum zu leiten. Sie will ihm das Wiener Modell schaffen. Sozusagen künstlerisch auf die Mode wirkende, aber auch von der Mode inspirierte Vorbilder für die Salons kreiren. Die in der Wiener Werkstätte führenden Künstler mußten in jahrelanger Selbstzucht sich erst zu dieser Arbeit trainieren."[15]

Zu jener Zeit ging Berta Zuckerkandls Eintreten für die moderne Kunst Hand in Hand mit ihrem sozialen Engagement. Gemeinsam mit ihrem

Mann unterstützte sie das Wiener Volksbildungswerk, „eine soziale, nicht sozialistische Bewegung, die mit großer Kraft daranging, das beginnende 20. Jahrhundert zu untermauern".[16]

Zusammen mit einigen Gleichgesinnten gehörte das Ehepaar zu den Gründern des Volksheimes, eines der ersten Institutionen dieser Art in Europa, wobei die Initiatoren ihren Wunsch nicht verhehlten, daß sie durch dieses Projekt revolutionären Wirren zuvorkommen wollten.

Tatsächlich bildete das Volksheim bis zum Verschwinden Österreichs im Jahre 1938 mit seinen Vortragsserien, Lehrkursen und Büchereien eine wichtige Ergänzung des staatlichen Erziehungssystems.

Es sind jedoch nicht nur die jungen Zuckerkandls, die sich sozial betätigen. Auch der alte Moriz Szeps, vom politischen Journalismus enttäuscht, wird wieder aktiv. 1900 gründet er eine Zeitschrift, die er „Wissen für alle" nennt. Sie soll den arbeitenden Menschen Gelegenheit geben, an den geistigen und wissenschaftlichen Errungenschaften der neuen Zeit teilzuhaben.

Der Enthusiasmus, mit dem sich Szeps in seine neue Aufgabe stürzt, überträgt sich indessen nicht auf alle seiner Zeitgenossen. Karl Kraus kann es nicht lassen, in der „Fackel" bitter zu polemisieren: „Die Familie Szeps hat sich jetzt auf die Wissenschaft geworfen und das ‚Wissen für alle' begründet. Mit Kronprinzenbriefen allein ging's eben nicht; das war nur ‚Wissen für wenige'."[17]

Im Gegensatz zu Kraus zeigten sich berufene Wissenschaftler von Weltruf sehr wohl von Szeps' Initiative beeindruckt. Einer von ihnen ist der frühere französische Unterrichtsminister Marcellin Berthelot. „Es ist gut, allen Menschen das Werk der Wissenschaft nahezubringen", schreibt der Politiker an Moriz Szeps, nachdem ihn dieser von seinen neuesten Zeitungsplänen unterrichtet hat. „Denn es ist ein Werk des Friedens. Ich fürchte, daß diese Einsicht doch nicht rasch genug allgemein werden wird, um den schweren internationalen Konflikten vorzubeugen, von denen die modernen Völker bedroht sind. Wir aber müssen eben deshalb die wissenschaftliche Bildung durch alle Mittel fördern, auf daß es gelinge, diese Gefahr, diese Kämpfe, dieses Unglück hintanzuhalten. Sie wollen ihre Zeitschrift ‚Wissen für alle' nennen. Sie werden mithelfen zum Frieden für alle."[18]

Berthelots letzte Worte ermangeln nicht einer unbeabsichtigten, aber schicksalhaften Ironie. Der Politiker war im Privatberuf Chemiker. Genauer: Experte für Sprengstoff. Als er seinen Brief an Szeps schrieb, konnte er nicht ahnen, daß die Ergebnisse seiner Forschung 14 Jahre später zu einer Geißel der Menschheit im Ersten Weltkrieg werden sollten. Zu seinem Glück hat er diesen Krieg nicht mehr erlebt. Er starb 1907.

# 9. KAPITEL

# EINE BRAUT FÜR GUSTAV MAHLER

Das 20. Jahrhundert beginnt für Berta Zuckerkandl – wie könnte es bei einer schwärmerischen Kunstliebhaberin anders sein – mit einem Jahrhundertereignis: der Pariser Weltausstellung.

Den Frühsommer 1900 verbringt sie bei ihrer Schwester auf dem Besitz der Clemenceaus „l'Aubraie" in der Vendée. Aber immer wieder zieht es sie nach Paris. Das Kernstück der Weltausstellung ist für sie die Jahrhundertausstellung der französischen Malerei, die zu diesem Anlaß mit großem Aufwand veranstaltet wird.

Drei Tage nach dem Nationalfeiertag am 14. Juli diniert sie mit Georges Clemenceau in dessen Pariser Wohnung und dieser führt sie danach durch die Ausstellung. Für die Wiener Besucherin ist dies ein einmaliges Ereignis, „ein Schicksalsgeschenk". Und der ansonsten so zynische Politiker stimmt in diesem Fall mit ihr überein: „Ich will dir vorerst Meister zeigen, die zum ersten Mal an ihrem wahren Platz stehen. Vergessene oder falsch gewertete Künstler, die jetzt plötzlich als wichtigste Glieder der letzten Entwicklung erkannt werden."

Und beim Verlassen der Ausstellung resümiert Clemenceau noch einmal, tief ergriffen: „Siehst du es hier nicht ebenso klar, wie wenn du vor einem Rembrandt, einem Breughel, vor einem Goya stehst? Die einzige große, ewige Tradition der Kunst ist die Revolution."[1]

Wesentlich kritischer äußert sich Berta Zuckerkandl über die Auswahl der Künstler, denen die Ehre zuteil geworden war, im österreichischen Pavillon bei der Weltausstellung ihre Werke ausstellen zu dürfen. Nach ihrer Meinung waren die „Modernen" viel zu wenig berücksichtigt worden.

Ihr Kommentar in der „Wiener Allgemeinen Zeitung" ruft, wie zu erwarten, Karl Kraus auf den Plan. „Frau Zuckerkandl", meint er in der „Fackel", „kränkt sich sehr darüber, daß die Leute in Paris so falsche Vorstellungen von der modernen österreichischen Kunst bekommen. Die Repräsentanten der kunstgewerblichen Interessen Österreichs, seufzt sie, ... kennen eben ‚alle die Schöpfungen' nicht, ‚welche Wien zu einer Kunststadt ersten Ranges' machen. ‚Sie kennen nicht', ruft sie pathetisch, ‚die Salons Stifft, Friedmann, Berl, Spitzer – all diese Privatwohnungen, welche durch den Reichtum neuer Ideen, durch den Glanz der Technik den Vorrang eingenommen haben im künstlerischen Wettkampf der Nationen.‛ Ja, daß die Besucher der Pariser Weltausstellung nicht wissen werden, wie's im ‚Salon Berl' aussieht, ist in der Tat ein unerträglicher Gedanke."[2] Während ihres Sommeraufenthaltes in Paris kann Berta ihre Kontakte zu Auguste Rodin, den ihr Clemenceau Jahre zuvor vorgestellt hatte, erneuern. Viele Stunden verbringt sie bei ihm, zuerst in seinem an der Seine gelegenen Atelier und später in Meudon du Val-Fleuri, wo er seinen „Balzac" geschaffen hatte.

Für sie ist Rodin nicht nur der größte Bildhauer aller Zeiten schlechthin, sondern sie setzt ihn auch als Denker und Philosophen den größten Geistern gleich. Und sie ist erschüttert, als ihr Rodin von seinen eigenen, schweren Kämpfen erzählt: „Niemals können die Menschen, und lebte ich noch 200 Jahre in Glück und Frieden, wieder gutmachen, was sie mir angetan haben. Ungeheures ließen sie mich erleiden."

Dazu Berta in ihren Erinnerungen: „Diese letzten Worte klingen mir noch im Ohr und erst durch sie begriff ich, woher Rodin den dämonischen Trotz in Balzacs verachtungsvoll erhobenen Haupt, woher er die eisige Kraft des Denkers gewonnen hat. Sein eigenes Erlebnis ruht hier in Form gebannt."[3]

Kaum nach Wien zurückgekehrt, tritt wieder ein „Unsterblicher" in den Kreis der Zuckerkandls.

In diesem Fall ist es Gustav Mahler, der Komponist und, seit 1897, Direktor der Wiener Hofoper. Ihr Zusammentreffen hängt übrigens direkt mit Bertas „French Connection" zusammen. Und, wie bei ihr üblich, der Kontakt wird per Telefon hergestellt:

„Gustav Mahler, guten Tag. Ich bringe Ihnen Grüße aus Paris."

„Vielen Dank, Herr Direktor, daß Sie sich diese Mühe nehmen."

„Zu danken habe ich Ihren Verwandten in Paris. Dort fand ich Verständnis, wirkliche Musikliebe... Nur das hat mich bewogen, Sie anzurufen. Ist sonst nicht meine Art."

Die Frau Professor ist entsprechend beeindruckt. Immerhin ist Mahler schon damals in Wiener Musikkreisen als „Schwieriger" bekannt. Aber nun faßt sie sich Mut: „Ich traue mich kaum, Sie zu fragen, ob es Ihnen paßt, einen Abend bei uns zu verbringen?"

„Vielleicht entschließe ich mich dazu. Aber es ist ein Opfer. Und nur unter einer Bedingung: Keine Gesellschaft, sonst laufe ich davon."

„Das weiß ich. Sie brauchen nichts dergleichen zu befürchten."

„Donnerstag bin ich frei. Ich esse nur Grahambrot und Meraner Äpfel. Empfehle mich."[4]

Natürlich bleibt sie ihrem Versprechen „keine Gesellschaft" nicht ganz treu. Es soll ein Abendessen in „kleiner Gesellschaft" werden. Aber in erlesener: Hermann Bahr, Max Burckhard und Gustav Klimt. Damen sollten keine geladen werden – nur ein einziges junges Mädchen. Darauf hatte Emil Zuckerkandl bestanden – und dadurch die Neugierde seiner Frau erregt.

Es gibt allerdings nichts zu verheimlichen. Einige Tage zuvor hatte Anna Moll, die Frau des bekannten Malers, den Professor angerufen. Sie wollte ihn beruflich konsultieren.

Zuckerkandl ist erstaunt. „Mich? Ich kuriere doch nur Leichen."

„Ja, ich weiß. Aber ich bilde mir ein, daß ein berühmter Anatom wie du vieles besser weiß als so ein Auswendigkurierer."

„Also was gibt es?"

„Es ist wegen Alma (Alma Schindler, Anna Molls Tochter aus erster Ehe mit dem Maler Jakob Emil Schindler. Anm. d. V.). Das Mädel magert ab, ist ganz blaß, und – kannst du dir vorstellen – ist ganz still geworden. Was mir am meisten auffällt, sie kokettiert gar nicht mehr."

„Das ist allerdings bedenklich. Was sagt euer Arzt?"

„Blödsinn. Daß sie bleichsüchtig ist. Es gibt nur eine Erklärung. Alma sitzt beinahe jeden Abend in der Oper. Sie kommt dann ganz verweint nach Hause, setzt sich ans Klavier und spielt stundenlang."

„Soll ich eine Diagnose stellen? Es ist möglich, daß die Suggestionskraft dieses Musikers an der sogenannten Bleichsucht schuld ist? Sollte das der Fall sein, vielleicht kann ich Alma kurieren."

„Dann bist du ein Hexenmeister."

„Schick' sie Donnerstag abend zu uns. Kann sein, ich beginne mit meiner Kur."[5]

Der Musiker mit der Suggestionskraft ist natürlich, wie Emil Zuckerkandl längst erraten hat, Gustav Mahler. Und daher seine Einladung.

Henry Louis de la Grange, Mahlers Biograph, und Alma Mahler-Werfel schildern das erste Treffen zwischen dem großen Musiker und seiner späteren Gattin etwas anders.

Laut de la Grange, der sich auf wesentlich genauere Recherchen stützt als die beiden Damen, hatte Mahler tatsächlich Sophie Zuckerkandl in Paris kennengelernt. Er ist jedoch der Meinung, daß Mahlers erstes Zusammentreffen mit den Zuckerkandls und Alma Schindler am 7. November 1901 stattfand, und nicht ein Jahr zuvor, wie Berta behauptet. Und zwar anläßlich des Wienbesuchs von Sophie Clemenceau. Der Rest seiner Schilderung stimmt übrigens mit Bertas Darstellung überein.[6]

Eine dritte, von beiden anderen stärker abweichende Version präsentiert Alma Mahler in ihren Erinnerungen, zumindest was die Vorgeschichte ihres ersten Zusammentreffens mit dem Komponisten betrifft.

Danach hätte sie rein zufällig eines Nachmittags im November 1901 das Ehepaar Zuckerkandl auf der Wiener Ringstraße getroffen. Emil hätte sie sofort eingeladen: „Mahler wird dieser Tage zu uns kommen. Willst du nicht auch da sein. Ich weiß, daß du dich für ihn interessierst."[7]

Alma Mahler behauptet überdies – nicht sehr überzeugend –, sie hätte die Einladung der Zuckerkandls vorerst abgelehnt. Sie sei gar nicht daran interessiert gewesen, Mahler kennenzulernen – zu stark beeinflußt vom Tratsch, der zu jener Zeit über den Operndirektor und dessen „Produktionsliebschaften" kursierte. Weiters hätte sie kurz zuvor einer Aufführung von Mahlers erster Symphonie beigewohnt. Und diese hätte ihr gründlich mißfallen.[8]

Ihre Ablehnung brachte angeblich Berta Zuckerkandl auf die Palme „Es geht sowieso nicht, da ich Mahlers Schwester Justine absolutes Alleinsein versprochen habe. Mahler verträgt keine fremden Menschen. „ Ihr Mann widersprach jedoch: „Unsinn, ich will es!"[9]

Da aber Alma – so ihre eigene Schilderung – auf ihrem Nein beharrte, wurde nichts vereinbart. Erst eine Woche später hätte ihr Berta Zuckerkandl geschrieben: Mahler hätte vorerst abgesagt und sie hätte ein neues Treffen für den folgenden Sonntag, ihren „Empfangstag", vereinbart. Dazu hätte sie Gustav Klimt und Burgtheaterchef Max Burckhard eingeladen. Alma würde daher unter Freunden sein. Deshalb hätte sie schließlich zugesagt. „Mit befangenen Sinnen ging ich hin", wie sie versichert.[10]

Die Zusammensetzung der Gesellschaft im Hause Zuckerkandl entbehrte nicht einer gewissen Pikanterie. Einige Jahre zuvor hatte Alma ihre erste Romanze mit Klimt gehabt. Und Max Burckhard war momentan, wie es hieß, in sie verliebt.

Auch über den Verlauf der für Gustav Mahler und Alma Schindler schicksalhaften Abendunterhaltung gibt es voneinander abweichende Schilderungen. Bertas eigene ist jedoch bei weitem die amüsanteste.

Natürlich ist das Menü ganz auf den an leichte Kost gewöhnten Ehrengast abgestimmt. Dieser erscheint pünktlich, und alsbald entwickelt sich ein angeregtes Tischgespräch über die gefürchtete Wiener Sitte, Kunst zu sabotieren. „Viel gemütlicher, als wir dachten",[11] freut sich die Hausfrau über den gelungenen Auftakt. Mahler erzählt, ein Erzherzog hätte von ihm schriftlich verlangt, eine absolut unbegabte, aber sehr hübsche Sängerin zu engagieren. Nach einiger Zeit hätte der Oberhofmeister verlegen in der Oper angefragt, ob er dem Erzherzog endlich eine Antwort geben dürfe. Daraufhin Mahler: „Antworten Sie ihm, daß ich den Brief in den Papierkorb geworfen habe."

Dazu meint Max Burckhard, als Burgtheaterdirektor ebenfalls Zielscheibe zahlloser Interventionen: „Daß Sie, lieber Kollege, nicht sofort entlassen wurden, sondern daß der Erzherzog dies stillschweigend hinnahm, zeigt, wieviel sich im letzten Jahrzehnt zugunsten von Kunst und Künstlern gewandelt hat. Heute wäre nicht mehr möglich, was vor meiner Direktion geschah, daß nämlich eine Erzherzogin ein Stück verbieten ließ, weil darin ein unverheiratetes Mädl mit einem unehelichen Kind vorkommt. Ebenso ist es seit meinem Amtsantritt ausgeschlossen, daß der

Oberhofmeister die Annahme eines Stückes mit der Begründung verbietet, die erlaubte Anzahl von Stücken, in denen ein unehelicher Sohn vorkommt, sei in diesem Jahr bereits überschritten."

Alma Schindler hat bis dahin schweigend zugehört. Nun aber wirft sie temperamentvoll ein: „Warum hat sich das Publikum das gefallen lassen?"

Durch diesen Zwischenruf wird Mahler mit einem Mal auf die junge Dame aufmerksam: „Eine solche Frage kann nur die Jugend stellen, die weiß noch nichts von Feigheit und Kompromissen."[12]

Alma selbst stellt die Situation in ihren Erinnerungen etwas anders – selbstbewußter – dar: „Mahler wurde sofort auf mich aufmerksam."[13]

So oder so – die Konversation wird durch das Dessert unterbrochen. Mahler wendet sein ganzes Interesse den Äpfeln zu. Zum Kaffee löst sich die Tischgemeinschaft in Gruppen auf. Plötzlich hört die Gastgeberin laute Stimmen aus dem Nebenzimmer und wirft besorgt einen Blick hinein. Hochrot vor Zorn steht Alma da. Auch Mahler ist wütend, „hüpft hin und her, wie immer, wenn ihm seine Nerven durchgehen".

Es ist jedoch die junge Dame, die das Gespräch dominiert: „Sie haben nicht das Recht, ein Werk, das Ihnen eingereicht wird – noch dazu von einem echten Musiker wie Zemlinsky (ihrem Kompositionslehrer, Anm. d. V.) –, einfach ein Jahr liegen zu lassen. Sie können ‚Nein' sagen, aber antworten hätten Sie müssen."

Mahler muß sich verteidigen: „Das Ballett ist miserabel. Ich verstehe nicht... Sie studieren doch Musik, wie können Sie für so einen Schmarren eintreten?"

„Erstens ist es kein Schmarren. Wahrscheinlich haben Sie sich nicht die Zeit genommen, das Werk durchzusehen. Und zweitens kann man auch höflich sein, wenn es sich um schlechte Musik handelt."

Der Operndirektor nagt heftig an seiner Lippe. Plötzlich streckt er die Hand zu seinem Gegenüber aus: „Machen wir Frieden. Ich verspreche Ihnen natürlich nicht, das Ballett anzunehmen. Weil Sie aber so tapfer für Ihren Lehrer einstehen, verspreche ich Ihnen, Zemlinsky morgen zu mir zu bitten."

Alma ist über ihren plötzlichen Temperamentsausbruch selbst etwas erschrocken. Sie flüchtet zu Klimt und Burckhard ins Nebenzimmer.

Aber der Ehrengast ist keineswegs schockiert, eher amüsiert. „Es ist das erste Mal, daß ich mich in einer Gesellschaft wohl fühle. Ich muß aber fort, denn ich habe morgen Kostümprobe. Übermorgen ist die Generalprobe von ‚Hoffmanns Erzählungen'. Diese Oper bedeutet mir viel. Offenbach hat sich sein Leben lang danach gesehnt, der Operette zu entwachsen, eine Oper zu komponieren. Aber erst als alter Mann, an der Schwelle des Todes, hat er es vollbracht. Ein Schicksal, das jeden von uns erwartet. Erst sterbend vollenden wir uns."

Dann, als er sich bereits verabschiedet: „Darf ich Sie zur Generalprobe einladen? Übermorgen punkt zehn Uhr. Wenn es Fräulein Schindler interessiert, so bitte ich auch sie, mir das Vergnügen zu machen."[14]

Für Alma endet diese Episode etwas anders: Der gefeierte Mahler macht sich erbötig, sie nach Hause zu begleiten, die Molls wohnen auf der Hohen Warte, oberhalb der Nußwaldgasse. Sie lehnt jedoch ab: es sei schon zu spät, um noch zu Fuß nach Hause zu gehen.[15]

Das Schlußwort bleibt jedoch der Hausfrau vorbehalten: „Alma, du kannst dich nicht beklagen", verabschiedet sie sich von ihrem Gast. „Ich habe dir die Vergangenheit eingeladen" – und zeigt auf Klimt –, „die Gegenwart" – Burckhard – „und vielleicht die Zukunft."

So spröde sich Alma auch beim Abschied von Mahler gegeben hat – zur Generalprobe von „Hoffmanns Erzählungen" ist sie pünktlich zur Stelle. Zusammen mit Sophie Clemenceau und Berta Zuckerkandl. Bei der Ankunft hilft Mahler dem jungen Mädchen aus dem Mantel, vergißt aber taktlos die Umhänge der beiden Schwestern. Berta ist bereit zu verzeihen: „Er wurde jung und töricht verliebt."

Über Mahlers zweite Jugend läßt sich streiten, nicht aber über seine Verliebtheit. Er schickt Alma anonyme Gedichte. Die Vermittlung der Zuckerkandls haben die beiden nicht mehr nötig. Nach einigen Wochen verloben sie sich. Die Hochzeit findet am 9. März 1902 in der Wiener Karlskirche statt.

Neun Tage nach Mahlers Hochzeit – am 18. März 1902 – erregt ein Skandal die Wiener Musikwelt. Anlaß ist die Premiere von Arnold Schönbergs „Verklärte Nacht", gespielt vom Rose-Quartett im Bösendorfersaal.[16] Es kommt zu einem Pfeifkonzert der „Traditionalisten" im Zuschauerraum. Berta Zuckerkandl, die sich im Publikum befindet, ist schockiert, aber ihr Entsetzen verwandelt sich in Begeisterung, als der ebenfalls anwesende Gustav Mahler aufspringt und die Störenfriede anfaucht: „Ihr habt hier nichts zu suchen. Rempelt Leute auf der Straße an, wenn ihr Lausbuben seid... Hinaus!" Daraufhin setzt ein wahrer Beifallssturm ein. Die Stänkerer treten den Rückzug an, aber einer ruft Mahler noch zu: „Wir pfeifen auch Ihre Symphonien aus!", was diesen aber völlig unberührt läßt.

Nicht alle von Bertas Bekannten teilen indessen Mahlers Begeisterung für Schönbergs Opus. Einer von ihnen ruft sie an: „Waren Sie gestern im Rose-Quartett? Endlich hat man dem Schwindler gezeigt, daß Wien sich noch zu wehren weiß, wenn man freche Originalitätskrämpfe heuchelt. Famos war das inszeniert, das Pfeifkonzert."

„B. Z." ist empört: „Wozu rufen Sie mich an, wenn Sie mir nichts Gescheiteres zu sagen haben?"

Der Anrufer läßt sich nicht so leicht abschütteln: „Lassen Sie sich doch nicht ins Schlepptau nehmen von dieser Horde, die seit 15 Jahren Wien zu einem Lachkabinett macht... Das entsetzliche Machwerk ‚Verklärte Nacht' ist eine Herausforderung sondergleichen. Diese Dissonanzenorgie. Da muß uns Gott neue Ohren schaffen." Jetzt hat Berta wirklich genug: „Das wird er auch tun. Neue Ohren, neue Augen, neue Gehirnwindungen. Aber nicht jedem wird diese Gnade zuteil."[17]

Wenige Monate später – im Juli 1902 – kommt ihr künstlerisches Idol, Auguste Rodin, endlich persönlich nach Wien. Das heißt, sein erklärtes Ziel ist Prag, wo er an der Gründung der Künstlervereinigung „Manes" teilnimmt. Aber danach steht seinem lange versprochenen Wienbesuch nichts mehr im Wege.

Der Zufall will es, daß Rodins Visite mit der großen Beethoven-Ausstellung in der Wiener Secession zusammenfällt. „Rodin kommt!" verkündet Berta atemlos bei ihrem Eintreffen in der Ausstellung. Und ihr Hang zur Theatralik sorgt dafür, daß sich die Nachricht wie ein Lauffeuer unter den Besuchern und Künstlern verbreitet.

Das Innere der Secession ist in einen domartigen Raum verwandelt, dessen Mitte das Beethoven-Bildnis des deutschen Radierers Klinger beherrscht. Neuartige Dekorationseinfälle schmücken die Mauern. Für Gustav Klimt und dessen Werk hat Josef Hoffmann einen Seitentrakt abgesondert. Dort, auf einem hohen Gerüst, arbeitet der Meister an einem Fresko. Das passende Motiv, das er gewählt hat, ist Beethovens Hymnus „Freude, schöner Götterfunke" aus der IX. Symphonie.

Von allen ausstellenden Künstlern ist es Klimt, der Rodins Bewunderung erweckt. Schweigend steht der Bildhauer vor dem Fresko. Dann nimmt er Klimts Hände – dieser ist von dem Gerüst heruntergeklettert – in die seinen: „Was sind Sie für ein Künstler. Sie verstehen Ihr Handwerk."

Ehe der Ehrengast die Secession verläßt, nehmen er und Berta Zuckerkandl im Sekretariat noch eine Erfrischung zu sich. Rodin stellt sich den versammelten Künstlern: „Ich habe den Stephansdom bewundert. Wie alle Kathedralen ist er ein anonymes Kunstwerk. Was mich so tief berührt, ist die gewollte Anonymität Ihrer schönen Ausstellung. Sie sind wahre Künstler und vergessen den Augenblick, um für die Zukunft zu arbeiten. Denn Sie wissen, daß die kühnen Impulse, die Sie der modernen architektonischen Ausstattung gegeben haben, sich nur langsam durchsetzen werden. Das Publikum braucht Zeit, um dem vom schöpferischen Genie vorgezeichneten Weg folgen zu können. Sieger bleibt schließlich doch das Genie. Ich kenne keine Stelle außer Wien, keine Gruppe von Künstlern, die sich mit so prophetischem Weitblick eines so schwerwiegenden Problems annimmt, ja sich ihm aufopfert, dies auf die Gefahr hin, unverstanden zu bleiben."

Rodins Gastgeber denken aber nicht nur an die hehren Ideale der Kunst. Sie laden vielmehr den Bildhauer noch am gleichen Nachmittag zu einer echten Wiener Jause im Prater ein. Natürlich hat sich die ganze Secession eingefunden. Klimt, in strahlender Laune, sitzt neben Rodin. Berta Zuckerkandl hat, wie so oft, das Organisatorische übernommen und im Freien decken lassen.

Klimt umgibt sich mit zwei wunderschönen Frauen, die auch Rodin begeistern. Der Pianist Alfred Grünfeld hat sich inzwischen im großen Saal, dessen Flügeltüren in den Garten weit offen stehen, ans Klavier gesetzt. Klimt schleicht sich zu ihm: „Bitte spiel uns Schubert!" und Grünfeld, wie immer die Zigarre im Mund, träumt seinen Schubert so vor sich hin.

Da beugt sich Rodin zu Klimt hinüber: „So etwas habe ich noch nie gefühlt wie bei euch. Ihr Beethoven-Fresko, das so tragisch und so selig ist. Eure tempelartige unvergeßliche Ausstellung und nun dieser Garten, diese Frauen, diese Musik. Und um euch, in euch, diese frohe, kindliche Freude. Was ist es nur?"

Berta übersetzt Rodins Worte aus dem Französischen. Klimt neigt seinen Kopf und sagt nur ein Wort, das keiner Übersetzung bedarf: „Österreich."

Der Abend ist wieder den Musen gewidmet. Gustav Mahler dirigiert „Die Hochzeit des Figaro" in der Oper. Ein Glücksfall, denn für Rodin ist Mozarts Musik etwas Göttliches. Und gerade dieser „Figaro", die blendende Farbe des Orchesters, die Magie der Rhythmen und Tempi bezaubern, ja erschüttern den Künstler aus Paris. „Was für ein Traum. Was für eine Märchenstadt. Zum ersten Mal habe ich wirklich Mozart gehört. Dieser Orchesterzauber offenbart mir Mozart. Nein! Das ist der wiederauferstandene Mozart. Ich sehe Mozart im erhabenen Kopf Mahlers."[18]

Einige Jahre später will es der Zufall, daß Rodin den Auftrag erhält, Gustav Mahlers Büste zu modellieren.

Die aufregend schönen Julitage werden unvermittelt von einem tragischen Ereignis überschattet. Schon ein Jahr zuvor war Moriz Szeps anläßlich eines Besuches bei seiner Tochter Sophie in der Vendée schwer erkrankt, doch schien sich sein Zustand nach seiner Rückkehr nach Wien wieder zu bessern. Dann tritt im Juli 1902 eine bedenkliche Verschlechterung ein, so daß er gegen Ende des Monats operiert werden muß. Dieser Eingriff scheint vorerst erfolgreich, bis sich eine Blutvergiftung einstellt, der er am 9. August erliegt.

Das „Neue Wiener Tagblatt" widmet seinem ehemaligen Herausgeber und Chefredakteur einen würdigen Nachruf über zwei Seiten. „Das außerordentliche Talent, das ungewöhnlich reife Wissen und die oft staunenswerte Gestaltungsgabe, die ihm eigen waren, hatten ihn durch eine lange Reihe von Jahren in den Reihen der Wiener Journalistik auf einen allerersten Platz gestellt, und, sooft von der Periode die Rede ist, die nach dem Sturz des Absolutismus in Österreich folgte, wird neben Max Friedländer und Michael Etienne auch Szeps unter den Erneuerern der journalistischen Kunst bei uns im Lande genannt. Dieser Ruhm, einer der glänzendsten Vertreter der Publizistik sowie einer der geistreichsten Debattierer im Kampf mit der Feder gewesen zu sein, blieb ihm auch unbestritten bis an sein Lebensende. Wie es bei einem Mann von so enormer Arbeitskraft, der in den verschiedensten Gebieten der öffentlichen Diskussion und immer in entscheidendsten Tönen eingriff, kaum anders möglich war, erwuchsen ihm im Laufe der Jahre politische und andere Gegner zuhauf. Aber selbst die politische und private Gegnerschaft wagte es nie, das allgemeine und von einer weiten Öffentlichkeit im Inland sowohl wie im Ausland sanktionierte Urteil anzufechten, daß es eine bedeutende Erscheinung war, die dieser Mann mit seiner reichen Begabung und seiner seltsamen Elastizität und Kampffreudigkeit bot."[19]

Ein Gegner wagt es dennoch, und zwar ein Mann, dem Szeps nie etwas zuleide getan hatte. Die Feindschaft, man könnte wohl sagen der Haß, eines Karl Kraus macht auch an der Bahre des großen Zeitungsmannes nicht halt. Kraus' Nachruf in der „Fackel" zählt wohl zu den giftigsten Produkten aus seiner sicher nicht zimperlichen Feder.

„De mortuis nil nisi bene", beginnt Kraus seinen Nachruf sarkastisch. „So sage ich denn: Szeps hat die Nekrologe der liberalen Presseleute, die ihn als ihr Muster und Vorbild pathetisch feiern, redlich verdient. Er war wirklich ‚eine der markantesten Gestalten der Wiener Journalistik', und die Feststellung eines seiner Biographen, daß Moriz Szeps ‚unglaublicherweise' keinen Platz im Konversationslexikon gefunden hat, ist eine durchaus begründete Beschwerde. Mit dem Hute in der Hand muß das Gewimmel von ‚Lokalern', Gerichtsschnüfflern und Schmucknotizenschreibern von dem Mann sprechen, der einer der gewaltigsten Hebel vaterländischer Unkultur war. Was geschehen, für Geld zu verschweigen, und was nicht geschehen, aus verdorbener Luft zu greifen: diesem System der Corruptions- und Sensationspresse hat Szeps als einer der ersten den Grundriß gezeichnet... Einem, der nicht mehr schaden kann – und Moriz Szeps konnte es seit Jahren nicht – angreifen, ist geschmacklos, einen Toten tadeln, häßlich: so häßlich fast, wie an einem Grabe Lob erlügen. Zu einer Ergänzung der liberalen Nekrologe fühle ich mich verpflichtet, damit nicht unter den Händen überlebender Giftmischer der öffentlichen Meinung die zweifelhafte Wahrheit des Wortes ‚de mortuis nil nisi bene' vollends zur Parodie werde und damit nicht die Corruption in der Erwartung schwelge, zu den unverdienten Ehren des Lebens müsse dereinst unter allen Umständen eine ‚ergreifende Nachrede' treten."[20]

Jahre später urteilte Kraus übrigens etwas milder und akzeptierte zumindest den journalistischen „Riecher" eines Moriz Szeps: „Es hat einen guten Sinn, wenn der alte Szeps scherzhaft gesagt hat: ‚Eine falsche Nachricht ist mir lieber als eine wahre. Denn erstens ist sie interessant. Zweitens habe ich sie allein. Drittens kann ich auf sie zurückkommen.' Der alte

Szeps war eben eine echte Journalistennatur, ein phantasievoll fiedelnder Zigeunerprimas der Zeitung."[21]

Amalie Szeps übersiedelte nach dem Tod ihres Mannes zu ihrer Tochter in die Nußwaldgasse. Sie hatte nicht weit zu gehen. In den letzten Jahren vor seinem Tod hatte die Familie Szeps nämlich in der Grinzinger Straße 19 gelebt. Das kleine Palais in der Liechtensteinstraße, Schauplatz so vieler denkwürdiger Ereignisse, hatte sie schon vor der Jahrhundertwende aufgegeben, nachdem die Kinder, eines nach dem anderen, ausgezogen waren.

Zu jener Zeit vollzieht sich übrigens in Berta die Wandlung von der Amateurschreiberin zur professionellen Journalistin. Zu ihrem „Vehikel", wie sie es nennt, wählt sie die „Wiener Allgemeine Zeitung", ein angesehenes, wenn auch keineswegs führendes liberales Organ.

„Obwohl ich Anfängerin war, gab mir der Herausgeber vollste Freiheit und räumte mir die Rubrik Kunstkritik ein", verzeichnete sie in ihrem Buch „Ich erlebte 50 Jahre Weltgeschichte"[22] und ließ dabei ein nicht ganz unwesentliches Faktum unerwähnt. Der großzügige Chef, der ihr alle Freiheiten einräumte, war nämlich kein anderer als ihr Bruder Julius, der inzwischen in die Fußstapfen seines Vaters getreten war.

Berta war übrigens, wie bereits angedeutet, keine blutige Anfängerin. Schon 1900 hatte sie in einem Sammelwerk „Die Pflege der Kunst in Österreich 1848–1898" eine lange Abhandlung über „Dekorative Kunst und Kunstgewerbe" beigesteuert. Andere Beiträge zu diesem Buch stammten von keinen Geringeren als Ludwig Hevesi und Felix Salten.

So wie sich Julius Szeps und seine Schwester auf alte Freunde der Familie weiter stützen können, bleiben ihnen auch Gegner des Hauses treu. Etwa Karl Kraus. In der „Fackel" wird nun auch Julius Szeps zu einer bevorzugten Zielscheibe des gefürchteten Literaten. „Oh, wir haben journalistische Dynastien, in denen sich das Talent in gerader und auch in ungerader Linie vererbt", spottet er.[23] Oder, noch bissiger: „Es wird wohl noch Gelegenheit sein, die journalistische Herkunft des Trefflichen – Julius Szeps –, der nicht ohne Erfolg an die Tradition seines berühmten Vaters anknüpft, eingehender zu besprechen. Die blonde Unschuld vermag höchstens bis ins Preßbüro vorzudringen; der Einfluß seines Vaters reichte bekanntlich in höhere Sphären. Szeps senior besaß sogar, wie man erzählt, Briefe des Kronprinzen und war, wie man hinzufügt, so pietätvoll, sie nach dem Tode des Kronprinzen zurückzugeben."[24]

Was die Skepsis des Herausgebers der „Fackel" bezüglich der Rückgabe – „wie man sagt" – der Rudolf-Briefe betrifft, so wurde diese von der einschlägigen historischen Wissenschaft schon längst widerlegt.

# 10. KAPITEL

# DIE AFFÄRE KLIMT

Anfang des 20. Jahrhunderts erregt die „Affäre Klimt" die Wiener Kunst- und Kulturszene bis zur Weißglut. Und natürlich stehen die Zukkerkandls – Emil diesmal genauso wie seine Frau – in der vordersten Kampflinie.

„Plus ça change, plus c'est la même chose", könnte man sagen, denn die Vorgeschichte des Skandals klingt überraschend modern. Der Fall könnte sich heute noch einmal ereignen. Vielleicht wäre das Ende ein anderes. Ein Happy-End, angesichts der größeren Kompromißbereitschaft der Kulturbeamten der Zweiten Republik. Aber sicher ist das nicht.

Noch vor der Jahrhundertwende hatte das k. k. Unterrichtsministerium beschlossen, ausnahmsweise auch einmal einem der verfemten Secessionisten einen Staatsauftrag zukommen zu lassen. Die Wahl fiel auf Gustav Klimt als zweifellos profiliertesten Repräsentanten der Gruppe. Er sollte für den Festsaal der Wiener Universität drei Deckengemälde malen. Als Thema wurden die drei damaligen Fakultäten – neben der Theologie – gewählt: die Medizin, Jurisprudenz und Philosophie.

Der Künstler, der gerade vom Tafelbild zu monumentaleren Werken überwechseln will – wie etwa seinem bereits erwähnten Beethoven-Fresko –, stimmt sofort zu, und der Staat zeigt sich splendid. Er streckt dem Künstler einen beträchtlichen Betrag vor.

Immerhin: das Ministerium will nicht ohne Rückversicherung agieren. Vor der Erteilung des endgültigen Auftrages muß Klimt seine Skizzen auf Karton vorlegen. Eine Kommission soll dann über ihre Eignung entscheiden.

Und schon ergeben sich die ersten Reibereien zwischen dem Künstler und seinen Auftraggebern. Die Kunstkommission ist mit den Skizzen nicht zufrieden. Die Philosophie soll in einem dünkleren Ton erscheinen. Die Jurisprudenz, so legt man ihm nahe, möge er in „ruhigeren Linien" halten. Und bei der Medizin müsse entweder statt der unbekleideten Frauenfigur ein Mann treten oder der Dame eine Bekleidung gespendet werden.

Klimt will sofort von dem Auftrag zurücktreten, aber Baron Weckbecker vom Unterrichtsministerium gelingt es zu vermitteln. Der endgültige Auftrag wird Klimt zugesprochen und in einem Vertrag, den der Künstler selbst in einem späteren Gespräch mit Berta Zuckerkandl als „sehr vernünftig" bezeichnet, ist ein Passus enthalten, der ihm volle künstlerische Freiheit bei der Gestaltung der Deckengemälde einräumt.[1]

Vorerst kann Klimt in Ruhe arbeiten. Unter seinen Händen entsteht zuerst die Medizin, dann die Philosophie und schließlich die Jurisprudenz. Dabei weicht der Maler – im Rahmen der approbierten Skizzen – immer mehr von der althergebrachten Symbolik ab. Mittels einer Zeichensprache gestaltet er seine eigenen Allegorien, rückt das Gedankliche in den Hintergrund und stellt dafür das Malerische an die erste Stelle.

1905 sind die drei Gemälde fertiggestellt. Bevor sie aber an ihren Bestimmungsort gebracht werden, sollen zwei von ihnen – die „Medizin" und die „Philosophie" – in der Secession ausgestellt werden. Und dort bricht der Skandal los. Ein beträchtlicher Teil des Publikums und der Presse benimmt sich – in Berta Zuckerkandls Worten – als gelte es, über einen Verbrecher herzufallen: „Wütend schimpfte man über die freche Herausforderung aller geheiligten Traditionen... Man bespuckte das als echt, wahr und eigen empfundene Werk."[2]

Aber das ist nur der Anfang. Die reaktionären Studentengruppen vereinigen sich mit den konservativen Professoren, um eine „Schändung" der „Alma Mater Rudolfina" durch Klimts Werke zu verhindern. Es kommt zu einer Senatssitzung, an der der Rektor, die vier Dekane und die vier Prodekane teilnehmen. Unter ihnen ist Emil Zuckerkandl als amtierender Dekan der Mediziner.

Der Rektor verliest eine Eingabe, in der die Annahme der Deckengemälde apodiktisch als „Schmähung der Kunst" bezeichnet wird. Aber die würdigen alten Herren, die mit einer raschen Annahme der Resolution rechnen, haben nicht mit Zuckerkandl und dessen Zivilcourage gerechnet. Der Anatom meldet sich zu Wort und verkündet, daß er Stimmen von Kollegen für einen Gegenprotest sammeln werde. Er könne es nicht dulden, daß die Freiheit eines Künstlers durch eine Art Femegericht eingeschränkt werde.

Die Professoren versuchen es vorerst im Guten, ihren eigenwilligen Kollegen von der Irrigkeit seines Standpunktes zu überzeugen. „Herr Klimt wagt es, was ein Raffael für ewig gestaltet hat, anzutasten", wirft einer der Dekane ein. „Er verachtet die Symbole, die in der Darstellung der Medizin, der Philosophie seit Jahrhunderten gültig sind."[3]

Zuckerkandl ist nicht beeindruckt: „Was meinen Sie, Herr Kollege? Für ewig? Selbst einem Raffael kann das nicht gelingen."

„ . . . daß Raffael die Philosophie durch die würdige Gestalt eines Gelehrten darstellt, der mit edler Gebärde ein Buch aufschlägt. Ebenso wird die Medizin durch bestimmte Attribute bezeichnet. Phiolen und den Äskulapstab kann jeder Gebildete deuten."

Worauf der fortschrittliche Professor wissen will, ob die Medizin, die

Philosophie, die Jurisprudenz seit der Renaissance keine Fortschritte gemacht hätten. Und er fügt hinzu: „Warum darf allein ein Künstler nicht evolvieren? Gerade er, dessen subtile Antennen jede geistige Wellenbewegung gierig auffangen, ist doch dazu ausersehen, ein höheres Abbild der sich wandelnden Welt zu schauen."

„Dem kann ich nicht beistimmen", mischt sich nun der Rektor ein. „Unvorstellbares muß durch bestimmte Konventionen gekennzeichnet werden. Und die verachtet Herr Klimt eben. So läßt er die Philosophie als eine Art Gorgonenhaupt durch einen flimmernden, flüssigen Äther schwimmen... Abscheulich!"

„Magnifizenz", kontert Zuckerkandl entschlossen, „gerade unsere Vorstellung des Weltraumes hat sich radikal gewandelt. Was Sie, Magnifizenz, abscheulich nennen, nenne ich die Divinationsgabe eines großen Künstlers. Aber es fehlt uns ja vorläufig das ausschlaggebende Urteil, nämlich das unseres hervorragendsten Kunsthistorikers Professor Wickhoff. Er ist zur Zeit in Rom und ich beantrage, daß er telegraphisch von Protest und Gegenprotest in Kenntnis gesetzt wird. Er soll seine Stimme abgeben."[4]

„Wenige Stunden später", berichtet Berta in einem Brief an ihre Schwester Sophie, „langte Wickhoffs Antwort ein (es wird wohl zumindest einen Tag erfordert haben): ‚Ich schließe mich selbstverständlich dem Gegenprotest an. Ich kenne und bewundere Klimts Deckengemälde. Einen Protest der Universitäts-Professoren halte ich für unzulässig."[5]

Dennoch wird der Protest von den Konservativen unterzeichnet. Der Gegenprotest nimmt ihm jedoch die Wirkung.

Die Klimt-Gegner geben sich mit einem einfachen Protest nicht zufrieden. Sie mobilisieren im April 1905 ihre Freunde im Reichsrat. Wahrscheinlich zum ersten Mal, aber sicher nicht zum letzten Mal, wird in der österreichischen Volksvertretung über Wert oder Unwert eines einzelnen Kunstwerkes diskutiert.

Der Interpellant ist ein christlichsozialer Abgeordneter. Berta Zuckerkandl beschreibt ihn als „besonders brutalen Kleinbürger, bekannt für seine protzige Verachtung aller Bildungswerke".[6] Der Volksvertreter geißelt, was er für die „Unanständigkeit" des Bildes „Die Medizin" hält.

Tatsächlich bilden nackte Gestalten den Zug der Heilungsuchenden, und eine Schwangere, eine schöne blonde Frau, schwebt der Menge voraus. Der Abgeordnete findet ihren blühenden Leib „sinnlich herausfordernd" und will von Unterrichtsminister Wilhelm von Hartel wissen, ob es dieser dulden könne, daß „die Kunst in solcher Weise zu obszönen Darstellungen mißbraucht und damit die Moral der Jugend gefährdet werde".[7]

Von der Journalistenloge aus verfolgt „B. Z." die erregte Debatte. Von ihren Kollegen erfährt sie, in welch peinliche Verlegenheit der Minister geraten ist. Die Regierung befindet sich gerade in heiklen Kompromißverhandlungen mit den Christlichsozialen über gewisse parlamentarische Abstimmungen. Daher war von Hartel von seinen Ministerkollegen angewiesen worden, die Interpellationen möglichst entgegenkommend zu behandeln, das heißt, nicht für Klimt einzutreten. Und das, obwohl er selbst dem Künstler den umstrittenen Auftrag zugeteilt hatte.

Die Verlegenheit des Ministers kommt dann auch in seiner parlamentarischen Beantwortung der Anfrage zum Ausdruck. Er sucht nach Ausflüchten und versucht erst gar nicht, Klimt zu verteidigen. Und er verspricht, an den Gemälden radikale Änderungen vornehmen zu lassen.

„Es ist der jämmerlichste Kotau der Schacherpolitik des österreichischen Parlaments, den man sich vorstellen kann", resümiert die Kritikerin der „Wiener Allgemeinen Zeitung".[8]

Obwohl Berta mit dem Minister befreundet ist – er ist nämlich im Herzen gar kein Banause, sondern ein hochgebildeter Altphilologe – erwacht in ihr der Plan, die Regierung in ihrer Kolumne scharf zu attackieren. In diesem Sinn nimmt sie sich vor, Klimt gleich am nächsten Morgen zu interviewen. Um 9 Uhr morgens – eine unheilige Stunde für einen Abendmenschen wie Berta Zuckerkandl – steht sie vor Klimts Atelier in einem Hinterhaus in der Josefstädter Straße im VIII. Wiener Gemeindebezirk. Dort scheint noch alles friedlich. „Kein Maschinengewehr starrt mir entgegen", erinnert sie sich viel später in einem Artikel für das „Neue Wiener Journal". „Aber ein Zettel: Nicht läuten. Wird nicht aufgemacht."[9]

Das gilt natürlich nur für Außenseiter. Berta kennt das Klopfsignal für Klimts Freunde. Und wirklich wird die Tür vorsichtig, einen Spalt breit, geöffnet. Klimt blickt heraus, in seinem dunkelblauen Talar, die graue Katze auf der Schulter. „Ich muß Sie sprechen", sagt Berta rasch, als fürchte sie, der Künstler könne ihr die Türe vor der Nase zuschlagen. „Sie haben kein Recht, sich in ein Einzelschicksal zu flüchten. Sie müssen in alle Welt hinausrufen, was man gegen Kunst und Künstler gewagt hat."[10]

Damit läuft die Journalistin bei Klimt offene Türen ein. „Eben habe ich mich gefragt, wie Sie zu erreichen sind. Bahr ist gerade fortgegangen. Er schwört, daß der Unterrichtsminister zur Demission gezwungen wird."

Berta findet dies nicht unbillig: „Schmählich ist dieses Benehmen."

Jedenfalls benötigt Klimt keine weitere Aufforderung zum „Auspacken". „Ich bin sonst nie dafür, die Öffentlichkeit mit meinen Kunstaffären zu füttern. Aber diesmal geht es nicht um mich. Es geht um die Freiheit der Kunst, um ihre Würde. Es muß ein Exempel statuiert werden."[11]

Dieses Exempel hat der Meister bereits selbst statuiert. Er liest seiner Besucherin einen Brief an das „Hohe k.k. Ministerium für Kultur und Unterricht" vor:

„Als ich vor mehr als zehn Jahren den Auftrag für die Aula der Universität erhielt, ging ich mit Begeisterung an die mir gestellte Aufgabe. Mein jahrelanges ernstes Mühen hat mir bekanntlich eine Fülle von Beschimpfungen eingetragen, die in Ansehung ihrer Ursprungsstellen anfangs meinen Eifer nicht abzukühlen vermochten. Dies änderte sich aber im Verlaufe der Zeit. Seine Exzellenz der Minister von Hartel gab mir durch eine Reihe von Daten klar zu verstehen, daß mein Schaffen nun auch den Auftraggebern unbequem geworden sei. Soll meine Jahre verschlingende Arbeit überhaupt vollendet werden, muß ich mir zuerst wieder Freude verschaffen, und diese fehlt mir vollständig, solange ich unter den jetzigen Verhältnissen sie als Staatsauftrag betrachten muß. Ich stehe daher vor der Unmöglichkeit, den schon so weit gediehenen Auftrag zu vollenden. Auf einen Teil desselben, die Zwickelbilder, habe ich bereits verzichtet, was das Ministerium genehmigend zur Kenntnis genommen hat. Ich lasse nunmehr den Verzicht auf den ganzen Auftrag folgen und stelle unter einem die ganzen, im Laufe der Zeit bezogenen Vorschüsse dankend zurück. Ich erbitte mir eine Verständigung, an welche Kasse ich das Geld abzuführen habe."[12]

Ein volles Vierteljahrhundert später findet Berta Zuckerkandl ihren Notizblock wieder, auf dem sie ihr Gespräch mit Klimt aufgezeichnet hat. „Auf diesen vergilbten Blättern, die ich heute fand, ist noch der rasende Rhythmus abzulesen, in dem Klimts Worte nun niederprasselten", erinnert sie sich 1931 in einer Reportage über Gustav Klimt im „Neuen Wiener Journal".[13]

„Nie werde ich das wunderbare Schauspiel dieses tobenden Gewitters vergessen. Wie ich es fertig brachte, Wort für Wort des elementaren Ausbruchs niederzuschreiben, ist wirklich ein Wunder gewesen. Denn Klimt raste dabei durch den Raum, riß Bilder von der Wand, warf sie in eine Ecke, goß ein Tintenfaß aus, zerfetzte Zeichnungen, kurz, er war so außer Rand und Band, daß es großer Willensanstrengung bedurfte, eine sachliche Niederschrift zu bezwingen."[14]

Weitere Details über den Temperamentsausbruch des großen Künstlers hatte Berta Zuckerkandl in ihrem 1908 veröffentlichten Buch „Zeitkunst" publiziert.

„Die Hauptgründe", erklärte Klimt, „die mich zur Rücknahme meiner vom Unterrichtsministerium bestellten Deckengemälde bestimmten, sind nicht in einer Verstimmung zu suchen, welche die verschiedenen Angriffe von den verschiedensten Faktoren in mir hervorgerufen haben. Das alles hat mich seinerzeit sehr wenig berührt, und ich hätte meine Freudigkeit an dem Auftrag nicht verloren. Ich bin gegen Angriffe überhaupt sehr unempfindlich. Umso empfindlicher bin ich aber in dem Augenblicke, wo ich fühle, daß meine Auftraggeber nicht mit meiner Arbeit zufriedengestellt sind. Und dies ist eben der Fall mit den Deckengemälden..."

„Seit dem unglückseligen ‚Staatsauftrag' hat man sich in Wien gewöhnt, für jedes meiner sonstigen Werke den Minister von Hartel verantwortlich zu machen. Und allmählich scheint der Unterrichtsminister sich wirklich eingebildet zu haben, er trage eine solche Verantwortung. Daher werde ich bei vielen Ausstellungen in unerhörter Weise perlustriert. So rang man mir bei meiner großen Gesamtausstellung ab, daß ich ein Bild, welches Angst erregte, nicht ausstellte. Ich tat's, weil ich der Vereinigung nicht etwa Ungelegenheiten bereiten wollte... Nein, ich bin immer und überall eine Verlegenheit für den Minister gewesen und durch den Schritt, welchen ich jetzt unternehme, enthebe ich ihn jetzt ein für allemal der merkwürdigen Protektorenschaft, welche mir da erwachsen. Ich werde auch niemals, unter diesem Ministerium gewiß nicht, bei einer offiziellen Ausstellung mittun, es sei denn, meine Freunde zwängen mich dazu. Genug der Zensur. Ich greife zur Selbsthilfe. Ich will loskommen. Ich will aus all diesen unerquicklichen, eine Arbeit aufhaltenden Lächerlichkeiten zur Freiheit zurück. Ich lehne jede staatliche Hilfe ab, ich verzichte auf alles."[15]

In ihrem Buch „Zeitkunst" behauptet Berta Zuckerkandl, daß ihr Klimt im weiteren Verlauf des turbulenten Gesprächs auch die gerade eingetroffene Antwort des Unterrichtsministers zur Einsicht vorlegte.

An anderer Stelle, in ihren später veröffentlichten Memoiren, stellt sie die ganze Situation noch wesentlich dramatischer dar: „Wie rasend rennt er auf und ab und improvisiert eine flammende Anklage, einen leidenschaftlichen Appell. Da klopft es: Ein Brief vom Herrn Unterrichtsminister... ‚Schon die Antwort?' fragt Klimt. Während er den Brief überfliegt, zittert seine Hand. Dem sonst so gelassenen Mann schießt eine Blutwelle ins Gesicht. Er reicht mir den Brief."

„Sehr geehrter Herr Klimt! Die Rückzahlung Ihres Vorschusses wird vom Unterrichtsministerium abgelehnt, da die von Ihnen im Laufe der Jahre angenommenen Beträge nicht als Vorschüsse, sondern als Zahlung selbst zu betrachten sind. Sie werden daher verhalten, die drei bestellten Gemälde, die bereits staatlicher Besitz sind, dem Staat zu übergeben... Da auch Euer Hochwohlgeboren mit der eingangs erwähnten Zuschrift aber erklären, daß Sie dermaßen außerstande sind, an den Bildern die letzte Hand anzulegen, beehre ich mich, an Euer Hochwohlgeboren das dringende und ernste Ersuchen zu richten, alle drei in Rede stehenden Deckengemälde nunmehr unverzüglich so, wie sie Euer Hochwohlgeboren übergeben wurden, an das hierortige Ministerium unter Beobachtung aller notwendigen Vorsichtsmaßregeln gelangen zu lassen."[16]

Das will Klimt aber unter keinen Umständen tun. „Der Ton des Briefes ist ein derartiger", erläutert er der Interviewerin, „daß ich jetzt sehe, wie recht ich habe, jedes Band zwischen mir und diesen Faktoren zu zerreißen. Alles, was ich hier gesagt habe, sage ich auch nur, um der Öffentlichkeit und meinen Freunden die Gründe meines Handelns darzulegen... Die Bilder gebe ich nur, wenn man Brachialgewalt anwendet."

In ihrem letzten – posthum veröffentlichten – Erinnerungswerk „Österreich intim" fügt Berta Zuckerkandl noch einen äußerst melodramatischen Schluß hinzu: „Klimt schließt die Lade auf, entnimmt ihr einen Revolver, prüft die Ladung. ‚Es ist besser, Sie gehen jetzt. Ich muß allein sein, damit ich mich ungehindert wehren kann.' "[17] Zu einer Schießerei kommt es natürlich nicht.

Berta veröffentlicht noch am gleichen Tag beide Briefe im „Sechs Uhr Blatt" der „Wiener Allgemeinen Zeitung" und erzielt damit ihren ersten journalistischen „Knüller". In kunstinteressierten Kreisen Wiens reißt man sich das Blatt aus der Hand.

Glaubt man ihren späteren Schilderungen, gibt es noch ein Nachspiel. Tags darauf fährt ein Möbelwagen bei Klimts Atelier vor. Der Künstler weigert sich indes, die Packer einzulassen. „Ich schieße jeden nieder, der versucht, hier einzudringen. Melden Sie das dem Herrn Minister."

Nach stundenlangem Warten fährt der Möbelwagen wieder ab und kommt nicht wieder. „Nach einiger Zeit erhält Klimt die lapidare Mitteilung, der von ihm zurückgezahlte Vorschuß sei abgehoben worden, und der Staat verzichte nunmehr auf die Gemälde."

„Klimt blieb Sieger", resümierte „B. Z." 1931 im „Neuen Wiener Journal". In einem Brief an ihre Schwester Sophie sieht sie allerdings auch die Schattenseiten dieses „Sieges". „Klimt hat sein ganzes Vermögen geopfert, zumal er jahrelang alle Privataufträge zurückgestellt hatte und ist nun bettelarm. Aber er schüttelt sorglos sein schönes Apostelhaupt, nimmt die Palette zur Hand und tritt vor die Staffelei, denn er ist einer jener Künstler, der zum Helden wird, wenn es gilt, sein Reich zu schützen."[18]

Übrigens beurteilt Berta die Lage Klimts allzu pessimistisch. Es gibt keinen Bannstrahl oder Boykott des Künstlers. Und dieser ist späterer Zusammenarbeit nicht abgeneigt. Schon im August 1908 beschließt das Unterrichtsministerium auf Grund eines einstimmigen Entscheids der Kunstkommission, Gustav Klimts neuestes Werk, „Der Kuß", für die moderne Galerie anzukaufen. Gleichzeitig erklärt sich das Land Niederösterreich bereit, ein Damenportrait, welches kurz zuvor bei der großen Klimt-Ausstellung in der Secession Aufsehen erregt hatte, ebenfalls für die moderne Galerie zu erwerben.

„B. Z." hat ihren verspäteten Triumph: „Für die Kunst, der man widerspricht, einzutreten, galt als revolutionär. Nun haben Stadt und Staat einmal in schöner Eintracht dem Volke gezeigt, daß in der Kunst von heute die Revolutionäre die Könige von morgen sind, und haben einem solchen Zukunftsmenschen die Pforten seines Reiches ehrend geöffnet."[19]

# 11. KAPITEL

## CLEMENCEAU WIRD REGIERUNGSCHEF

Herbst 1906 – für Berta Zuckerkandl und ihre Mitstreiter setzt eine äußerst erfreuliche Epoche ein. Schon im August hatte sie einen Brief von Sophie erhalten, der sie zu hektischer Aktivität veranlaßt. Die Pariser „Mahlerianer", auch so etwas gibt es an der Seine, haben beschlossen, im Oktober korporativ eine zweiwöchige Reise nach Wien zu veranstalten, um das Wirkungsfeld ihres Idols, die Wiener Oper, aus erster Hand kennenzulernen.

Zur Gruppe gehören – neben Paul und Sophie Clemenceau – ein alter Freund und Mitstreiter aus den Tagen der Dreyfus-Affäre, der inzwischen zum General avancierte Georges Picquart und ein weiterer Habitué des Salons Clemenceau, der damals als Mathematiker und später als Politiker bekannte Paul Painlevé. Painlevé ist mit den Clemenceaus eng befreundet, und Alma Mahler bezeichnet ihn in ihren Memoiren als Sophies Liebhaber. Berta Zuckerkandl übergeht diesen Aspekt mit der ihr eigenen Diskretion.

Über ein allfälliges Verhältnis zwischen Berta und dem „Tiger" hat Alma, die jedes „Gspusi" in der Wiener Gesellschaft kannte, nichts zu berichten. Was als Indiz zu bewerten ist, daß es eine derartige Liaison gar nicht gegeben hat.

Umso eifriger engagiert sich Berta bei den Vorbereitungen für den Pariser Besuch, der nicht nur ihren persönlichen und kulturellen, sondern auch ihren wiedererwachenden politischen Interessen entspricht.

Gustav Mahler ist für das Unterfangen leicht gewonnen. Obwohl gerade zu jener Zeit geistig und physisch gehetzt, ist der Meister sofort bereit, mit besten Kräften mitzumachen: „Für diese wahren Freunde der Musik will ich geheime Festwochen veranstalten. Ein Festival der Wiener Oper. Aber nur wir sollen darum wissen."[1]

Tatsächlich wundert sich das Wiener Publikum in jenen Herbsttagen, warum an der Oper plötzlich besonders schön musiziert und gesungen wird. Doch weder Hof noch Presse ahnen den wahren Hintergrund.

Berta fällt diese hektische Aktivität, in die auch sie verstrickt ist, gar nicht leicht, da sie eben erst eine schmerzhafte Kniegelenksoperation überstanden hat. Aber sie läßt sich nichts anmerken. Die „französische

Invasion", wie sie die Visite selbst nennt, speist fast täglich im Hause Zukkerkandl. Bis sie an einem regnerischen Abend besonders starke Schmerzen verspürt. Galant kommt ihr Picquart zu Hilfe und reicht ihr den Arm, um sie zu Tisch zu führen. Alles geht gut. „La verité est en marche" „Die Wahrheit marschiert" – ermuntert er sie, in Hinblick auf die kurz zuvor erfolgte Rehabilitierung Dreyfus'. „Ja", erwidert die Hausfrau, „aber sie hinkt."[2]

Am nächsten Tag spielt das Wetter wieder mit. Berta kann ihre Gäste endlich im Freien, unter ihren geliebten Nußbäumen, empfangen. Picquart ist von der Atmosphäre bezaubert. Er beginnt von seinen Prüfungen während des Kampfes für Alfred Dreyfus zu erzählen. Als er im Gefängnis eingekerkert war, geplagt und entehrt, hätte er stets an eines gedacht: Sollte er wieder ins Leben zurückkehren dürfen, so würde er eine Art Wallfahrt zu den Stätten machen, an denen der von ihm vergötterte Beethoven gewirkt hatte. Und sein zweitgrößter Wunsch sei gewesen, Richard Wagners „Tristan" von Mahler dirigiert zu hören.

Sein erster Wunsch ist bereits in Erfüllung gegangen. Tagelang ist er den Spuren Beethovens in und um Wien gefolgt. Und noch am gleichen Abend, so hofft er zumindest, soll auch sein zweiter Wunsch in Erfüllung gehen. Gustav Mahler hatte für seine Freunde den „Tristan" angesetzt und will ihn persönlich dirigieren.

Picquart freut sich wie ein kleiner Junge und verläßt die heitere Gesellschaft in der Nußwaldgasse schon am frühen Nachmittag, um in die Oper zu eilen. Dort will er sich seelisch auf den „Tristan" vorbereiten. Mit Berta, die wegen ihrer Kniebeschwerden erst später, unmittelbar vor der Vorstellung, nachkommen will, verabredet er ein Rendezvous auf der Freitreppe.

Kaum haben Picquart und etwas später auch die anderen „französischen Invasoren" das gastliche Haus verlassen, da läutet der Postbote an der Tür mit einem Telegramm. Es kommt von Georges Clemenceau, der wenige Tage zuvor, nach dem Sturz des kurzlebigen Kabinetts Sarien, in dem er als Innenminister amtiert hatte, zum Ministerpräsidenten ernannt worden war. Seine Botschaft an Berta ist kurz: „Ich bitte Dich, General Picquart mitzuteilen, daß ich ihn zum Kriegsminister ernannt habe. Er muß noch heute (nach Paris) abreisen."[3]

Die Adressatin ist außer sich vor Freude. Zuerst ist ihr Freund Clemenceau Regierungschef geworden. Sie sieht bereits eine österreichisch-französische Entente, von der ihr Vater geträumt hat, konkrete Formen annehmen. Und nun soll ein weiterer Freund das wichtige Kriegsministerium in Paris übernehmen.

Sofort läßt sie den Wagen vorfahren und eilt zur Oper. Was ihr dort widerfährt, entspricht überhaupt nicht ihren Vorstellungen. Wie verabredet erwartet sie Picquart auf der Freitreppe. Als sie ihm aber das Telegramm

Clemenceaus überreicht, wird er plötzlich leichenblaß. Keineswegs vor Freude, sondern vor Wut. Er denkt gar nicht an seine Karriere, sondern lediglich daran, daß er nun den „Tristan" nicht sehen wird. Zornig, wie es sonst nicht seine Art ist, faucht er Berta an: „Sie hätten die Pflicht gehabt, mir das Telegramm vorzuenthalten. Morgen wäre früh genug gewesen."[4] Die „wahre Freundin" ist über diesen Vorwurf empört. Sie kehrt Picquart abrupt den Rücken, läuft die Stiegen hinunter, so rasch es ihr lädiertes Knie erlaubt, und will wieder nach Hause fahren.

Gerade noch rechtzeitig hat sich Picquart wieder in der Gewalt. Er eilt Berta nach und erreicht sie noch an der Türe. Er bittet sie um Verzeihung, und sie einigen sich auf einen Kompromiß: Dem General bleibt noch Zeit, dem ersten Akt beizuwohnen. Dann aber muß er die Loge verlassen, um zuerst in sein Hotel und dann zum Westbahnhof zu eilen. Minuten vor der Abfahrt erreicht er den Nachtzug nach Paris.

Seine Gastgeberin resümiert: „Die von Georges Clemenceau mit gewohnter Kühnheit vollzogene Ernennung wurde als letzter Schlag gegen die Drahtzieher der Dreyfus-Affäre geführt und war eine politische Weltsensation. Aber für Picquart endeten diese harmonischen Festwochen mit einer Dissonanz."[5]

Monate später erzählt sie Georges Clemenceau von Picquarts Enttäuschung. Dieser ist über das Übermaß an Sentimentalität seines Ministers überrascht: „Ich hätte geglaubt, er würde den Moment seines Triumphes bis zur Neige auskosten."[6]

Die Enttäuschung Picquarts kann natürlich die Begeisterung in den Häusern Szeps und Zuckerkandl über die politische Entwicklung in Frankreich nicht schmälern. Und der Moment scheint wirklich günstig für ein neuerliches Eingreifen der Kinder des Moriz Szeps in die große Weltpolitik. Auch in Österreich hat es nämlich 1906 eine Kabinettsumbildung gegeben. Neuer Außenminister ist Alois Lexa Baron (ab 1909 Graf) Ährenthal, ein Mann mit kühnen – vielleicht allzu kühnen – internationalen Konzepten. In hocharistokratischen Wiener Kreisen blickt man auf den Baron mit einem gewissen Mißtrauen hinab. In den Salons kursieren Gerüchte über seine angeblich jüdische Abstammung.

Jedenfalls ist Ährenthal kein Antisemit, und er kennt die engen familiären und politischen Beziehungen der Familie Szeps zu prominenten französischen Politikern. Nicht zuletzt zum neuen Ministerpräsidenten Clemenceau.

Es liegt daher nahe, daß der Minister Julius Szeps zu seinem inoffiziellen Emissär nach Paris wählt. Seit dem Tod seines Vaters ist Julius nicht nur das journalistische Oberhaupt der Familie, er ist auch von der „Wiener Allgemeinen Zeitung" als Chefredakteur zum „Fremdenblatt" übergewechselt. Das „Fremdenblatt", schon 1847 gegründet, wird aber nicht nur in Wien, sondern auch in den anderen europäischen Hauptstädten als offiziöses Organ des Ballhausplatzes angesehen. Und nur ganz wenige Publizisten beherrschen so perfekt wie Julius Szeps die Kunst, „offiziös" zu schreiben. Nämlich so, daß das „Fremdenblatt" die Meinung des Außenministeriums wiedergibt und doch beim Leser nicht den Eindruck der Abhängigkeit hervorruft.[7]

Von überlebenden Freunden und Verwandten wird Julius Szeps zumeist als „gemütlicher Typ, nicht besonders ehrgeizig", beschrieben. Seine Berufskollegen hatten jedoch von ihm eine viel höhere Meinung. Minister Eduard Ludwig, langjähriger Pressechef unter der Regierung Kurt von Schuschnigg und nach dem Zweiten Weltkrieg Ordinarius für Zeitungswissenschaft an der Universität Wien, hielt ihn für einen der glänzendsten Journalisten der sterbenden Monarchie. Er beherrschte ebenso wie seine Schwestern mehrere Fremdsprachen und war bei den wichtigsten ausländischen Gesandtschaften in Wien bestens eingeführt. Durch die Herausgabe einer Privatkorrespondenz, die nur einem kleinen Kreis von höchstens 20 Personen gegen ein hohes Honorar zur Verfügung gestellt wurde, verstand er es, beträchtlichen Einfluß auf die „Opinion Leaders" und die österreichische Außenpolitik zu gewinnen.[8]

Ein Vorwand für eine Reise Szeps' nach Paris ist leicht gefunden. Er sucht offiziell um ein Interview bei Clemenceau an, das ihm dieser, angesichts seiner alten Freundschaft zur Familie, anstandslos gewährt.

Bevor Julius aber in Paris eintrifft, ist seine Schwester Berta schon zur Stelle. Formell gilt ihr Besuch Clemenceaus Tochter Therese, jener Therese, die der Politiker am Höhepunkt der Dreyfus-Affäre zu ihrem besseren Schutz zu den Zuckerkandls nach Wien gesandt hatte.

Nach ihrem ersten Treffen mit Therese beschließt Berta, den frischgebackenen Ministerpräsidenten in dessen Amtsräumen am Place Beauveau[9] aufzusuchen. Der Portier verweigert der Unbekannten jedoch den Zutritt. Worauf diese ein paar Worte auf einen Zettel kritzelt und einen Diener ersucht, das Billett seinem Chef zu bringen.

Sie wird nach einigen Minuten vorgelassen, aber diesmal ist es Clemenceau, der von seiner Freundin etwas mehr Förmlichkeit verlangt. „Es gehört sich nicht, daß du mir offene Billetts schickst. Du kompromittierst mich vor meinen Amtsdienern. Du ahnst nicht, wie prüde sie sind. Und du unterschreibst einfach ,Deine Berta aus Wien'. Das klingt nach Halbwelt. Weißt du nicht, daß Kokotten immer mit ihrem Heimatort unterschreiben, um ihre Galans an sie zu erinnern?"

Die Besucherin ist über diesen Vergleich pikiert. „Ich bin mit den Sitten der Halbwelt offensichtlich nicht so vertraut wie du. Wie sehr du dich verändert hast. Als Ministerpräsident hast du deinen Humor verloren."

Der Hausherr lenkt ein. „Gut. Aber kaufe dir wenigstens Briefumschläge, wenn du mit einem Regierungsmitglied korrespondierst."

Wesentlich mehr als Bertas formloser Stil amüsiert ihn allerdings die Tatsache, daß Außenminister Ährenthal just den Sohn des „Rebellen" Moriz Szeps zu seinem Geheimkurier auserkoren hat.

„Ährenthal hält sehr viel von Julius", glaubt Berta ihren Bruder – und den Minister – verteidigen zu müssen. „Und er vertraut ihm." Clemenceau gibt sich mit dieser Erläuterung zufrieden. Eigentlich sei es schön, meint er, daß Julius die große Tradition seines Vaters fortsetze. Ihn wundert nur die konservative, politische Einstellung des jüngeren Szeps. „Er, der Sohn des liberalen Republikaners Moriz Szeps, ein Konservativer!" Berta tritt natürlich für ihren Bruder ein. Derartige Meinungsunterschiede gäbe es in den besten Familien: „Vater liberal, Sohn konservativ, das ist das Gesetz des Ausgleichs." Und als Chefredakteur eines bedeutenden regierungsnahen Blattes übe ihr Bruder einen günstigen Einfluß auf die Politik des Ballhausplatzes aus. „Er ist Monarchist, aber er wünscht sich einen demokratischen Kaiser."

Clemenceau beeilt sich, seinen Gast zu beruhigen: „Natürlich werde ich deinen Bruder empfangen."[10]

Was dann am folgenden Tag geschieht. Julius Szeps unterbreitet dem Regierungschef die Anregungen Ährenthals, und sein Gesprächspartner zeigt sich stark beeindruckt. Auch er hege die freundschaftlichsten Gefühle gegenüber Österreich, versichert Clemenceau, und würde gerne mit Wien zu einer Verständigung gelangen. Schließlich ersucht er Szeps, die Ideen Ährenthals in einem Memorandum in französischer Sprache niederzuschreiben und dieses unverzüglich seinem Außenminister, Stephen Pichon, zukommen zu lassen.

Julius Szeps verliert keine Zeit, und schon wenige Stunden nach Übergabe des Memorandums sitzt er neuerlich Clemenceau gegenüber. Diesmal ist auch Pichon zugegen. Bedeutungsvoll eröffnen die Franzosen ihrem Gast, daß das ganze Kabinett Ährenthals Anregungen am folgenden Tag erörtern würde. Danach möge Szeps noch einmal bei ihnen vorsprechen.

Damit nimmt das bislang rein informative Gespräch eine weltpolitische Dimension an. Clemenceau und Pichon erklären dem österreichischen Journalisten, der französische Missionschef in Wien werde in „allernächster Zeit" schriftliche Instruktionen erhalten, mit Ährenthal offizielle Gespräche aufzunehmen. Im Kern werde es dabei um die Beziehungen beider Länder zu Serbien gehen. Die Verhandlungen sollten aber erst nach Annahme eines Gesetzes durch das serbische Parlament über die Gewährung einer internationalen Anleihe an das krisenerschütterte Königreich – drei Jahre zuvor war das Haus Obrenović praktisch ausgerottet worden – beginnen. Danach gäbe es für die serbische Regierung kein Zurück mehr, und Frankreich als Hauptgläubiger Belgrads besäße dann den nötigen Einfluß, um die Serben zum Wohlverhalten zu bewegen.

Szeps hat seinen Auftrag erfüllt und kehrt nach Wien zurück, wo er seine Eindrücke in einem Memorandum an das österreichische Außenministerium zusammenfaßt: „Die französische Regierung hat dem Marquis de Reverseaux – ihrem Missionschef in Wien – Instruktionen gegeben, er möge sich sofort nach Annahme des serbischen Anleihegesetzes zum Minister des äußeren Baron Ährenthal begeben, um denselben die Bereitwilligkeit der französischen Regierung kundzugeben, in der bekannten Form Österreich-Ungarn in der serbischen Frage gute Dienste zu leisten."[11]

Es kann kaum ein Zweifel darüber bestehen, daß die von Clemenceau – übrigens mit ausdrücklicher Zustimmung des Staatspräsidenten Armand Fallières – angeregte Verständigung zwischen Wien und Belgrad zu einer Entspannung der Lage in Südeuropa, wenn nicht zur Verhinderung des Ersten Weltkrieges, hätte führen können. Und es ist zumindest wahrscheinlich, daß es unter den gegebenen Umständen kein Attentat von Sarajevo gegeben hätte.

Warum kommt es nicht dazu?

Darüber Julius Szeps: „Damals war ich vom Erfolg dieses österreichisch-ungarisch-französischen Bündnisses überzeugt. Ährenthal und Clemenceau, die beide erst kurz an der Macht waren, wollten gern der ganzen Welt durch einen unerwarteten und mutigen Schritt zeigen, daß von nun ab ein neuer Geist die europäische Politik erfülle."[12]

Aber, wie so oft, kommt es alsbald zu Komplikationen. Der Marquis de Reverseaux verzögert – mit voller Absicht, wie wir heute wissen – seine Rückkehr nach Wien. Ährenthal wird ungeduldig und glaubt sich hintergangen. Daraufhin fährt Julius Szeps zum zweiten Mal nach Paris. Clemenceau und Pichon empfangen ihn äußerst freundlich und versichern neuerlich, daß sie entschlossen sind, zu ihrem gegebenen Wort zu stehen.

Damit scheinen alle Hindernisse endlich aus dem Weg geräumt. Marquis de Reverseaux kehrt Anfang Dezember 1906 endlich nach Wien zurück. Die wenigen Eingeweihten – Szeps hat selbstverständlich die Vertraulichkeit der Gespräche gewahrt und sich dadurch eine journalistische Sensation ersten Ranges entgehen lassen – erwarten nun mit fieberhafter Spannung, daß der Diplomat auf dem Ballhausplatz die geplante Aufwartung mache.

Nach einigen Tagen spricht dieser wirklich bei Ährenthal vor, erwähnt aber mit keinem einzigen Wort die serbische Frage, die, wie verabredet, den Auftakt zu umfassenden Verhandlungen zwischen Wien und Paris hätte liefern sollen.

Ährenthal ist darüber äußerst überrascht. Mehr noch, er ist befremdet und fühlt sich hinters Licht geführt. Auch Szeps kann sich darauf keinen Reim machen. Er telegraphiert sofort an Clemenceau und ersucht um Aufklärung, warum der Marquis seinem Auftrag nicht nachgekommen sei.

Am 30. Dezember trifft die chiffrierte Antwort aus Paris ein: „Weil, als der Repräsentant des Adlers mit Pierre davon gesprochen hat, dieser nicht zu verstehen schien." Unterzeichnet: „Jacques."

Das bedeutet im Klartext: „Weil, als Marquis de Reverseaux über die serbische Angelegenheit im bewußten Sinn mit dem Baron Ährenthal zu sprechen versuchte, dieser so tat, als verstünde er nicht. Clemenceau." Szeps ist nun verwirrter als je zuvor. Er bittet Ährenthal um eine Aufklärung, doch dieser versichert, daß während der ganzen Vorsprache des Diplomaten jener nicht die leisesten Anspielungen auf die vorhergegangenen Diskussionen in Paris gemacht hätte. Schon gar nicht hätte er von einer Übereinkunft in der serbischen Frage gesprochen.

„Und damit war bei der Wesensart des Grafen – richtig: Barons – Ährenthal und des Herrn Clemenceau der Gedanke einer Entente zwischen Österreich-Ungarn und Frankreich vorläufig begraben", kommentiert Julius Szeps fast zwei Jahrzehnte später im „Neuen Wiener Journal".[13]

Zu jener Zeit – 1923 – kannte Bertas Bruder zu seinem und Österreichs Leidwesen bereits die Lösung des Rätsels: Tatsächlich waren sowohl Clemenceau als auch Ährenthal am Fehlschlagen der Mission völlig unschuldig. Der wahre Verantwortliche war der Marquis. Als eingefleischter Reaktionär mißgönnte er dem verhaßten Radikalen und Dreyfusarden Clemenceau den politischen Erfolg.

Als der Ministerpräsident dies später erfuhr, ließ er seinen Botschafter sofort abberufen. Dazu Julius Szeps: „Allein das half nicht mehr. Das Unglück, das er – Reverseaux – angerichtet hatte, war nicht mehr gutzumachen. Eine zweite so günstige Gelegenheit, Frankreich und Österreich-Ungarn einander bis zum Abschluß einer Entente nahezubringen, ergab sich nicht wieder. Wären die Verhandlungen 1906 zu einem glücklichen, konkreten Abschluß gebracht worden, dann hätte die geschichtliche Entwicklung der letzten 17 Jahre wohl einen anderen Verlauf genommen, der Europa vor seiner furchtbaren Katastrophe bewahrt hätte."[14]

Julius und Berta setzten indes weiter ihre Hoffnungen in ihren großen Freund Georges Clemenceau. Aber auch diese Erwartungen erweisen sich als kurzlebig. Am 20. Juni 1909 verliert der „Tiger" eine Vertrauensabstimmung über das Flottenbudget und tritt zurück. Mehr noch, er kündigt, nicht zum ersten Mal, seinen totalen Rücktritt aus der Politik an.

Berta Zuckerkandl meint allerdings, die parlamentarische Niederlage bei einer an sich unwichtigen Abstimmung– die Clemenceau überdies leicht hätte vermeiden können – hätte bestimmt nicht allein den Rücktritt der Regierung ausgelöst. Sie meint vielmehr, Clemenceau sei einfach aus persönlichen Gründen der Macht überdrüssig geworden: „Selten hat es einen Menschen gegeben, der so undurchsichtig war, gleichzeitig so kalt und berechnend und doch so impulsiv und leidenschaftlich wie Georges Clemenceau. Der Tod seiner geliebten Enkelin Colette, eines reizenden dreizehnjährigen Mädchens, mag zu seiner Müdigkeit beigetragen haben."[15] Ganz so politikmüde, wie es scheint, ist der gestürzte Ministerpräsident jedoch nicht. Kurz nach seinem Rücktritt fährt er wohl wie üblich zur Kur nach Karlsbad, hält aber seine politischen Kontakte aufrecht. Aus Gerüchten, die in Paris kursieren, schließt Berta, daß er im Anschluß an seine Kur Wien und Budapest besuchen werde. Sie glaubt ihren Freund aufmuntern zu müssen und will das Datum seiner Ankunft in Wien wissen.

Postwendend erhält sie einen Brief aus Karlsbad, der gar nicht traurig, im heitersten Ton gehalten ist:

„Erstaunliche Närrin (‚Etonnante toquée‘),

1. Ich hätte nie nach Ungarn fahren sollen,

2. Auch nicht nach Wien,

3. Ebensowenig nach Kalkutta.

4. Ich fahre am 16. August von Karlsbad nach Paris, auf dem Weg nach Mont-Doré, wo ich meine Bronchien auskurieren möchte.

5. Ich werde Dir einen herzlichen Empfang bereiten, falls Du nach Karlsbad kommst.

6. Du darfst ab kommenden Mittwoch kommen.

7. Ich hoffe die Mitglieder Deiner Familie machen mir die Ehre, Dich zu begleiten.

8. Und im Übrigen grüße ich Dich ehrfurchtsvoll, Clemenceau."[16]

Drei Tage später sitzt Berta in Karlsbad Clemenceau gegenüber. Der „Tiger" ist älter geworden, seine buschigen Augenbrauen sehen noch drohender aus als früher. Er beteuert, er sei froh, der Politik entronnen zu sein. Er wolle jetzt nur noch Journalist bleiben, gegebenenfalls einen Roman schreiben.

„Einen politischen Roman?", will seine Besucherin wissen. „Nein, einen Liebesroman, pur und simpel. Jedenfalls habe ich mir vorgenommen, während meiner Kur mit niemanden auch nur ein Wort über Politik zu reden."[17]

Und dann redet er nur noch über Politik. In einer Art, die seine Vertraute zutiefst beunruhigt. Er, der Freund Österreichs, der, wie er versichert, immer eine pro-österreichische Politik verfolgt hätte, sei von der Politik Ährenthals in der Bosnienfrage – Österreich hatte kurz zuvor Bosnien formell annektiert – zutiefst enttäuscht. Vor allem aber beunruhige ihn die aggressive Haltung Kaiser Wilhelms, der sich jetzt, nachdem er Österreich aus der Klemme herausgeboxt hätte, auf dem Gipfel seiner Macht fühle.

Auch am folgenden Tag kommt der Expremier von der Politik nicht los. Von einem langen Spaziergang mit Berta zurückgekehrt, findet er ein Telegramm von Crozier, dem französischen Botschafter in Wien, vor, der ihm eine Einladung des britischen Königs Eduard VII. übermittelt, am nächsten Tag mit ihm im nahen Marienbad zu speisen.

Clemenceau möchte eigentlich absagen, aber ein Freund, ein französischer Industrieller, überredet ihn, die angenehme Fahrt in seinem Luxuswagen, den er ihm natürlich zur Verfügung stellt, zu unternehmen. Der „Tiger" läßt sich umstimmen: „Aber Berta muß mitfahren", verkündet er.

Es wird wirklich eine schöne Fahrt. Clemenceaus Freund, der neben dem Fahrer Platz genommen hat, ist ein leidenschaftlicher Waldhornbläser. Er läßt es sich nicht nehmen, statt zu hupen, Hornsignale in die Waldluft zu schmettern.

Clemenceau ist ebenfalls in bester Laune. Übermütig stülpt er Berta seine Kappe über und setzt dafür ihren Hut auf, an dem, wie damals beim Autofahren Mode, ein langer wehender Schleier befestigt ist. So fahren sie, zum allgemeinen Staunen der Umstehenden, vor dem Hotel Weimar in Marienbad vor.

Der französische Politiker begibt sich sofort in die Privatappartements des britischen Königs, während Berta das Mittagessen im Speisesaal einnimmt. Da sich die Unterhaltung der Staatsmänner länger als erwartet hinzieht, setzt sie sich schließlich in die Hotelhalle. Endlich erscheinen der König und der Exministerpräsident am oberen Treppenabsatz. Als Clemenceau Berta sieht, winkt er ihr zu und wechselt noch einige Worte mit dem Monarchen. Dieser begrüßt sie dann „mit dem ihm eigenen ritterlichen Charme".

Einige Minuten später treten Clemenceau und Berta die Rückfahrt an. Der Politiker ist ernst geworden und spricht vorerst kein Wort. Seine Mitfahrerin kennt seine Stimmung und versucht auch nicht, ihn zum Reden zu bringen.

Endlich bricht er sein Schweigen. Ganz leise, im Flüsterton, damit es der Autobesitzer und Fahrer nicht hören, schildert er ihr das Gespräch in Marienbad. „Heute hat König Eduard mit mir über den Kronprinzen Rudolf gesprochen. Er liebte ihn sehr. Er beschrieb ein Europa, regiert von den zwei liberalen Kronprinzen Rudolf und Friedrich. Es wäre ein stärkeres Europa geworden, stark durch Frieden und Kultur."

Clemenceau steht noch immer unter dem Eindruck seiner Aussprache mit dem Monarchen: „Er ist ein großer Staatsmann. Franz Joseph und Ährenthal haben einen schweren Fehler begangen, als sie vor ihm ihren Plan der Anexion Bosniens und der Herzegowina verheimlichten. Diese Schuld wird sich eines Tages rächen."

Berta ist entsetzt: „Um Himmels Willen, du glaubst doch nicht an die Möglichkeit eines Krieges?"

„An die Möglichkeit eines Krieges glauben, heißt, einen Krieg verschulden. Nein. Ich glaube, daß man, obwohl das europäische Gleichgewicht gestört ist, zu einer wirklichen Verständigung gelangen kann, und daß dadurch Beruhigung eintreten wird. Doch ist mir eines heute absolut klar geworden: Um den Osten zu beherrschen, hat Österreich den Westen verloren. "[18]

Einige Wochen nach dem Zusammentreffen in Karlsbad schickt Berta Zuckerkandl ihrem Freund einen Gratulationsbrief zu seinem 68. Geburtstag.[19] Dieser antwortet unverzüglich: „Danke, liebe Freundin. Nur kann ich mich mit Deiner Idee nicht anfreunden, daß sich ein Mann in meinem Alter nicht mehr verlieben kann. Ich glaube vielmehr, daß ich Dich auch nach zehn kurzen Jahren, tot oder lebendig, noch immer wahnsinnig lieben werde. Alles Liebe an Deinen Mann. Et à toi ma vie" („Und Dir mein Leben").[20]

In diesem Brief sieht Historiker Duroselle einen Beweis für ein „Verhältnis" zwischen den beiden. Nüchtern analysiert geht daraus nicht mehr als eine starke platonische Zuneigung hervor. Sonst hätte ihn die in ihrem Privatleben sittentreue „B. Z." auch nicht zitiert.

Amalie und Moriz Szeps

Kronprinz Rudolf

Berta Szeps

Sophie Szeps

Alexander Girardi

Johann Strauß

Emil Zuckerkandl

„Familienausflug" des Szeps-Clans (v. l. Amalie Szeps, Julius Szeps, Ferdinand Bryndza [ein Redakteur des „Tagblattes"], Moriz Szeps, Leo Szeps, Sophie Szeps, Emil Zuckerkandl, Ella Szeps, Berta Zuckerkandl [h. Ellas Gouvernante])

Gustav Klimt

Moriz Szeps, Emil Zuckerkandl

Alma und Gustav Mahler

Berta Zuckerkandl, Schwester Sophie Clemenceau

Hermann Bahr (r.) mit Gattin Anna Mildenburg

L'Aubraie, Landsitz der Clemenceau in der Vendée

Georges Clemenceau

Paul Painlevé

Kontrahenten Ignaz Seipel, Otto Bauer

Hugo von Hofmannsthal

Arthur Schnitzler

Karl Kraus

Max Reinhardt

Egon Friedell mit Else Echersberg in „Der Schwierige"

Paul Géraldy

Emil Zuckerkandl (junior) mit Großonkel Paul Clemenceau

Alexander Moissi, Berta, Paul Stiassny (ein Freund) und Johanna Terwin-Moissi

Berta Zuckerkandl

# 12. KAPITEL

# DIE REVOLUTIONÄRE HOFRÄTIN

Das erste Jahrzehnt des 20. Jahrhunderts geht mit politischen Paukenschlägen zu Ende. 1908 feiert Kaiser Franz Joseph sein 60. Regierungsjubiläum. Schon ein Jahr zuvor hatte der greise Monarch den Völkern der österreichischen Reichshälfte das allgemeine Wahlrecht gewährt und damit der Sozialdemokratie den Weg zu einer echten politischen Kraft geebnet. All das gegen den erbitterten Widerstand des Thronfolgers Erzherzog Franz Ferdinand.

Innenpolitisch müssen die Anhänger Franz Ferdinands nach dieser Schlappe auf der Stelle treten. Umso energischer manifestieren sie denn auch ihren beträchtlichen Einfluß im geistigen und kulturellen Leben Wiens. Das bekommen in erster Linie die modernen Künstler zu spüren. Der „Klimt-Skandal", trauriger Höhepunkt des österreichischen Kulturkampfes, ist eben erst abgeklungen. Aber er bleibt kein Einzelfall. In den folgenden Jahren sehen sich die „Modernen", nicht zuletzt jene, die dem Kreis um Berta Zuckerkandl angehören, immer stärkeren Pressionen ausgesetzt.

Dagegen gibt es im wissenschaftlichen Bereich einige Lichtblicke. Trotz seines Eintretens für Klimt wird Emil Zuckerkandl, in später Anerkennung seiner wissenschaftlichen Leistungen, zum Hofrat ernannt. Und damit erhält Berta, wie bereits kurz erwähnt, getreu der altösterreichischen Sitte – von Spöttern als Unsitte abqualifiziert – eine Frau nach ihrem Gatten zu titulieren, eine neue Anrede, die sie über die Jahrzehnte, auch nach dem frühen Tod ihres Mannes, führen wird: „Die Hofrätin."

Eine „revolutionäre Hofrätin" ist natürlich etwas Besonderes. Denn die Trägerin des Titels ist nicht geneigt, „höfische" Sitten anzunehmen. Das zeigt sich besonders im Verlauf der Kampagne gegen Hofoperndirektor Gustav Mahler, die in jenen Jahren besonders unschöne Züge annimmt. Für alle Unzulänglichkeiten in den heiligen Hallen am Ring – einschließlich mißlungener Inszenierungen – wird der Operndirektor verantwortlich gemacht.

All das trifft Mahler schwer. Seine Frau Alma, die schon damals jene Managereigenschaft an den Tag legt, die ihr später zu umstrittener Berühmtheit verhelfen wird, ist aus härterem Holz geschnitzt. Sie versucht ihren Mann daran zu hindern, überall und für alles die Verantwortung persönlich zu übernehmen. Nur wenn ihr dies nicht mehr gelingt, sucht sie bei ihrer Freundin Berta Rat und Zuflucht.

„Ich bin nicht nur eine Generation älter als Alma", erinnert sich diese in den Jahren der Emigration, „wir sind auch grundverschieden geartet. Die Gegensätze unserer Naturen hätten eigentlich trennend wirken müssen, aber sie wurden zum unlöslichen Band einer Freundschaft, die auf Freiheit beruht. Auf Freiheit von Vorurteilen, von gesellschaftlichen Vorschriften und heuchlerischem Scheinleben."[1]

Der Kontakt zwischen den beiden Freundinnen findet hauptsächlich über den „heißen Draht" statt. „Ich vertrag's nicht", beschwert sich Alma Mahler einmal mehr, „daß Gustav so oft in Affären verwickelt wird, die von den Zeitungen sofort aufgebauscht werden."

Die Hofrätin versucht zu beschwichtigen. Mahlers Verbitterung sei etwas ganz Natürliches. „Das kann dich doch nicht wundern. Er wird den Bequemen immer unbequem sein."

Alma ist anderer Meinung: „Er? Verbittert? Da irrst du. Er ist viel zu zerstreut, zu weltabgewandt, um sich solche Dinge nahegehen zu lassen. Nur irgendwo schwelt doch etwas Schmerzliches und daher bricht meist an unrechter Stelle seine Wut los."

Etwa an den Philharmonikern, die Mahler großen Aufschwung verdanken, gleichzeitig aber unter den vermeintlichen Launen des Genies zu leiden haben. Aus den Kreisen des Orchesters stammt denn auch ein guter Teil jener „Mahler-Anekdoten", die – si non e vero, e ben trovato – in jenen Tagen in den Wiener Salons die Runde machen.

So etwa jene von einem Tenor, der das hohe C geschmissen, und sich dann aus Angst vor Mahler auf der Toilette eingesperrt hatte, worauf der Dirigent an der Tür rüttelt und brüllt: „Was? Feig sind Sie auch?"

„Es ist für mich wirklich nicht leicht", resigniert Alma. „Ich muß ja im Wirbel dieses Treibens auf festem Boden stehen. Ich soll praktisch, vernünftig, ausgleichend wirken. Ich muß Gustav schützen und dafür oft die Launen eines großen Genies ertragen."

Was ihre Gesprächspartnerin an eine andere Anekdote erinnert: „Oft denke ich an einen Ausspruch, ich glaube von Talleyrand, ‚Es gibt keinen großen Herren für seinen Kammerdiener'. Und bitte, sag aufrichtig, gibt es für uns Geniefrauen ein Genie?"[2]

Auf längere Sicht kann indes die „Geniefrau" den Meister von der feindseligen Umwelt nicht abschirmen. 1907 ist es so weit. Neuerlich greift Alma Mahler zum Telefon: „Berta!", verkündet sie atemlos, „Mahler verläßt die Oper. Er hat um seine Entlassung angesucht."

Ihre Freundin ist entsetzt und will die Nachricht nicht glauben: „Das ist doch nicht möglich. Nie wird man ihn fortlassen."

Alma ist anderer Meinung: „Glaub mir, das Oberhofmeisteramt ist im

Begriff, den Ausdruck ‚Niemand ist unersetzlich' in die Tat umzusetzen. Mahlers Rücktritt wird sogar mit Erleichterung zur Kenntnis genommen."

„Daß er den Bürokraten unbequem ist, lasse ich gelten. Trotzdem wird sich der Oberhofmeister der Einsicht nicht verschließen können, daß die zehn Jahre der Ära Mahler der Oper weit über Österreichs Grenzen hinaus eine nie gekannte Bedeutung gewonnen haben."

„B. Z." irrt. Man läßt Mahler aus Wien ziehen. Und dessen Frau ist darüber, wie es scheint, nicht erbost. Mit dem ihr eigenen Geltungsdrang hat sie bereits beschlossen – wahrscheinlich ohne Mahlers Zustimmung einzuholen – dessen Karriere in neue Bahnen zu lenken. „Er hat es immerhin zustande gebracht, seinen Traum zehn Jahre lang zu leben. Was ein Wunder ist... Aber jetzt will er gehen. Er hat es satt. Die ewigen Quälereien, Hindernisse, Intrigen. Und ich juble, weil wir diese vielbeneidete Position aufgeben. Mir war nichts so zuwider, als Frau Direktor zu spielen. Ich sehe die Erneuerung der Oper nicht als Mahlers Mission an. Seine Aufgabe erkennt man jetzt immer lebendiger in seinen Symphonien und Gesängen."

Auch Berta sieht darin ein positives Element: „Jetzt wird er also frei werden."

Aber Alma hat schon anders entschieden: „Nein, noch nicht. Schon versucht man, ihn für Amerika zu gewinnen."

Damit hat die Hofrätin nicht gerechnet: „Ihr wollt fort?"

„Ja, Berta. An die Metropolitan Opera. Man hat auch ein Symphonieorchester für ihn ins Leben gerufen – wie könnte er widerstehen? Leicht fällt es uns nicht. Weißt du, was er gestern gesagt hat? Wenn ich so viele Menschen mitnehmen könnte, wie ich Finger habe, ich hätte kein Heimweh. Aber unter diesen zehn Menschen müßten die Zuckerkandls sein."

Trotzdem fällt Mahler der Abschied von Wien nicht ganz so leicht, wie von seiner Frau angedeutet. Noch einmal dirigiert er Glucks „Iphigenie" an der Oper. Am Tag der Premiere sieht ihn Emil Zuckerkandl zufällig auf der Ringstraße vor einer Litfaßsäule stehen und mit verzücktem Lächeln auf den Programmzettel der „Iphigenie" starren.

„Was lesen Sie so andachtsvoll?" möchte der Anatom wissen. Mahlers Antwort überrascht ihn: „Ich kann mich am Programm der ‚Iphigenie' nicht satt sehen. Ich kann gar nicht glauben, daß es nun Wirklichkeit wird, daß mir heute abend diese Sänger, dieses Orchester folgen werden. Es ist für mich so ein großes Glück."

Als Mahler dann am Abend ans Dirigentenpult tritt, braust ihm orkanartiger Applaus entgegen. Es ist, als hätte Wien – nun da es zu spät ist – den ungeheuren Verlust erkannt.

Nach drei oder vier Vorstellungen richtet Mahler einen kurzen Abschiedsbrief an Orchester und Sänger. „Er verschwand aus dem Gesichtskreis der undankbaren Stadt", resümiert Berta Zuckerkandl, „und wir sind arm geworden."[3] Vor seiner endgültigen Abreise ist Mahler noch einmal in der Nußwaldgasse zu Gast. Wie so oft in den vorhergegangenen Jahren schlendert er durch den Garten, unter den alten Nußbäumen, in deren Schatten – so die Legende – Beethoven öfters verweilt und gearbeitet hatte. „Wie liebe ich diesen Garten", seufzt Mahler schwermütig. „Dieses leichte Wiegen der Nußbäume, diese heilige Erinnerung an Beethoven. Er hat erreicht, was mir nie zuteil werden wird: Vollkommenheit."[4]

Berta kämpft inzwischen unverdrossen für die moderne Kunst weiter. Im folgenden Jahr – 1908 – veröffentlicht sie ihr bereits erwähntes erstes Buch „Zeitkunst 1901 – 1907", eine Sammlung ihrer wichtigsten Zeitungsartikel und Kommentare zu kulturellen und kulturpolitischen Ereignissen, wie etwa die Polemik um die Deckengemälde von Gustav Klimt. „Die Verfasserin war alle die Zeit her einer der besten Kriegskameraden in unserem Erneuerungskampfe", schreibt der Nestor der Wiener Kulturpublizistik Ludwig Hevesi in seiner auszugweise bereits zitierten Einleitung. „Ihre Grundeigenschaft ist das ererbte Journalistenblut. Damit hatte sie von Hause aus, was kein Mensch lernen kann... Es war erstaunlich, wie die neue Polemikerin gleich zu Beginn scharf gerüstet in die vordersten Reihen sprang und ebenso furchtlos als gewandt den Gegner anging. Mit der Raschheit, wie sie eben die Talente haben, lernte sie erst im Kriege den Krieg. Zwischen Attacke und Attacke – denn sie ist vorwiegend Angriffsnatur – vermochte sie in jahrelanger rastloser Arbeit ihre Sachkenntnis auszurunden, die ihr von Natur bestimmte Leistung standfest zu fundieren... Darum ist die vorliegende Sammlung ein kleiner Zeitspiegel, vielmehr ein Kinematograph, der Menschen und Dinge in Bewegung malt. Man sieht die Ereignisse sich anbahnen, vollziehen und auf die Zeitgenossen wirken. Darum wird das kleine Buch ein nicht zu unterschätzendes Zeugnis unserer jüngsten Wandlungen bleiben, das auch dem suchenden Kulturhistoriker wichtige Aufschlüsse geben wird."[5]

Inzwischen geht in Wien die Debatte um den Abgang Gustav Mahlers und die Ernennung seines Nachfolgers weiter. Auf wen immer die Wahl gefallen wäre, Berta Zuckerkandl hätte ihn gegen das Genie Mahlers aufgewogen. Und zu leicht befunden. Entsprechend subjektiv ist dann auch ihr Urteil über den erfolgreichen Kandidaten, den Dirigenten Felix Weingartner. „Er – Weingartner – hat schon lange darauf gelauert", berichtet sie ihrer Schwester Sophie. „Gewiß, ein ausgezeichneter Dirigent. Was er aber sonst vermag, als Leiter, als Organisator, wie er seine Mission auffaßt, und worin er seine besondere Aufgabe sieht: darin Mahlers Werk von Grund auf zu vernichten. Was ich Dir schreibe, ist keine Übertreibung. Denn die erste Tat des neuen Herrn ist ein Unikum in der Geschichte der Oper: Die Zerstörung einer einmaligen Schöpfung, wie des Mahlerschen ,Fidelio'. ... Um den Hetzern zu schmeicheln, wurde der verstaubte, geistig verrottete, musikalisch verratene ,Fidelio' aus der traurigsten Verfallszeit der Oper wiederhergestellt. Wird Mahlers Tat je auferstehen? Es ist Mahlers tragisches Schicksal, daß seine Tat der Regenerierung der Wiener Oper nicht unantastbar geblieben ist. Doch denke ich an die Worte, die er mir einmal gesagt hat: ,Kein Samenkorn, und fiele es auf nackten Felsen, geht in der Welt verloren.' "[6]

Aber die Welt geht weiter. Mit oder ohne Gustav Mahler. Bald hat die Hofrätin wieder Gelegenheit, gesellschaftlich zu brillieren. Die Akademien der Wissenschaften Europas haben Wien zu ihrem Tagungsort gewählt. Der Organisator des Treffens ist der Geologe Eduard Süß, der geistige Vater der Wiener Donauregulierung und der Hochquellenwasserleitung. Süß ist ein alter Freund der Familie. Moriz Szeps hatte Jahre zuvor, als das Projekt der Wasserleitung zur Debatte stand, entscheidend für Süß' Pläne Partei ergriffen und die Wiener Öffentlichkeit zu deren Gunsten beeinflußt. Nun ist Emil Zuckerkandl Dekan der Medizinischen Fakultät, und Süß schlägt daher vor, der erste Empfang für die Kongreßteilnehmer solle in dessen Haus stattfinden.

Es wird ein großer Erfolg. Berta schwelgt sozusagen in Superlativen: „Es war ein Anblick, wie ihn nur noch die letzte Phase des Weltfriedens bieten konnte", erinnert sie sich. „Aus allen Zentren der Welt waren Gelehrte gekommen: Franzosen, unter ihnen der Mathematiker Henri Poincaré– ein Vetter des späteren Staatspräsidenten Raymond Poincaré –, Spanier, Deutsche, Skandinavier, Italiener, Engländer."

An der Tafel hat der Generalsekretär der Österreichischen Akademie der Wissenschaften die sprachkundige Hausfrau neben Poincaré placiert. „Er ist seiner Zerstreutheit wegen berühmt. Er vergißt oft aufs Essen und Trinken, ja er weiß zuweilen nicht, wo er sich befindet."

Berta begrüßt ihre Gäste mit einer kurzen Rede und schließt mit dem Satz: „In meiner Sprache sage ich Ihnen nur zwei Worte, die die ganze Welt versteht. Das eine ist ,Willkommen' und das andere ,Auf Wiedersehen'." Und das Glas, das sie zum Trinkspruch erhebt, ist mit Wiener Wasser gefüllt. „Man begrüßt seine Freunde mit dem Besten, was man hat. Unsere österreichischen Weine können sich mit den Ihren nicht messen. Wir besitzen aber etwas Köstliches: das Wiener Wasser. Gestatten Sie, daß ich mein mit unserem edelsten Getränk gefülltes Glas auf Ihr Wohl leere."

Der Abend führt zu amikaler Völkerverbrüderung. Berta glaubt, Poincaré wie ein Kind behandeln zu müssen. „Also schneide ich sein Fleisch und drücke ihm die Gabel in die Hand. Er läßt alles ganz passiv über sich ergehen. Dann führt er sein Glas zum Mund, vergißt aber zu trinken und bleibt, das Glas in der Hand, ganz in sich versunken, sitzen."

Später, als sich die Gäste erheben, erwacht Poincaré plötzlich wie aus einer Trance. Leise, aber ganz bestimmt, spricht er, zur Dame des Hauses gewendet: „Ich habe Ihre Worte verstanden, auch was Sie meinten. ‚Willkommen' ist ein fröhliches Wort. Aber ‚Auf Wiedersehen' ist ein trauriges Wort, und es wird oft Lügen gestraft. Wir sind aus allen Teilen der Welt in dieses gastliche Haus gekommen, vereint im Zeichen des Geistes, der Wissenschaft. Ihrem Wort ‚Auf Wiedersehen' zufolge sollten wir diese brüderliche Arbeit für immer fortsetzen, aber ich fürchte… ich habe Angst, daß…"

So plötzlich wie er zu sprechen begonnen hatte, verstummt Poincaré.

Die anderen Gäste, besonders Poincarés Landsleute, sind an die Zerstreutheit des Mathematiker so gewöhnt, daß sie annehmen, er hätte einfach den Schluß des Satzes vergessen. Niemand, auch nicht Berta, versteht den Kassandraruf, welcher den vereinten Akademien der Wissenschaften gilt. Man schreibt ja erst 1908 und trotz Bosnienkrise scheint ein Weltkrieg undenkbar. Erst sechs Jahre später wird jenes Band zerfetzt, das in Wien die internationale Gelehrtenwelt zusammengehalten hatte. Und dann erinnert sich auch Berta an die prophetischen Worte des zertreuten alten Franzosen: „Für die reale Welt war er blind, doch die Welt der schicksalbedrohenden Vernichtung vermochte er zu errechnen."[7]

Einige Monate danach kehren Gustav und Alma Mahler wieder nach Wien zurück. New York war für sie ein voller Erfolg. Alma sieht sich dadurch in ihrer Haltung bestätigt, wie sie ihrer Freundin Berta sofort brühwarm mitteilt: „Es hat ihm wohlgetan, endlich Verständnis zu finden. Er hat sich für drei weitere Jahre an New York gebunden."

Drei Jahre, die ihm nicht mehr beschieden sind.

In Wien arbeitet er einstweilen an seiner VIII. Symphonie. Aber die Beleidigung, die er in Österreich erlitten hat, sitzt tief. Für die Uraufführung der VIII. Symphonie hat er München den Vorzug gegeben. Sehr zur Trauer der Hofrätin: „Kein Versuch, den Meister wiederzugewinnen Kein Auftrieb, kein Verlangen, keine Sehnsucht, keine Dankbarkeit."

In ihrer von Freund und Feind vielbeachteten Kolumne in der „Wiener Allgemeinen Zeitung" geißelt „B. Z." diese Unterlassungssünde der Wiener Musikwelt. „München hat die tausend Mitwirkenden gestellt, hat Europa herbeigerufen, um Gustav Mahlers Achte unter des Meisters Gebot ertönen zu lassen. Die zahlreich herbeigeeilten Wiener nahmen die Bewunderung der Kosmopolis geschmeichelt entgegen, da der von ihnen weggeekelte Mahler, seitdem er die große Tradition der Verdauungsruhe für die p. t. Theaterbesucher nicht mehr mit Füßen treten konnte, wieder recht sympathisch wurde."[8]

Alsbald zieht es Mahler wieder nach Amerika. Im Wiener Musikleben bleibt vorerst eine Lücke, aber es ereignet sich Aufregendes im Bereich des Sprechtheaters. Dafür sorgt der aus Deutschland zurückgekehrte, gebürtige Badener Max Reinhardt – eigentlich Max Goldmann. Wien hatte sich lange seinem in Berlin bereits anerkannten Genie verschlossen. „Vielleicht war es der immer unterirdisch in Österreich brodelnde Antisemitismus, der zuerst, solange es ging, sich der Virtuosität des jüdischen Theatermagiers widersetzte", meint dazu der vor einigen Jahren verstorbene Peter Herz, einer der letzten Literaten der Zwischenkriegszeit.[9]

Aber Reinhardt ist auf die Dauer nicht aufzuhalten. Stemmt sich das etablierte Theater gegen ihn, so quartiert er sich im Zirkus ein. Er mietet den Zirkus Busch, am Eingang des Wiener „Wurstelpraters", unweit des Riesenrades.[10] Dort agiert er wie ein Wirbelwind. Er installiert ein mächtiges Podium. Dann entfernt er Rampe, Souffleurkasten, Orchester und verbindet die erhöhte Bühne durch zwei Brücken mit einem zweiten, tiefer gelegenen, Raum, also mit der Piste, die dem Zirkus für seine Vorführungen gedient hatte. Diesen verwendet er nun für seine Volksszenen.

Für sein Wiener Debüt hat er „Ödipus und die Sphinx", eine Tragödie in drei Aufzügen von Hugo von Hofmannsthal – verfaßt 1904, uraufgeführt von Reinhardt 1906 am Deutschen Theater in Berlin –, gewählt. In seiner Heimat will er damit eine neue Theaterära einleiten: Auch die Zuschauer sollen in den Ablauf der Tragödie einbezogen werden.

Als Bühnenbildner hat sich Reinhardt mit sicherem Griff Alfred Roller geholt, der sich seit der „Abdankung" Mahlers an der Wiener Oper nicht mehr wohl fühlt. Doch Roller muß sich dem Regisseur „unterwerfen". Reinhardt fordert von ihm eine Vereinfachung des Schauplatzes. Alles Malerische, an das Roller von anderen Bühnen gewohnt ist, muß diesmal zugunsten der architektonischen Gliederung fallen und Reinhardts Ideen von Beleuchtung – Scheinwerfer von allen Seiten – bedeuten eine wahre Revolution.

Roller ist es auch, der Berta Zuckerkandl, die Reinhardt zu jenem Zeitpunkt noch nicht gut kennt, zu einer der Kostümproben in den Zirkus Busch einlädt. Zusammen mit ihrem Freund Hermann Bahr. Die beiden, erfahrene Theaterbesucher, kommen aus dem Staunen nicht heraus. Was Berta postwendend ihrer Schwester Sophie mitteilt, die Reinhardts Aufführung der Pantomime „Sumurun" in Paris gesehen hat.

Es ist ein ungewöhnliches Erlebnis. Die beiden Zaungäste sitzen in der ersten Reihe des Zirkus, wo sonst der Elefant den Rüssel hinstreckt, oder der Clown sich zum entzückten Schrecken der Kinder über die Balustrade schwingt. In diesem Rahmen wird nun großes Theater gespielt. An Stelle des Gerüstes der Trapezartisten steht diesmal der von Roller aufgebaute Königspalast von Theben.

Aber auch unter Reinhardt geht eine Probe nicht ohne Pannen über die Zirkusbühne. Den Anstoß liefert der berühmte Schauspieler Alexander Moissi, der schon bei der Premiere in Berlin die Hauptrolle des Ödipus gespielt hatte. Er ist mit der von Roller entworfenen antiken Rüstung –

Berta Zuckerkandl: „Ein glitzender Panzer umschließt seine vornehme Gestalt. Darüber ist ein togaartiger Mantel geworfen" – nicht zufrieden. „Roller, mich drückt der Panzer. Hier – es tut so weh. Ich kann nicht spielen." Empört wendet er dem Kostümbildner und dessen Gästen den Rücken zu, lehnt an der Brüstung und zerrt an dem Panzer. Bei dem eigenwilligen Roller droht er jedoch an den Falschen zu kommen. Noch dazu, wenn dieser sich in aller Öffentlichkeit beleidigt fühlt. An seinen Kostümen will er nichts ändern. Giftig erklärt er Moissi, der Harnisch sei keineswegs zu eng. Er müsse sogar knapp anliegen.

„Aber Sie vergessen den Text", wendet der sensible Schauspieler ein. „Wenn ich mich so beengt fühle und immer denken muß: Wäre ich nur schon in der Garderobe, wie soll ich mich da vom Schmerz des geblendeten Ödipus überwältigen lassen?"

Roller ist durchaus bereit, den Disput fortzusetzen, aber glücklicherweise findet Moissi in Hermann Bahr einen Verbündeten. „Jedenfalls ist für den Autor, den Darsteller und das Publikum die Erschütterung wichtiger als das von Ihnen überschätzte Kostüm", wendet der Schriftsteller ein.

„Überschätzt?" Roller ist empört. „Kostüm ist doch Verwandlung. Sie ist für die Szene unentbehrlich, denn die Gestalt des Darstellers beherrscht das Bühnenbild."

„Aber nicht, wenn Sie ihr die Bewegungsfreiheit nehmen und den Atem, der sein kostbarster Besitz ist."[11]

Bahr weiß neuerdings etwas über Kostüme. Kurz zuvor hat ihm Gustav Mahlers langjährige Freundin, die Kammersängerin Anna Mildenburg – die er noch im gleichen Jahr heiraten wird – ihr Leid über Rollers „überperfekte" Kostüme geklagt: In der Rolle der Brünhilde hatte er ihr einen so engen Helm verpaßt, der ihr beim Herunterschreiten der für Götterschritte berechneten Felsenstufen Angstqualen bereitete.

Schließlich gibt sich Roller von der Mehrheit geschlagen und schneidet dem geduldig wartenden Moissi den Panzer auf. Dieser bedankt sich bei Bahr: „Danke. Ohne dich wäre ich an Roller erstickt."

In diesem Augenblick erscheint Reinhardt mit seiner Sekretärin und schneidet damit jede weitere Diskussion ab. „Ich habe noch nie einen so ruhigen, leisen und doch allmächtig wirkenden Anordner gesehen", erinnert sich Berta. „Es entgeht ihm nicht das Geringste, doch fühlt man, wie er in jedem Augenblick das Ganze überblickt."[12]

Trotz der lautstark geäußerten Einwände des konservativen Theaterpublikums gegen das „Spektakel" wird die Aufführung ein blendender Erfolg. Reinhardt kann sich des Jubels seiner Bewunderer kaum erwehren. Nur in der Wiener Presse entbrennt eine erbitterte Fehde unter den Kritikern. Eine auf ihre klassische Bildung pochende Kritiker-Schule glaubt, Sophokles gegen Hofmannsthal in Schutz nehmen zu müssen.

„Aber auch das in den Grenzen journalistischen Anstandes", wie „B. Z."
vermerkt. Nur ein einziger Rezensent schlägt über die Stränge und veröffentlicht seine Kritik in der Rubrik „Zirkus-Variete", wodurch er aber nur
sich selbst lächerlich macht.

Reinhardts Wiener Premiere hinterläßt aber noch eine andere, langfristi-
gere Wirkung. Aus jener Zeit datiert seine enge Freundschaft mit Berta
Zuckerkandl, die in den folgenden Jahrzehnten nicht unwesentlich zur Be-
reicherung der österreichischen Kulturszene beiträgt.

# 13. KAPITEL

## IM KAMPF FÜR DAS MODERNE

Im Frühjahr 1910 fällt auf Berta Zuckerkandl ein schwerer Schicksalsschlag. Wahrscheinlich der schwerste ihres Lebens. Am 28. Mai stirbt Emil Zuckerkandl nach langer, tapfer ertragener Krankheit, an einem Herzversagen.

Am gleichen Tag stirbt in Baden-Baden ein anderer weltbekannter Mediziner: Robert Koch, der Gründer der modernen Bakteriologie. Gemeinsam für die beiden Männer weht die Trauerfahne vom Balkon der Wiener Universität.

In den Spalten der Wiener Zeitungen wird das Andenken der zwei Gelehrten zumeist in gemeinsamen Nachrufen geehrt. Wobei sich in bezug auf Emil Zuckerkandl der seltene Fall ergibt, daß politische Antipoden, wie die ultrakatholische „Reichspost" und das liberale „Neue Wiener Tagblatt", fast identische Berichte veröffentlichen. Die „Reichspost" wie auch das „Tagblatt" schließen ihren Nachruf wortwörtlich mit dem gleichen Satz, in dem sie auf Zuckerkandls Bescheidenheit hinweisen: „Vor drei Jahren feierte man sein 25jähriges Professorenjubiläum. Als ihn der Sprecher der Hörerschaft apostrophieren wollte, verbat er sich jedes Wort des Lobes, und der Tag wurde im Hörsaal ganz ohne Feier begonnen, mit der gewöhnlichen Arbeit."[1]

So war es Emil Zuckerkandl gelungen, über den Tagesstreit in Politik und Wissenschaft hinauszuwachsen.

Seine Witwe scheint eine Zeitlang wie gelähmt und meidet den Kontakt, sogar mit alten und treuen Freunden. Auch in ihren Aufzeichnungen und Tagebüchern klafft in dieser Periode eine Lücke. Zu den wenigen, die sie dennoch empfängt, zählt Gustav Mahler, der sich vor seiner neuerlichen Abreise nach New York verabschiedet. Feinfühlig vermeidet er Worte des Trostes, versucht eher die Trauernde zu zerstreuen. Lebhaft erzählt er ihr von seinen eigenen Erlebnissen und Eindrücken in Amerika, von der Vitalität der Amerikaner und ihrer Begeisterung, Neues aufzunehmen. Deshalb habe er sich entschlossen, weiter in den USA zu arbeiten.

Berta lenkt das Gespräch auf Wien und dessen Widersprüche zurück. „Gibt es eine Psychologie der Städte?" möchte sie wissen. „Gerade das Wiener Wesen enthält so schwer Entwirrbares: Die Stadt, die Genies hervorbringt und ihre Genies erschlägt."

„Ja", antwortet der Meister. „Sie haben recht. Was müssen im Werden Wiens für innere Kämpfe getobt haben."[2]

Nicht ohne Rührung verabschiedet sich Mahler, als ahnte er, daß es ihr letztes Zusammentreffen sein werde.

1911 kehrt der Komponist nach einer Streptokokkeninfektion todkrank nach Europa zurück. In Paris trifft er noch einmal mit Sophie Clemenceau zusammen. Dann bringt ihn seine Frau nach Wien zurück. Er ist fast vollständig gelähmt, so daß ihn Berta nicht mehr besuchen kann.

Die Nachricht von der schweren Krankheit des mißverstandenen Genies ruft in Wien eine eigenartige, wenn auch psychologisch durchaus verständliche Reaktion hervor. Fast täglich bringen die Zeitungen – auch jene, die ihn früher „verrissen" hatten – Bulletins von seinem Krankenbett, als handle es sich um ein Mitglied des Kaiserhauses. Gerade jene, die Mahlers Arbeit an der Oper so qualvoll gemacht hatten, entdecken plötzlich ihre Wertschätzung. Man spricht nicht mehr über Skandale, sondern erzählt rührungsvoll sentimentale Episoden aus seiner Laufbahn. In den Salons schwärmt man geradezu von der „Ära Mahler" an der Oper. „Dieser geniale ,Don Juan', dieser herrliche ,Fidelio', dieser geistessprühende ,Figaro'... Nie mehr werden wir dergleichen erleben."

Im Mai stirbt Gustav Mahler. Das Begräbnis auf dem Grinzinger Friedhof wird zu einem imposanten Ereignis. Auf das offene Grab geht ein Blumenregen nieder. Den mächtigsten Kranz, der so schwer ist, daß ihn zwei Männer tragen müssen, legen die Philharmoniker als letzten Gruß auf den Sarg. Auf der breiten Schleife ist von überschwenglicher Liebe für den unvergeßlichen Meister die Rede, dem die Musiker „in tiefster Dankbarkeit mit ganzer Seele gedient" hätten.

Berta Zuckerkandl hat an der Bestattung ihres Freundes nicht teilgenommen. „Ich hasse seit jeher dieses Abschiednehmen inmitten einer Horde gleichgültiger Zuschauer. Zu Hause konnte ich viel ungestörter trauern."

Nach dem Begräbnis besucht sie Alexander Girardi in der Nußwaldgasse. Während die beiden über Mahler sprechen, klopft das Stubenmädchen an der Türe und bringt das Abendblatt. Die Presse hat rasch geschaltet. Girardi liest der Hausfrau den sensationell aufgemachten Bericht vor, in dem ausführlich von den „rührenden Szenen der allgemeinen Trauer" die Rede ist, mit denen sich Wien von einem seiner größten Söhne verabschiedet hätte. Zum Schluß wird auch der von den Philharmonikern niedergelegte Kranz erwähnt, als „erschütternde Widmung seiner Getreuen".

„Hör' auf", unterbricht ihn die Hofrätin. „Es ekelt mich an. Aber mehr noch als die Charakterlosigkeit ist es die stupide Dummheit. Wäre es eine Komödie, die man sich und anderen vorspielt – eine jesuitische Verdrehung, die dem Zweck dient, sich zu entschuldigen. Aber nein, sie glauben wirklich an ihre Trauer. Sie sind überzeugte Leidtragende."

Da sagt Girardi, mit seinem sardonischen Lächeln, das gleichzeitig so weise und so närrisch erscheint: „Ja, im Aufbahren waren die Wiener immer groß."[3]

Zu jenem Zeitpunkt steht die Hofrätin schon wieder mit beiden Beinen im öffentlichen Leben. Nach dem Tod ihres Mannes hatte sie ihre Arbeit bei der „Wiener Allgemeinen Zeitung" eingeschränkt und sogar ihr geliebtes Kulturreferat einem Kollegen überlassen.

Ihre Freunde und Verwandten waren über die Lethargie, die sie plötzlich ergriffen hat, zutiefst besorgt. Sie erinnerten Berta dabei eindringlich an das Vorbild ihrer eigenen Mutter. Auch Amalie Szeps schien nach dem Tod ihres Mannes psychisch gebrochen, saß regungslos in ihrem Lehnstuhl in Bertas Haus, bis ihr der Arzt eines Tages nahelegte: „Versuchen Sie zu häkeln. Wir haben die Erfahrung gemacht, daß Häkelarbeit die Nerven beruhigt."[4]

Vorerst war die alte Dame von dieser Therapie keineswegs begeistert. Eher lustlos fertigte sie aus schwarzer Seide Täschchen mit eingehäkelten Goldperlen an. Bis ihr Berta und Emil Zuckerkandl eines Tages von einer Reise nach Venedig Perlen und Halbedelsteine aus Murano mitbrachten. Mit diesen schmückte Amalie Szeps Handtaschen, Lampenschirme und Ketten und avancierte innerhalb kurzer Zeit zu Wiens „Perlenfee". Sie erfindet sogar eine eigene Technik, die in Europa und Amerika patentiert wird. Mit 65 beginnt sie ein neues Leben.

Dieses Beispiel überzeugt auch Berta Zuckerkandl, und sie beschließt, „sich zusammenzureißen".

Es ist jedoch ein „äußeres Ereignis", das den kämpferischen Geist der Hofrätin wiedererweckt. Dieser Zwischenfall ereignet sich bei der großen Ausstellung des „Hagenbundes" im Februar 1911. Die Künstlergruppe dieses Namens war bereits 1899 entstanden. Sie gewann aber ihre Bedeutung erst im folgenden Jahrzehnt mit dem Beitritt des großen Künstlers Oskar Kokoschka.

Die Ausstellung von 1911 ist in erster Linie Kokoschkas Werk gewidmet. Die Hofrätin läßt sich natürlich die Vernissage nicht entgehen. „Ich stand mit einigen jungen Künstlern im großen Mittelraum, als eine wellenartige Bewegung alle Offiziellen ergriff. Man sah plötzlich keine Gesichter mehr, sondern nur tiefgebeugte Rücken. Durch die Allee dieser Rücken schritt düster, aufgeblasen und gallig, Franz Ferdinand, der Thronfolger."[5]

Natürlich ist „B . Z." dem Thronfolger nicht gerade freundlich gesinnt. Nicht zuletzt im Hinblick auf die engen Beziehungen ihrer Familie zu seinem Vorgänger. Entsprechend subjektiv ist ihr Urteil, wenn sie in ihren Memoiren behauptet, es hätte in Österreich „keine unpopulärere Figur als diesen Habsburger" gegeben.

Im gegebenen Fall erweist sich Bertas Mißtrauen gegenüber dem

Thronfolger jedoch als berechtigt. Vorerst fragt sie sich, was Franz Ferdinand wohl bewogen haben mochte, eine Ausstellung moderner – von seiner Warte betrachtet sogar „entarteter" – Künstler zu besuchen. Interessierte er sich doch im allgemeinen recht wenig für künstlerische Belange

Der Ausdruck „Kulturbolschewismus" war damals noch nicht erfunden, aber irgend jemand in seiner Umgebung mußte die Aufmerksamkeit des Thronfolgers auf die „Hagenbund"-Ausstellung und auf die „moralgefährdenden Bestrebungen" der Mitglieder gelenkt haben.

Während diese Gedanken durch Bertas Kopf gehen, schlendert Franz Ferdinand von Bild zu Bild, ohne ein Wort zu sagen. Aber gerade durch sein Schweigen überträgt sich die Spannung auf die Anwesenden. Schließlich postiert er sich in der Mitte des Saales und zischt „eiskalt und wutentbrannt", wie die Hofrätin vermerkt: „Schweinerei!"

Dann wendet er sich direkt an die Gruppe der jungen Künstler um ihn und wiederholt in noch gehässigerem Ton das einzige Wort: „Schweinerei." Danach verläßt er grußlos den Saal, ohne den angstschlotternden Präsidenten der Vereinigung eines einzigen Blickes zu würdigen. Dieser meldet kurz darauf, der Thronfolger wolle die Ausstellung schließen lassen.

Die Künstler sind entsetzt. „Das kann er nicht!" ruft einer der Aussteller. „Hier hängt kein Bild, das zu so einer Maßregel Anlaß gäbe. Da muß sofort etwas geschehen."[6]

Jetzt fühlt sich „B. Z." ganz in ihrem kämpferischen Element. „Es gibt nur ein Mittel. Der Kaiser muß darauf aufmerksam gemacht werden, daß die Verfassung verletzt wird, sobald der Thronfolger als Autokrat handelt. In dieser Hinsicht ist der Kaiser sehr empfindlich. Er wird nie dulden, daß der Mann, den er nur widerwillig als seinen Nachfolger erträgt, eigenmächtig handelt."

„Aber wie kommt man zum Kaiser? Bis dahin ist die Ausstellung längst geschlossen", wendet ein „Hagenbündler" ein.

„Zum Kaiser kommt man am raschesten durch die Zeitung. Man muß ein so durchdringendes Geschrei erheben, daß Franz Ferdinand die Ohren gellen. Der Artikel muß ein Appell, ein Hilferuf an den Gerechtigkeitssinn des Kaisers sein."

„Niemand wird sich trauen, einen solchen Artikel zu schreiben, und kein Chefredakteur wird ihn veröffentlichen."

„Mein Chefredakteur", kontert Berta stolz, „hat nie gezögert, wenn es um die Verteidigung von Rechten ging. Jetzt ist es zwölf Uhr. Um sechs könnt ihr euch die ‚Wiener Allgemeine Zeitung' kaufen."

„Betont sachlich", wie sie selbst unterstreicht, veröffentlicht „B. Z." den Tatbestand. „Kein Wort des Angriffes, nur die Frage, ob die Absicht, die Ausstellung zu schließen, ohne Billigung des Kaisers überhaupt durchführbar wäre; ein Appell an den Kaiser, die Freiheit seiner Bürger zu

126

schützen, und die Bitte, das Niveau der Ausstellung durch Sachverständige feststellen zu lassen."[7]

Mit bitterer Ironie schließt sie ihren Artikel: „Wäre diese Ausstellung in Paris, so könnte viel davon erhofft werden. Denn dort lebt noch der Amateur der Zukunft eskomptiert. So große Talentproben, wie sie diese jungen Künstler im Hagenbund geben, finden sofort ein Milieu, das ihrer Aussprache mit schöner Teilnahme lauscht. Wien ist arm an solchen Möglichkeiten. Und es will den Kunstfreund Wehmut überschleichen, wenn er an so viele, durch Gleichgültigkeit versunkene Kunstversprecher zurückdenkt. Möge die allgemeine Erhöhung des Kulturbewußtseins diesem jüngsten Aufgebot Verständnis, Liebe und Unterstützung zuführen."[8]

In ihren Memoiren schildert Berta das Nachspiel noch viel dramatischer – wobei sie den Zusammenstoß irrtümlich in das Jahr 1912 verlegt: Franz Ferdinand soll bei der Lektüre des Artikels einen Tobsuchtsanfall erlitten haben. Der Kaiser dagegen habe den ihm vorgelegten, rot angestrichenen Artikel zur Kenntnis genommen.

Zu einer Schließung der Ausstellung kommt es jedenfalls nicht.

Schon im folgenden Winter muß „B. Z." neuerlich für den Hagenbund auf die Barrikaden steigen. Der Wiener Gemeinderat hat beschlossen, die Ausstellungsräume in der Markthalle in der Zedlitzgasse in der Inneren Stadt der Künstlervereinigung zu entziehen und dem Österreichischen Gewerbebund zur Verfügung zu stellen. Ein Einspruch der Künstler wird vom Bezirksgericht in erster Instanz abgewiesen. Dem Hagenbund bleibt nur noch die Flucht in die Öffentlichkeit.

In der „Wiener Allgemeinen Zeitung" geißelt Berta Zuckerkandl den Delogierungsbeschluß als „eine Maßregel, die in der brutalsten Weise den Lebensnerv des seit einem Jahrzehnt bestehenden Künstlerbundes unterbinden muß... So kehrt man also brutal den ‚Hausherren' hervor. Mögen Existenzen vernichtet werden, möge das kunstarme Wien noch notiger werden... Ja, wenn das so oft im Rathaus gebrauchte Plakatwort ‚Das Vermächtnis des Dr. Lueger' wirklich Geltung haben sollte, so müßte eigentlich Dr. Luegers Nachfolger den Hagenbund vor der drohenden Delogierung absolut bewahren".[9]

Und das geschieht auch. In letzter Minute läßt Bürgermeister Dr. Neumayer durch seinen Magistratsrat Dr. Konstantin Mayer verkünden, „daß von einer Delogierung des Hagenbundes in absehbarer Zeit nicht die Rede sein wird."[10]

Die folgende Frühjahrsausstellung des Hagenbundes (1912) geht dann ohne Zwischenfälle über die Bühne, und in ihrer Rezension in der „Wiener Allgemeinen" registriert „B. Z." stolz: „Es ist Ehre für den Hagenbund, daß er auf die Zukunft weist. Man erinnert sich, welche Entrüstung dort im verflossenen Jahr die Ausstellung der ‚Jungen' in jenen Kreisen hervorrief, welche vermeinten, ‚Kunst' sei nur da, um angenehme Verdauungsgefühle zu erregen."[11]

Noch im selben Monat steht die Hofrätin zusammen mit anderen Persönlichkeiten des öffentlichen Lebens bei der Gründung einer künstlerischen Dachorganisation, des „Kunstbundes", Pate. Der eigentliche Initiator ist Gustav Klimt, dem „B. Z." für einen Appell an die kunstinteressierte Öffentlichkeit Platz in ihrer Kolumne in der „Wiener Allgemeinen Zeitung" einräumt.

„Der Kunstbund soll über allen Parteien stehen", erläutert der Maler die Ziele der Organisation. „Er hat nichts, aber auch gar nichts, mit dem üblichen Charakter einer Künstlervereinigung gemein. Er soll der Sammelpunkt allen Kunstwillens sein, der höher steht als persönliches Interesse. Er soll mit einem Wort vor allem der Kunst dienen und nicht den Künstlern. Wer für solche höhere, allgemeine Ziele zu wirken uns geeignet erscheint, wen die ideale Liebe zur Sache hinwegträgt über das persönliche Moment, der wird durch Wahl Mitglied des neuen Bundes. Ob das nun ein Mitglied der Secession, des Hagenbundes, ja des Künstlerhauses ist, ob ein ‚Wilder', der überhaupt außen steht, das geht uns nichts an. Wir gehen vom Dogmatismus des Kunstvereinswesens ab. Er hat seine Zeit gehabt; er war einst notwendig, um der Kunst durch engste Zusammenschlüsse freie Bahn zu sprengen. Heute stehen wir jenseits dieser Notwendigkeiten... Wir wagen den Versuch, weil etwas geschehen muß, weil die bestehenden Verhältnisse zu trostlos geworden sind. Es kann sein, daß die Praxis uns Unrecht geben wird. Das wird dem idealen Versuch keinen Abbruch tun. Wir übernehmen keine Vereinsverpflichtungen, keine Verantwortungen. Und wenn es nicht gehen sollte, nun, so wird der Bund sich zum Sterben hinlegen können, ohne Reu' und Klag'. Aber warum sollte eine so gerechte, eine so wahre und starke Sache scheitern?"

Berta Zuckerkandl fügt dem Appell einen erklärenden Nachsatz hinzu: „Es ist bezeichnend, daß der erste Versuch, den vollständig geänderten sozialen Bedingungen des öffentlichen Kunstwesens eine dem Zeitcharakter entsprechende Form zu finden, in Österreich gewagt wird. In Österreich zuerst ist die organische Kristallisation einer zeiteigenen Kunstkultur zu vollständiger Harmonie gereift... Ob er nun den Erfolg und damit den Beifall des Philisters für sich haben wird; ob ihm ein ideelles Mißlingen beschieden ist. Das Beispiel, der Zeitkunst durch Kondensierung und Organisation aller ihrer Kräfte, kulturell, politisch, wirtschaftlich, Sitz und Stimme im Rat des Lebens zu erkämpfen, wird die soziale Lösung der brennenden Frage, Staat und Kunst, ein unauslöschliches Zeichen bleiben."[12]

Die Gründung des „Kunstbundes" geht konform mit einer Initiative, der sich die kämpferische Journalistin schon etliche Monate zuvor, in ihrem Bestreben, der Zeitkunst zum Durchbruch zu verhelfen, zugewandt hatte. Tatkräftig assistierte sie bei der Organisation des österreichischen Pavillons bei der internationalen Kunstausstellung in Rom – einem Bau von Josef Hoffmann. Der österreichische Beitrag wird vom Publikum bewundert. Und Berta hat guten Grund, stolz zu sein. Unter den besonders gelobten Exponaten befinden sich nämlich die Perlenstickereien ihrer Mutter.

Ganz ohne Ärger läuft die Schau aber doch nicht ab. „B. Z." empört sich über die negative Einstellung der österreichischen Zeitungskritik – sie nennt sie „Art Ruining Company", Kunstdemolierungsgesellschaft – am römischen Pavillon. „Daß einer österreichischen Leistung im Auslande die Ehren großen Erfolges und ehrlicher Bewunderung zugeteilt werden, läßt gewisse Kreise nicht zur Ruhe kommen. Es ist unerfindlich, weshalb sie mit dem Eifer, welcher sonst wohl nur bei einem feindlichen Nachbar erklärlich wäre, durchaus in Wien die Meinung zu verbreiten suchen, Österreichs Ausstellung sei eine Blamage. Liebliches Land, in welchem es zur kritischen Sitte gehört, die Leistungsfähigkeit der eigenen Vaterstadt in Europa zu diskreditieren."[13]

Ein Abstecher Bertas nach Rom endet jedoch tragisch. In Abwesenheit ihrer Tochter stürzt Amalie Szeps in Wien und bricht sich beide Hände. Berta muß rasch nach Hause zurückkommen. Ihre Mutter erholt sich nicht mehr gänzlich und stirbt am 11. Oktober 1912 im Alter von 74 Jahren – kurz bevor ihre Kreationen auch in Paris bei der ersten Ausstellung und Vorführung österreichischer Mode Furore machen.

Die Pariser Modenschau geht übrigens auf eine Initiative des französischen Couturiers Paul Poiret zurück, den der österreichische Pavillon in Rom begeistert hatte. Zuvor hatte der Vorläufer Diors und Cardins in Wien eine Pariser Modevorführung über die Bühne gehen lassen. Sie begann mit einem kleinen Eklat: Poiret betrachtet sich als Erfinder des Hosenrockes und läßt seine Mannequins in diesen für Wien wenn nicht unbekannten, so doch ungewöhnlichen Kleidungsstücken durch die Innere Stadt promenieren. In der Kärntner Straße stockt der Verkehr, und die Polizei muß eingreifen.

Aber mit dieser Publicity wird Poirets Wiener Modenschau zu einem großen Erfolg. Mehr noch: es ergibt sich eine Art Wechselwirkung. Österreichs Künstler erhalten von Poirets Kreationen eine Fülle von Anregungen. Und der französische Modeschöpfer bereist Ungarn, Mähren und die österreichischen Länder, um dort eine Masse neuer Ideen zu sammeln.

Vor seiner Heimkehr nach Paris kann „B. Z." den Couturier noch einmal interviewen, wobei ihr Bericht stilistisch stark an eine „Hofreportage" erinnert. „Gestern Abend ist Paul Poiret mit dem Automobil von Budapest angekommen. In einem reservierten Speisezimmer dinieren

Monsieur und Madame eben, als ich sie begrüßen komme. Sie präsidieren patriarchalisch die lange, von Mannequins besetzte Tafel. Als wir zu plaudern anfangen, erheben sich diese und defilieren mit einer leichten Verbeugung vor uns."

Der Meister gibt sich dankbar und bescheiden. „Ich kann nicht oft genug betonen, daß ich nicht etwa reise, um Reklame zu machen. Sondern einfach um mich verständlich zu machen. Ich dachte, das beste Mittel, um dem Publikum, den Künstlern und meinen Fachgenossen näher zu kommen, wäre die persönliche Aussprache. Mir irgendwelche merkantile Absichten unterzuschieben, wäre höchst ungerecht, da ich nur den Wunsch hege, auch die Kaufmannschaft zu meinen Ideen zu bekehren. Ich könnte ja damit zufrieden sein, daß das Poiret-Modell international geworden ist. Aber ich hatte das Gefühl, daß dies nicht genügt, um mich und mein Wollen verständlich zu machen. Erst wenn ich im Zusammenhang zeigen darf, woran ich arbeite, wird manches Mißverständnis sich klären. Man muß jedes, auch das bescheidenste Tun nach Richtung und Ziel überblicken können. Sonst wird man immer einseitig und ungerecht im Urteil sein. In Wien macht mich das Entgegenkommen der Künstler stolz. Ich will ja nichts anderes, als auf meinem Seitenpfad den Weg erreichen, welchen Sie uns allen bahnen."[14]

Ebenso erfolgreich erweist sich der Gegenbesuch aus Österreich, die Präsentation Wiener Modekreationen in Poirets kleinem Pariser Palais. Das größte Aufsehen erregt ein Modell mit dem tönenden Namen „Valse de Vienne". Das duftige Ensemble ist aus einem Wiener Werkstättenfoulard kombiniert. Der aus Goldtressen gewundene Gürtel stammt aus der Kunstgewerbeschule. Aber auch die anderen Kreationen finden Zustimmung. Bertas Begeisterung kennt keine Grenzen: „Und die Farbenklänge, ein sonores Nachtblau, das Orange eines drohenden Gewitters, ein Rot, leidenschaftlich wie heißgeküßte Lippen: das sind Melodien von Klimts Palette."

Am Abend nach der Modenschau gibt Poiret ein Diner zu Ehren Berta Zuckerkandls. „Der wundervoll gedeckte Tisch trägt manches in der Wiener Werkstätte erworbene Silbergerät. Auf meinem Gedeck liegt eine kleine Mappe, deren Einband das Datum von Poirets Wiener Besuch trägt. Ich schlage die Mappe auf. Sie enthält mir gewidmete Skizzen und Aquarelle, signiert von den stolzesten Namen der französischen Malkunst. Auch diese Erinnerung an einen der liebenswürdigsten Beweise französisch-österreichischer Seelenfreundschaft wurde mir später, wie alles, was ich besaß, entrissen."[15]

Schließlich soll die Hofrätin während ihres Aufenthaltes in Paris noch einen Streit zwischen zwei alten Freunden schlichten: Georges Clemenceau und Auguste Rodin. Der Bildhauer war von amerikanischen Bewunderern des Politikers beauftragt worden, eine Clemenceau-Büste herzustellen. Schon während der Sitzungen war es zu Streitigkeiten zwischen den beiden eigenwilligen alten Männern gekommen. Rodin, so beschwert sich Clemenceau bei Berta, wollte sich nie mit einer einzigen Stellung zufrieden geben. Er hätte drei Büsten modelliert, aber bei allen – so meint zumindest der Politiker – danebengegriffen. „Rodin hat so viele Männer als stolze Römer dargestellt, aber mich als einen griesgrämigen Greis."

Nun sind die drei Büsten fertig und befinden sich, zusammen mit den anderen Werken Rodins, im Hotel Biron. Der unzufriedene „Tiger" ersucht seine Freundin, in Rodins Atelier zu gehen und den Meister zu bewegen, nachträglich einige Änderungen vorzunehmen: „Und das sage ich nicht aus Eitelkeit", resümiert Clemenceau.

Rodin freut sich, Berta wiederzusehen, ärgert sich aber, als er ihren Auftrag erfährt. Er bittet sie, sich die Büsten anzuschauen. Berta findet sie alle beeindruckend: zugegeben mit einem gewissen tartarischen Einschlag, der für die Clemenceaus typisch ist. Doch im Ausdruck dennoch majestätisch.

„So habe ich ihn unter meinen Händen geschaffen", rühmt sich Rodin.

„Ist das nicht Clemenceau, der dich anblickt?"

„Ja, er ist es. Aber einige Züge sind nicht die seinen."

„Noch nicht. Sein Ausdruck ist eben noch nicht vollendet. Und das sieht er nicht ein. Aber ich sehe ihn, wie er einmal sein wird. Den Schädel wie eine Kanonenkugel, mit dem Ausdruck eines sprungbereiten Tigers."

Seine Besucherin ist skeptisch: „Ich glaube nicht, daß sich Georges davon überzeugen läßt. Was soll ich ihm sagen?"

„Sag ihm einfach: Clemenceau sieht sich selbst in der Realität. Ich sehe ihn in der Legende."

Bei ihrer Rückkehr ahnt Clemenceau sofort, daß Berta nichts ausgerichtet hat: „Er will also meine Büste nicht ändern?"

„Nein. Er will die Büste für das Rodin-Museum der Nachwelt erhalten. Dort werden die Franzosen deine Legende wiederfinden."

„Dann soll er seinen posthumen Clemenceau behalten. Der lebende Clemenceau – und der wird noch einige Zeit leben – will ihn nie wieder sehen."[16]

## 14. KAPITEL

## DER LETZTE FRIEDENSFRÜHLING

Einige Monate nach dem Tod ihrer Mutter fordern die Anstrengungen der letzten Jahre von Berta Zuckerkandl ihren Tribut. Eine schmerzhafte Schilddrüsenerkrankung zwingt sie zu vollkommener Ruhe und Schonung. Aber sie bleibt eine aufmerksame Beobachterin und Hüterin des „Familienarchivs". Denn schwarze Wolken verdüstern den europäischen Horizont.

Daran will noch niemand denken. Nicht einmal die „Kassandra" Berta Zuckerkandl. Im Mai 1914 fährt sie wieder zu ihren Freunden und Verwandten nach Paris. Die Seine-Metropole zeigt sich in jenem letzten Friedensfrühling des alten Europa von ihrer schönsten Seite. Die Pariser genießen das herrliche Wetter in vollen Zügen. Nur Georges bleibt seiner selbstgewählten Rolle des Schwarzsehers treu. Er lädt Berta zu einem Tête-à-tête in seine Wohnung in der Rue Franklin ein. Es entwickelt sich ein bemerkenswertes Gespräch, dessen Inhalt überliefert ist. Berta hat nämlich, nach dem Vorbild ihres Vaters, unmittelbar danach ein Gedächtnisprotokoll angefertigt.

Clemenceau: „Seid ihr wahnsinnig geworden? Was soll diese verbrecherische Politik bedeuten? Ährenthals und Franz Josephs imperialistische Politik beginnt Früchte zu tragen. Ährenthal (er war 1912 verstorben. Anm. des V.) war wenigstens ein vollendeter Diplomat und wußte die gefährlichsten Komplikationen zu vermeiden. Aber der Dilettantismus seines Nachfolgers, dieses Grafen Leopold Berchtold mit seinem Friseurkopf, ist furchterregend. Blindlings unterwirft er sich den Deutschen. Und Franz Joseph, der sich an seinen Thron klammert, wird diesen verlieren. Und Österreich dazu. Und der Thronfolger Franz Ferdinand? Hat er nichts zu sagen? Warum setzt er diesen Clown Berchtold nicht vor die Türe?"

Berta Zuckerkandl: „Sobald Franz Ferdinand an die Macht kommt, wird es bedeutende Umwälzungen geben. Vielleicht wird er – und das spricht zu seinen Gunsten – am deutschen Joch rütteln."

Clemenceau: „Jetzt stellst du eine Grundsatzfrage..."

Berta Zuckerkandl: „Deutschland ist mit Italien verbündet. Franz Ferdinand – und nicht nur er allein – hält einen österreichischen Präventivkrieg gegen Italien für unvermeidlich. Er wird Kriegsminister Schönaich, der einen Präventivkrieg kategorisch ablehnt, degradieren. Conrad von Hötzendorf – unser gegenwärtiger Generalissimus – ist Franz Ferdinands Mann, der so wie er von nichts anderem träumt als von einem Schlag gegen den Erbfeind Italien."

Clemenceau: „Und warum nimmt er gerade jetzt Italien ins Visier?"

Berta Zuckerkandl: „Weil es Franz Ferdinands Pläne sabotiert, den Dualismus in einen Trialismus zu verwandeln. Er denkt dabei nicht an Böhmen, sondern an eine Gruppierung mit den Südslawen. Diese Gruppierung soll der Speck sein, mit dem er die Maus fängt. Das österreichisch-ungarische-südslawische Reich wird Serbien in seine Einflußsphäre ziehen. Aber alles, was Österreich stärkt, ist für Italien unannehmbar. Und deshalb meint der Thronfolger, muß Italien durch einen Präventivschlag vernichtet werden."

Clemenceau: „Und was sagen die Ungarn?"

Berta Zuckerkandl: „Franz Ferdinand haßt die Ungarn, und sie wiederum wissen es. Jedenfalls sind nach dem Tod des Kaisers Umwälzungen zu erwarten."

Clemenceau: „Ich wünschte, daß dieser Fall schon bald eintritt. Es wäre mir lieber, Österreich in den Händen eines Autokraten zu sehen, der nur seine eigenen Interessen berücksichtigt, der sich von Deutschland trennt und sich nicht geniert, Wilhelm abzuweisen. Das würde Franz Joseph nicht im Traum wagen. Ja, man muß um jeden Preis Österreich von Deutschland trennen."

Berta Zuckerkandl: „Ist die Situation momentan nicht zu ruhig? Nach dem Abkommen, das Caillaux (Joseph Caillaux, französischer Premierminister von 1911 bis 1912. Anm. d. V.) mit Deutschland abgeschlossen hat."

Durch dieses Abkommen wurde der 1911 in der marokkanischen Stadt Agadir ausgebrochene Konflikt zwischen Deutschland und Frankreich, der sogenannte „Panther-Sprung", friedlich beigelegt. Clemenceau hatte diesen Vertrag im französischen Parlament heftig kritisiert. Und diese Kritik allein war Grund genug für Berta Zuckerkandl, das Vertragswerk in der „Wiener Allgemeinen Zeitung"[1] zu verurteilen, obwohl sie es als Pazifistin konsequenterweise hätte gutheißen müssen.

Clemenceau: „Ich glaube, daß mit diesem Abkommen Sand in die Augen der Franzosen gestreut wurde. Wir wissen, daß Deutschland mit allen Kräften seine Rüstung forciert. Wozu dann diese Täuschungsmanöver... Du weißt, daß ich mich sehr genau über alles informieren lasse, was in Österreich hinter den Kulissen passiert. Schon seit langem, seit meinem eigenen Rückschlag im Jahr 1909, seit dem Mißerfolg König Eduards VII., seit seinem Gespräch mit Franz Joseph, glaube ich nicht mehr an die Möglichkeit einer Verständigung mit Österreich. Was aber die Schwäche Frankreichs betrifft, so habe ich nie aufgehört zu sagen – und zu schreiben –, daß es in der Geschichte jedes Volkes Schwächeperioden gibt. Aber das ist kein Zeichen des Verfalls. Auf jeden Moment der Schwäche folgt eine kreative Periode. Das liegt in der Natur der Dinge."

Berta Zuckerkandl: „Warum verzweifelst du dann an Österreich? Auch Österreich ist dem Rhythmus der Natur ausgesetzt. Ich hoffe, es wird aus seiner Erniedrigung wiedergeboren werden."

Clemenceau: „Nein. Österreich hat sich zu lange an die Rolle eines besiegten Volkes gewöhnt. Bismarck hat es erniedrigt, und Franz Joseph hat sich vor dem brutalen Sieger gebeugt. Seit diesem Moment hat Österreich seine europäische Mission verraten. Ein Volk kann sich von einer derartigen Erniedrigung nicht mehr erholen."

Berta Zuckerkandl: „Ich kann deinen Pessimismus gegenüber einem genialen Volk nicht teilen. Einem Volk, einzigartig durch seine Mischung von Rassen und Volksgruppen, über das du selbst einmal so schön gesagt hast: ,Eine einzigartige Streuung von Kulturen unter den verschiedensten Völkern.' Auch Österreich wird einmal seine Bestimmung erfüllen, frei von der rein mechanischen Germanisierung, die man im Deutschen Reich anstrebt."

Clemenceau: „Ich habe immer gehofft, daß die Differenzen zwischen Deutschland und Österreich zur Erhaltung des bedrohten Friedens beitragen werden. Aber dein Österreich hat sich vor Kaiser Wilhelms abenteuerlichen Karren spannen lassen und terrorisiert jetzt das kleine Serbien, das nichts als leben will. Ich betrachte Österreich für so schuldig, daß es verdient, von der Weltkarte zu verschwinden. Und ich wünsche es mir."

Berta Zuckerkandl: „Warum läßt du deinen Zorn an mir aus? Ich bin eine Österreicherin. Und du weißt gut genug, wie hart mein Vater, mein Bruder und ich gegen die deutsche Allianz gekämpft haben. Wenn ich heute für mein Land eintrete, von dem du sagst, daß es verschwinden muß, so ist es, weil ich nicht glaube, daß das Volk für die Fehler seiner Führer verantwortlich gemacht werden sollte."

Clemenceau: „Ich kenne keine Rücksichten. Ich erkenne mich selbst nicht mehr, wenn ich von Österreich spreche."

Berta Zuckerkandl: „Das ist das erstemal, daß du zugibst, daß etwas stärker ist als du selbst. Dein Haß gegenüber Österreich ist stärker als die zarten Gefühle, die uns so lange verbunden haben. Georges, du hast mich zutiefst verletzt."

Clemenceau: „Nun geh. Wir dürfen uns nicht im Zorn trennen."

Berta Zuckerkandl: „Ich fahre morgen weg."

Clemenceau: „Wie schade. Also bis zum nächstenmal. Auf Wiedersehen."

Berta Zuckerkandl: „Ich glaube, es heißt adieu, Georges."[2]

Die Hofrätin behält recht. Die beiden werden sich nie mehr wiedersehen.

## 15. KAPITEL

## EINE WELT BRICHT ZUSAMMEN

Mit dem Ausbruch des Ersten Weltkriegs bricht eine Welt für Berta Zuckerkandl zusammen. Zum zweiten Mal, und diesmal noch viel gründlicher als nach dem Selbstmord des Kronprinzen Rudolf. Das geliebte und bewunderte Frankreich ist schlagartig zum Todfeind Österreichs geworden. Die Bande zu ihrer Schwester Sophie sind durch das Kriegsgeschehen unterbrochen.

„Als der Krieg ausbrach, erlebten meine Schwester und ich den tiefsten Schmerz einer scheinbar unüberbrückbaren Trennung", beschreibt Berta ihre Gefühle. „Doch wir verloren einander nicht. Niemals. Sie hing mit ihrer ganzen Seele an Frankreich, sie war Französin. Ich hatte Österreich sozusagen im Blut. Aber beide besaßen wir ein drittes Vaterland. Dort gab es keinen Krieg, keinen Haß, keinen Brudermord. Es ist nicht von dieser Erde. Nur wer den Glauben, die Liebe zu den Menschen niemals, auch nicht während des wüstesten Blutrausches ringsum verloren hat, weiß, wo dieses Land liegt."

„Mich ergriff der allgemeine patriotische Taumel nicht", fährt sie in ihren Memoiren fort. „Ich bäumte mich sofort gegen den Haßrausch auf, der selbst die zartesten Gemüter erschütterte. Es blieb mir unverständlich, wieso, warum man Menschen einer anderen Nation, die man noch Tage zuvor geliebt oder geschätzt hatte, plötzlich verachten oder hassen sollte, nur weil es Kaisern, Königen und Präsidenten der Republik gefiel, Europa in Blut zu tauchen... Und sofort, während nachts der Marschtritt der abziehenden Truppen unaufhörlich an mein Ohr klang, flammte in mir der Vorsatz und Wille auf, mich in den Dienst aller zu stellen, die gegeneinander gehetzt, sich morden mußten. Viel konnte ich ja nicht tun. Aber es stand mir eine Zeitung zur Verfügung. Ich besaß unumschränkte Freiheit, dort zu sagen, was ich zu vertreten gedachte. Nur sah ich mich einer finsteren, geharnischten Gestalt gegenüber: der Zensur. Wie sollte ich da meinen Plan verwirklichen, die Stimme der Menschenbrüderlichkeit in diesem Haßkonzert ertönen zu lassen? Es gelang mir, die Wahrheit einzuschmuggeln. Am 19. August 1914 publizierte ich bereits den ersten völkerversöhnenden Artikel, das Manifest der jungen Franzosen. Ich konnte meine Liebe zu Frankreich dokumentieren, die ich keinen Augenblick verleugnete."[1]

Hier ist „B. Z." ein, nach einem Vierteljahrhundert verständlicher, Gedächtnisfehler unterlaufen. Das Manifest erschien nicht am 19. August, sondern erst am 26. auf der ersten Seite der „Wiener Allgemeinen Zeitung". Es war drei Monate zuvor von einer Gruppe junger französischer Pazifisten verfaßt worden und an Berta Zuckerkandl bei ihrem letzten Parisbesuch übergeben worden. Also zu einem Zeitpunkt, da sich Europa scheinbar noch im tiefsten Frieden befand. Als das Dokument in Wien veröffentlicht wurde, waren die Verfasser wahrscheinlich schon zu den Waffen geeilt. So wie ihre Gesinnungsfreunde auf der anderen Seite der Front.

Dennoch präsentiert sich das Manifest als ein „Dokument der verpaßten Möglichkeiten". Es endet mit den Worten: „Die alte Generation spricht zu uns von Recht und Gerechtigkeit. Wir antworten ihr mit Zahlen und Tatsachen. Sie ist einer sentimentalen Politik von Ritterlichkeit und Romantik treu. Wir aber erklären uns für eine Politik der Logik und wissenschaftlichen Untersuchung. Wir denken, daß der gereifte Mann an die Probleme, welche sich in der Politik stellen, mit der geistigen Verfassung eines Großindustriellen herantreten sollte, oder eines skrupellos ähnelnden, aber entschlossenen Finanziers, der genau abschätzt, wie hoch er seine Kräfte zu bemessen hat. Unsere Generation, die seit 1870 lebt, sieht die Ereignisse von 1870 im historischen Licht. Sedan ist uns nichts anderes als Leipzig oder Waterloo. Niemals hat die Revanche-Idee in unserem Geist Wurzel gefaßt. Ein ehrgeiziges Ideal sozialer Evolution hat das veraltete Ideal eines kontinentalen Revanche-Krieges ersetzt. So denken die neuen Generationen, die morgen schon zur Macht und Regierung gelangen werden."

Die Redakteurin fügt dem Manifest – als Autoren signierten übrigens die jungen Intellektuellen Alexandre Mercereau und Henri Barbusse – einige kommentierende Worte hinzu: „Diese kurz vor dem Ausbruch des großen Krieges erschienene Publikation läßt einen Wunsch in uns laut werden. Daß für die Männer der Regierungsverwaltungen eine Altersgrenze bestünde, wie sie für Professoren, für das Militär besteht. Dann wäre wohl das Antlitz der Erde in diesem Augenblick nicht von wildem Schmerz verzerrt. Und Frankreich hätte die Schmach, welche es durch die Delcassés und Poincarés diese letzten Tage auf sich geladen, seinem Volke erspart."[2]

Wenn Berta Zuckerkandl beteuert, sie sei von Anfang an in ihren Publikationen gegen den Krieg eingetreten, so trifft dies fast hundertprozentig zu. Allerdings nur fast. Ein einziges Mal verfaßte sie einen Bericht, den man im weitesten Sinn als Teil einer billigen Kriegspropaganda interpretieren könnte. Und das in den allerersten Kriegstagen, am 21. August 1914. In einer Kolumne auf der Titelseite der „Wiener Allgemeinen Zeitung" „enthüllt" sie, daß sich das belgische Königspaar in der ersten

Maiwoche streng inkognito in Paris aufgehalten hätte, also unmittelbar nach dem Staatsbesuch des britischen Königspaares in der Seine-Metropole. Daraus leitet sie den eher gewagten Schluß ab, es könnte dabei zu Geheimgesprächen gekommen sein, mit dem Ziel, das neutrale Belgien an die Entente zu binden.[3] Dadurch hätte der deutsche Einmarsch in Belgien, unmittelbarer Anlaß der britischen Kriegserklärung, nachträglich eine Art Rechtfertigung gefunden.

Später dürfte die Autorin diesen Artikel und die darin geäußerten Schlußfolgerungen bedauert haben. Sie erwähnt nämlich, die „konspirativen Gespräche" hätten im Salon der Gräfin Elisabeth Greffuhle[4], einer gebürtigen Belgierin, stattgefunden. Gerade dieser Salon entwickelte sich jedoch in den späteren Kriegsjahren zu einem Treffpunkt der französischen Pazifisten. Von dort aus wurden auch die Friedenskontakte zu Österreich angebahnt, an denen Berta Zuckerkandl beteiligt war.

Schon im ersten Kriegsherbst brechen schwere Zeiten, wenn nicht für die Hofrätin persönlich, so doch für ihre liebsten Schützlinge, die österreichischen Künstler, an. Und auch für diese Gruppe bricht sie mehrmals publizistische Lanzen, mit jenem in Kriegszeiten offenbar unvermeidlichen Pathos: „Ihr Frauen, an deren Tafel als Zierde Eurer Gesellichkeit Künstler gesessen", heißt es in ihrem Spendenaufruf. „Ihr, die in guten Tagen oft manches Werk angeregt oder bestimmt habet; Ihr, die als Vermittlerinnen zwischen Kunst und Leben oft entscheidende Siege erfechten konntet, denkt, daß es an Euch ist, Friedensblüten aufzuziehen, während des Sturmes. Denkt, daß der Künstler, wenn es ihm ernst ist mit seinem Schaffen, eigentlich immer im Kriege steht... Die Helden im Krieg bedürfen Eurer Hingabe. Seid aber reicher noch an Kraft! Freudiger an Opferwillen! Und dient auch den Künstlern, dienet diesen Helden des Friedens!"[5]

In den Herbstmonaten sind beide Seiten gezwungen, weitgehend zum Stellungskrieg überzugehen. Die tapferen Söhne werden nicht, das ist klar, wie anfangs erhofft noch vor Weihnachten heimkehren. In Wien beginnt man sich auf einen harten Kriegswinter einzustellen. In den Zeitungen wird neben patriotischen Kommentaren erstmals „Militär-Wintertrikotwäsche" in Inseraten angepriesen. „K. u. k. Hoflieferant Carl Berecs" offeriert gestrickte Ärmel-Gillets und Schafwollsocken für den Mann im Felde. Das Tuchhaus Silesia weist auf sein „reiches Lager an Pelzkrägen, Pelz-Einfütterungen und Schlafsäcken mit warmen Kamelhaarfutter" hin. Herzmansky auf der Mariahilfer Straße bietet Schneehauben, Puls- und Bauchwärmer als „Liebesgaben für unsere im Felde stehenden Soldaten", während das Schuhhaus Delka seine pelzgefütterten Militärstiefel „echt braunes Juchtenleder, garantiert wasserdicht" als besonders empfehlenswert anpreist.

Für „B. Z." ist das Ende der ersten Kriegsbegeisterung ein Signal, ihre pazifistischen Bestrebungen zu intensivieren. „Man muß während des Krieges Friedenskeime säen. Dazu sind die Daheimgebliebenen da. Während noch das Werk der Zerstörung seinen Lauf nimmt, sind sie dazu da, Material zu neuem Aufbau zu schaffen. Vielleicht noch wichtiger als die moralische Hilfe des Theaters ist diejenige der Zeitung. Sie steht jetzt jedem nahe. Sie allein vermittelt jetzt noch Kenntnis vom Geschehen; sie allein bringt Kunde von Land zu Land, von Stadt zu Stadt, von Geist zu Geist. Man liest kaum noch Bücher. Von ihr müßte das Gleiche wie von dem Theater gefordert werden. Eine verantwortungsbewußtere, weitsehende Politik der Erziehung. Dazu gehört vor allem die Kraft oder der Mut, oft gegen den Willen des Lesers sich zu stemmen. Nicht einer allgemeinen Suggestion zu erliegen oder vor einem, von der Menge ausgehenden Schlagwort sich zu beugen... Unermeßlich wären die Folgen einer solchen, nach einheitlichem Plan von der Weltpresse beobachteten idealen Ausübung ihrer Macht."[6]

Wie eigentlich nicht anders zu erwarten, bleibt Bertas flammender Appell an ihre Kollegen ohne Resonanz. Aber sie zumindest hat ihren Mut und ihre Bereitschaft bewiesen, gegen den Strom zu schwimmen. Es wird nicht das letzte Mal sein.

Merkwürdig ist nur, daß ihre publizistischen Widersacher, wie etwa Karl Kraus, die sich normalerweise auf jede ihrer allzu pathetischen Formulierungen stürzen, diesen Mut nicht zu würdigen wissen.

Der mangelnde Widerhall auf ihren ersten Friedensappell ist nicht die einzige Enttäuschung, die „B. Z." in jenen Tagen hinnehmen muß. Für einen weiteren Tiefschlag sorgt just einer ihrer Freunde und Protegés, der Schweizer Maler Ferdinand Hodler.

Hodler war auf dem Umweg über die Wiener Secession als Künstler bekannt geworden. Auch in Deutschland hatte er wohlwollende Anerkennung gefunden. Nur in Frankreich war seine erste große Ausstellung 1913 bei der Kritik durchgefallen und er selbst als „Jahrmarkt-Herkules" stilisiert worden.

Nach Kriegsausbruch unterzeichnete der Maler jedoch einen internationalen Protest, in dem die Deutschen als „Barbaren" verurteilt wurden, weil sie die gotische Kathedrale von Reims beschossen hatten.

Diese einseitige Verurteilung durch einen Freund, und noch dazu einen neutralen Schweizer, bringt Berta Zuckerkandl naturgemäß auf die Palme: „Nicht, daß er es tat, nicht darum zeihen wir ihn der Undankbarkeit gegen eine Nation, die seinem Genius hingebend diente. Sondern, daß er, ohne zu prüfen, ohne zu wägen, ohne es nur der Mühe wert zu finden, den Freunden im Reich die Frage zu stellen: Warum tatet ihr's?... Er hätte wissen müssen, wie man in Deutschland Kunst und Künstler ehrt. Wissen müssen, daß die Nation, welche einen Ferdinand Hodler zur Höhe bringt, auch die Kathedrale von Reims nicht mutwillig vernichten wird. Den bramarbasierenden, hohlen, phrasendreschenden Protest hätte Hodler nicht unterschreiben dürfen. Mit dieser falsch angebrachten Anklagewucht seiner Geste hat er zum ersten Mal das Wort der Franzosen wahrgemacht: Jahrmarkt-Herkules."[7] Hodler steckt übrigens schon wenige Tage später zurück. Die Heftigkeit der Reaktionen seiner deutschen und österreichischen Bewunderer hat ihn offensichtlich überrascht. Sein Protest, wendet er ein, hätte sich nur „gegen die Gefährdung und Vernichtung eines unersetzbaren Kunstwerkes gerichtet". Ohne Parteinahme zugunsten der einen oder anderen kriegführenden Nation.

Doch der Ärger seiner Freunde hält weiter an. Kommentiert „B. Z.": „Jedenfalls hätte Hodler den Wortlaut der Anklage, die er mitunterzeichnete, genauer lesen sollen. Dann wäre ihm erspart geblieben, vielen seiner treuen Freunde und Bewunderer einen Augenblick der Enttäuschung verursacht zu haben."[8]

Auf diese Enttäuschung folgen indessen einige Lichtblicke. In Paris meldet sich kein Geringerer als Rodin gegen die einseitige Verurteilung der Deutschen als „Kultur-Barbaren" zu Wort: „Warum schleudert die Welt den Bannfluch gegen die Deutschen? Sie mußte doch wissen, daß lange vorher die Kunst vom kleinbürgerlichen, trivialen Geiste des neunzehnten Jahrhunderts zu Tode getroffen war. In Brüssel ließ der junge König Albert sogar die altehrwürdigen Quartiere des siebzehnten Jahrhunderts niederreißen. Lange vor dem Krieg geschah Abscheuliches in Paris, Venedig, Reims, Genua."

Niemand freut sich über das tapfere Bekenntnis mehr als die Hofrätin. „Rodin hat diese erlösenden Worte gesprochen, Sein Genie, welches stets im Goetheschen Sinn Schönheit als Erscheinung des Wahren auffaßte, hat sich auch diesmal nicht gescheut, frei und kühn in das Wesen der Dinge zu blicken."[9]

Erfreut reagiert sie auch auf einen offenen Brief des von ihr verehrten französischen Dichters Romain Rolland, der in der Genfer Presse veröffentlicht wird. In diesem Appell ruft Rolland die Jugend der Welt zur Verständigung auf. Und Berta glaubt darin bereits eine Tendenzwende in Frankreich zu erkennen. „Es wird Licht!" frohlockt sie. Rollands Brief zeige eine „rührende Umkehr".[10]

Aber das Licht, das sie zu sehen glaubt, ist noch lange nicht jenes am Ende des Tunnels. Der Krieg beherrscht weiterhin die Spalten der Wiener Gazetten. Auch jene der „Allgemeinen". Manches mutet makaber an: Die neuesten offiziellen Kriegstelegramme kann man täglich im Café Splendid in der Jasomirgottstraße lesen. Und in der Femina-Tanzbar in der nahen Johannesgasse spielt man allabendlich um 21 Uhr „Hurra! Wir siegen!", eine „zeitgemäße Revue in zehn Bildern".

Noch werben die Wiener Restaurants mit ihrem „reichhaltigen Buffet" und dem „bei Epidemien und allen Infektionskrankheiten bewährten Gießhübler Mineralwasser". Doch schon wird die Haupt- und Residenzstadt mit einem neuen Problem konfrontiert: Dem Flüchtlingsstrom, der sich aus dem von den Russen weitgehend überrannten Galizien ins Landesinnere, bis Wien ergießt.

Wieder ist es Berta Zuckerkandl, die sich als eine der ersten im bürgerlichen Lager – allein die sozialistische „Arbeiter Zeitung" hatte zuvor das Flüchtlingselend aufgegriffen – für die Vertriebenen und gegen die Herzlosigkeit ihrer Mitbürger auf die Barrikaden steigt. Sie weist auf die Disziplin hin, mit der die deutschen Verbündeten den Flüchtlingsstrom aus Ostpreußen gemeistert hätten.

„Hier bei uns ist man noch nicht soweit. Was man vor allem an den Vertriebenen aussetzt, ist ihr Mangel an Erziehung. Auf den Tramways, in den Geschäften, in den Kaffeehäusern, hört man jetzt klagen, daß Menschen sich herumdrängen, die gegen die Sitten unserer Stadt verstoßen. Sie feilschen stundenlang um jede Kleinigkeit, sagen die Geschäftsleute... Sie verlangen hundertmal dieselbe Auskunft, sagt der Kondukteur und weist die Ängstlichen grob zurück. Aufdringlich sind sie, starrköpfig bettlerisch; sie jammern und schwatzen; überall stehen sie im Wege. Und überhaupt, so heißt es, Wien sei eine polnische Stadt. Also die Wiener verlangen wohlerzogene Flüchtlinge. Ich weiß nicht, ob es das überhaupt gibt. Und ob gerade der Wiener, der, wenn er auf Lustreisen, von internationalem Komfort umgeben, tief verstimmt sein Rindfleisch und seine Virginier vermißt, ein überaus netter Flüchtling wäre... Weniger noch ist also von dieser Klasse Menschen zu verlangen, von denen viele auch im Frieden, auch im ruhigen Lauf ihres Daseins, rückständig in Dingen der Lebensart geblieben sind. Es ist gar nicht so leicht, Lebensart zu erheben. Dazu müssen es die Väter und die Großväter recht gut gehabt haben. Und es ist selbst für jene Flüchtlinge, die Erziehung genossen haben, schwer, Haltung zu bewahren. Weil es eben Augenblicke gibt, wo der beste Firnis nicht hält. Die Blüte der Gesellschaften ist bei Paniken immer rasch pöbelhaft gewesen. Flucht aber ist nichts anderes als Panik. Eine chronische Panik sozusagen... Nun ist es richtig finster geworden. Und auch die Vertriebenen, die im Vaterland Halt und Stütze suchen, starrt das Dunkel entgegen. Unfreund ist Wien den Flüchtlingen."[11]

Der Appell für die Flüchtlinge zeigt nicht zuletzt das persönliche Dilemma auf, in dem sich die Hofrätin befindet. Mit keinem Wort erwähnt sie die Tatsache, daß es sich bei einem wesentlichen Teil der Flüchtlinge aus Galizien um Juden handelt. Natürlich befürchten die etablierten Wiener Juden, daß der Ansturm ihrer Koreligionisten aus Polen dem Antisemitismus in Österreich Auftrieb geben könnte. Also spricht man von quasi anonymen Flüchtlingen.

In den düsteren Wintermonaten 1914/15 sackt in Wien die anfängliche Kriegsbegeisterung auf einen Tiefpunkt ab. Langsam setzt sich die Erkenntnis durch, daß man mit einem sehr langen Krieg rechnen muß. In der Wiener Femina-Tanzbar spielt man jetzt nicht mehr „Hurra, wir siegen!", sondern „Habt acht".

Und auch ein anderes Ereignis, von potentiell größter Bedeutung für das österreichische Kulturleben, wird nur in den Inseratenspalten der Zeitungen registriert: Am 23. Dezember 1914 eröffnet das inzwischen legendär gewordene Cafe Herrenhof, der spätere Musentempel der österreichischen Dichtkunst, in der Herrengasse seine Pforten.

Der allgemeine Katzenjammer ist übrigens nicht auf das Lager der Mittelmächte beschränkt. Die erste ernstzunehmende alliierte Gegenoffensive an der Westfront bricht in den Wintermonaten zusammen. Hüben und drüben beginnt man sich zumindest gedanklich mit der Idee eines Verhandlungsfriedens anzufreunden.

In Paris ist es paradoxerweise der „Österreicherfresser" Georges Clemenceau, der Anfang 1915 – damals allerdings noch ohne Regierungsverantwortung – an seine Schwägerin Sophie herantritt: „Könntest du kurzfristig nach Genf fahren, um dich mit deiner Schwester zu treffen?" will er eines Tages wissen. Diese ist natürlich von dem Vorschlag begeistert. Aber schon eine Woche später hat es sich der alte Haudegen anders überlegt: „Nein, du solltest Berta nicht sehen. Deine Reise wäre nutzlos."

„Ich habe nie verstanden, was damals eigentlich gespielt wurde", erzählt Sophie später ihrer Schwester.[12]

Dabei liegt der Grund auf der Hand: Den Ententemächten ist es in Geheimverhandlungen gelungen, das bislang neutrale Dreibundmitglied Italien mittels gewaltiger territorialer Versprechungen auf ihre Seite zu ziehen. Und davon hat natürlich auch Clemenceau von seinen Informanten erfahren.

Damit hat der Friedensgedanken vorerst im Lager der Entente seine Attraktivität verloren. Es muß noch viel Blut fließen, bevor man die Fäden, die nicht zuletzt von den Schwestern Sophie und Berta gesponnen werden, wieder aufnimmt.

# 16. KAPITEL

## IN GEHEIMER MISSION

Am 21. November 1916 stirbt in Wien Kaiser Franz Joseph im Alter von 86 Jahren. Und mit ihm das alte Österreich, das jahrhundertelang mit wechselndem Erfolg die Geschicke Europas mitbestimmt hatte.

Mit dem Tod des Monarchen hat sich die Situation für ganz Europa grundlegend geändert. Sein Nachfolger Karl ist nicht nur für seine unmittelbare Heimat ein unbeschriebenes Blatt. Seine Landsleute haben – sieht man von den Hofberichten über Karls Hochzeit mit Prinzessin Zita von Bourbon-Parma ab – lediglich über seine mutige Teilnahme an der zur „Thronfolger-Offensive" hochstilisierten Aktion an der italienischen Front im Frühjahr 1916 erfahren.

In den Akten des deutschen Auswärtigen Amtes heißt es unverblümt, der neue Kaiser stünde unter dem „starken Einfluß seiner energischen Gattin". Diese aber werde ihrerseits von ihrem Beichtvater, Abbé Chaumont, einen Franzosen, beeinflußt. Was die deutsche Diplomatie stark beunruhigt.[1]

Berta Zuckerkandl, die nie zu den Bewunderern des alten Kaisers zählte, hat eine wesentlich höhere Meinung von Karl und dessen Umgebung. „Zwei Jahre sind nicht zu spät, um das Problem – eines Separatfriedens – anzugehen. Österreich wird nicht mehr von einem senilen Greis, einer Marionette Wilhelms beherrscht", verzeichnet sie in einem Bericht über ihre spätere Friedensmission. „Ein junger Mann, regierungsunerfahren, aber mit einer generösen Seele, strebt diesen Separatfrieden an, der Österreich aus der Umklammerung Deutschlands lösen soll."[2]

Karl hat auf dem Ballhausplatz eine neue Mannschaft installiert. Insbesondere sein neuer Außenminister, Ottokar Graf Czernin von und zu Chudenitz, gilt in der Wiener Gesellschaft – im Licht der damaligen Verhältnisse betrachtet – sogar als „verkappter Sozialist". In politischen Kreisen am Ring kursiert damals der Witz, wenn einmal der Sozialdemokrat Karl Renner Minister des Äußeren werde, so werde Graf Czernin vor dem Ministerium gegen ihn demonstrieren „mit der roten Fahne" in der Hand, weil er ihm nicht weit genug links stehe.[3]

Aber nicht nur an der Donau haben die Friedenskräfte Auftrieb erhalten. Auch an der Seine macht sich neuerlich die wachsende Kriegsmüdigkeit durch verstärkte – versteckte – pazifistische Propaganda bemerkbar.

Im Mittelpunkt der Friedensfreunde steht der berühmte Salon der schönen Gräfin Greffuhle, welcher die Hofrätin in den ersten Kriegstagen so sehr zu Unrecht eine Rolle bei den Bemühungen angedichtet hatte, das neutrale Belgien an der Seite der Entente in den Krieg zu ziehen. Wegen des Kohlenmangels hat die Comtesse ihren „großen Salon" geschlossen und empfängt nun in einer kleinen Mansarde unmittelbar unter dem Dach ihres Hauses. Sie ist sehr eng mit Königin Elisabeth von Belgien befreundet, die bei ihr – der königliche Palast in Brüssel ist von den Deutschen besetzt – zumindest einmal wöchentlich diniert.

In diesem im wahrsten Sinn des Wortes improvisierten Salon wird nun eifrig für den Frieden gearbeitet, wobei zu den Gesprächspartnern, neben der Hausfrau, nicht nur die beiden Brüder der österreichischen Kaiserin Zita, Sixtus und Xavier, zählen, die zu jenem Zeitpunkt in der belgischen Armee dienen – da ihnen als Bourbonen der Eintritt in die französischen Streitkräfte verwehrt ist –, sondern auch französische Politiker, wie der damalige Unterrichtsminister Paul Painlevé. Und natürlich Sophie Clemenceau, deren Mann 1917 als Ingenieur in einer Munitionsfabrik in Bourges tätig ist.

Auch Sophie Clemenceau mußte ihre gesellschaftlichen Aktivitäten kriegsbedingt einschränken, aber trotz allem empfängt sie noch immer jeden Sonntag einen Kreis namhafter Künstler und Persönlichkeiten des öffentlichen Lebens. Unter ihnen naturgemäß den häufigen Hausgast Painlevé. Zu guter Musik – an Sophies Vorliebe hat sich nichts geändert – wird über die Schwankungen der französischen Politik und die wirklichen oder vermeintlichen Fehler der Regierungsspitze – Staatspräsident Raymond Poincaré und Ministerpräsident Aristide Briand – debattiert.[4]

Ähnlich häretische Ansichten – vom Standpunkt des österreichischen Establishments betrachtet – werden zu jener Zeit im Wiener Salon Berta Zuckerkandls diskutiert. Der Salon ist inzwischen aus der Nußwaldgasse in Döbling in eine Wohnung im Auspitz-Lieben-Palais, das Haus des Café Landtmann, in der Oppolzergasse 6, unmittelbar hinter dem Burgtheater, übersiedelt. Noch hat dieser Salon nicht jene Bedeutung, die er in den Zwischenkriegsjahren erhalten wird, aber er entwickelt sich rasch zu einem kleinen Fixstern im Wiener gesellschaftlichen Leben. Aus jener Zeit – etwa 1916 – stammt ein literarisches Porträt der Hofrätin und ihrer Umgebung aus der Feder der Gräfin Nostitz-Wallwitz, der Frau des damaligen königlich-sächsischen Gesandten Alfred Nostitz.

„Wie soll ich die entzückende, bewegliche Atmosphäre des Salons von Berta Zuckerkandl beschreiben, die... zu diesem bunten Bild von Wien gehört. Sie hatte nichts mit den verträumten, etwas verstaubten Palais zu tun, die auf die Gasse ernst herniederschauen. Sie war ganz Farbe und Grazie, neu, das Neue stark empfindend... Wie eine exotische Blume wirkte sie in ihrem feinfarbigen Interieur von Hoffmann. Ihr rotes Haar glühte über bunt gestrickten Stoffen und Batiks, und ihre dunkelbraunen Augen[5] funkelten von innerem Feuer. Meist fand man sie, auf ihrem langen Diwan – von dem noch eingehend die Rede sein wird, da er einen so wichtigen Teil in Bertas Leben spielte – sitzend, umgeben von jungen Malern, Dichtern und Musikern, die sich immer wohl bei ihr fühlten, weil eine lösende schwingende Luft dort wehte. Etwas Freies, Unwirkliches, nie Beschwerendes umgab sie wohltuend. Man war mit ihr immer freudig, im Glauben an die Zukunft, es mochte noch so düster aussehen. Die Heiterkeit, von der man in Wien so viel spricht, und die mich manchmal wehmütig stimmte, fand man wirklich bei ihr. Auch in die Politik brachte sie diese bewegliche Grazie hinein, die jede Erstarrung unmöglich machte; und ihre Hilfe wäre in einer weniger hoffnungslosen Situation sicher von Nutzen gewesen."[6]

Unter diesen Umständen ist es nur eine Frage der Zeit, bis sich die engagierte Pazifistin Berta Zuckerkandl aktiv in den sich anbahnenden Verständigungsprozeß zwischen zwei geliebten und verehrten Ländern einschaltet. Die Idee einer eigenen „Berta-Zuckerkandl-Initiative" wurde schon im Oktober 1916, also noch vor dem Tod Kaiser Franz Josephs, bei einem Zusammentreffen mit einem alten Freund aus schöneren Pariser Tagen, Harry Graf Kessler, geboren. Kessler – die Familie stammte ursprünglich aus der Schweiz, und sein Vater war 1881 in den deutschen Grafenstand erhoben worden – ist momentan deutscher Offizier und Diplomat in schwer definierbarer Mission. Er ist aber auch bekannt als Schriftsteller, Intellektueller und Mann von Welt schlechthin. Er hat zusammen mit Hugo von Hofmannsthal für Richard Strauss das Ballett „Josefslegende" entworfen und dessen Premiere im Mai 1914 in Paris erlebt. Bei dieser Gelegenheit hatte er Berta Zuckerkandl im Salon ihrer Schwester Sophie getroffen.

Bei ihrem Wiener Zusammentreffen mehr als zwei Jahre später deutet Kessler gegenüber Berta an, er hätte die Aufgabe übernommen, sozusagen auf dem Umweg über die unpolitische Kulturpropaganda für sein Land in der Schweiz Stimmung zu machen. Dies erscheint der Hofrätin eine großartige Idee. Unverzüglich beschließt sie, ähnliches für Österreich zu tun.

Die Durchführung dieser Idee erweist sich jedoch als schwierig. Ausreisebewilligungen in die Schweiz werden im dritten Kriegsjahr von den Behörden nur ungern und in Ausnahmefällen gewährt.

Dann aber kommt ihr unerwartet ein äußeres Ereignis zu Hilfe. Sie erkrankt. „Wie recht hatte Emil, der immer behauptete, jedes Unglück oder jede Malchance hätte unausweichlich eine gute Seite", notiert sie in ihrem Tagebuch. „Ich kann meine Krankheit als Vorwand benützen, denn nur Professor Kocher kann die Operation meines falschen Basedows durchführen. Bin ich erstmals in Bern, so werde ich versuchen, mit meinen Freunden in Fühlung zu treten."[7]

Noch bevor das Datum ihrer Abreise feststeht, erwartet sie eine weitere freudige Überraschung. Unvermutet besucht sie der berühmte Dichter Hugo von Hofmannsthal. Im Gegensatz zu anderen zeitgenössischen Wiener Literaten war er der Hofrätin bislang immer aus dem Weg gegangen. Er betrachtete sie in erster Linie – und das ganz zu Recht – als Journalistin, denn für die Angehörigen des „vierten Standes" hegte er eine pauschale Abneigung.

Berta Zuckerkandl war ihrerseits zu stolz gewesen, um sich dem aus der Ferne bewunderten Hofmannsthal anzubiedern.

Nun aber hat dieser offensichtlich von ihrer bevorstehenden Reise in die Schweiz erfahren und legt ihr seinerseits nahe, ihre Verwandtschaft mit der Familie Clemenceau für Österreich zu nutzen.

Dies war natürlich von Anfang an Bertas Absicht, und da auch Hofmannsthal in Kürze in die Schweiz fahren soll, beschließen sie, dort neuerlich zusammenzutreffen. „So schieden wir als Freunde und sind bis zu seinem Tod die innigsten Freunde geblieben."[8]

Hofmannsthal erweist sich als nützlicher Fürsprecher bei den Behörden. Er selbst ist auf dem Gebiet der psychologischen Kriegsführung nicht unerfahren. Er diente bis April 1915 im Kriegsministerium. Danach wurde er auf Empfehlung des Historikers Joseph Redlich vom Landsturmdienst befreit, um sich publizistischen Aufgaben im Dienst der Mittelmächte zu widmen. Im besetzten Belgien und in Russisch-Polen hatte er seine ersten Sporen als Propagandist erworben.[9]

Trotzdem heißt es für Berta vorerst „warten". Die Behörden lassen sich bei der Behandlung ihres Ausreiseantrages Zeit. Dann aber wird die Hofrätin unvermittelt nicht etwa in ein Ministerium, sondern in das Armeeoberkommando nach Baden geladen. Ein ihr unbekannter General stellt ihr einige Routinefragen und unterbreitet ihr dann einen Plan, der ihre kühnsten Erwartungen übertrifft. Die psychologische Kriegsführung der Armee hege den Wunsch, daß sie die österreichische Kulturpropaganda in der Schweiz übernehme. Damit steht ihr für ihre geheimen Intentionen sogar ein offizieller Deckmantel zur Verfügung. Schließlich einigen sie sich darauf, daß sie, sozusagen zum Auftakt ihrer Mission, die Arbeiten der „Wiener Werkstätte" in Zürich vorstellen solle.[10]

Hugo von Hofmannsthal behauptete allerdings später, die Idee, eine österreichische Persönlichkeit sozusagen als „Kulturapostel" in die Schweiz zu entsenden, sei auf seine Initiative zurückgegangen, und er hätte Berta Zuckerkandl als geeignete Trägerin dieser Mission ausfindig gemacht.[11]

So oder so, für die Hofrätin beginnt nun die Zeit des Pläneschmiedens. Vorerst glaubt sie, die Idee eines Separatfriedens vor ihrem eigenen patriotischen Gewissen rechtfertigen zu müssen: „Ein Separatfrieden zwischen Frankreich und Österreich würde das rasche Ende des schrecklichsten aller

Kriege herbeiführen. Sophie als Französin und ich als Österreicherin könnten dazu helfen. Selbstverständlich habe ich nicht vergessen, daß es unsere Pflicht ist, unseren Alliierten Deutschland nicht zu verraten. Und ich weiß, daß diese Allianz irgendwelche Verhandlungen schwierig machen wird. Doch eine rasche Beendigung des Krieges ist gewiß auch die Rettung Deutschlands."[12]

Während Berta Zuckerkandl in Wien die letzten Vorbereitungen für ihre Abreise trifft, beschließt sie, ein zweites vertrauliches Tagebuch anzulegen, um alle Ereignisse im Rahmen ihrer geheimen Mission für ihre Schwester festzuhalten. Wobei sie noch nicht wissen kann, daß sie dieser recht bald begegnen wird.

„Liebste, diese Aufzeichnungen werden vielleicht nicht so bald in Deine Hände gelangen. Obwohl wir nicht weit voneinander entfernt sind. Die Schweiz und Frankreich besitzen eine gemeinsame Grenze. Aber der Krieg verwandelt Grenzen in Abgründe oder unübersteigbare Gebirge. Immerhin: Auch seine Macht ist begrenzt. Seelengemeinschaft, den Herzschlag verwandter Geister, vermag er nicht zu zerstören. Du und ich, wir haben es erreicht, daß Freunde unseren Briefwechsel ermöglichen. Doch wir können uns nur durch Anspielungen und eine Art Chiffresprache über das Notwendigste verständigen. Was aber den Reiz spontaner und konstanter Fühlungnahme ausmacht, Schilderungen von Menschen und Begegnungen, kurz, was der Tag uns zuträgt, muß unausgesprochen, vielmehr ungelesen warten. Ungeschrieben soll es aber nicht bleiben. Dennoch: Ich habe mir vorgenommen, für Dich allein alle Fioituren, die das Hauptthema meines Schweizer Aufenthaltes umschwirren, festzuhalten.[13]

Gegen Ende Jänner 1917 wird der Aufgabenbereich der Hofrätin vom Kommando des Kriegspressequartiers, dem sie nun theoretisch untersteht, schriftlich festgelegt. Ihre Mission soll darin bestehen, in der Schweizer Presse um Verständnis für Österreich-Ungarn zu werben und darüber hinaus in ihren österreichischen Zeitungen über die Eidgenossenschaft berichten. Weiterhin soll sie für das österreichische Kunstgewerbe in der Schweiz Propaganda machen. Gleichzeitig wird sie zu strengster Geheimhaltung, was Nachrichten von militärischem Wert betrifft, verpflichtet.[14]

Am 15. Februar 1917 – in ihren später aufgezeichneten Erinnerungen verlegt sie das Datum ihrer Abreise irrtümlich in den Jänner – fährt die frischgebackene Kulturbotschafterin zusammen mit ihrer Begleiterin Johanna Just – die von der francophilen Hofrätin geflissentlich „Jeanne" genannt wird –, einer, wie sie glaubt, allzeit getreuen Seele, die sie nach dem Anschluß von 1938 bitter enttäuschen wird, nach Zürich. Sie steigt standesgemäß im feinsten Hotel der Stadt, dem „Baur au Lac", ab.

Nach einigen Tagen in Zürich läßt sich ein Besucher bei ihr im Hotel anmelden. Es ist der deutsche Dirigent Oscar Fried, den sie Jahre zuvor in Sophies Salon kennengelernt hatte. „Ein seltsamer Sonderling. Ein genialischer Mensch, dem aber zum Genie das Letzte, Entscheidende fehlt." Nicht ohne Geheimnistuerei verrät ihr Fried den Zweck seines Besuches. Er käme als Abgesandter des Grafen Kessler. Dieser sei zum Chef der deutschen Kulturpropaganda in der Schweiz ernannt worden und würde sich freuen, mit seiner österreichischen Kollegin zu dinieren.[15]

Berta befindet sich in einem Zwiespalt der Gefühle. Einerseits freut sie sich, ihren Freund wiederzusehen, anderseits möchte sie die „Kollegialität" angesichts der unterschiedlichen Interessen Deutschlands und Österreichs begrenzen. Was Berta zu jenem Zeitpunkt nicht wissen kann – und übrigens bis zu ihrem Tod nicht erfahren soll –, ist die Tatsache, daß Kesslers „Kulturarbeit" nur ein Deckmantel für seine nachrichtendienstliche Tätigkeit für das Auswärtige Amt in Berlin bildet. Und daß Fried als „Unteragent" für ihn arbeitet.[16]

Jedenfalls nimmt sie Kesslers Einladung an, und Fried begleitet sie zu dem verabredeten Rendezvous. Das Restaurant entpuppt sich als bevorzugter Treffpunkt der kosmopolitischen Gesellschaft, die sich in der neutralen Schweiz etabliert hat. Beim Eintritt in das Lokal flüstert ihr der Dirigent noch zu: „Begrüßen Sie Kessler nicht gleich. Warten Sie, bis er Ihnen ein Erkennungszeichen gibt."

Der Blick der Hofrätin schweift durch den Speisesaal, über viele unbekannte Gesichter, und bleibt schließlich an einem Tisch haften, der sich von allen unterscheidet. Er ist mit herrlichen Rosen so überladen, so daß kaum Platz für die Gedecke frei bleibt. Und just von diesem Tisch erhebt sich der Graf und kommt seinem Gast entgegen, während sich die Augen aller auf sie richten.

Während sich Fried diskret entfernt, kann Berta eine sarkastische Bemerkung nicht unterdrücken: „Ich dachte, unsere Begegnung sollte streng geheim bleiben. Und nun empfangen Sie mich in so auffallender Art?"

„Wenn mir die Auszeichnung zuteil wird, einen besonderen Gast zu empfangen, da jage ich alle Vorsicht zum Teufel", antwortete der Charmeur galant. „Blumen sind die Sprache meiner Diplomatie. Diese Rosen drücken den Wunsch nach einer kameradschaftlichen Kollaboration aus."[17]

Noch ist Berta dem Charme des Grafen nicht erlegen und verrät nichts über ihre eigenen Pläne. Und Kessler hält es seinerseits noch nicht für notwendig, Berlin über das Treffen zu informieren. Zumindest nicht schriftlich, wie er es später tun wird.

Am Tag nach dem Diner fährt Berta nach Bern, wo sie im „Grand Hotel – Berner Hof" ihre Aktionsbasis etablieren will. Die internationale Gesellschaft, meint sie, sei wohl in Zürich versammelt, die Diplomaten, auf die es ankäme, residierten indes in Bern. Damit hält sie ihre eigene Tarnung, nicht zuletzt auf Grund ihres Rufes als Kunstkritikerin, den sie auch in der Schweiz genießt, für undurchdringlich.

Ihr erster Weg in Bern führt sie in die österreichische Gesandtschaft, wo sie vom Ersten Legationsrat empfangen wird und ihr Empfehlungsschreiben abgibt. Der Empfang ist höflich, aber desinteressiert. Kulturpolitik scheint ein Quantité négligeable.

„Mir ist es sehr recht, unansehnlich eingeschätzt zu werden", urteilt die Hofrätin über ihre Vorsprache, „denn der Ministerattaché, ein gestrenger Herr, wacht darüber, daß ja kein Österreicher, der die Schweiz besucht, Friedenswillen kundgibt. Man kann aber auf die Blindheit der offiziellen Diplomaten vertrauen."

Nunmehr fühlt sie sich bereit, erste konspirative Kontakte zu ihrer Schwester aufzunehmen. Über einen Vermittler teilt sie Sophie mit, es gehe ihr gesundheitlich sehr schlecht, ihr Hals sei stark angeschwollen, und sie könne die Qualen nicht länger ertragen.[18] Das ist genau das Argument, auf das sich Sophie berufen kann, um bei den französischen Behörden ein Ausreisevisum in die Schweiz „aus humanitaren Gründen" zu beantragen.

Inzwischen meldet sich die Hofrätin vorsorglich bei Professor Kocher zur Untersuchung an. Dieser bestellt sie für den folgenden Tag. Als sie aber termingemäß in der Ordination eintrifft, erfährt sie, der Professor sei völlig unerwartet gestorben. „Dies bedeutete vielleicht die Rettung meines Lebens", resümiert Berta. „In der Schweiz begann ich von alleine zu genesen."

Schon einige Tage später erhält sie ein Telegramm von ihrem Schwager aus Paris: Sophie werde in Kürze bei ihr eintreffen und zwei Monate in der Schweiz bleiben. Kurz darauf folgt ein Brief Sophies, in dem diese das „Hotel Beau Rivage" in Ouchy als Treffpunkt vorschlägt.

Dort treffen einander Berta und Sophie in den ersten Märztagen 1917. Der Zeitpunkt ist angesichts des historischen Hintergrundes bedeutungsvoll: In Rußland tobt die Revolution, in Frankreich wird Sophies engster Freund Paul Painlevé kurz darauf das wichtigste Kriegsministerium übernehmen. Ebenfalls im März werden die Brüder der österreichischen Kaiserin, Sixtus und Xavier von Bourbon-Parma, zu ihrer geheimen Mission zu ihrem Schwager nach Österreich aufbrechen. Am 6. April werden die USA dem Deutschen Reich – aber noch nicht Österreich-Ungarn – den Krieg erklären.

Sowohl in ihren Memoiren als auch ihren unveröffentlichten Schriften bewahrt Berta Zuckerkandl völliges Stillschweigen über ihr erstes Zusammentreffen mit ihrer Schwester. Paradoxerweise läßt sich der Inhalt des Gespräches indessen aus einem Bericht rekonstruieren, den Graf Kessler – natürlich ohne Bertas Wissen – postwendend nach Berlin gesandt hatte. Er unterstrich jedoch einleitend die Bedeutung Sophies, dank ihrer engen Kontakte zu Painlevé und der Gräfin Greffuhle.

Berta, so scheint es, hatte sich dem Grafen anvertraut und ihn ersucht, ihrer Schwester eine Botschaft nach Paris mitzugeben, damit diese bei ihrer Rückkehr irgend etwas an Erfolg vorweisen könne. Sophie würde übrigens in zwei Monaten wieder in die Schweiz kommen und dann womöglich auch mit Kessler zusammentreffen. Dieser faßte dies als „einen sehr vorsichtigen und schüchternen Versuch der Painlevé-Fraktion" auf, „Fühlung mit uns zu nehmen, oder wenigstens die Gelegenheit zur Fühlungnahme nicht zu verpassen".

Die Botschaft, welche Kessler Sophie Clemenceau mitgab, war eher dazu bestimmt, die Friedenskräfte in Paris einzuschüchtern, als sie zu ermuntern: Frankreich hätte den Moment für einen „billigen Frieden schon verpaßt". Berlin rechne schon im Sommer mit einem Separatfrieden mit England und sei bestenfalls bereit, „billige Vorschläge Frankreichs" zu berücksichtigen. „Der Gräfin Greffuhle möge sie von mir Grüße überbringen und ihr sagen, daß ich nach wie vor meine Sympathien für Frankreich bewahre", schließt der Bericht.[19]

Immerhin hat Berta ihrem falschen Freund ihr eigentliches Anliegen – nämlich die Aufnahme von Verhandlungen über einen Separatfrieden zwischen Wien und Paris – nicht enthüllt. Es muß jedoch angenommen werden, daß die beiden Schwestern auch in diesem Punkt nur ein vages Gespräch führen konnten. Schließlich hatte keine von ihnen etwas in Händen, was auch nur im entferntesten als Verhandlungsmandat im Namen ihrer jeweiligen politischen Freunde hätte angesehen werden können.

Wen aber hat Berta in Wien über ihre Gespräche informiert? In ihren Memoiren spricht sie lediglich von einem „Freund", dessen Namen sie auch „zwanzig Jahre später nicht nennen" könne. Aus ihren Hinweisen und den Dokumenten im Wiener Staatsarchiv läßt sich jedoch schließen, daß es sich um ihren Bruder Julius handelte, den sie später in ihre Friedensmission einschaltete.

Bertas Geheimniskrämerei, so viele Jahre nach den Ereignissen, hatte einen guten Grund. Die nationalsozialistische Machtübernahme in Österreich hatte ihr Vertrauen in die Menschheit erschüttert. Sie war, nach Angaben ihres Sohnes, zeitweilig fast krankhaft mißtrauisch. Vor allem wollte sie ihre „arische" Schwägerin Mathilde Szeps nicht gefährden, die 1939 noch in Wien lebte.

In ihren Memoiren zitiert die Hofrätin einen Brief an ihren „Freund" in Wien, den sie einige Wochen nach dem Treffen mit Sophie abgesandt hatte. Darin äußert sie sich optimistisch, besonders was das Interesse Englands an einem Separatfrieden mit Österreich betrifft: „Eines scheint mir sicher, und deshalb lasse ich die Sache an mich herankommen: Für Österreich, das von Deutschland im Falle eines allgemeinen Friedens schwer gedrückt werden würde, kann eine Stärkung daraus hervorgehen, wenn es als Vermittler die Rolle spielt, die man in England wünscht. Lieber Freund, glaube nicht, daß ich einer verräterischen Gesinnung gegen Deutschland die Hand bieten würde. Aber benützen soll man diese außerordentliche Gelegenheit, den Frieden zu beschleunigen. Eben erhalte ich den ersten Brief, der sagt, daß bei der Gräfin Greffuhle nächsten Sonntag weiteres besprochen wird. Jedenfalls mache ich Dich darauf aufmerksam, daß eine Verbindung zwischen ‚oben' in Frankreich und ‚oben' bei uns in Wien bereits besteht (offensichtlich eine Anspielung auf den sogenannten ‚ersten Sixtus-Brief' Kaiser Karls an den französischen Staatspräsidenten Poincaré vom 24. März, der zu jenem Zeitpunkt vom Bruder der Kaiserin in Paris bereits übergeben worden war). Ich habe, lieber Freund, Dein Wort. Du schweigst, bis ich dies freigebe. P. S. Bitte bewahre meine Briefe auf, ich möchte sie zurückhaben, wenn wir uns wiedersehen."

Kurz darauf erhält Berta die erhoffte Bestätigung aus Paris. Sofort schreibt sie an Julius: „Heute nur eine Zeile. Ich erhielt vorgestern einen Brief des Inhalts, daß man den englischen Plan, Österreich jedenfalls als Brücke zu betrachten, weiterhin im Auge behält. Georges – Clemenceau – interessiert sich ebenfalls lebhaft für diese Idee."[20]

# 17. KAPITEL

## WIENERIN IN „NEUTRALIEN"

Mit der Abreise ihrer Schwester aus der Schweiz setzt in Berta Zuckerkandls Friedensmission so etwas wie eine kreative Pause ein. Nun kann sie
sich erstmals ihrer offiziellen Aufgabe, der Kulturpropaganda und Berichterstattung über die Schweizer Szene für die „Wiener Allgemeine Zeitung",
widmen.

Ihr erster Artikel aus Bern erscheint erst am 7. April 1917 – soviel Zeit
konnten sich damals Auslandskorrespondenten lassen – unter dem Titel
„Österreichertum in Neutralien" und zeichnet ein positives Bild, das nicht
unbedingt der wahren Meinung der Autorin entspricht: „Plötzlich ist man
draußen in der krieglosen Welt auf Österreich neugierig geworden. Die
Stimmung, die ich in der Schweiz vorfand und die zur Zeit auch in Holland
herrscht, läßt sich nicht anders charakterisieren. Man will dort im dritten
Kriegsjahr mehr von einem Volk wissen, das im Kampf sich als eines der
tapfersten und genialsten gezeigt hat, und doch gleichzeitig allen kriegführenden Nationen in der Ethik der Haßlosigkeit überlegen ist... Eine
Welle von Sympathie – auch im Verhältnis von Volk zu Volk ein beinahe
vergessenes Wort – rauscht leise an uns heran."[1]

Inzwischen hat sich Bertas Lebensstil in Bern grundlegend verändert. Ihr
Einzelgängerdasein ist zu Ende. Wohl ruhen zwangsläufig ihre konspirativen Kontakte, aber sie hat es verstanden, wie in Wien einen Kreis Gleich-
gesinnter um sich zu scharen.

Eine besonders verständnisvolle Freundin findet sie in der deutschen
Schriftstellerin und Pazifistin Annette Kolb, die sich ebenfalls in der
Schweiz aufhält. Die Initiative zu einem Zusammentreffen geht von der
Hofrätin aus. Sie schreibt der Schriftstellerin einen Brief, erhält aber vorerst
keine Antwort. Unerwartet erscheint diese unangemeldet bei ihr. „Sie besitzt die Allüren einer Grand Dame. Eine lange hagere, vornehme Gestalt.
Ein knochiges, wie von einem Meister gotischer Holzschnitzerei geformtes
ungewöhnliches, kühnes Antlitz. Dabei ein laissez-aller, das vorgeschrie-
bene Riten der Kleidung, der gesellschaftlichen Banalitäten verachtet. Eine
ergreifende Persönlichkeit", notiert „B. Z."[2]

Annette Kolb befindet sich in einem ähnlichen Loyalitätskonflikt wie
Berta Zuckerkandl. Ihre Mutter ist Französin, der Vater Deutscher. Ihre
Schwester ist mit einem Iren verheiratet.

Im Gegensatz zu „B. Z." befindet sich die deutsche Schriftstellerin nicht ganz freiwillig in der Schweiz. Sie hat sich durch ihre pazifistischen Aktivitäten in ihrer Heimat so sehr exponiert, daß es ihren Freunden ratsam erscheinen läßt, sie ins neutrale Ausland zu bringen. Dort versucht sie, Sympathisanten um sich zu scharen, schreibt Artikel für das „Journal de Genève" und wirft abwechselnd Deutschen und Franzosen bittere Wahrheiten ins Gesicht.

Wie ihre neue Freundin liebt sie es, sich mit einem Hauch des Konspirativen zu umgeben. Dazu Berta: „Wir sehen uns beinahe täglich, wenn nicht sie oder ich plötzlich verschwinden, für einige Tage den Ort wechseln. Oft fährt eine von uns nach Zürich, Genf oder Basel. Begegnen wir einander wieder, so stellen wir uns keine Fragen. Es ist ein ungeschriebenes Gesetz der in der Schweiz wirkenden Friedensfreunde, daß jetzt jeder für sich allein einem nicht ungefährlichen Ziel zustrebt."[3]

Im April soll die Hofrätin mit Romain Rolland in Genf zusammentreffen. Als Graf Kessler, den sie zu jener Zeit öfter sieht, als es ihrer selbstgewählten Mission guttut, davon erfährt, ersucht er sie, bei dieser Gelegenheit einen jungen deutschen Dichter zu besuchen, der dort in einer Klinik liegt: Fritz von Unruh.

Im Gegensatz zur kosmopolitischen Annette Kolb entstammt Unruh dem preußischen Junkerstand. Sein Vater war General, er selbst spielte als Junge mit dem deutschen Kronprinzen.

Dennoch wird aus ihm kein typischer Junker. Wohl wird sein erstes dichterisches Kriegsepos als Werk eines „wiederauferstandenen Kleist" hochgejubelt, aber die Erfahrung im Schützengraben macht ihn zum Pazifisten. Dort entsteht sein erstes Anti-Kriegs-Buch. Das Manuskript fällt seinem Vorgesetzten in die Hände. Dem jungen Offizier droht das Kriegsgericht. Da aber erfährt der Kronprinz vom Schicksal seines einstigen Spielgefährten. Unruh, der gerade schwerverletzt in einem Feldspital liegt, wird in eine Schweizer Klinik überführt.

„Gestern bin ich an seinem Bett gesessen", notiert Berta in ihrem Diarium. „Schöngeschnittene Züge, von großen, stillen Augen bewacht. Ein geballter Wille spricht aus diesem Antlitz, das von weißen Bandagen gerahmt ist. Hände, zu Klumpen bandagiert, ruhten auf der Bettdecke. Aber sie wirken wie marmorne Fäuste... Keine Spur von Niedergeschlagenheit. Glaube an höhere Menschheit. Gewillt diese, allen Dämonen zum Trotz, wieder zu verkünden."

Unruhs Argumente von einer moralischen Revolution, die Deutschland läutern soll, können seine Besucherin nicht überzeugen. „Ich als Österreicherin, der das Mißtrauen gegen deutschgeistige Emanzipationsversuche im Blut liegt, glaube nicht an eine Revolution, die vom Imperialismus zu einer echten Demokratie führen könnte.[4]

Trotz seiner schweren Verwundung ist der Dichter voller Pläne. Er will seinem Kriegsdrama eine Komödie folgen lassen. „Allerdings ist die Bezeichnung Komödie nach Unruhs Empfinden nicht das umfassende Wort für den ‚Gesang an die Freude‘, der ihm vorschwebt", berichtet „B. Z." der „Wiener Allgemeinen Zeitung". „Denn nicht die Lustigkeit und Humor empfindet er als Gegenspiel zur Tragödie, sondern das reine Genießen von schmerzlos glücklich erstaunter Lust, die nur dem Kämpfenden als Geschenk der Götter zuteil geworden ist."[5]

Von der französischen Schweiz nach Bern zurückgekehrt, beginnt für Berta wieder der „eidgenössische Alltag", ihr „Tagesmenü", wie sie es nennt. „Gott sei Dank drohen mir keinerlei exotische Gerichte. Vormittag besuche ich unsere Botschaft, um den Diplomatentratsch zu hören, dessen Evidenzhaltung die Lieblingsbeschäftigung der Attachés ist."

Allerdings ist der Schweizer Alltag für die Österreicherin unerfreulich geworden. Die Kriegserklärung der Vereinigten Staaten hat die nüchtern rechnenden Eidgenossen stark beeindruckt. Sogar eine unverdrossene Optimistin wie Berta Zuckerkandl beginnt langsam am Sinne ihrer Mission zu zweifeln. „Ich fürchte nur, daß der günstige Moment versäumt ist... Der Glaube an den Endsieg ist bei den Franzosen sicher wieder fanatisch geworden."[6]

Mitte April wird diese Vermutung zur Gewißheit. Ihre französischen Kontakte, die ursprünglich auf eine rasche Entscheidung Wiens gedrängt hatten, nehmen nun eine abwartende Haltung ein. Dennoch gibt sie noch nicht auf. „Die Hauptsache bleibt aufrecht: die gesuchte und gewünschte Verbindung mit Österreich. Vorläufig fühlen sich die Franzosen aber ganz als Sieger. Übrigens hat man hier in der gesamten, auch in der deutschen Schweiz das sichere Gefühl: Deutschland hat verspielt. Österreich aber kann in jedem Fall eine Rolle spielen."[7]

Gegen Ende April kehrt sie kurzfristig nach Wien zurück. Sowohl Sophie als auch ihr Bruder Julius haben ihr dazu geraten. Aber sie denkt nicht daran, ihre Mission aufzugeben. Ganz im Gegenteil: sie will ihre Bestrebungen in Wien auf höherer Ebene fortsetzen.

Julius Szeps war inzwischen nicht untätig geblieben und hat das Terrain für seine Schwester gut vorbereitet. Schon kurz nach ihrer Ankunft bittet sie Außenminister Ottokar Czernin zu sich auf den Ballhausplatz. „Er muß auf irgendeinem Weg doch erfahren haben, daß ich Georges Clemenceaus Schwägerin, meine Schwester, in der Schweiz getroffen habe", verzeichnet sie, entwaffnend naiv, in ihren Memoiren.

Und über das Treffen selbst: „Ich stieg die monumentale Treppe dieses historischen Gebäudes hinauf, die durch die Patina großer historischer Ereignisse geadelt scheint. Im weiten Vorsaal, dessen Fenster auf den blühenden Volksgarten gehen, erwartet mich der Sekretär. Wenige Minuten später betrat ich Czernins Arbeitszimmer. Er saß an einem mächtigen bronzebeschlagenen Schreibtisch, stand auf, um mich zu begrüßen. Mit großer Courteoisie schob er einen Fauteuil nahe an seinen Schreibtisch. Aller Höflichkeit zum Trotz verläuft das Gespräch in einer eher gespannten Atmosphäre. „Gnädige Frau", versichert der Minister, „ich kenne Ihre Beziehungen zu Frankreich. Ich bin auch über die Liebe, die Sie für dieses Land hegen, unterrichtet. Ich achte Ihre Gefühle, da ich weiß, daß Sie diese niemals zu unpatriotischen Handlungen mißbrauchen würden. Bitte schildern Sie mir die Eindrücke, die Sie in der Schweiz empfangen haben."

„Exzellenz", antwortet sein Gegenüber, „ich will Ihnen nicht verhehlen, daß vieles, was ich erlebte, Vertrauenssache ist und bleiben muß. Nur unter dieser Voraussetzung bin ich gerne Ihrer Einladung gefolgt. Wenn ich Ihnen aber, ohne auf Details einzugehen, den Eindruck schildern darf, den ich in der Schweiz gewonnen habe, wo ich Gelegenheit fand, mich genauestens zu unterrichten, so resümiere ich diesen Eindruck in einem Satz: Deutschland und Österreich haben verspielt."

Czernin ist da anderer Meinung. „Sie lassen sich offenbar von der Gegenseite stark beeindrucken. Unsere Nachrichten melden, daß in Frankreich bereits Defaitismus herrscht. Es wird nicht lange dauern, und Deutschland kann den Frieden diktieren."

Dem widerspricht Berta energisch: „In jeder kämpfenden Armee herrscht Kriegsmüdigkeit. Als ich meinen Wiener Vertrauten vom bevorstehenden Eintritt der Amerikaner in den Krieg vier Wochen vor dem Ereignis Mitteilung machen konnte, hat man mir auch nicht geglaubt. Nun: ich habe recht behalten. Und so bitte ich Sie jetzt, mir Glauben zu schenken, wenn ich versichere, daß sowohl Lloyd George als auch Painlevé, und wahrscheinlich auch Clemenceau bereit wären, Österreich aus dem bevorstehenden Debakel zu retten. Ein Separatfrieden Österreichs wäre diese Rettung. Gleichzeitig aber auch die Rettung Deutschlands. Denn wenn Österreich die Hand zum Frieden bietet, kann es für seine Bundesgenossen viel erreichen."

Daraufhin zieht sich der Minister vollends hinter den Schutzschild diplomatischer Distanzierung zurück: „Davon kann niemals die Rede sein. Österreich bleibt mit Deutschlands Schicksal verbunden."

Dennoch ist seine Haltung nicht völlig negativ: „Sie können aber, falls Sie dazu Gelegenheit haben, folgendes hinüber zu sagen: Österreich ist mit Freude bereit, sich als Unterhändler zur Verfügung zu stellen. Man könnte zum Beispiel, falls Friedensbesprechungen hinter den Kulissen möglich sind, sicherlich große Grenzberichtigungen für Frankreich, besonders für Lothringen, durchsetzen. Auch den Vorschlag machen, daß das Becken von Briey zurückerstattet wird. Wir wären Ihnen zu Dank verpflichtet, wenn Sie dies anregten."

Damit deutet er an, daß das Gespräch zu Ende sei.

Die Hofrätin ist zutiefst enttäuscht: „Ich wußte nun, daß die Zeit eine

Verständigung zwischen der Entente und Österreich zu versuchen, noch nicht gekommen war. Mit Recht betrachtete Czernin die ausgezeichnete deutsche Armee als eine mächtige Stütze für die österreichische Armee. Doch fehlte ihm jeder staatsmännische Weitblick, um Vorgänge und Zusammenhänge zu erraten, die uns unaufhaltsam einer Katastrophe zuführen mußten."[8]

# 18. KAPITEL

## BERLINS SCHATTEN

Mitte Mai 1917 fährt Berta Zuckerkandl mit stark reduzierten Erwartungen, aber ungebrochener Energie, in die Schweiz zurück. Bei ihrer Ankunft erwartet sie jedoch eine erfreuliche Botschaft, mit der sie kaum noch gerechnet hatte. Außenminister Czernin war von den möglichen Aussichten ihrer Friedenskontakte offensichtlich stärker beeindruckt, als er sich bei ihrer Zusammenkunft hatte anmerken lassen. In Bern teilt ihr nun die Gesandtschaft – sie selbst spricht fälschlicherweise immer von einer „Botschaft" – mit, daß auf Anweisung des Außenministers ihre Briefe an ihren Bruder in Wien künftig von jeder Kontrolle, auch jener durch die Gesandten, befreit seien. Und der Erste Legationsrat, Baron de Vaux, überreicht ihr einen, mit dem großen Staatssiegel verschlossenen, persönlichen Brief des Grafen Czernin, in dem dieser ihr volle Kommunikations- und Bewegungsfreiheit zusichert.

Damit wird sie auch in den Augen der Gesandtschaft eine „very important person". Es ist offenkundig, daß ihre Mission von nun an zumindest die inoffizielle Sanktion des Ballhausplatzes besitzt.

Sehr bald muß sie allerdings erkennen, daß sich der vergrößerte Aktionsraum auf den österreichischen Behördenapparat beschränkt, nicht aber auf jenen der deutschen Verbündeten. Wohl ahnt sie nicht, daß Graf Kessler über jede ihrer Zusammenkünfte der deutschen Gesandtschaft in Bern Bericht erstattet, sie bemerkt aber, daß sie bei ihren vielfachen Kreuz- und Querfahrten durch die Schweiz von deutschen Agenten beschattet wird.

Diese Beobachtung wird durch den österreichischen Generalkonsul von Maurig bestätigt, mit dem sie Anfang Juni zusammentrifft. Dieser weist auf ein Aktenstück, das auf seinem Schreibtisch liegt: „Nicht so bald wird es über das Leben einer Frau ein so tadelloses Dossier geben, wie über das Ihre. Wir haben hier alle Berichte, die der Ihnen von deutscher Seite beigegebene politische Agent an seine Gesandtschaft geliefert hat. Es erwies sich, daß Sie ein streng moralisches Leben führen, allein der Arbeit gewidmet." Und mit einem süffisanten Lächeln fügt der Diplomat hinzu: „Die Deutschen haben sich etwas anderes erhofft."

Hatte sich die Hofrätin über die Beschattung bisher geärgert, so beginnt ihr nun das Katz-und-Maus-Spiel Spaß zu machen. Besonders wenn es darum geht, ihren Schatten abzuschütteln. Dazu benützt sie mit Vorliebe das Atelier ihres malenden Freundes Ferdinand Hodler, dessen antideutschen Seitensprung sie längst verziehen hat. Hodlers Studio hat zwei Ausgänge, und so gelingt es Berta immer wieder, den deutschen Agenten abzuschütteln. „Um mit einer Österreicherin fertig zu werden, braucht man mehr als einen deutschen Spitzel", freut sie sich über ihren Scharfsinn.[1]

Jedenfalls ist die Hofrätin weiterhin fest davon überzeugt, daß die Deutschen von ihrer eigentlichen Mission – den Kontakt zu französischen Politikern auf dem Umweg über ihre Schwester, mit einem Separatfrieden als Ziel – nichts ahnen.

Umso intensiver glaubt sie, das ehrende Vertrauen, das Czernin nun offenbar in sie setzt, tatkräftig honorieren zu müssen. Regelmäßig berichtet sie ihrem Bruder, was sie über ihre Schweizer Kontakte über die Situation in Frankreich erfahren hat, und über das, was ihr Kessler über die Stimmung in Berlin erzählt.

Der Inhalt dieser Berichte ist indessen höchst unerfreulich. In Paris, so will Berta erfahren haben, herrsche eine unversöhnliche Stimmung. Aber auch in Berlin wachse die Abneigung gegen jegliche Friedensgedanken.

Gleichzeitig vermeldet Berta, ein Mitglied der deutschen Gesandtschaft in Bern, „dessen Name ich bitte, nicht nennen zu müssen", sei an sie herangetreten, um ihr mitzuteilen, daß im deutschen Auswärtigen Amt ein Plan existiere, der französischen Regierung auf privatem Weg die Anregung zukommen zu lassen, diese möge ihrerseits Deutschland um Bekanntgabe seiner Friedensziele ersuchen. Nachdem die Reichsregierung in zugegebenermaßen ungeschickter Form mit Friedensvorschlägen an die Entente herangetreten war, wäre es jetzt natürlich, wenn die Ententemächte Deutschland aufforderten, seine Konditionen zu nennen. Damit – so erklärte Bertas Gewährsmann – wäre die Friedensdebatte endlich in Gang gebracht.[2]

Inzwischen versucht die Hofrätin in Bern, so gelassen wie möglich, die weitere Entwicklung abzuwarten. Dabei wird sie nicht lange auf die Probe gestellt. Der entscheidende Tag beginnt wie jeder andere. Am Vormittag verabredet sie sich zum Mittagessen mit Annette Kolb, am Nachmittag will sie im Hotel einige Journalisten zum Tee empfangen. Danach ist ein ruhiger Abend eingeplant.

Es kommt jedoch anders. In den späten Morgenstunden, als sie, wie üblich im Bett liegend, ihre Korrespondenz ordnet, läutet das Telefon. Der Anruf kommt aus Thun. Es meldet sich die „Gräfin B.", eine alte Freundin Sophie Clemenceaus, die ein Schloß am Thunersee bewohnt: „Ich erwarte Sie zum Dejeuner. Es ist Post gekommen. Von der Schneiderin aus Genf."

„Die Schneiderin aus Genf" ist das etwas naive Codewort für Sophie Clemenceau. Natürlich läßt Berta alles stehen und liegen. Das Essen mit

Annette Kolb wird abgesagt, ebenso der Tee mit den Journalisten. Um elf Uhr sitzt sie bereits im Zug nach Thun. Im Schloß der Gräfin erwartet sie dann tatsächlich ein Brief ihrer Schwester, die für Mitte Juli ihren Besuch in der Schweiz ankündigt.

Den Inhalt des Briefes, den Berta Zuckerkandl in ihren Tagebüchern und Memoiren verschweigt, erfahren wir paradoxerweise aus einem Geheimbericht des deutschen Gesandten Romberg aus Bern an Reichskanzler Theobald Bethmann-Hollweg in Berlin. Wieder hatte sich die Hofrätin dem Grafen Kessler anvertraut, der prompt seine Vorgesetzten informiert. Somit sind die deutschen Diplomaten nicht nur über das bevorstehende Eintreffen Sophie Clemenceaus in der Schweiz eingeweiht, sondern wissen auch ganz genau, wo diese zusammen mit ihrer Schwester logieren wird. Dadurch können sie entsprechende Maßnahmen treffen.[3]

Sophie Clemenceau trifft planmäßig Mitte Juli in der Schweiz ein. Zusammen mit ihrer Schwester quartiert sie sich im „Grand Hotel du Mont Pelerin" bei Vevey ein. Die deutsche Gesandtschaft in Bern wird noch am gleichen Tag in Kenntnis gesetzt.

Über ihre Gespräche mit Sophie berichtet Berta am 18. Juli ihrem Bruder Julius, dem „lieben Freund": „Abermals sprach ich mit Sophie über den Plan, durch Österreich zu verhandeln. Sie sagte mir, Painlevé hätte schon seit vielen Wochen mit (dem britischen Premierminister) Lloyd George immer wieder bezüglich der Haltung der Entente zu Österreich Rücksprache genommen. Beide vereint haben nun auch (den französischen Ministerpräsidenten) Ribot für ihre Ansicht gewonnen. Es wird nun eine Formel gesucht, wie man Italien derart interessieren könnte, daß es seine Ansprüche auf Österreich aufgibt. Georges Clemenceau hat schon seit Monaten aufgehört, gegen Österreich zu schreiben. Aber er steht eigentlich außerhalb dieser Pläne. Mit einem ehrlichen, innerlich stark demokratischen Deutschland wären Friedensverhandlungen viel eher möglich."[4]

Die deutsche Gesandtschaft in Bern hatte die Aktivitäten der beiden Schwestern offensichtlich genau verfolgt. Gegen Ende Juli entschließt sich der Gesandte Romberg, persönlich einzugreifen und Berta Zuckerkandl aufzusuchen. Um zu diesem Ziel zu gelangen, wählt er einen für einen Diplomaten eher ungewöhnlichen Weg. Darüber schreibt die Hofrätin:

„Aber man hat keine Ruhe. Ich werde zum Telefon gerufen. Eine unbekannte Männerstimme. Die Sprache: korrektes Französisch, doch mit Akzent. ‚Excusez Madame, de vous deranger! Je suis un directeur de la Wiener Werkstätte. Quand pourriez vouz me recevoir?' – Entschuldigen Sie Madame, daß ich Sie störe ! Ich bin ein Direktor der Wiener Werkstätte. Wann könnten Sie mich empfangen? – Ich antworte, daß ich um sechs im Hotel sein werde. Ein leichtes Zögern. Dann die seltsame Bitte, ob es nicht möglich wäre, erst nach dem Diner seine Aufwartung zu machen. Den Grund dieser, für eine geschäftliche Besprechung ungewöhnlichen Stunde, würde er mir dann erklären.

Der späte Gast erweist sich als unpünktlich. Berta wartet bis halb zehn. Dann erklärt sie ihrer Begleiterin: „Jeanne, jetzt gehe ich schlafen. Telefonieren Sie dem Portier, daß ich nicht mehr empfange."

In diesem Augenblick hören sie den Aufzug. Jeanne öffnet die Türe, um zu sehen, ob der späte Gast noch zu ihnen kommt. Er steht schon an der Türe. Berta erblickt einen hochgewachsenen Herrn in weitem Mantel, den Kragen aufgestellt.

Es ist der deutsche Gesandte. „Gnädige Frau", sagt er leise und streift dabei Jeanne mit scheuem Blick, die daraufhin den Raum verläßt, „verzeihen Sie, daß ich Sie warten ließ."

„Ich war gezwungen, Sie irrezuführen", entschuldigt sich der Diplomat. „Denn nur unter einem Vorwand konnte ich es wagen, Sie unerkannt aufzusuchen."[5]

Die Hofrätin war dem Gesandten bislang persönlich nie vorgestellt worden, aber sie hatte ihn mehrmals im Berner „Hotel Bellevue", dem Lieblingstreffpunkt der Diplomaten der Mittelmächte, speisen gesehen. Den Eindruck, den sie nun innerhalb von Minuten von ihrem Gast gewinnt, ist nicht unbedingt zutreffend: „Ein schüchterner, unsicherer Deutscher. Nicht von der Art der arroganten, selbstherrlichen Preußen."

Romberg scheint bestrebt, genau diesen Eindruck zu erwecken und die Sympathie seiner Gesprächspartnerin dadurch zu gewinnen: „Darf ich Sie bitten, meinen Besuch als streng vertraulich zu betrachten. Ich unternehme diesen Schritt nicht als Gesandter, sondern als Privatmann. In vollem Vertrauen zu einer Frau, deren Verläßlichkeit gerühmt wird... Ich dachte... ich habe gehört... Gnädige Frau, wir sind doch Bundesgenossen. Die Gemeinsamkeit unseres Schicksals. . . Eine Aussprache könnte manches klären. Von einer befreundeten Dame habe ich gehört, daß Sie in Ouchy... daß Sie mit Verwandten... aus Paris... daß Sie im gleichen Hotel gewohnt haben."

Diese Ausrede erscheint der erfahrenen Journalistin denn doch zu billig. „Diese befreundete Dame, Exzellenz, trägt sie nicht einen blonden Vollbart? Hat sie nicht Hosen an? Ich erinnere mich an einen Hotelgast, der jedem etwas geübteren Auge sofort eine Detektivmaskierung verriet. Ich kenne den Herrn recht gut. Er verläßt mich selten."

Berta fühlt sich schon als Siegerin. Der gute Gesandte denkt sie, ist humorlos. Anstatt mein Lächeln zu erwidern, sieht er mich bestürzt an.

„Das habe ich nicht gewußt", versichert Romberg mit allen Anzeichen der Betroffenheit.

„Es ist mir auch gleichgültig. Das gehört nun einmal dazu. Jedenfalls ziehe ich die Aufrichtigkeit Ihres Besuches vor."

„Ja, aufrichtig will ich Ihnen eingestehen, gnädige Frau, so wie Sie gehöre ich der Friedenspartei an. Sie hat augenblicklich Erfolge zu verzeichnen. Michaelis soll – zum Reichskanzler – ernannt werden." Rombergs Informationen stimmen. Tatsächlich wird Georg Michaelis den glücklosen Theobald Bethmann-Hollweg, den deutschen Regierungschef seit 1909, der sich in den ersten drei Kriegsjahren aufgerieben hat, alsbald ersetzen. Alles andere ist jedoch Geflunker: „Morgen fahre ich nach Berlin. Ich wurde einberufen, soll berichten, ob drüben in Frankreich ein gleicher Friedenswille zu verzeichnen ist. Doch alle Mitteilungen unserer Agenten fließen aus sehr unverläßlichen Quellen. Niemand war so wie Sie im Stande, einer Persönlichkeit nahe zu sein, die gewiß vom Friedenswillen beseelt ist. Sonst hätte sie nicht gewünscht, sich mit Ihnen zu treffen."

Rombergs Gesprächspartnerin wird immer selbstsicherer: „Exzellenz, was Sie mir zumuten, ist nichts anderes, als die Geschäfte jener dilettantischen Weiberpolitik zu besorgen, die durch ihre Wichtigtuerei schon viel Schaden angerichtet hat. Sie sind ein Gentleman. Sie werden verstehen, daß, selbst wenn ich irgendwo über Frankreichs Friedenswillen unterrichtet wäre, was nicht der Fall ist, kein Laut über meine Lippen käme."

Der Gesandte steckt zurück: „Sie mißverstehen mich. Ich würde es nicht wagen, Tatsachen erfahren zu wollen. Was ich erhoffte, war von dem seelischen Klima, sozusagen von der Temperatur, etwas Genaueres zu hören. Ob dort führende Kreise die Atmosphäre vorbereiten, derer man bedarf, um dem Volk mundgerecht zu machen, daß für Frankreich nur ein Kompromiß möglich ist."

„Wäre es nicht wichtiger, Exzellenz, wenn Sie sich vorher über das seelische Klima bei Ihnen zu Hause unterrichten würden. Was würde das deutsche Volk zum Abbruch eines Krieges sagen, dessen Endsieg doch allen sicher scheint?"

„Allen? Nein. Ich scheue mich nicht zu gestehen, daß ich seit dem Eintritt der Amerikaner in den Krieg schwere Sorgen habe. Deshalb suche ich eine Verständigung in die Wege zu leiten. Ich bin ermächtigt, gewisse Vorschläge zu übermitteln. Sie leisten der Welt einen Dienst, wenn..."

Berta unterbricht ihren Gast: „Ich bin nicht in der Lage, Ihnen die geringsten Andeutungen zu geben. Meine Begegnung war rein familiär. Die Dame und ich trachten hier auf neutralem Gebiet uns neutraler Gefühle zu befleißigen."

Romberg versucht es nun mit Charme: „Eben deshalb wäre Österreich der ideale Vermittler. Ich weiß, es ist der Entente irgenwie sympathisch geblieben. Das beruht wohl auf nationalen Eigenschaften, die..."

„...uns als liebenswürdiges, leichtfertiges Volk von Musikanten und Komödianten den Preußen verächtlich erscheinen lassen."

„Sie sind ungerecht", wehrt sich der Diplomat. „Uns kann man Illoyalität nicht vorwerfen. Während die heimlichen Kontakte in Freiburg... Sie kennen gewiß den Grafen Erdödy?"[6]

Diesmal irrt ausnahmsweise Romberg. Er vermutet offensichtlich eine Verbindung zwischen Berta Zuckerkandl und der Mission der Parma-Brüder Sixtus und Xavier, die mit dem Grafen Thomas Erdödy in der Schweiz – übrigens in Neuenburg und nicht in Freiburg – zusammengetroffen waren, der sie dann nach Wien geleitet hatte.

Mit dieser Friedensoffensive auf höchster Ebene hatte die gutbürgerliche Hofrätin wirklich nichts zu tun. Und sie kann demnach dem Gesandten im Brustton der Überzeugung versichern, sie sei mit dem Grafen keineswegs bekannt, wenngleich sie natürlich von Sophie über die Bestrebungen der beiden Prinzen und deren Kontakte mit Erdödy erfahren hatte. Aber das, sagt sie sich zu Recht, gehe Romberg nichts an.

Nach diesem Schattenboxen geht das Gespräch noch eine ganze Stunde recht amikabel weiter. „Er schien sich trotz der Ergebnislosigkeit zu entspannen. Der glatte Diplomat verschwand. Der sein Vaterland liebende, am Endsieg verzweifelnde, weil klar sehende, ließ plötzlich die Qual seines Herzens ahnen. Und, ich werde diesen Augenblick nicht leicht vergessen, auf einmal liefen zwei Tränen seine Wange herab. Es war mir seltsam zumute, den deutschen Gesandten weinen zu sehen. Der raffinierte Diplomat hätte nichts Besseres ersinnen können, um meine abweisende Haltung in Sympathie zu verwandeln. Was allerdings an dem Verlauf des Gesprächs nichts geändert hat. Denn: So leid mir auch dieser Mann tut, der ein Werkzeug jener Kräfte ist, die immer wieder sein Land ins Verderben stürzen... ich kann und will ihm nicht helfen. Los von Deutschland. Das soll und muß Österreichs Ziel sein. Das entscheidet sein Schicksal, will es nicht untergehen."[7]

In der Überzeugung, den Gesprächspartner beeinflußt zu haben, scheiden Berta und Romberg in bestem Einvernehmen. Sie bleiben einander in den folgenden Monaten, bei ihren wiederholten Zusammentreffen, freundschaftlich gesinnt.

Andererseits ist der Diplomat seelisch keineswegs so gebrochen, wie Berta annimmt. Er hat nämlich zu jenem Zeitpunkt bereits ein nicht weniger als 13 Seiten langes Gedächtnisprotokoll des Grafen Kessler über dessen Gespräch mit der Hofrätin in Vevey in Händen. Er fährt auch nicht nach Berlin, sondern zurück in seine Gesandtschaft, um eben dieses Protokoll mit dem nächsten Kurier nach Deutschland weiterzuleiten. Aus diesem Dokument geht hervor, daß sich Berta, trotz ihrer ablehnenden Haltung gegenüber Romberg, von Kessler sehr wohl hatte überreden lassen, ihm einiges über die innere Situation in Frankreich zu erzählen.

Einleitend betont Kessler, wie schon in früheren Berichten, die Bedeutung seiner Informationsquelle: „Frau Clemenceaus Angaben über Painlevé dürften, da sie mit ihm intim befreundet ist, zuverlässig sein."[8]

166

Mit Painlevé und dessen Ansichten befaßt sich dann auch der Hauptteil des langen Berichtes. Der französische Kriegsminister sei, laut Sophie Clemenceaus Angaben, im Gegensatz zu seinen Ministerkollegen sofort bereit, gegen eine Rückgabe Elsaß-Lothringens Frieden zu schließen, ohne Amerikas Hilfe abzuwarten. Auch würde er dafür Deutschland „unverhoffte Entschädigungen" – „des compensations inespérées" – in der Form von Kolonien und Handelsvorteilen einräumen. Er sei auch gegen eine Fortsetzung des Handelsembargos nach dem Krieg und wolle mit Deutschland baldmöglichst die früheren Beziehungen wieder aufnehmen.

Kessler meldet weiter, Painlevé hätte im März bei Czernin durch Berta Zuckerkandl sondieren lassen, ob Österreich bereit sei, Deutschland im Stich zu lassen. Auf diese Anfrage sei jedoch die bereits zitierte Antwort Czernins erfolgt, seine Politik beruhe auf dem engsten, unerschütterlichen Zusammengehen mit Deutschland. Diese Antwort hätte Berta über ihre Schwester nach Paris übermittelt. Dementsprechend hätte Painlevé die Idee eines Separatfriedens aufgegeben, wolle aber weiter Friedensverhandlungen lieber über Österreich als direkt mit Deutschland führen.

Der deutsche „Kulturattaché" zeigt sich von der Tatsache stark beeindruckt, daß Painlevé als Kriegsminister regelmäßig den „pazifistischen Salon" der Gräfin Greffuhle besuche, „namentlich, da er vor dem Krieg meines Wissens niemals bei ihr war."[9]

Eifrig kolportiert der Diplomat die Prognose Sophies Clemenceaus zur innenpolitischen Lage in Frankreich: Painlevé hoffe noch immer, bald Ministerpräsident zu werden.

Tatsächlich wird er im September 1917 dieses Amt übernehmen.

Als weniger zutreffend erweist sich Sophies zweite Voraussage: Painlevé werde als Regierungschef Clemenceau zu seinem Außenminister machen. Sie ahnt offensichtlich nicht, daß weitere zwei Monate danach Clemenceau seinen Vorgänger stürzen und selbst das Amt des Regierungschefs übernehmen werde.

Im Gegensatz zu Romberg gelingt es Kessler sehr wohl, seiner Gesprächspartnerin eine Botschaft zur Weitergabe an ihre Schwester und deren Kreis – zumindest verbal – zu übermitteln: „Die elsaß-lothringische Frage sei für uns territorial nicht diskutabel. Ob in Bezug auf Elsaß-Lothringen irgend eine andere, nicht territoriale Verständigungsmöglichkeit sich finden ließe, scheine mir zwar zweifelhaft, jedoch würden vielleicht unverbindliche Unterhaltungen zwischen kompetenten Männern irgend eine Formel hervorbringen. Wenn Painlevé jemanden schicken wolle, der nicht von vornhinein jede Diskussion durch die intransigente Forderung nach der Abtrennung Elsaß-Lothringens anschneide, so würde die deutsche Regierung wohl nicht ablehnen, ihm einen Gegenpart entgegenzustellen."[10]

Bei seinem nächsten Zusammentreffen mit der Hofrätin am 30. Juli

„quetscht" Kessler diese weiter aus und erstattet Romberg noch am selben Tag darüber Bericht.

Demnach hätte ihm Berta erzählt, angesichts der russischen Niederlage an der Ostfront – die sogenannte „zweite Brussilow-Offensive" war eben mit schweren Verlusten für die Russen zusammengebrochen, zu der sich der russische Regierungschef Alexander Kerensky von den Franzosen und wahrscheinlich gegen sein eigenes besseres Wissen, hatte überreden lassen – sei der Moment für die Aufnahme von Verhandlungen besonders günstig. Sie hoffe daher, mit ihrem Vorschlag, eine unverbindliche Unterredung zwischen österreichischen und französischen Vertretern herbeizuführen, Erfolg zu haben.[11]

Weitere Einzelheiten über Bertas Gespräche mit ihrer Schwester sind einem Brief zu entnehmen, den sie am 3. August aus Zürich an ihren Bruder Julius richtet: „Ich habe Sophie mitgeteilt, daß unsere Regierung bereit wäre, eventuelle Grenzberichtigungen, insbesondere was Lothringen betrifft (Eine etwas gewagte Interpretation der bereits zitierten Äußerungen Czernins bei seinem Gespräch mit Berta Zuckerkandl in Wien) bei Deutschland durchzusetzen."

Der Glaube, Österreich sei von Deutschland zu trennen, ist nun in Frankreich und England geschwunden, wozu die von Czernin mir gegebenen Erklärungen beigetragen haben. Trotzdem bleibt die Neigung, mit Österreich und über Österreich zu verhandeln, fest bestehen. Besonders erweckt in England die demokratische Richtung, die den Sinn des Kaisers Karl kennzeichnet, Sympathie und Vertrauen.

„Die Regierung in Frankreich wird als absolut feststehende Forderung für jede Friedenskonvention die Rückgabe von Elsaß-Lothringen stellen. Georges Clemenceau ist für ein bedingungsloses Durchhalten bis zum Mai (1918) und der dann aktiven Beteiligung Amerikas. Auch von einem Terror gegen die Pazifisten (in Frankreich) wird man im Winter nicht zurückschrecken. Eine andere Partei geht aber mit England konform und sucht noch immer eine Wendung, die zu raschen Abschluß des Krieges führen könne. Diese Partei und Lloyd George haben, wie ich Dir bereits schrieb, Ribot zu der Politik ‚l'orientation vers l'Autriche' (einer Orientierung zu Österreich) hinübergezogen. Deshalb hat auch Ribot den Ententeblättern Weisungen zu einer mäßigeren Sprache gegeben."[12]

Wenige Tage später verläßt Sophie Clemenceau die Schweiz „so unauffällig, wie sie gekommen war", und ihre Schwester fährt traurig nach Bern zurück. Auf dem Bahnhof erwartet sie bereits ihr bekannter Schatten, „der blonde Esel", wie sie ihn nennt.

Jetzt, da die konspirative Spannung von ihr gewichen ist – sie hat nichts mehr zu verbergen –, beschließt sie, sich an ihren Bewachern zu rächen. „Warte, dachte ich wutentbrannt, dir will ich's zeigen!" Gar so leicht fällt ihr dies wieder nicht. Wen kann sie in Bern ins Vertrauen ziehen? Sie entschließt sich für Ferdinand Hodler und nimmt ein Taxi zu dessen Atelier. Der bärtige Agent bleibt ihr fest an den Fersen und verschanzt sich vor dem Haus des Malers.

Hodler begrüßt sie freundlich, will ihr den neuesten Tratsch erzählen, doch sie hat anderes im Sinn: „Dieser Wanze von einem Detektiv, der mich verfolgt... ich muß ihm etwas antun. Helfen Sie mir."

Es folgt eine kurze Beratung. Dann aber hat Hodler eine Eingebung und lacht schallend auf: „Mein Modell zieht sich eben in der Kammer um. Ich glaube, daß sie ungefähr Ihre Figur hat. Es dämmert schon... Ja, das wird ein Mordsspaß."

Vergnügt wie ein Schuljunge ruft er das Modell herein. „Bitte ziehen Sie den Mantel der Dame hier an und setzen Sie ihren Hut auf. Sie geben die Sachen später im Hotel Victoria ab und finden dort die Ihren." Dem erstaunten Mädchen erklärt er, es gehe darum, einen frechen Galan irrezuführen. „Aber Sie müssen mindestens eine Stunde spazierenfahren."[13]

Die Hofrätin gibt dem Mädchen einige Geldscheine. Hodler ruft ein Taxi, läßt den Fahrer hereinkommen und instruiert ihn, eine Stunde lang kreuz und quer durch die Stadt zu fahren.

Die Täuschung gelingt perfekt. Der blonde Agent wird auf eine Irrfahrt geführt.

Berta sieht ihren bärtigen Schatten danach nie wieder.

Nach Sophies Abreise kann sich Berta wieder mit voller Energie ihren gesellschaftlichen und kulturellen Aufgaben widmen. Obwohl sie die Pause in ihrer Friedensmission bedauert, trifft es sich ganz gut, denn inzwischen ist Hugo von Hofmannsthal in Bern eingetroffen, um einen Vortrag über Österreich zu halten.

Eingedenk der prononcierten Abneigung des Dichters für Journalisten will sich Berta auch jetzt noch nicht aufdrängen. Andererseits erwartet sie ungeduldig den Anruf des Neuankömmlings. Er erreicht sie just während ihrer täglichen Siesta. Der Portier telefoniert: „Ein Herr von Hofmannsthal fragt, ob Sie ihn empfangen können."

Bertas Schläfrigkeit ist wie weggeblasen. Natürlich kann sie es. „Jeanne", alamiert sie ihre Begleiterin, „rasch das Attachékleid."

Ihr schwarzes, weiß besticktes Atlaskleid ist so geschnitten, daß es rasch über den Kopf gezogen werden kann.

„Einige Minuten später" ist sie unten in der Hotelhalle. Den Verlauf der Zusammenkunft schildert sie in einem unveröffentlichten Manuskript.

Hofmannsthal kommt ihr entgegen: „Ich höre, daß Sie ruhen. Und da stehen Sie vor mir, exquisit gekleidet, als hätten Sie hohen Besuch erwartet."

Die Dame ist geschmeichelt. „Es ist auch hoher Besuch, der mich überrascht. Seitdem Sie sich in Wien entschlossen hatten, die so gemiedene

Berta Zuckerkandl aufzusuchen, habe ich immer auf ein Wiedersehen gehofft."

„Mein erster Weg ist zu Ihnen. Nicht weil ich Dinge, die ich ahne, daß Sie sie erlebt haben, erfahren möchte. Das steht in zweiter Linie. Mich zieht das Gefühl des Versäumten zu Ihnen. Ich habe Eile nachzuholen, was meine diffizile Natur mich verlieren ließ."

„Von meiner Freude an Ihrem Werk hat Ihr Ausweichen mir nichts nehmen können", wirft Berta ein.

„Wie oft habe ich durch meine Scheu vor einer neuen Bindung sehr Schönes versäumt. Es ist eben ein instinktiver Egoismus eines Mannes, der seine Arbeit über alles stellt, wenn er die Belastung fürchtet, die jede Freundschaft mit sich bringt... Vor wenigen Monaten hätte mich Ihr Schicksal nicht berührt. Heute geht mir alles nahe, was Sie tun und erleben. Und ich weiß, wie mutig Sie und Ihre Schwester Gefahr auf sich nehmen. Der Verkehr von Feind zu Feind ist ein Wagnis."

„Es geht um Österreich. Und um den Frieden."

„Ja. Hier können wir darüber nicht sprechen. Wie mir Kessler sagt, dinieren Sie heute Abend im Hotel Bellevue beim deutschen Gesandten. Ich auch."

Es war also Graf Kessler, der nicht nur seinen Vorgesetzten, sondern auch Hofmannsthal von Bertas geheimer Mission erzählt hatte. Diese zeigt sich indessen ungerührt. „Ich gestehe, daß ich gerade absagen wollte. Ich sehe keine Veranlassung, Gast des deutschen Gesandten zu sein."

„Nein, nein. Sie dürfen nicht absagen. Ich freue mich, mit Ihnen zu dinieren. Und übrigens ist es gar nicht diplomatisch, Ihrer Abneigung offen Ausdruck zu geben. Auch Kessler wäre enttäuscht."

Die Hofrätin wäre wohl noch enttäuschter gewesen, hätte sie gewußt, wie sehr ihr Vertrauen von ihrem gräflichen Freund mißbraucht wurde. So aber läßt sie sich von Hofmannsthal leicht umstimmen: „Das alles spielt keine Rolle. Doch ich komme, um mit Ihnen zu sein."

„Darf ich noch einen Vorschlag machen? Würden Sie eine Stunde früher bei mir eine Tasse Tee einnehmen? Ich wohne nämlich im Hotel Bellevue, wo das Diner stattfindet. Ich brauche Ihren Rat. Der Vortrag morgen... Da sind noch einige Stellen, die ich Ihnen vorlesen möchte."

Um punkt sieben klopft Berta an Hofmannsthals Türe. Dieser ist bereits im Frack. Er sieht müde aus, bemerkt sie, und spricht ihre Sorge offen aus.

„So bin ich immer, wenn ich einen Vortrag vorbereite. Das strengt mich mehr an, als die dramatische Arbeit. Sprechen wir aber von Österreichs Schicksal. Können... dürfen Sie mir anvertrauen, was..., ich brauche das nicht zu versichern, Ihr Geheimnis bleiben wird."

„Sie allein sollen es wissen, daß die französische Regierung die Begegnung zwischen mir und meiner Schwester gefördert hat. Sie steht Verhandlungen sympathisch gegenüber, die zu einem Separatfrieden führen können. Ich bin in direkter Verbindung mit einem Kreis, dessen Macht groß ist. Painlevé und Lloyd Georges wollen Österreich jede Chance geben, wenn es sich rechtzeitig von Deutschland zu lösen vermag." „Dergleichen dürfte ich nicht anhören," warnt Hofmannsthal. „Und doch. Diesem Morden ein Ende zu setzen, kann nur eine gute Tat sein." Die Dame glaubt, schon genug verraten zu haben. Deshalb wechselt sie diskret das Thema. Sie kommt auf eine Vorstellung des „Rosenkavaliers" zu sprechen, der sie kurz zuvor in Zürich beigewohnt hatte. Zu ihrer Erleichterung geht Hofmannsthal auf den Sujetwechsel ein. „Wir haben eine Zeitlang Mozart verloren. Das Musikdrama nahm Wege, die weit weg von ihm führten. Ich wollte mit dem ‚Rosenkavalier' die graziöse, heitere, die geistig-sinnliche Atmosphäre der Mozartschen Seele wiedergewinnen."

„Die Marschallin", unterbricht Berta seinen Gedankengang, „ist eine der wehmütigsten und wunderbarsten Frauengestalten. Und ihre letzten Worte des ersten Aktes verklären für immer das Problem der alternden Frau."

„Es ist ein Problem, das alle Epochen und Stile überdauert. Ich habe das Barocke als Milieu gewählt. Denn es offenbart sich als Österreichs aussagendes, geistiges und künstlerisches Bild. In ihm scheint die Zwiespältigkeit dieser großen Periode auf. Sie ist verzückt und kalt, heldisch und amourös. Sie hüllt die zerknirschte Demut des neueroberten Katholizismus in fabelhafte Prunkgewänder."

„Ich komme von der Marschallin nicht los. Vielleicht, weil ich mich selbst gerade in das Zwielicht des Alterns taste."

Berta Zuckerkandl ist damals 53 Jahre alt. Die Marschallin soll 32 sein. Als Gentleman erhebt Hofmannsthal Einspruch: „Ihr Wesen scheint mir von jenem Frauentypus, den die Marschallin verkörpert, sehr verschieden. Sie hat die Liebe geliebt und sagt ihr schmerzlich Lebewohl. Sie aber... in Ihnen erblicke ich etwas Neues. Eine warme, hingebende Natur, doch eine sich bewahrende Natur. Sie waren Gattin eines hochstehenden Mannes. Sie sind in einem Alter allein geblieben, das neues Erleben nicht ausschließt. Sie wollen einsam bleiben."

„Vor vier Jahren hat ein großer Dichter diesem Unbewußten in mir Klarheit gebracht. Sie, Herr von Hofmannsthal, sind es, der so unvergleichlich zart Unaussprechliches auszusprechen vermag. So wie Gläubige Bibelstellen auswendig wissen, so sind mir viele Ihrer Gedanken immer gegenwärtig. Soll ich die Stelle hersagen, die mir Lebensleitfaden ist?"

„Ja. Wenn sie mir zur Einsicht in Ihr Wesen verhilft."

„Aus ‚Wege und Begegnungen': Mich dünkt, es ist nicht die Umarmung, sondern die Begegnung die eigentlich entscheidende erotische Pantomime. Es ist in keinem Augenblick das Sinnliche so seelenhaft, das Seelenhafte so sinnlich, als in der Begegnung. Hier ist alles möglich, alles in

Bewegung. Alles aufgelöst. Hier ist ein Zueinanderstehen ohne Begierde, eine naive Beimischung von Zutraulichkeit und Scheu. Dante datiert sein ‚Neues Leben‘ von einem Gruß, der ihm zuteil geworden. Die Begegnung verspricht mehr als die Umarmung halten kann.“

Der Dichter ist naturgemäß geschmeichelt: „Es ist für mich ein gutes Gefühl, das von mir Gedachte, in Worte Gefaßte, so wirkend zu wissen. Ich entdecke in uns viel Gemeinsames. Auch Sie wurzeln im liberalen Wien, in der Epoche, die uns geistige Renaissance brachte. Und auch Ihr Kulturempfinden ist von Frankreich erweckt, geleitet worden.“

„Ja. Paris ist meine zweite Heimat. Aber Wien, das ist etwas Unwiederholbares. Man kann es manchmal nicht ausstehen, wenn es seine niederträchtigen Launen hat und justament Falsches dem Echten vorzieht. Aber einer Geliebten verzeiht man auch ihre Launen.“

„Gewiß. Die österreichischen Möglichkeiten sind unbegrenzt. Sie werden sicherlich einmal ihren schönsten Ausdruck finden. Meine tragische Kunst strebt nach dem festlichen Theater. Wann aber wird sich der äußere Anlaß ergeben, der dieser Sehnsucht gerecht werden kann. Es muß vielleicht das schwere Leid dieses Krieges die dafür notwendige Atmosphäre schaffen.“

„Was aber wird das österreichische Schicksal sein“, wendet die Hofrätin ein. „Soll es nicht untergehen, muß es trachten: Los von Deutschland.“

Hofmannsthal scheint schockiert: „Ich sollte dergleichen nicht anhören. Denn wir sind nun einmal ein Zweig des deutschen Stammes. Und vergessen Sie nicht ganz: Wir sind Alliierte.“

Berta läßt sich jedoch nicht von ihrem Lieblingsthema abbringen: „Soll man ein Land untergehen lassen, weil der Alliierte den Haß der ganzen Welt auf sich geladen hat? Berechtigterweise. Durch die brutale Hemmungslosigkeit seines Machtdünkels. Ist es nicht besser, diesem Alliierten einen ehrenvollen Rückzug zu ermöglichen, indem Österreich als Mittler zwischen Deutschland und der Entente auftritt? Dies würde der Fall sein, falls der Verständigungswille den Weg über Österreich nimmt.“

Dann wechselt die Hofrätin neuerlich das Thema: „Ich freue mich auf Ihren Vortrag. Sie werden das Thema Österreich wunderbar entwickeln.“

„Wer weiß? Ich kämpfe stets mit schweren Hemmungen, ja mit Qualen des Gestaltens. Die Traumwelt Österreich wird morgen nur den Hintergrund des Vortrages bilden. Hauptthema ist eine Analyse der gesetzmäßigen Bedingungen, die Österreichs Mission in Europa unwiderleglich festlegt. Ob es mir gelingen wird? Ich kann Ihnen versichern, es ist ein Wunder, wenn man sich bei dem Metier nicht öfter aufhängt.“

„Wollen Sie noch arbeiten? Ich werde Sie allein lassen.“

„Nein, nein. Ich lese Ihnen einige Stellen vor, und dann gehen wir zu unseren Alliierten, die Sie so lieben.“

172

„Sie sind ein großer Dichter, der als Österreicher mit Deutschland verzweigt ist. Sie können, Sie dürfen nicht denken wie ich. Überhaupt, ich bin leidenschaftlich subjektiv. Es gibt keine herrlichere Wahrhaftigkeit als die eines stark subjektiven Menschen."

Hofmannsthal sieht darin nichts Schlechtes: „Auch darin sind Sie echt österreichisch in Ihrer Art, nichts nachzutragen. Wie zum Beispiel mein jahrelanges Ausweichen."

„Echt österreichisch wird auch gleich mein Entrée beim Gesandten sein. Ich sehe mich schon lieblich lächelnd, so gemütlich falsch, wie wir Österreicher zu sein vermögen, wenn es die Gelegenheit erfordert. Genau wie es der lustige Vierzeiler besingt:

A bissl a Liab,

und a bissl a Treu,

und a ganz klein bissl

a Falschheit dabei."[14]

Das Diner, von dem so viel geredet wurde, wird nur ein mäßiger Erfolg. Berta fand es nicht wert, darüber in ihrem Manuskript zu berichten. Ebensowenig wie über Hofmannsthals Vortrag zum Thema Österreich.

Kurz darauf überstürzen sich wieder einmal die Ereignisse in Bertas Friedensmission. In der letzten Augustwoche erhält die Hofrätin ein verschlüsseltes Telegramm ihrer Schwester aus Paris, in dem Painlevé seine Verhandlungsbereitschaft erkennen läßt. Berta leitet die Meldung postwendend nach Wien weiter und schlägt vor, ihr Bruder Julius möge als Bevollmächtigter Czernins in die Schweiz kommen.

Auch über die folgende Entwicklung ist mehr in den Akten des Bonner Auswärtigen Amtes zu lesen als in Bertas eigenen Notizen oder den Dokumenten des Politischen Archivs in Wien. Wieder begeht die Hofrätin den Fehler, sich Kessler anzuvertrauen. Und es versteht sich von selbst, daß dieser unverzüglich die deutsche Gesandtschaft benachrichtigt.

Die Meldung scheint dem Gesandten Romberg so wichtig, daß er noch zu nächtlicher Stunde ein Chiffretelegramm mit dem Vermerk „Streng geheim" an das Auswärtige Amt verfaßt. Darin heißt es:

„Graf Kessler meldet: Frau Z. erhielt auf ihr Telegramm, in dem sie nach Wien die Annahme der Verhandlungsvorschläge durch P. mitteilte, nunmehr nachstehende Drahtantwort von ihrem Bruder: Reise unmöglich"[15]

Die Hofrätin will sich indes noch nicht geschlagen geben. Sie schreibt ihrer Schwester nach Paris, die Reise ihres Bruders sei lediglich „aus geschäftlichen Gründen bis Ende September" verschoben.

Gleichzeitig beschwert sie sich erbittert bei Hofrat von Wiesner im Wiener Außenministerium. Durch die Ablehnung des in Paris auf österreichischen Wunsch unterbreiteten Verhandlungsvorschlages sei Painlevé „schwer verschnupft", so daß nun der Weg zu ihm endgültig verstopft werden könnte. Außerdem würde der von französischer Seite in Aussicht genommene Unterhändler „Bernard", der als Pressechef auf die französischen Zeitungen größten Einfluß hätte nehmen können, stutzig gemacht und mißgestimmt werden. Sie plädiert daher dafür, die Ablehnung rückgängig zu machen und ihren Bruder doch noch als Unterhändler in die Schweiz zu schicken.

Auch diesen Brief zeigt sie Kessler und verrät diesem überdies, daß sie das Schreiben an Wiesner ohne Kenntnis der österreichischen Gesandtschaft in Bern verfaßt hätte. Auf Anraten Kesslers ersucht nun Romberg seine eigenen Vorgesetzten, zur Wahrung der Geheimhaltung „unsere Kenntnis dieser Vorgänge gegenüber der österreichischen Regierung streng geheim zu halten."[16]

Einige Tage später erhält die Hofrätin einen Brief von ihrem Bruder in Wien, der sie neuerlich Hoffnung schöpfen läßt. Und auch diesmal unterläuft ihr der Fehler, den Dirigenten Oscar Fried von dieser Entwicklung zu informieren. Dieser eilt natürlich sofort zu Kessler und durchbricht dadurch die Geheimhaltung.

In seinem Schreiben teilt Julius Szeps seiner Schwester mit, die „vorläufige Unterlassung" seiner Reise hätte keinerlei politische Bedeutung, sondern sei lediglich auf „technische Schwierigkeiten" zurückzuführen. Außenminister Czernin hätte in letzter Zeit mit der Papstnote, der polnischen Frage und der Neubildung des Ministeriums soviel zu tun gehabt, daß es einfach unmöglich gewesen wäre, ihn von der Entwicklung in Paris zu informieren. Außerdem sei Bertas Bekannter, Legationsrat Colloredo, an den sich Julius hätte wenden können, drei Wochen lang auf Urlaub gewesen. Berta möge sich daher nicht aufregen. Sie würde in kürzester Zeit Nachricht erhalten.[17]

Am 10. September erhält „B. Z." einen weiteren Brief aus Paris. Darin teilt ihr Sophie mit: „Painlevé sagte mir, er hätte bereits eine Ahnung von den Dingen, die wir besprochen hatten. Er wolle jedoch keine anderen Gespräche als jene bereits von uns verabredeten – also zwischen seinem engen Freund Bernard und Julius und Dir in Genf."[18]

Zwei Tage später scheinen Bertas kühnste Erwartungen Wirklichkeit zu werden. Im Rahmen des seit Monaten erwarteten Revirements in der französischen Regierung übernimmt Painlevé das Amt des Ministerpräsidenten, bleibt aber gleichzeitig Kriegsminister. Georges Clemenceau, mit dem er sich zerstritten hat, kann er jedoch nicht zum Eintritt in das Kabinett bewegen. Ein Handikap, an dem seine Regierung alsbald scheitern wird.

Inzwischen hält Kessler weiterhin ein wachsames Auge auf die Hofrätin, wobei ihm auch sein Adjutant Friedrich Franz von Unruh, der Bruder des von Berta so bewunderten Dichters, assistiert.

In einem Schreiben an Staatssekretär Kühlmann im Auswärtigen Amt –

bezeichnenderweise unter dem offiziellen Briefkopf der Nachrichtenabteilung des Außenministeriums – meint der Graf, Painlevé betreibe eine Politik mit doppeltem Boden. Er versuche tatsächlich, den Krieg bis zum äußersten zu Ende zu führen, sich aber gleichzeitig eine doppelte Rückversicherung, einmal bei den französischen Sozialisten und dann bei den Deutschen, zu schaffen, damit er, falls sich die endgültige Aussichtslosigkeit des Krieges herausstelle, „umschwenken und auf einem neuen Boden weiter wirtschaften kann".[19]

In dieser zweiten Septemberhälfte wird die Geduld der österreichischen Emissärin in Bern auf eine harte Probe gestellt. Abwechselnd wartet sie auf Briefe oder Telegramme aus Paris und Wien. Es wird aber immer schwieriger, ein Maß an Übereinstimmung zwischen den Vorstellungen der beiden Seiten zu erreichen. Dennoch teilt ihr Sophie Anfang Oktober mit, Painlevé sei mehr denn je an einer Zusammenkunft zwischen seinem Vertrauensmann und Julius Szeps interessiert. Dieses Treffen solle zwischen dem 15. und 20. November stattfinden.

Am 6. Oktober erhält sie jedoch ein weiteres Telegramm aus der französischen Hauptstadt, wonach Painlevé seinen Mittelsmann bereits vier Tage später nach Genf entsenden wolle. Diesmal wählt die Hofrätin den korrekten Weg über die österreichische Gesandtschaft in Bern, um Sophies Brief und das Telegramm nach Wien weiterzuleiten.

Kessler erfährt natürlich darüber von seiner allzu vertrauensseligen Freundin sofort und kann seine Vorgesetzten entsprechend instruieren: mit der erneuten Bitte, gegenüber den Österreichern die Unwissenden zu spielen, um seine Indiskretionen nicht zu verraten.[20]

Es kommt jedoch wieder anders. Innerhalb von 24 Stunden nach Eintreffen des letzten Telegrammes erhält Berta eine zweite Depesche aus Paris, wonach die Zusammenkunft nicht stattfinden könne. Julius solle daher in Wien bleiben.

Kaum hat sie sich von der Enttäuschung erholt, da erhält sie jene Botschaft aus Wien, auf die sie so lange vergeblich gewartet hatte. Czernin hätte die Reise ihres Bruders nach Genf endlich gebilligt. Dieser könne sofort in die Schweiz kommen.

Nicht ohne eine gewisse bissige Ironie vermerkt Kessler, über alles informiert, in seinem nächsten Report an Romberg, er glaube, die Vorgänge in Paris während der letzten vorhergegangenen Tage – der Premierminister war unter schweren politischen Beschuß geraten – hätten Painlevé so sehr eingeschüchtert, daß er es nicht mehr wage, einen Beauftragten nach Genf zu schicken.[21]

Heuchlerisch – oder in seinem Herzen vielleicht sogar ehrlich – übernimmt es Kessler, Berta zu trösten. Sie möge auf den österreichischen Gesandten in Bern, dem sie die Absage aus Paris bereits mitgeteilt hatte, einwirken, den Meinungsumschwung in Frankreich als momentanen Entschluß Painlevés darzustellen, der auf die augenblickliche innenpolitische Lage in Frankreich zurückzuführen sei. Und daß man eine spätere Wiederaufnahme der Kontakte nicht ausschließen könne.[22] Das Warten in Bern wird für Berta Zuckerkandl langsam unerträglich. Da sie nun einmal nicht nach Paris fahren kann, „um Mißverständnisse aufzuklären", beschließt sie, kurzfristig nach Wien zurückzukehren. Nicht zuletzt, nachdem sie erfahren hat, daß ihr Bruder Julius erkrankt ist.

Die Krankheit erweist sich als harmlos, und nach Julius' Genesung statten die beiden Geschwister gemeinsam am 23. Oktober einen Besuch beim deutschen Botschafter in Wien, von Wedel, ab. Auch über diese Zusammenkunft existieren zwei einander ergänzende Darstellungen: Bertas Gedächtnisprotokoll und der Bericht des Botschafters an Reichskanzler Michaelis in Berlin.

Nach Bertas eigener Version konzentrierten sich die Gespräche auf die Möglichkeit einer Friedenslösung. Von Wedel hätte ihr gegenüber konzediert, daß Kaiser Karl auch in Berlin auf eine rasche Friedensinitiative der Mittelmächte dränge. Nach Ansicht des Botschafters sei der geeignete Moment dafür aber noch nicht gekommen.

Demgegenüber verzeichnet von Wedel, Berta hätte ihm von der wachsenden Friedensströmung in Frankreich erzählt. Die Regierung in Paris könne diese Bewegung kaum noch in Schach halten. Sie könne sich lediglich auf die Loyalität und Vaterlandsliebe der Armee verlassen.[23]

Ende Oktober kehrt die Hofrätin nach Bern zurück.

Dann aber nehmen die Ereignisse eine neue, welthistorische Dimension an, deren Folgen noch heute zu verspüren sind. Am 7. November 1917 ergreifen die Bolschewiken in Petrograd die Macht. Nach kurzer Zeit sind sie zumindest oberflächlich Herren der Lage in Rußland. Berlin rechnet jetzt mit einem raschen Separatfrieden im Osten – hatte man doch die russische Entwicklung selbst forciert, indem man Lenin die Rückkehr in seine Heimat ermöglichte –, gefolgt von einem letzten „Friedenssturm" im Westen. Auch in Wien verfällt Außenminister Czernin in eine ungerechtfertigte Euphorie.

Der Westen antwortet auf die Entwicklung im Osten mit verstärkten Kriegsanstrengungen. Noch im November stürzt das Kabinett Painlevé, und der unversöhnliche Georges Clemenceau kehrt an die Macht zurück. Sein Programm lautet: Krieg bis zum Endsieg.

Wie Sophie vorausgesagt hatte, setzt unverzüglich eine Hetze gegen die Friedensfreunde ein. Painlevé ist zu mächtig, um dadurch direkt berührt zu werden. Um so ärger ergeht es dem inoffiziellen Führer der Pazifisten, Ex-Premierminister Joseph Caillaux. Clemenceau läßt ihn wegen seiner Kontakte zum Feind verhaften und wird noch nach Kriegsende darauf bestehen, daß ihm auch wirklich der Prozeß gemacht wird.

Der „Tiger" erwägt sogar ernsthaft, seine eigene Schwägerin zu internieren, läßt aber davon ab, wahrscheinlich um einen Skandal zu vermeiden.

An diesem Konflikt zerbricht auch die bisher ungebrochene innige Beziehung zwischen Georges und Paul Clemenceau. In Zukunft werden sie einander nur noch bei familiären Anlässen, wie etwa dem Begräbnis von Verwandten, sehen, dabei jedoch kein einziges Wort wechseln.

Die Initiative der Schwestern Berta und Sophie war letztlich – bei allem Idealismus – ein Versuch mit untauglichen Mitteln.

Und Hugo von Hofmannsthal faßt das Schweizer Zwischenspiel in einem Brief an die Hofrätin zusammen: „Wirklich, das einzige Schöne und Gute, das die Politik im Krieg mir eingetragen hat, ist die Bekanntschaft mit Ihnen."[24]

## 19. KAPITEL

## BIS ZUM BITTEREN ENDE

Mit Georges Clemenceau in Paris am Ruder weiß Berta Zuckerkandl, daß ihre Friedensmission gescheitert ist und weitere Bemühungen sinnlos geworden sind. Mit Billigung der österreichischen Behörden bleibt sie jedoch weiterhin in der Schweiz und setzt auch ihre Korrespondenz mit ihrer Schwester fort. Sie unternimmt indes keinen neuen Versuch, das Rad der Geschichte aufzuhalten. Und so muß die Hofrätin von ihrem Schweizer Beobachtungsposten tatenlos zusehen, wie Österreichs Schicksal seinen Lauf nimmt.

Für Unruhe in der österreichischen Kolonie sorgt lediglich ein kurzer Auftritt des Dichters Franz Werfel, der eben eine Liaison mit Bertas Freundin Alma Mahler begonnen hat. Werfels Freunde hatten das Kriegspressequartier dazu bewogen, ihm nach eineinhalbjährigem Frontdienst die Ausreise in die Schweiz zu gestatten. Er sollte im Rahmen der österreichischen Kulturpropaganda ähnlich wie Hugo von Hofmannsthal Vorträge über seine Heimat halten. Der Dichter hält sich jedoch nicht an seine Instruktionen, und schon bei seinem ersten Vortrag kommt es zu einem Eklat. Weitere folgen. Darüber notiert Berta in ihrem Tagebuch:

„Hier in unserer österreichischen Kolonie herrscht größte Aufregung Werfels wegen. Man ergeht sich in Vermutungen, ob er bei seiner Rückkehr nach Wien gehängt oder geköpft werden wird. Was man mir erzählte, ist allerdings toll. Werfel hielt bei seiner Ankunft in Zürich einen einzigen Vortrag. Vor jugendlichen Arbeitern. Er bemühte sich, wohl umsonst, sein pazifistisches Bekenntnis in eine nicht allzu stürmische Form zu kleiden. Jedenfalls wurde nach diesem Debüt die zwischen Werfel und der Wiener Behörde bestehende Verbindung gelöst. Werfel sprach dann noch in Bern und Davos. Davos war der Höhepunkt des Werfelschen Abenteuers. Dort sprach er vor einer großen Versammlung über das österreichische Problem. Ein Reporter stenographierte mit, und der Vortrag erschien in einem Westschweizer Blatt. Hierauf wurde von der Schweiz aus die Anzeige an das Kriegspressequartier gemacht."

Einige Monate später glaubt die Hofrätin, den Dichter in einem Zeitungsartikel verteidigen zu müssen: „Werfels Erfolg als Dichter war in der Schweiz stürmisch. Er hatte vielleicht, wie es Don Quixotes ewiger Ruhmestitel ist, durch die kindliche Ekstase seiner Idealität die allerbeste österreichische Propaganda gemacht. Dies zu konstatieren scheint mir Pflicht."[1]

Sogar das offizielle Frankreich kann sich dem bedrückenden Eindruck der Ereignisse im Osten nicht ganz entziehen. Und wieder denkt man an Gespräche mit Österreich. Ende Februar trifft der französische Vertreter, Graf Armand, in der Schweiz mit Czernins Emissär, dem Grafen Nikolaus Revertera, zusammen.

Kurz darauf setzt jedoch an der Westfront die letzte große Offensive der Deutschen, der sogenannte „Friedenssturm", ein. Und am 2. April begeht Czernin den für Kaiser Karl und seine eigene Karriere tödlichen Fehler, die geheimen Gespräche zwischen Armand und Revertera publik zu machen. Wobei er den Eindruck zu erwecken versucht, die Initiative sei allein von einem am Sieg der Entente zweifelnden Clemenceau ausgegangen.

Dieser – inzwischen zu einem wahrhaften „Tiger" avanciert – kontert mit der Veröffentlichung des bereits erwähnten „Sixtus-Briefes", in dem sich Kaiser Karl für die „gerechten Forderungen Frankreichs in Elsaß-Lothringen" eingesetzt hatte.

Damit ist die allerletzte Chance einer Loslösung Österreichs von seinem deutschen Verbündeten ein für allemal zunichte gemacht.

Jetzt sprechen nur noch die Waffen. Der deutsche „Friedensturm" an der Westfront kann die Ententetruppen nicht wegfegen. Auch die letzte Offensive Österreich-Ungarns in Italien, zur Unterstützung des „Friedenssturms" geplant, bringt außer schweren Verlusten an Menschen und Material kaum etwas ein.

Der Untergang Österreich-Ungarns geht aber nicht von einer der großen Fronten, sondern vom Südosten her aus. Im September 1918 versucht Berta Zuckerkandl von Genf aus, ihre Freunde in Frankreich ein letztes Mal zugunsten Österreichs zu beeinflussen. Der Inhalt ihres Briefes an Sophie zeigt jedoch, daß sie selbst nicht mehr an die Rettung ihrer Heimat glaubt.

„Meine Liebe, ich weiß nicht, ob Du vor acht Tagen meinen Brief bekommen hast. Da es sich nun darum handelt, zu erfahren, wie Ihr Euch wegen der kompletten Salon-Einrichtung, Möbel von Boule („Die Möbel", das sind die Länder der österreichisch-ungarischen Monarchie) entschlossen habt, die in Genf beim Antiquar Dreyfuss zum Verkauf kommt, schreibe ich Dir jedenfalls noch einmal dasselbe, was ich Dir kürzlich geschrieben habe. Also: Der Plan Eurer Freunde, die ihr neues Haus zu möblieren beginnen, ein so vollständiges Ensemble wie diesen Salon auseinanderzureißen, scheint mir völlig sinnlos. Man kann wirklich nicht verstehen, wie ein Kenner einen solchen Unsinn anrichten kann. Natürlich gibt es verschiedene Gesichtspunkte, und ich drücke nur meinen persönlichen aus, wenn ich widerspreche. Ich habe erfahren, daß eine mir höchst unsympathische Familie äußerst befriedigt ist, weil Dreyfuss ihr mitgeteilt hat, daß sie den größten und schönsten Teil der Möbel bekommen soll, während für Paris nur wenige Stücke erworben werden. Du kannst Dir nicht vorstellen, wie glücklich die Leute sind, und wie sie Dreyfuss um den Bart gehen. Ich fürchte, in 14 Tagen wird es zu spät sein, alles noch en bloc zu kaufen. Dann werden die schönen Schränke, die kostbaren Tische, all diese Werke eines reinen Stils, Leuten gehören, deren Bibliotheken aus rauhem Holz sind, und wo das eine nicht zum anderen paßt. Sag das Paul, der doch ein wirklicher Kenner ist. Du weißt, wie nahe meinem Herzen Ihr während der langen Jahre gewesen seid, in denen meine Krankheit mich von Paris und meiner Familie ferngehalten hat. Und ich sorge mich auch jetzt darum, Euch eine Enttäuschung zu ersparen. Vielleicht könnte man zum Verkauf einen Beauftragten nach Genf schicken? Schreibe gleich."[2]

Sophie telegraphiert sofort zurück: „Warte bis Ende September."

Der September geht zu Ende, ohne daß eine weitere Nachricht aus Paris eintrifft. Berta harrt auf ihrem Posten aus, obwohl in diesen Wochen eine furchtbare Grippeepidemie die Schweiz in ein Seuchenlazarett verwandelt.

Anfang Oktober hält sie es in Bern nicht mehr aus. Sie kehrt in das zum Tode verurteilte Österreich zurück.

Am 3. Oktober trifft sie auf dem Wiener Westbahnhof ein. Sie hatte erwartet – und auch die ausländische Presse hatte diesen Eindruck vermittelt –, die Haupt- und Residenzstadt des zerfallenen Reiches in hellem Aufruhr vorzufinden. Zu ihrer Überraschung herrscht relative Ruhe. „Der Schein wurde gewahrt", erinnert sie sich später, „als wäre, was immer geschehen möge, die Monarchie ein Fels, der, von wild erregten Geschehnissen nur umbrandet, unerschütterlich bliebe. In diesem Augenblick beschäftigt man sich intensiv mit der Frage, mit wem die Posten des Burgtheaterdirektors und des neu zu ernennenden Intendanten zu besetzen seien. Darüber regte sich die immer theaterberauschte Stadt auf. Schließlich wurde Hermann Bahr zum dramaturgischen Leiter des Burgtheaters emannt. Ich war darüber sehr erfreut. Denn ich wußte, daß ich bei diesem international fühlenden Geist für meinen Plan Verständnis finden würde: Ich wollte nach Friedensschluß die geistige Annäherung der sich feindlich gegenüberstehenden Völker energisch fördern. Noch während des Krieges den Frieden vorzubereiten, blieb auch auf kulturellem Gebiet mein Credo."

Tatsächlich war Bahr Mitglied eines Dreier-Direktoriums, zusammen mit Max Devrient und Robert Michel, das acht Wochen lang, vom 1. September bis 31. Oktober 1918, die Geschicke des Burgtheaters lenkte. Es war für den Schriftsteller ein eher unerfreuliches Zwischenspiel. „Die lieben Stunden, die ich voriges Jahr, so oft, doch viel zu selten, hoch oben bei Ihnen – in der Oppolzergasse – zubringen durfte, diese Stunden gehören zu den wenigen Lichtblicken meiner Burgtheaterzeit", schrieb er ein Jahr später an die Hofrätin.[3]

Noch in Bern war Berta Zuckerkandl das Schauspiel „Les noces d'argent" des jungen französischen Schriftstellers Paul Géraldy in die Hände gekommen. Sie war vom Talent des Autors beeindruckt, und – begeisterungsfähig wie sie nun einmal war – sie begann sofort mit der Übersetzung ins Deutsche. Als Bahr ans Burgtheater geht, gibt sie ihm das Stück zum Lesen und dieser nimmt es gleich für das Haus am Ring an. „Das war echt österreichisch", freut sich die Hofrätin. „Ich bin stolz darauf, einer Nation anzugehören, die ein Stück aufführt, weil es wertvoll ist, ohne sich darum zu kümmern, daß der Autor auf Feindesseite steht."[4]

Bis zur Aufführung vergeht allerdings noch einige Zeit. In den chaotischen Monaten unmittelbar nach Kriegsende wird die Premiere immer wieder verschoben. Bahr entschuldigt sich deshalb bei „B. Z.": „Ihr Malheur mit Geraldys reizender Komödie ist wirklich zu dumm... Man muß selbst einmal mit dem erstickenden Wust der kleinen Tagesarbeit in diesem wirren Haus gerungen haben, um das eigentliche Problem des Burgtheaterdirektors – vor lauter Beschäftigung zu keiner Arbeit zu kommen – recht verstehen zu können."[5] Das Stück wird schließlich am 24. September 1922 unter dem Titel „Hochzeitstage" am Burgtheater erstaufgeführt und bleibt dann zwei Jahre lang im Repertoire

Die Gelassenheit, die Berta Zuckerkandl bei ihrer Heimkehr nach Wien überrascht hatte, entpuppt sich bald als die Ruhe vor dem großen Sturm. Den Wienern bleibt nicht mehr viel Muße, sich um Burg und Oper zu kümmern.

Anfang November hat Österreich als Staat praktisch zu existieren aufgehört. Dennoch arbeiten nicht eine, sondern gleich zwei Regierungen nebeneinander. Das letzte kaiserliche Kabinett unter Heinrich Lammasch und der Staatsrat, bestehend aus Vertretern der großen deutsch-österreichischen Parteien: Sozialdemokraten, Christlichsozialen und Deutschnationalen. Außenminister im Staatsrat – oder genauer gesagt, „Staatssekretär im Staatsamt des Äußeren" – ist der große alte Mann der österreichischen Sozialdemokratie, Viktor Adler, der einzige Mann, der das neue Staatsgebilde vielleicht hätte zusammenhalten können. Aber Adler liegt im Sterben, als Kaiser Karl am 11. November im Schloß Schönbrunn auf „jeden Anteil an den Staatsgeschäften" verzichtet und den glücklosen Lammasch nun auch formell seines Amtes enthebt.

Am folgenden Tag wird im Parlament am Ring die „Republik Deutsch-Österreich" ausgerufen. Vor dem Gebäude soll die alt-neue rotweißrote Fahne gehißt werden. Ein Sturm der Kommunisten auf das Gebäude führt zu einem Tumult. Der weiße Streifen wird aus dem republikanischen Banner gerissen. Die selbsternannten Revolutionäre hissen auf dem Mast die verknoteten Reste als rote Fahne. Mit Mühe kann sich die Prominenz in das Gebäude retten.

Berta erlebt die „Wiener Novemberrevolution" aus nächster Nähe: in ihrer Wohnung am Ring, schräg gegenüber dem Rathaus und nur knapp zweihundert Meter vom Parlament entfernt. Während der Tumulte stürmt der Mob das „großbürgerliche" Cafe Landtmann im Parterre von Bertas noblem Wohnhaus. Etwa 50 Kaffeehausgäste flüchten aus dem Lokal durch eine Hintertür in das Treppenhaus in der Oppolzergasse, auf der dem Ring abgewandten Seite des Gebäudes. Sie eilen die Stiegen hinauf, und als sie nicht mehr weiterkönnen, suchen sie im obersten Geschoß Zuflucht vor den Rowdies. Eine andere Gruppe flüchtet in die tiefer gelegene Wohnung der Familie Zuckerkandl. In ihrem Vorzimmer versucht die Hausfrau etwas Ordnung in das Chaos zu bringen.

Als es nach einiger Zeit draußen wieder etwas stiller wird, beruhigen sich die „Flüchtlinge". Berta gewinnt allmählich einen Überblick und kann sich trotz der unbestreitbaren Tragik der Situation eines Lächelns nicht erwehren. Einige ihrer Schutzbefohlenen sehen aus, als wären sie direkt von einem jener Volksbälle gekommen, die in den Vorstädten vom Proletariat frequentiert werden. Aber es sind keineswegs Proletarier. Die Hofrätin erkennt unter ihnen sogar einige Bekannte. Etwa den Baron H. Das heißt: er ist kaum zu erkennen, denn er trägt einen zerschlissenen Radmantel, einen verbeulten Jägerhut und zerfetztes Schuhwerk.

Oder eine Dame der besten Gesellschaft, bekannt für ihre Eleganz, erinnert in ihrer Tarnung an eine Klosettfrau. „Wo hatte sie nur eiligst diese zerrissene Bluse, dieses schmutzige Kopftuch her", fragt sich Berta, die auch in der Katastrophe auf ein Minimum an Würde nicht verzichtet.

Ganz zu Hause in einem rustikalen Lodenmantel fühlt sich nur ein bekannter Komiker, dessen Name die Hofrätin leider verschweigt. Er ist es, der mit seinem bekannten Humor die mißliche Situation, in der sie sich alle befinden, am trefflichsten charakterisiert: „Gut haben wir uns getarnt. Soll einer von den Sozis so echt ausschauen, wie hier die noblen Herrschaften. Da sieht man halt wieder, um wieviel begabter die höheren Klassen sind als die Proletarier, die uns heute niederknallen. A Baron bringt's zustand' wie a Wasserer auszuschauen. Ich möcht' den Wasserer sehen, der mir nichts, dir nichts an Baron darstellen kann."[6]

Schließlich wird es wieder ganz ruhig auf dem Ring. Die Revolution ist vorläufig zu Ende. Bertas ungerufene Gäste verdrücken sich, einer nach dem anderen.

Für die Hausfrau bringt der Geburtstag der Ersten Republik aber noch weitere Überraschungen. Am Nachmittag läutet das Telefon. Es meldet sich ein Beamter des Außenministeriums: „Ob wohl Frau Hofrat Zuckerkandl zu sprechen sei", fragt er förmlich. Berta antwortet, sie sei selbst am Apparat. Daraufhin meldet sich am anderen Ende des Drahtes ein alter

Bekannter, Baron Wiesner, mit dem sie schon während ihrer Schweizer Friedensmission korrespondiert hatte: „Gnädige Frau, es ist angesichts der Lage gerade in Ihrem Viertel ein seltsames Ansuchen, das ich an Sie stelle. Würden Sie es wagen, in einer Stunde die kurze Strecke bis zum Ballhausplatz zurückzulegen? – Es handelt sich um einige Hundert Meter entlang der Rückseite des Burgtheaters und des Volksgartens –. Ein Polizist würde Sie begleiten."

Die Hofrätin ist nicht gerade begeistert. Sie meint, an jenem denkwürdigen Tag bereits genug erlebt zu haben. Aber sie stimmt zu: „Wenn es sein muß. Heißt das, es ist unaufschiebbar?"

„Ja, es geht um viel. Um Wiens Schicksal", antwortet der Diplomat. Damit ist für Berta alles entschieden. „Ich komme. Auch ohne Polizisten."[7]

Seit ihrem letzten Besuch auf dem Ballhausplatz beim damaligen Außenminister Czernin, ein Jahr zuvor, hat sich im historischen Wiener Regierungsgebäude viel verändert. Der Hofrätin scheint es, als hätte der einstige Amtssitz des Fürsten Metternich, Tagungsort des Wiener Kongresses, sein vornehmes gepflegtes und aristokratisches Milieu verloren. Die sorgfältig dressierten Diener, einst hochnäsig und devot zugleich, erscheinen ihr plötzlich als arme Schlucker, ihrer Grandezza entkleidet.

Im Büro des Außenministers, dessen Posten nach dem Tod Viktor Adlers und dem Rücktritt des Kabinetts Lammasch noch nicht besetzt ist, erwarten sie Wiesner und ein weiterer Bekannter, Graf Colloredo. Mit wenigen Worten schildern sie ihrem Gast die verzweifelte Lage Wiens, die blutigen Unruhen und die drohende Hungersnot.

„Wie sollte ich denn helfen?" will sie wissen.

„Heute nacht geht der letzte kaiserliche Kurier in die Schweiz ab", erläutert ihr Wiesner. „Wir beschwören Sie, einen Brief an Georges Clemenceau zu schreiben. Ihr Hilferuf soll ihn erreichen. Dem niedergerungenen Feind schuldet man doch Achtung. Clemenceau wird an Wiens Not glauben, wenn Sie sie ihm schildern. Bitte schreiben Sie."

Die Hofrätin setzt sich, nicht ohne eine gewisse Ehrfurcht, an den großen Ministerschreibtisch. Vage glaubt sie sich zu erinnern, daß ihr Czernin seinerzeit erzählt hätte, es sei Metternichs Schreibtisch gewesen. Wiesner überreicht ihr Papier und Feder. Ein Tintenfaß steht schon auf dem Tisch. Berta denkt einige Minuten lang nach. Dann verfaßt sie einen Appell an ihren einstigen Freund, in dem sie die katastrophale Lage in Wien schildert. Sie unterzeichnet das Schreiben und übergibt es Wiesner. Dieser steckt es in einen Umschlag, übergibt ihn dem Kurier, der vor der Tür wartet.

Die erschöpfte Besucherin verabschiedet sich und verläßt das Palais mit einem Stoßgebet: „Ich bat Gott, daß der Brief gelesen und in dem Sinn, in dem ich ihn schrieb, aufgenommen würde."[8]

Das ist das einzige Mal, daß sie in ihren Erinnerungen oder anderen Schriften von Gott spricht.

Eine Stunde später verläßt der Kurier die österreichische Hauptstadt. Tags darauf ist er in der heilen Welt von Bern, wo er das Schreiben dem französischen Gesandten Dutasta übergibt. Dieser verspricht, den Brief sofort an Clemenceau weiterzuleiten.

Eine Kopie des Briefes ist nicht erhalten. Verständlicherweise hatte man in der Aufregung vergessen, eine anzufertigen. Auch Clemenceaus Reaktion ist nicht überliefert. Nach seinen folgenden Handlungen ist zu schließen, daß er dem Schreiben, wie überhaupt familiären Appellen, keine große Bedeutung beimaß.

Für die Hofrätin bildet der abendliche Besuch auf dem Ballhausplatz den letzten Kontakt mit jenem kaiserlichen Österreich, das sie seit ihrer Jugend gekannt hatte. Er ist aber auch der Anfangspunkt einer neuen Kampagne zugunsten des neuen republikanischen Österreichs.

185

# 20. KAPITEL

# APPELL AN DEN „TIGER"

Gegen Mitte November hat sich Deutschösterreichs neue Regierungs-
mannschaft auf dem Ballhausplatz etabliert. In ihren Erinnerungen spricht
Berta Zuckerkandl von den neuen Machthabern immer nur als „die Sozialisten", was aber nicht stimmt. Das erste Kabinett der Ersten Republik war
eine Koalition unter Karl Renner, dem neben den Sozialdemokraten auch
Christlichsoziale und Deutschnationale angehörten.

Neuer Außenminister ist Otto Bauer, neben dem verstorbenen Viktor
Adler eine der profiliertesten Persönlichkeiten der Sozialdemokratie. Er ist
es auch, der die Hofrätin, genau zehn Tage nach ihrem letzten, dramatischen Besuch, wieder in das Ministerium auf dem Ballhausplatz bittet.

Inzwischen hat sich die Situation in Österreich drastisch verschlechtert,
obwohl seit dem 3. November die Waffen schweigen. Trotz des Waffen-
stillstands weigern sich nämlich die Ententemächte, die Lebensmittel-
blockade gegen die ehemaligen Feindstaaten aufzuheben.

Die Stimme des Gewissens gegen diese unmenschliche Politik erhebt
sich zuerst in den Vereinigten Staaten. Der spätere US-Präsident Herbert
Hoover, damals Vorsitzender der amerikanischen Lebensmittelverwaltung
– US Food Administration –, schlägt vor, eine Kommission in das neutrale
Bern zu entsenden. Der amerikanische Präsident Woodrow Wilson und der
britische Premierminister David Lloyd George unterstützen diese Initia-
tive, nur Clemenceau weigert sich, einen französischen Vertreter in diese
Kommission zu delegieren. Dadurch legt er die Funktionsfähigkeit dieses
Gremiums vorerst lahm.

Berta Zuckerkandl weiß nur zu gut, wie ernst die Lage in Österreich ist,
als sie neuerlich die wenigen hundert Meter von ihrer Wohnung zum Ballhausplatz zurücklegt. Ihre Einstellung zu den neuen Ministern ist eher
zwiespältig. Ihr Engagement war immer sozial, aber nicht sozialistisch. Sie
bleibt ihr Leben lang jenen liberalen Fortschrittsgedanken treu, die ihr Moriz Szeps vor der Jahrhundertwende eingeimpft hatte. Zu einer Zeit, da
Fortschritt noch wirklich Fortschritt bedeutete und der Einsatz für den
Fortschritt mit Risken verbunden war. Sie war nie einer politischen Partei
beigetreten und wird es auch in der Republik nicht tun. Ihr Salon bleibt bis
zum Anschluß neutraler Boden, auf dem sich Vertreter verschiedener Weltanschauungen im Geist der Toleranz treffen können.

Von Salons und Gesellschaften ist allerdings an jenem 22. November 1918 nicht die Rede. Auf dem Ballhausplatz findet Berta, daß sich in den letzten zehn Tagen neuerlich viel verändert hat. Überall sieht sie neue Gesichter, neue, in Eile ernannte sozialdemokratische Beamte. Achtlos oder wissentlich hat man auf die kostbar eingelegten Tische knatternde Schreibmaschinen gestellt. Nur die Bürodiener sind die alten geblieben. Aber die Türen stehen nicht mehr sperrangelweit offen, wie zehn Tage zuvor, sondern fliegen vor ihr wieder so herrisch auf wie Ende April 1917, als sie Außenminister Czernin in seinem Allerheiligsten aufgesucht hatte.

In diesem Allerheiligsten residiert jetzt Otto Bauer. Die Hofrätin hat ihn nie besonders gemocht, während sie mit einem anderen Sozialisten, Julius Tandler, einem ehemaligen Assistenten ihres Mannes, eng befreundet war. Bauers Austromarxismus blieb ihr fremd, und seine Anschlußpolitik hielt sie sogar für verwerflich.

Bei ihrem ersten Zusammentreffen ist sie indes von seiner Dynamik beeindruckt. Bauer war nicht lange zuvor aus der Kriegsgefangenschaft in Sibirien heimgekehrt. Berta blickt in ein blasses, vergrämtes Gesicht und glaubt darin die Leiden der Gefangenschaft zu erkennen. Der Minister empfängt sie jedoch lebhaft und weiht sie sofort in seine Pläne ein.

Über das folgende Gespräch – und die anschließende Reise einer österreichischen Notstandsdelegation in die Schweiz – existieren drei einander ergänzende Darstellungen aus der Feder Berta Zuckerkandls. Die erste, reich an persönlichen Details, hat „B. Z." 1923 in einer Artikelserie im „Neuen Wiener Journal" veröffentlicht. Die zweite, dramatischere Fassung findet sich in ihrem Buch „Ich erlebte 50 Jahre Weltgeschichte", die dritte in ihrem französischen Werk „Clemenceau, tel que je l'ai connu".

Otto Bauer beginnt seinen Vortrag, nach Bertas Angaben, etwas polemisch, als betrachte er seine Besucherin als Vertreterin des Ancien Regime, kommt aber dann rasch zum Kern der Sache: „Ich brauche Ihre, wie ich weiß, stets tatkräftige Bereitschaft. Das brennendste Problem ist vor allem die Verproviantierung. Anscheinend gehört dies nicht in mein Ressort. Und doch ist es so. Denn die Verproviantierungsfrage kann nur durch die Aufrollung neu zu schaffender internationaler Anlehnung gelöst werden... Ich weiß, daß Sie zwei Jahre in der Schweiz gelebt haben, um sich Frankreich zu nähern. Sie sind bei den Schweizer Behörden sehr beliebt. Es steht uns nur der Weg über die Schweiz offen. Diese ist selbst nicht imstande, dem hungernden Österreich Nahrung abzugeben; doch kann geholfen werden, wenn uns das ethnographisch ferne Amerika, wenn uns das menschlich noch fernere unfreundliche Europa, die Schweiz als Transitlager einer organisierten Welthilfe zuweisen würde."

Bauers Gesprächspartnerin hält dies für reichlich utopisch: „Wie aber dies in die Wege leiten? Niemand von drüben sieht unser Elend, sieht das

Sterben unserer Kinder, die seit Jahren weder Milch noch Fett noch Fleisch noch eßbares Brot haben, um ihre armen Knochen vor Rachitis und Tuberkulose zu bewahren."

Dies, meint der Außenminister, sei der springende Punkt: „Wir müssen vor allem unsere Bitte um Organisation einer Welthilfe nach Paris dringen lassen. Dort werden ja die Staatsmänner der Entente über uns Gericht halten. Das erste, was zu tun ist: Wir müssen uns den entscheidenden Fürsprecher sichern, der soeben ernannt wurde, um dem niedergebrochenen Europa neue Ernährungsquellen zuzuführen. Hoover ist dazu ausersehen. Es gilt also, Hoover über Österreichs Lage authentische Daten mitzuteilen."

„Haben Sie das, Herr Minister, bereits getan?" will die Besucherin wissen.

Bauer zuckt die Achseln: „Leider nein. Denn wo diesen Unauffindbaren erreichen? Selbst in den neutralen Ländern weiß niemand, wo er weilt. Sein Aufenthalt ist streng geheim. Nun ist mein Plan folgender: Da Bern jetzt mehr noch als während des Krieges der Brennpunkt aller internationalen Annäherungen ist und sozusagen als Vorhof zum Versailler Allerheiligsten gelten kann, so habe ich beschlossen, erstens eine neue Gesandtschaft für die deutschösterreichische Republik in der Schweiz zu ernennen, und zweitens eine von der Gesandtschaft unabhängige Kommission nach Bern zu entsenden. Ich richte nun an Sie die Frage, ob Sie geneigt wären, in einer sowohl von der Gesandtschaft wie von der Kommission völlig unabhängigen Mission nach Bern zu reisen. Und zwar um die besonders auf Seiten Frankreichs so ungünstige Atmosphäre besser zu gestalten. Sie müssen als Frau, die sich durch ihre Friedensaktion während des Krieges große Sympathie erworben hat, die Lebensmittelfrage und die Kohlenfrage als Fragen der Menschlichkeit jenen Faktoren ins Gewissen senken, die sich vorläufig absolut jeder Hilfsaktion für Österreich verschließen wollen."

Ohne Namen zu nennen, meint Bauer mit diesen „Faktoren" natürlich Clemenceau. Was die Hofrätin selbstverständlich errät: „Ich fürchte, Herr Minister, daß Sie meinen Einfluß überschätzen. Ich bin von der üblen Stimmung, die gegen unser armes, grausam zerfetztes Land herrscht, unterrichtet."

Doch Bauer läßt nicht locker: „Sie sollen von Frankreich nur erbitten, daß es keinen Einspruch gegen Amerika erhebt, wenn es uns rasch zu Hilfe eilen will. Dies aber muß ohne Verzug geschehen. Im Dezember kommt jedoch diese Hilfe vielleicht schon zu spät. Das beste Volk der Welt ist auf das äußerste erschöpft. Es hält den Hunger nicht mehr aus. Der Bürgerkrieg ist unaufhaltsam, wenn nicht rasch, wenn nicht von der Entente vereint Hilfe kommt. Frankreich hat in Österreich große wirtschaftliche Interessen. Hat hier sehr bedeutendes Kapital. Es kann daher unmöglich im Interesse Frankreichs liegen, einen chaotischen Zustand bei uns herbeizuführen. Dieser muß aber unabwendbar kommen, wenn die Entente nicht vor allem Menschlichkeit übt und das deutschösterreichische Volk von der Verzweiflung erlöst."[1]

Berta weiß, daß sie eine unmögliche Mission übernimmt, aber sie stimmt zu. Fast fünf Jahre später, nachdem sich die Lage in Österreich teilweise – aber noch lange nicht gänzlich – normalisiert hatte, schreibt sie darüber in der eingangs erwähnten Artikelserie im „Neuen Wiener Journal": „Welche Frau hätte in diesem Augenblick sich einer solchen Aufgabe entzogen? Ich unterschätzte wohl keinen Augenblick die Schwierigkeiten, die gerade ich zu überwinden haben würde. Denn: wer Georges Clemenceau, den damals Allmächtigen, genau kannte, der mußte wissen, daß gerade ein verwandtschaftliches Verhältnis das größte Hindernis zu irgendeiner zu erlangenden Begünstigung sein mußte. Lieber würde er als grausam gelten wollen denn als parteiisch. Nicht also durch Georges Clemenceau die französische Hilfe unserem Land zu sichern, sondern trotz Clemenceau sie in die Wege zu leiten, war der Versuch, den ich zu wagen unternahm."[2]

In den folgenden Tagen wird die geplante Kommission in aller Eile auf die Beine gestellt. Es gilt Personen zu finden, die in der Schweiz und darüber hinaus in den Ententestaaten einen guten Ruf genießen. Zum Vorsitzenden der Kommission bestimmt Otto Bauer Baron Leopold Hennet, der neun Jahre hindurch in Bern die wirtschaftlichen Interessen der Monarchie mustergültig vertreten hatte und in der Schweiz als „Persona gratissima" angesehen wird. Weitere Kommissionsmitglieder sind der Wiener Gemeinderat Dr. Rudolf Schwarz-Hiller, ein hervorragender Organisator, und der schon zu seinen Lebzeiten legendäre Rudolf Slatin Pascha, einst Gefangener des sudanesischen Mahdi, der bis 1914 als Generalinspekteur des Sudan in britischen Diensten gestanden hatte.

Über Berta Zuckerkandls eigene Aufgabe heißt es in den Direktiven Bauers an den designierten deutsch-österreichischen Gesandten in der Schweiz, Dr. Haupt – die eidgenössischen Behörden hatten noch keinem Vertreter der Regierung in Wien das Agrement erteilt –: „Der Fahrt nach Bern wird sich unter anderen auch Frau Berta Zuckerkandl anschließen; sie ist eine Schwägerin des französischen Ministerpräsidenten Clemenceau (sollte heißen: des Bruders des französischen Ministerpräsidenten) und hat den Wunsch, nach Paris zu reisen, woselbst sie vermöge ihrer Verbindungen zugunsten Deutschösterreichs tätig sein könne. Frau Zuckerkandl ist bei der Schweizer Regierung zu unterstützen und ihr ist auf diesem Wege eine Reiselegitimation der französischen Botschaft in Bern nach Paris zu erwirken."[3]

Am Morgen des 26. November beginnt bei dichtem Nebel die „Fahrt ins Graue", wie sie Berta nennt, auf dem Wiener Westbahnhof. Mit von der Partie sind nicht nur die übrigen Kommissionsmitglieder, sondern auch der Gesandte Haupt. Für sie hat man drei Schlafwagen und einen Gepäckwagen an den einzigen nach Feldkirch verkehrenden Bummelzug angekoppelt.

Bei der Abfahrt ergeben sich unerwartete Schwierigkeiten. Der Westbahnhof gleicht in jenen Tagen einem Flüchtlingslager. Auf den Perrons und in den Wartesälen herrschen unbeschreibliche Zustände. Hunderte von Vertriebenen – heute würde man sagen „Displaced Persons" – warten mit ihrer Habe auf einen Zug in den Westen. Aber auch lichtscheues Gesindel aller Art lungert auf dem Bahngelände herum.

Als die Kommissionsmitglieder ihre reservierten Waggons besteigen wollen, kommt es zu einem Aufruhr. Wie ein Lauffeuer verbreitet sich auf dem Bahnhof das Gerücht, daß eine Anzahl „Vornehmer" im Begriff sei, sich in einem Extrazug in die Schweiz abzusetzen. Der Mob umzingelt den Zug, reißt den Lokomotivführer von der Maschine herunter und beginnt zu brüllen: „Aussteigen, ihr Schweine! Aussteigen! Wir dulden nicht, daß ihr fahrt! Wir müssen auf den Dächern von Viehwaggons fahren und ihr in einem Luxuszug!"[4]

Und schon springen die Rädelsführer auf die Trittbretter der Schlafwagen und wollen die Türen einbrechen.

In diesem kritischen Augenblick tritt Gesandter Haupt auf die Plattform eines der Waggons – in ihren zwei Jahrzehnte später geschriebenen Büchern nennt Berta Zuckerkandl nicht Haupt, sondern Slatin Pascha als Retter in der Not, doch ist ihr 1923 verfaßter Zeitungsartikel als verläßlichere Quelle anzusehen, da alle Betroffenen damals noch am Leben waren –, erhebt die Hände und beginnt zur Menge zu sprechen: „Wir sind keine Vergnügungsreisenden. Keine reichen Wohlleber, die nobel reisen wollen. Wir fahren in die Schweiz, um euch Brot zu holen. Um euretwillen wollen wir den traurigen Bittgang machen. Um euch vom Hunger zu retten. Gebt uns den Weg frei. Schämt ihr euch nicht, Menschen, die für eure Kinder Brot holen wollen, zu bedrohen?"[5]

Die Masse schweigt betreten. Die wilden Gestalten springen von der Lokomotive herab. Rasch gleitet der Zug aus der Halle.

Die Reise nach Bern dauert zwei volle Tage und eine Nacht. Der Zug muß überall stundenlang halten. Die Stationen gleichen Heerlagern. Aber die Zeit vergeht rasch beim Pläneschmieden, wobei sich Slatin Pascha, dessen abenteuerliche Flucht aus dem Lager des Mahdi einmal die Welt elektrisiert hatte, zum natürlichen Führer entwickelt.

In Feldkirch angekommen, verweigern die Schweizer vorerst dem Zug die Weiterfahrt. Man müsse bis zum folgenden Morgen warten. Slatin und einige Herren gehen daraufhin in die Stadt, um ein geeignetes Nachtquartier zu suchen.

Bald darauf kehren die Späher enttäuscht zurück. Der Zustand der

Gasthöfe lasse ein Übernachten in Feldkirch nicht ratsam erscheinen, aber Slatin hat inzwischen die Kunst des Kommandierens wieder erlernt. Er verhandelt eine halbe Stunde lang mit dem Stationsvorstand und kommt dann energiegeladen zurück.

„Ich habe mit dem Oberkommando in Innsbruck telefoniert und ersucht, Order zu geben, daß der Zug auf ein Nebengeleise verschoben wird und wir die Nacht in den Coupés verbringen dürfen. Wir biwakieren also sozusagen auf dem Geleise. Jeder richtet sich so gemütlich wie möglich ein und ich bitte um die Charge eines Fourage-Offiziers."[6]

Von einigen Herren begleitet, begibt er sich neuerlich in die Stadt und organisiert einen regelrechten Versorgungsdienst. Bald kehrt er auf das Bahnhofsgelände zurück, schwer beladen mit Lebensmitteln aller Art. „Niemand kann mit mir konkurrieren, wenn es gilt, in der Wüste ein Nachtmahl zu improvisieren", erinnert er sich lachend an vergangene Zeiten. „Meine Herrschaften, erlauben Sie mir, Ihnen ein feines Menü zusammenzustellen. "[7]

Eine Stunde später herrscht reges Leben in den Coupés und auf den Korridoren. Slatin hat auch herausgefunden, daß die Waggons über ein unabhängig funktionierendes Heizungssystem verfügen, so daß niemand frieren muß. Jeder erhält seine Ration im Coupé, da der Zug über keinen Speisewagen verfügt. Dann aber kommandiert Slatin: „Alle Lichter aus. Niemand darf den Zug verlassen, da die Abfahrtsstunde nicht bekannt ist. Gute Nacht."[8]

Am nächsten Tag setzt sich der Zug um 6 Uhr früh in Bewegung. Eine Stunde später ist Buchs, die erste Station auf Schweizer Boden, erreicht. Am späten Nachmittag hält der Zug endlich in Bern. Dort löst sich die verschworene Gemeinschaft auf. Die meisten beziehen im „Hotel Bellevue-Palace" Quartier. Dann schlägt jeder den Weg ein, den er für den geeignetsten hält.

Der Empfang der Österreicher in der Schweiz ist allerdings niederschmetternd. Der Eidgenössische Bundesrat verweigert dem Gesandten Haupt das Agrement. Ohne Unterstützung einer anerkannten diplomatischen Vertretung erhalten die Delegierten aber bei keiner offiziellen Stelle Zutritt, geschweige denn bei einer ausländischen Botschaft.

Alsbald erfahren die Delegierten den wahren Grund, warum sie nicht vorwärtskommen. Lloyd George, Wilson und Clemenceau hatten sich gegenseitig mit Handschlag verpflichtet, keiner wie immer gearteten Aktion der Besiegten Gehör zu schenken. Besonders an die verschiedenen diplomatischen Vertretungen in Bern waren die strengsten Weisungen ergangen, keine Unterhändler zu empfangen. Nach einigen Tagen erfahren die Österreicher überdies, daß sich auch die US-Gesandtschaft, auf die sich ihre Hoffnungen konzentriert hatten, geweigert hatte, ihren Appell nach Versailles, wo die „Großen Vier" tagen, weiterzuleiten.

Dennoch geben sich die Emissäre nicht geschlagen. Sie beschließen, einzeln jene Stellen zu bearbeiten, die ihnen am nächsten stehen. Schwarz-Hiller gelingt es als erstem, eine Bresche in die Mauer der Ablehnung zu schlagen. Die einflußreichste Berner Zeitung, „Der Bund", veröffentlicht einen Bericht aus seiner Feder, in dem die katastrophale Lage der Wiener Bevölkerung geschildert wird. Danach beginnt sich langsam eine Änderung der öffentlichen Meinung in der Schweiz gegenüber Österreich abzuzeichnen.

Fast gleichzeitig gelingt es Baron Hennet, mit einem Attaché an der amerikanischen Botschaft Kontakt aufzunehmen, der überdies ein naher Verwandter Woodrow Wilsons ist. Und Rudolf Slatin kann schließlich den Aufenthaltsort Herbert Hoovers ausfindig machen, so daß endlich ein direkter Hilferuf an diesen abgesandt werden kann.

Berta erhält die vielleicht schwierigste Aufgabe, nämlich in die „Festung Frankreich", das Lager der unversöhnlichsten Feinde, einzudringen. Frankreich nimmt zu jenem Zeitpunkt eine Schlüsselstellung in der Ernährungsfrage ein. Sollte nämlich Hoover, wie in Bern vermutet, mit seinem Vorschlag, eine interalliierte Kommission in die Schweiz zu entsenden, bei den Briten und Amerikanern durchdringen, so könnte diese Initiative noch immer durch ein französisches Veto zu Fall gebracht werden.

Der direkte Zugang zur französischen Gesandtschaft ist der Hofrätin versperrt. Die französische Mission, klagt sie in ihrem ersten Situationsbericht an Otto Bauer, hätte sich der österreichischen Delegation hermetisch verschlossen. Es sei ihr aber gelungen, ihren Schwager Paul Clemenceau telefonisch zu erreichen und diesen verschlüsselt zu ersuchen, man möge doch den Gesandten Dutasta bitten, mit ihr Kontakt aufzunehmen. Dennoch sei sie mit dem bisher Erreichten zufrieden. „Unsere Mission arbeitet mit Dampf", meldet sie dem Außenminister. Immerhin sei es gelungen, der britischen Gesandtschaft statistisches Material über das Elend in Österreich zu übermitteln, von dem man in London bisher keine Ahnung gehabt hätte.

Darüber hinaus glaubt sie, dem Außenminister auch einige politische Ratschläge erteilen zu müssen. Die Anschlußbewegung in Österreich, warnt sie, hinterlasse bei den Ententemächten einen denkbar schlechten Eindruck, schränkt aber sofort wieder ein: „Ich gebe selbstverständlich nur einen Stimmungsbericht."[9]

Bauer antwortet eher zurückhaltend: „Ich danke Ihnen bestens für Ihren Bericht, der mich sehr interessierte, und bitte, mich auch weiterhin am laufenden zu halten."[10]

Bertas Versuch, auf dem Umweg über ihren Schwager Kontakt mit der französischen Gesandtschaft aufzunehmen, schlägt vorerst fehl. Folglich versucht sie es auf Umwegen über einflußreiche Bekannte in Bern. „Also pilgerte ich ... über die herrliche Aarebrücke in jenen schönen Gartenbezirk hinüber, wo die gesamte Diplomatie, die feindliche und die befreundete, ihre Zelte aufgeschlagen hatte", schildert sie ihre Mission 1923 im „Neuen Wiener Journal". „Ich besaß dort eine Freundin, die geistig von hohem Wert, menschlich von wunderbarer Tatkraft war. Mit einem deutschen Diplomaten vermählt, hatte sie als Engländerin auch während des Krieges ihrem Salon einen Schimmer von Internationalität bewahrt. Dort holte ich mir Rat. Und fand ihn auch. ,Ich sehe einen einzigen Ausweg', sagte mir Frau von H.

, ,eine hochgestellte Schweizer Persönlichkeit allein kann vielleicht wenigstens von Ihrer Anwesenheit und der Dringlichkeit Ihrer Mission dem Vertreter des französischen Gesandten (Dutasta, dem Berta etliche Wochen zuvor ihren ersten Appell an Clemenceau hatte übergeben lassen, befand sich zur Zeit in Paris) Mitteilung machen. Niemand ist so geehrt, beliebt und gehört wie Madame de Wattenwyl, die Frau des Außenministers der Schweiz. Aber an Ihnen wird es liegen, diese schwer zu erringende Neutralitätsdurchbrechung zu erlangen. Was ich tun kann, ist allein, Sie noch heute Nachmittag mit Frau von Wattenwyl begegnen zu lassen.'"[11]

In ihren Zeitungsberichten und Memoiren verschweigt die Hofrätin konsequent die Identität der geheimnisvollen „Frau von H.". Aus einem vertraulichen Bericht an Otto Bauer geht jedoch hervor, daß es sich um die Mutter der Frau von Wattenwyl handelt.[12]

Der Plan gelingt. Berta benötigt keine besondere Überredungskunst, um die warmherzige Frau von Wattenwyl vom Elend in Österreich zu überzeugen. Als sie sich verabschiedet, nimmt sie ein Versprechen der Ministergattin mit, alles nur Mögliche für ihre Mission zu tun.

Ermutigt kehrt die Hofrätin in das hellerleuchtete, von frohen, geschäftigen und siegesbewußten Menschen belebte „Bellevue" zurück, in dessen Halle eine Musikkapelle gerade lustige Weisen spielt. Niemals, außer mittags, hatte sie zuvor diese Räumlichkeiten betreten. „Als um Brot bettelnde Österreicherin schien es mir die erste Pflicht, jedes gesellschaftliche Treiben zu meiden. Eine Haltung, die nicht nur alle Mitglieder der Kommission ebenfalls einnahmen, sondern auch der so überaus korrekte und umsichtige Leiter der zu liquidierenden altösterreichischen Gesandtschaft, Baron de Vaux. Leider fanden sich einige hochgeborene Österreicher, die dieses Gefühl patriotischen Anstandes auf das tiefste verletzten."

Rasch durchquert Berta daher die Halle und eilt auf ihr Zimmer Dort erblickt sie ein Bukett Rosen. Daneben liegt ein Brief. Sie öffnet ihn und findet darin den Ausschnitt des Artikels „Die Zeitung" über die friedensfördernde Mission der Presse, den sie im Oktober 1914 geschrieben hatte. Dazu ein Billet: „Un ami inconnu et qui le restera, se permet d'assurer à la femme, qui en 1914 a ecrit des paroles si courageuses que les portes de l'Ambassade française ne demeuront pas fermées a son appel." – Ein unbekannter Freund, der unbekannt bleiben will, versichert der Frau, die 1914 diese mutigen Worte geschrieben hat, daß die Türen der französischen Botschaft für ihren Appell nicht verschlossen bleiben werden.

Schon kurz darauf, am 3. Dezember, wird der Hofrätin streng vertraulich mitgeteilt, daß sie der französische Geschäftsträger Clinchaut als amtierender Missionschef und Referent für politische Fragen um 3 Uhr nachmittag erwarte. Unter Einsatz der während ihres zweijährigen Aufenthaltes in der Schweiz erworbenen diplomatischen Vorsicht gelingt es ihr, unbeobachtet durch die Hintertür in die Gesandtschaft zu gelangen. Sie weiß von ihren Schweizer Freunden, daß sich der Diplomat unter der Bedingung bereit erklärt hatte, sie zu empfangen, daß sie nur über Ernährungsfragen und nicht etwa über Politik sprechen würde. Auf Grund ihrer bisherigen Erfahrungen in Bern vermutet sie, ihr Gesprächspartner würde sie am liebsten schon nach wenigen Minuten mit einigen konventionellen Floskeln wieder hinauskomplimentieren. Sie beschließt daher, vorerst als bittende Frau sein Mitgefühl zu erwecken und jede politische Färbung des Gesprächs zu vermeiden.

Zu ihrer freudigen Überraschung trifft sie auf einen taktvollen, aber auch warmherzigen Gesprächspartner. Als sie ihm eine Aufstellung von Daten über das Elend in Österreich überreicht, studiert er die Dokumente aufmerksam, gibt ihr die Hand und sagt ganz schlicht: „Dieses Material soll nicht durch den Kurier nach Versailles geschickt werden. Ich will es noch heute auf telefonischem Weg übermitteln. Nur machen Sie sich trotzdem nicht allzu große Hoffnungen."[13]

Die „kurze Diskussion" erstreckt sich schließlich über eine ganze Stunde. Als sich Berta verabschiedet, glaubt sie Clinchaut bereits gut genug zu kennen, um das Verbot, politische Fragen aufzugreifen, zu durchbrechen. Sie weist auf ihren „guten Draht" zum österreichischen Außenministerium hin und meint, sie könnte auf diesem Weg manches erfahren, was Frankreich unter Umständen umstimmen könnte. Daraufhin versichert der Diplomat, er sei jederzeit bereit, den Kontakt „vollkommen inoffiziell" fortzusetzen.

Danach steht der Hofrätin auch das Haupttor der französischen Gesandtschaft jederzeit offen. Schon eine Woche später spricht sie neuerlich vor, um Clinchaut ein Memorandum über Südtirol zu übergeben. Der Geschäftsträger verspricht, dieses sofort nach Paris weiterzuleiten.

Otto Bauer ist von den Kontakten seiner Emissärin so beeindruckt, daß er ihr sofort ein Memorandum über die außenpolitischen Vorstellungen Deutschösterreichs schickt, mit der Bitte, es dem inzwischen nach Bern zurückgekehrten Gesandten Dutasta über Clinchaut zukommen zu lassen.

Die Hofrätin erfüllt diesen Auftrag postwendend, übergibt ihrem französischen Gesprächspartner aber gleichzeitig mit dem Dokument auch das Programm der Christlichsozialen Partei – damals Koalitionspartner der Sozialdemokraten und Deutschnationalen im Kabinett Renner –, die sich die Bildung einer Donaukonföderation an Stelle des Anschlusses zum außenpolitischen Ziel gesetzt hatte.

Von Clinchaut erfährt die Hofrätin die letzten Neuigkeiten aus Versailles. Darüber berichtet sie Otto Bauer: „In Versailles scheinen vier Strömungen gegeneinander zu kämpfen:

1. Italien begünstigt unseren Anschluß an Deutschland, will jedoch Südtirol absolut behalten, will Triest zum Freihafen machen und für sich Fiume zum beherrschenden Hafen gestalten.

2. Die Gruppe von Franzosen, welche noch um einen Grad imperialistischer als Clemenceau ist, plädiert dafür, das linke Rheinufer Frankreich einzuverleiben, sich so zu sättigen und dafür Deutschösterreich, ohne Deutsch-Böhmen, ruhig an Deutschland fallen zu lassen

3. Eine besonders vom französischen Gesandten in Bern, Dutasta, favorisierte Lösung heißt: Donau-Konföderation auf rein zollpolitischer und wirtschaftlicher Grundlage.

4. Ein ganz neu aufgetauchtes Projekt will Tirol, Deutsch-Südtirol und Vorarlberg von Deutschösterreich trennen und neutralisieren."

„Sie sehen, Herr Staatsrat (sollte richtig heißen: Staatssekretär) die Situation ist rätselvoller denn je. Nur von unserer Seite war es wenigstens möglich, Aufklärungen hinübergelangen zu lassen. Die Erklärung, daß in ganz Deutschösterreich niemand die Monarchie restauriert sehen will, habe ich aus eigener Initiative hinübergehen lassen. Das heißt, außer dem Klerus und einer Aristokraten-Clique. Es schien mir wichtig, dies gerade von Bern aus zu betonen."[14]

Bertas eigentliches Anliegen ist jedoch nicht die hohe Politik, sondern das nackte Überleben Österreichs. Nach ihren ersten erfolgversprechenden Kontakten hat sie in ihrer Suite im Hotel Bellevue eine Art Salon eingerichtet, in dem sich sehr bald Diplomaten und prominente Persönlichkeiten die Klinke in die Hand geben.

Die Hofrätin stellt ihren improvisierten Salon überdies in den Dienst der noch immer im Leerlauf pendelnden österreichischen Diplomatie. Sie kann dem Gesandten Haupt, der noch auf sein Agrement wartet, mit einflußreichen alliierten und Schweizer Persönlichkeiten bekannt machen „So gelang es, das diplomatisch auf eine Sandbank gefahrene Deutschösterreich flott zu machen", verzeichnet sie stolz in ihrem Zeitungsartikel.[15]

Dann aber folgt, wie so oft in ihrem Leben, ein niederschmetternder Rückschlag. Eines Tages berichtet ihr „Monsieur X": „Die interalliierte Kommission ist gescheitert. Clemenceau hat sein Veto eingelegt. Er weigert sich, einen französischen Repräsentanten zu ernennen."

196

Damit scheint alles verloren. Vor Bertas geistigem Auge steigt die Schreckensvision einer katastrophalen Hungersnot in Österreich auf. Sie versucht dennoch, die Gründe für den erbarmungslosen Beschluß ihres einstigen Freundes zu verstehen: Er hatte Österreich geliebt und sich dann von ihm verraten geglaubt.

Obwohl sie weiß, daß der „Tiger" auf verwandtschaftliche Bindungen keine Rücksicht nimmt, beschließt sie, noch ein einziges Mal an ihn zu schreiben. Allerdings muß der Brief unter Umgehung seiner neugierigen Assistenten direkt an den Ministerpräsidenten gehen. Vielleicht ließe sich ein Kammerdiener für diesen Botengang finden?

Dann aber kommt ihr die Vorsehung, wie sie selbst glaubt, zu Hilfe. In ihrem improvisierten Salon wird eines Tages ein junger, abenteuerlusti-ger amerikanischer Diplomat eingeführt. Er erklärt sich spontan bereit, als ihr Kurier zwischen Bern und Paris zu fungieren, nicht zuletzt, weil er mit einem der Sekretäre des „Tigers" befreundet ist. „Ich werde Ihre Botschaft selbst übernehmen", verspricht er der Hausfrau. Und diese beschließt, dem jungen Mann zu vertrauen. Sie hat ja auch keine andere Wahl. Zum zweiten Mal seit ihrem Bruch setzt sie einen Brief an den Politiker auf: „Georges, ich weiß, daß Du im Begriff bist, Österreich zu zerstören, weil Du es bestrafen willst. Ich weiß auch, daß Du ungerecht bist, weil mein Volk für die Fehler seiner Führer nicht verantwortlich ist. Wir müssen uns beugen und unserem Schicksal ergeben. Aber ich kann mich nicht damit abfinden, daß gerade Du der einzige sein könntest, der sich der Majestät des Schmerzes nicht beugt. Wenn Du auf Deiner Weigerung bestehst, einen Vertreter Frankreichs in die interalliierte Ernährungskommission zu ernennen, die das Leben der besiegten Völker retten soll, dann bist Du persönlich für den Tod von Hunderttausenden Kindern in Österreich ver-antwortlich, die seit vier Jahren durch eine Blockade ausgehungert wur-den. Wien, die Stadt, deren leichtfertigen Charme Du geliebt hast, steht im Mittelpunkt einer Tragödie altgriechischen Ausmaßes. Nein, das kannst Du nicht tun. Du würdest Dein eigenes, vornehmes Credo verraten, das die Grundlage Deines Glaubens bildet. Arglist, Verrat, Irrtümer und Fehler können menschliche Barmherzigkeit nicht aufheben. Die heutige Si-tuation scheint mir unendlich schwieriger, als ich es je voraussehen konnte. Die Leiden werden tagtäglich ärger, aber sie können durch ein wenig Weisheit und Mitleid erleichtert, wenn nicht aus der Welt geschafft wer-den. Ein Mensch, der sich als Vorkämpfer der Barmherzigkeit betrachtet, kann das Mitleid für ein besiegtes Volk nicht aus seinem Herzen verban-nen. Ich weiß, daß Du Phrasen und hohlen Pathos verabscheust. Aber ist es nicht wahr, daß jedes Deiner Worte aus Deinem Geist und Deiner Seele entspringt? Du hast mir einmal geschrieben: ‚Mein Leben gehört Dir.' Ich nehme mir jetzt das Recht heraus, von diesem Leben einen Funken zu be-anspruchen. Ich verlange von Dir eine Geste, die ich nicht einmal als gene-

197

rös bezeichnen würde. Sie ist Dir von der Würde auferlegt und der Gerechtigkeit, für die Du alle Deine Schlachten geschlagen hast. Du kannst nicht, Du mußt mir nicht antworten. Trotzdem bist Du mir eine Antwort schuldig. Deine Antwort wird in der sofortigen Entsendung eines französischen Vertreters nach Bern bestehen. Aber Du kannst mir in einer noch bedeutungsvolleren Art Deine Antwort mitteilen. Wenn Du nämlich, trotz des Verbots, mit Mitgliedern der österreichischen Mission Kontakt aufzunehmen, Deine Vertreter beauftragst, mich offiziell aufzusuchen. Dann, ohne daß ein Wort zwischen Dir und mir gewechselt wird, werde ich wissen, daß Du mir sagen wolltest: ‚Berta, ich habe verstanden, daß meine Worte ‚Mein Leben gehört Dir' prophetisch bedeuten sollten: ‚Das Leben der Kinder Österreichs gehört Dir, weil Du es verlangst.' "[16]

„Mein Leben gehört Dir", ist eine starke Aussage, die auf eine intensive Beziehung schließen läßt. Duroselle sieht in dem Brief jedenfalls einen Erpressungsversuch Bertas – eine Drohung, das alte Verhältnis, falls es eines gegeben hat, publik zu machen. Diese Interpretation scheint zumindest gewagt: Der „Tiger", auf dem Höhepunkt seines Ruhmes, hätte sich kaum auf dem Umweg über eine Privataffäre unter Druck setzen lassen.[17]

Die Tage vergehen, nachdem Berta ihren Appell an Clemenceau abgeschickt hatte, aber noch immer blockiert Frankreich die Bildung der interalliierten Kommission. Dann ruft sie Baron Hennet an: „Clemenceau hat sein Veto zurückgezogen. Die Kommission ist gebildet."

Das ganze Hotel Bellevue scheint sich mit den Österreichern zu freuen. Einige Tage später läßt der Hoteldirektor die Hofrätin unter dem Siegel der Verschwiegenheit wissen: „Wir erwarten in Kürze Monsieur Haguenin, den französischen Delegierten. Er wird bei uns absteigen."

Haguenin ist für sie kein Unbekannter, wenngleich sie ihn nie persönlich getroffen hat. Man sagt von ihm, er sei als Leiter der Propagandaabteilung der französischen Regierung einer der wenigen, die es wagten, auch vor Clemenceau offen ihre Meinung zu vertreten. Vor dem Krieg war er Professor für Französisch an der Berliner Universität, und in Bern ist es ein offenes Geheimnis, daß der „Tiger" Haguenin bereits als ersten Botschafter Frankreichs im republikanischen Deutschland auserkoren hat. Seine Ernennung zum Mitglied der Ernährungskommission bedeutet daher eine Aufwertung dieses Gremiums.

Nun wartet Berta, ob Clemenceau ihr tatsächlich ein Zeichen geben wird. Eines Tages, als sie die Hoffnung bereits aufgegeben hat, wird um zehn Uhr abends an ihre Türe geklopft. Es ist Haguenin. „Und damit endete meine Freundschaft mit Clemenceau in Schönheit", schließt Berta ihre französischen Memoiren.[18]

So sehr sich die Hofrätin über die Entwicklung der Dinge freut, ärgert sie sich über die Anschlußpolitik Otto Bauers. Sie zögert nicht, ihm dies auch schriftlich mitzuteilen, nachdem sich der Minister in einem Interview mit der „Arbeiter Zeitung" neuerlich für den Zusammenschluß der beiden deutschen Staaten stark gemacht hat. „Diese Meldung machte in der französischen Gesandtschaft einen tiefen Eindruck. Man ließ mich sofort wissen, ich hätte doch Mitteilungen übergeben, welche eine so schroffe Wandlung nicht erwarten ließen... Ich aber, verehrter Herr Staatsrat, fürchte, daß meine mit der französischen Gesandtschaft angeknüpften Beziehungen, die gut gediehen waren, abgerissen werden. Man wird sich dort mir gegenüber wieder verschließen. Oder mich für zu schlecht informiert halten, um mir weiter Gehör zu geben. Ob nun Haguenin, der ja nach Wien fährt, unter so plötzlich veränderten Verhältnissen in Wien Fühlung suchen wird, oder ob er sich nun allein auf sein Ernährungsmandat beschränkt, kann ich nicht sagen. Daher möchte ich bei Ihnen, verehrter Herr Staatsrat, anfragen, ob mein Aufenthalt in Bern noch Zweck und Nutzen hat. Um eine telegrafische Weisung bittend, verbleibe ich Ihre ergebene Berta Zuckerkandl."[19]

Von einer voreiligen Heimkehr seiner besten Vermittlerin will der Außenminister jedoch nichts wissen. Ganz im Gegenteil: In einer Anweisung an den Gesandten Haupt schlägt er vor, „Frau Zuckerkandl möge nach der Abreise der Kommission noch drei Wochen in der Schweiz bleiben".[20]

Soweit ist es aber noch nicht. Die Arbeit der österreichischen Mission ist noch nicht zu Ende. Zweimal drohen die Verhandlungen zwischen den Emissären und der interalliierten Kommission knapp vor dem Ziel zu scheitern. Dann aber ist es soweit. Die alliierten Vertreter erhalten den Befehl, am 31. Dezember nach Buchs und von dort aus nach Wien zu fahren.

Nun glaubt aber auch die Hofrätin, bereits genug getan zu haben. Sie beschließt, zusammen mit ihren Kollegen nach Wien zurückzukehren. Übrigens im selben Zug, den auch die interalliierte Kommission benützt. Sie rechnet mit einer ziemlich beschwerlichen Reise, aber kurz nach der Abfahrt aus Buchs wird sie von Captain Gregory, einem der US-Mitglieder der Kommission, eingeladen, in deren Sonderwaggon zu „übersiedeln". In Ermangelung eines Speisewagens hatte man einen Fourage-Waggon an den Zug gekoppelt. Dort bereitet ein amerikanischer Koch die Mahlzeiten auf einem improvisierten Herd zu. Das Menü wird dann von zwei jungen amerikanischen Leutnants mit exquisiter Höflichkeit im Coupé serviert.

Berta versucht noch während der Reise, für Österreich ein wenig Propaganda zu machen. So gelingt es ihr, den britischen Delegierten, Sir William Beveridge, für das kulturelle Leben in Wien zu interessieren. Später ist Beveridge übrigens an der Gründung der internationalen Hochschulkurse an der Universität Wien führend beteiligt, und nach dem Zweiten

Weltkrieg wird er als Autor des nach ihm benannten „Beveridge-Plans" zum Vater des britischen Wohlfahrtsstaates.

Als der Zug die Gebirgszone vetläßt und sich der Donau und der Wachau nähert, fällt erstmals von amerikanischer Seite ein Wort der Kritik an Österreich. „Dieses Land kann weder von fleißigen noch intelligenten Menschen bewohnt sein", urteilen die Amerikaner. „Selbst die nach einem Krieg verständliche Verwahrlosung kann nicht – als Erklärung – in Betracht kommen. Wie ungenutzt ist überall der Boden! Amerikanische Bodenbebauung würde hier einen fünfzigfachen Landertrag erzielen. Dieses Österreich könnte eine Schweiz werden – und wir wollen auch hoffen, daß es zu dieser wird. Ein freier, sich selbst erhaltender Staat. Und Europa hat die Pflicht, diesen zerstörten Staat mit aller Kraft zu unterstützen."[21]

Auf diese Unterstützung muß Österreich noch mehr als ein Vierteljahrhundert warten. Und Berta Zuckerkandl hat den „Marshallplan" nicht mehr erlebt.

Aber zumindest die Wachau blieb von der amerikanischen Bodenbebauung verschont.

## 21. KAPITEL

## HEROLD DER SALZBURGER FESTSPIELE

Am Neujahrstag 1919, in den späten Abendstunden, kehrt Berta Zuk-kerkandl nach Wien zurück. Das erste Friedensjahr hat begonnen, aber die Lebensbedingungen sind katastrophal. Dennoch läßt der Erfolg der Schweizer Mission die Hoffnung auf eine schönere Zukunft aufkeimen.

Nach den letzten ereignisreichen Jahren kehrt so etwas wie Ruhe ins Leben der Hofrätin ein, wenngleich die allgemeinen Zustände rund um sie alles andere als ruhig sind. Schrittweise versucht sie, ihren Wiener Salon zu neuem Leben zu erwecken. Sie muß jedoch finanziell kürzertreten. Als Patriotin hatte sie für die Villa in der Nußwaldgasse Kriegsanleihezertifikate in Zahlung genommen. Jetzt sind diese wertlos geworden. Was ihr bleibt, sind die Pension ihres Mannes und die Einkünfte aus ihrer schriftstellerischen und journalistischen Tätigkeit.

Am 11. März 1919 heiratet ihr Sohn Fritz die Malerin Trude Stekel, die er bereits 1916, also während des Krieges, kennengelernt hatte. Die Stekels sind wie die Zuckerkandls eine angesehene jüdische Familie aus dem Wiener Intellektuellenmilieu. Der Vater der Braut ist Wilhelm Stekel, Mitbegründer und Mitglied der Freudschen „Psychoanalytischen Mittwoch-Gesellschaft". Trudes Bruder ist der Komponist und Dirigent Erich Stekel, später Direktor des Konservatoriums von Grenoble.

Die Trauung findet auf dem Standesamt im Wiener Rathaus statt. Fritz Zuckerkandl war kurz zuvor aus der evangelischen Kirche ausgetreten und bleibt künftig konfessionslos. Noch im gleichen Jahr beendet er sein Chemiestudium an der Universität Wien und promoviert zum Doktor der Philosophie. Unter den gegebenen Umständen ist es jedoch klar, daß die ganze Familie vorerst in der Oppolzergasse zusammenbleibt.

Eine weitere erfreuliche Nachricht erreicht Berta aus Amerika. Schüler und Verehrer Emil Zuckerkandls jenseits des Atlantiks haben eine namhafte Summe gesammelt, um dem großen Anatomen ein würdiges Denkmal zu setzen. Die Statue wird später, fast lebensgroß, im Ehrenhof der Wiener Universität aufgestellt. Während der „Kristallnacht" im November 1918 beschädigen „Studenten" das Denkmal des großen Anatomen, das daraufhin, zusammen mit jenen anderer jüdischer Gelehrter, in ein Depot verfrachtet wird. Erst nach dem Krieg wird es auf seinem angestammten Platz wieder aufgestellt.

Im Juni 1919 lädt Hermann Bahr seine Freundin aus dem hungernden Wien in das etwas besser versorgte Salzburg ein, wo er sich selbst nach seinem „Burgtheatergastspiel" etabliert hat. Der Besuch von einem Bundesland in ein anderes gestaltet sich jedoch komplizierter als erwartet. Darüber berichtet Bahr der Hofrätin: „Ich lief sogleich zu dem mir glücklicherweise befreundeten Mann, in dessen Hand fast alle einlaufenden Einreisebewilligungen zusammentreffen, wenn auch leider die Entscheidung darüber nicht von ihm allein abhängt, sondern von einem Christlichsozialen und einem Sozialdemokraten in der Landesregierung, die ohne besondere Schwierigkeiten herumzukriegen sein würden, aber eine wahre Todesangst vor dem Arbeiter-Soldaten-Rat haben, der alles souverän entscheidet, in dem ich nun einen sonst ganz verläßlichen, aber auch wieder sehr feigen, sich wieder vor den Kameraden fürchtenden Arbeiterdichter habe, der uns gern helfen möchte, der aber nur helfen kann, wenn wir nicht gerade ‚empörende Zumutungen' stellen und wenn wir nicht verlangen, was ‚strikte gegen das Gesetz ist'." – „Strikte gegen das Gesetz" wäre ein Aufenthalt in einem Gasthof. Möglich wäre nur ein privater Aufenthalt bei Verwandten. – Bahr fährt fort: „Uns würde man, wenn wir Sie als gute Freundin bezeichnen, als Verwandte gelten lassen. Sie müßten bei uns wohnen, von uns gemeldet werden... Nun haben wir ein Fremdenzimmer, das allerdings höchstens ein Fremdenkammerl ist, ein höchst primitiver, wirklich nur zum Schlafen benützbarer Raum, das Ihnen anzubieten wir niemals den Mut hätten, das aber mit größten Freuden zur Verfügung steht. Aber: für ausgeschlossen hält mein Vertrauensmann die Begleitperson. Zwei Personen würde man als ‚empörende Zumutung' empfinden."[1]

Kein Wunder, daß „B. Z." auf die Reise verzichtet.

An der Innenpolitik der Republik Deutschösterreich nimmt „B. Z." vorerst kaum Anteil. Es ist nicht die Art von Politik, welche die Tochter eines Moriz Szeps mit ihren grandiosen Ideen von der Mission Österreichs in und für Europa hätte reizen können.

Ebensowenig wie sie dem intellektuellen Kommunismus Sympathien entgegenbringen kann, dem einige ihrer Freunde eine Zeitlang erliegen wie Alexander Moissi, der mehr oder weniger als Jux der Partei beitritt, oder Franz Werfel, der mit ultralinkem Gedankengut flirtet. Wesentlich stärker ziehen sie jedoch die Versuche der Sozialdemokraten in ihren Bann, in der Stadt eine neue soziale Ordnung aufzubauen.

Doch diese Entwicklungen finden in Bertas journalistischem und literarischem Werk kaum Niederschlag.

Wohl aber der Vertrag von Saint-Germain-en-Laye, die endgültige Abrechnung Georges Clemenceaus mit Österreich, am 10. September 1919. Berta hatte das Diktat, das kann man wohl zu Recht sagen, in seinen Grundzügen vorausgesehen.

Nach Abschluß des Friedensvertrages ist Berta bestrebt, einige ausländische Persönlichkeiten für Österreich zu gewinnen, denn die Öffentlichkeit in den westlichen Siegerstaaten nimmt vorerst das Elend ebensowenig wie den Wiederaufbau zur Kenntnis. Zu den ersten bedeutenden westlichen Publizisten, die sich dennoch die Mühe nehmen, persönlich nach Österreich zu kommen, zählt Ethel Snowden, die Frau des damaligen sozialistischen Parlamentsabgeordneten – und späteren Finanzministers – Philip Snowden. Ethel Snowden hat durch ihre Berichte über die Lage in Irland umstrittene Berühmtheit erlangt, in denen sie nicht davor zurückschreckte, die Gewalttaten der britischen Besatzer auf das schärfste anzuprangern.

Bei ihrem ersten Besuch in Wien kommt sie geradezu zwangsläufig mit der polyglotten Berta Zuckerkandl zusammen. Und es wird eine gegenseitige Sympathie auf den ersten Blick.

Die Hofrätin hatte Ethel Snowden schon eine Zeitlang bewundert. „Ich kann nun erzählen, wie ich selbst zu lebendiger Anteilnahme an dem mir bisher gleichgültigen, mich ödenden Drama ‚Tell‘ jetzt kam", schreibt sie mit Hinweis auf Ethel Snowdens Irland-Berichte in der „Wiener Allgemeinen Zeitung". „Vor mir liegt ein Buch, das den Titel trägt ‚A political pilgrimage‘. Ethel Snowden hat darin die Erfahrungen ihrer, im vergangenen Jahr unternommenen, Wahrheitskreuzzüge – denn nur so sind ihre Reisen zu nennen – niedergelegt. Da ist nun das Kapitel über Irland. Von einer mutigen Frau geschrieben, für die das Bekenntnis zum Menschentum so heilig ist, daß sie, obwohl Engländerin, hier in die Welt schreit, was Englands Geßler an einem um sein Recht blutenden Volk verbrochen."

Die Tatsache, daß Ethel Snowden ihre Wiener Eindrücke just von Berta Zuckerkandl erhält, ärgert natürlich deren unerbittlichen Kritiker Karl Kraus. Entsprechend bissig reagiert er auf ihre Tell-Allegorie: „Nur dadurch unterscheidet sich Schiller von Mrs. Snowden, daß er zwar nicht die Schweiz, wohl aber sie die Zuckerkandl gesehen hat, ehe sie deren Bedeutung ein Kapitel ihrer Wahrheitskreuzzüge widmete. So zeigt sich Mrs. Snowden gewiß noch besser über die österreichischen Verhältnisse orientiert als Schiller über den Vierwaldstätter See. Sie hielt die Zuckerkandl für eine soziale Angelegenheit, nicht bloß für eine kulturelle. Sie scheute vor nichts zurück, um den Jammer Wiens kennenzulernen und soll sogar von (Josef) Hoffmann eingerichtete Elendswohnungen mit eigenen Augen geschaut haben... Sie beschloß darum, die traurige Lage, in der sich Österreich aus diesen oder anderen Gründen befindet, lieber gleich mit den Augen der Zuckerkandl zu betrachten und schrieb über sie, nämlich über die Zuckerkandl, ein längeres Kapitel."[2]

Ach, hätte Mrs. Snowden doch anstatt der von Hoffmann entworfenen Gemeindewohnungen – die übrigens heute als beispielhaft für den sozialen Wohnbau gelten – das Café Central besucht und über Karl Kraus ein Kapitel geschrieben. Der Lauf der Weltgeschichte hätte sich wahrscheinlich verändert.

Auf die Dauer läßt sich ein Mensch vom Schlage der Hofrätin auch durch widrige Umstände nicht zur passiven Tatenlosigkeit zwingen. Den Anstoß für ihre nächste „Mission" liefert ihr Freund Hugo von Hofmannsthal, der sie etwa ein Jahr nach Kriegsende in der Oppolzergasse besucht. „Liebe Freundin, Österreichs unwiederholbare Kultur muß gerettet werden", erläutert ihr der Dichter seine jüngste Idee. „Wir wollen die Perle der österreichischen Städte, wollen Mozarts Vaterstadt, wollen Salzburg zum Symbol erheben. Max Reinhardt und ich wollen, nachdem das Reich politisch untergegangen ist, seine Seele unsterblich erhalten. Sie aber sollen unser Herold sein. In Ihrer Zeitung müssen Sie verkünden: ein Österreich lebt, das nie untergehen wird. Salzburger Festspiele, die wollen wir ins Leben rufen. Es mag eine Weile dauern, ehe wir der Welt beweisen, wie herrlich dieses hohe Bekenntnis eines besiegten Volkes ist. Doch glauben Sie mir: es kommt der Tag, an dem die ganze Welt zu unseren Salzburger Festspielen pilgern wird."

„B. Z." ist hellauf begeistert. Begeistert von der Idee und von der Möglichkeit, mit den zwei Männern, die sie so sehr bewundert, zusammenarbeiten zu können. Und sicherlich geschmeichelt, daß gerade sie zum „Herold" auserkoren wurde.

Es folgt eine Reihe von Besprechungen mit Reinhardt und Hofmanns-thal. Die beiden erläutern ihre Idee: Es geht um die Renaissance des Barocks auf dem Umweg über das Theater. Und Berta ist stolz, als sie aufgefordert wird, für das erste Festspielprogramm das Geleitwort zu schreiben: „Ein Reich geht zugrunde. Ein Thron stürzt. Ein Volk erhebt sich. Neue Staatsordnung wird gehämmert. Nichts Bestehendes bleibt in alten Kreisen. Und was ist das Erste, das diesem Chaos entsteigt?"

„Ein Mozart-Festspielhaus in Salzburg. Ein dem Göttlichsten geweihter Tempel, Sinnbild des unzerstörbaren Österreichertums, Wahrzeichen unverwüstbarer Wesensart, Österreichs religiöses Weihebekenntnis. Das Erste! Bevor noch Elend, Ungewißheit, Sorge und Kummer gebannt sind, bevor noch die Gesamtheit und das Einzelne an den Wiederaufbau des Lebens gehen, bevor noch die Frage der Existenzmöglichkeit eines Volkes gelöst ist, finden sich Menschen zu Menschen in der einen Sehnsucht: errichten wir eine kunstgeweihte Stätte, dort, wo Mozart geboren ist. Ihm zum ewigen Gedenken. Uns zu ewiger Bestätigung eigenster Volksart. Salzburg, dessen Natur geheimnisvoll südliche Anmut ausstrahlt, Salzburg, dessen Kunst Gotik und Barock wie nirgends sonst aus einer Wurzel mächtig aufquellen ließ, Salzburg, wundervoll umgrenztes, weitblühendes Becken, wiegengleich gebildet, Wiege des tönenden Gottes Amadeus Mozart, sei erwählt!"

„Im Zeichen Mozarts soll deutsche Kultur die Fülle ihres Wesens ausbreiten. Nicht Musik allein, auch die Genien der Sprache sollen Zeugnis ablegen von der Seelenheit unbesiegbarer Werte. Goethe neben Mozart! Und um diese Sonnen die Sternenpracht der Welt. Von Calderon bis Raimund. Ewig während Völkerbund der Geister! Hier sollte er den reinen, nie gesprengten Bund erneuern. Auf österreichischem Boden. Von österreichischem Geist wiederaufgerichtet, der, seiner völkischen Mission getreu, zum Mittler erwählt ist zwischen Süd und Ost, zwischen Nord und West. Möge dieser Beginn uns ein glückliches Zeichen sein. Möge jeder nach Maßgabe seiner Kräfte einen Obolus dem Bau des Weihefestspielhauses Salzburg opfern. Mögen die Besitzenden über alles gewohnte Maß selbst ihre Spende weiten. Damit dieser Traum eines Feentempels, in dem nach langer furchtbarer Haßzeit Menschen aller Weltnationen wieder zueinander finden, wahr werden kann."

„Bedenket! Wie wird die Legende sprechen? Als Österreich zerfiel, als die kleine österreichische Republik einen Verzweiflungskampf um Werden und Sein zu kämpfen hatte, als Wien, in Finsternis und Hunger versunken, von Haß umklammert, unbekannten Schicksals Beute, schlicht und still die Würde des Leides fand, da suchten Männer und Frauen des ganzen Landes und dieser Stadt einen Ausweg aus allem Jammer. Sie gedachten nicht, wie es wohl praktischere Nationen getan hätten, der dringendsten wirtschaftlichen Entschlüsse. Sie gedachten ihres seelischen Besitzes. Und gingen hin und bauten in Salzburg Amadeus Mozart ein Weihefestspielhaus. Sehet, so wird es heißen: das war Österreichs erste Tat. Und des tagenden Weltbundes Lächeln. Das Erste."[3]

Die Anfänge der Salzburger Festspiele, des Dauerbrenners der österreichischen Kulturszenerie, waren äußerst bescheiden. Während der ersten Saison – 1920 – gab es noch kein Festspielhaus. Nicht einmal das Kleine. Aber Max Reinhardts Genie verwandelte diesen Mangel in einen Vorzug. Der Domplatz, von der Fassade der Salzburger Kathedrale abgeschlossen, wurde zu Europas herrlichster Bühne, wenn der eigenwillige Wettergott lächelte.

Jahrzehnte später, im französischen Exil, ganze Welten von Salzburg entfernt, erinnert sich Berta an die ersten Festspiele: „Ich werde die erste Aufführung von ‚Jedermann' niemals vergessen, als der unvergleichliche Moissi, der in der ersten Reihe zwischen den Zuschauern in einem dunklen Mantel gehüllt saß – ein Regieeinfall Reinhardts – und sein schönes, blasses Angesicht der Bühne zuwendete, auf sein Stichwort aufsprang, den Mantel abwarf und auf die Bühne sprang... Später, als das Festspielhaus entstanden war und die größten Sänger dort auftraten, war ich mit einem von ihnen ganz besonders eng befreundet: mit Richard Mayr. In seiner Jugend hatte er Medizin studiert und war Schüler meines Mannes gewesen. Ich erinnere mich, daß Emil eines Nachts nach Hause kam und ganz enthusiastisch von der Stimme eines jungen Studenten sprach, der in der Kneipe gesungen hatte. Er riet ihm sofort, die Medizin aufzugeben und Sänger zu werden. Richard Mayr hat seinen Rat befolgt und war nun ein Glanzpunkt der Salzburger Festspiele."[4] Der erste Salzburger „Jedermann" wird zu einem vollen Erfolg. Sogar das Wetter spielt mit. Nach der Premiere lädt Reinhardt die Honoratioren in das Schloß Leopoldskron, das er 1918 erworben hatte. Das Schloß ist noch nicht vollständig restauriert, aber das hindert den Hausherrn nicht daran, das Juwel der Barockarchitektur für einen Abend lang zur Bühne umzugestalten. Es wird ein Souper bei Kerzenlicht, obwohl Reinhardt eine unsichtbare Deckenbeleuchtung hatte anbringen lassen. Nach dem Abendessen ändert sich das Bühnenbild. Livrierte Diener stellen vier altväterliche Pulte in die Mitte des Saales, rücken Diwans und Fauteuils für die Damen zurecht. Dann verfinstert sich der Raum. Das Rose-Quartett spielt unnachahmlich Mozart. „So leitete Reinhardt eine achtzehn Jahre während Tradition mit einem einzigartigen Fest ein", schließt „B. Z."[5]

Die Idee eines „Weihespiels" muß natürlich auf einen Spötter wie Karl Kraus aufreizend wirken. Nicht zuletzt, weil er Reinhardt seit Jahren nicht leiden kann. Die beiden hatten ihre Schauspielerkarriere – Reinhardt erfolgreich, Kraus erfolglos – am Neuen Volkstheater im Wiener Vorort Rudolfsheim mit einer Aufführung der „Räuber" begonnen. Dabei war Reinhardt umjubelt, Kraus ausgepfiffen worden. Der „Jedermann" animiert Kraus nun zu einem besonders bissigen Vierzeiler in seiner „Fackel":

„Seit jener göttliche Regisseur
dort erschaffen sein Welttheater,
geht in die eigene Kirche nicht mehr
der gute Himmelvater.

Wo er hinblickt, steht der Dramaturg
und gibt den sakralen Stempel.
Doch was tut Gott? Nicht um die Burg
betritt er mehr diesen Tempel.

Die Plätze gleich vorn beim Hochaltar
sind reserviert für die Fremden,
dort kann man am besten auch sehen, wie der Bahr
wechselt die Büßerhemden.

Und täglich betet ihm nach jeder Schmock,
wenn von Kultur sie schmocken:
Herr, gib uns unser täglich Barock!
Und da läuten die Kirchenglocken.

Mit dem Zirkus ist das Geschäft vorbei,
jedoch mit der Kirche gelungen,
drum gloria in excelsis sei
von der Presse dem Reinhardt gesungen.

Zu dieser Hofmannsthal-Premier'
wallen Büßer von allen Enden,
die Kirche leiht die Kulissen her,
die Presse tut Weihrauch spenden."

Etliche „Strophen" später – das Gedicht hat ihrer siebzehn – kommt auch Berta zum Handkuß:

„Und unter heiligem Schutze gedeiht
der Hotel- und Theaterhandel,
man bemerkte u. a. die Persönlichkeit
der Berta Zuckerkandl.

Sie fühlt sich entrückt und von Olbrich erbaut
und da kann man wieder nur sagen,
die Kirche, die selbst das verdaut,
hat einen guten Magen."[6]

Womit der unbestechliche Karl Kraus indirekt bestätigt, welche bedeutende Rolle die Hofrätin und Reinhardt bei den Salzburger Festspielen übernommen hatten. Was er noch bei einem anderen Anlaß betont: „Der Altmeister (Reinhardt), von der Manege zum Hochaltar umsattelnd, wagt sich nur an das heran, was ihm die Zuckerkandl darbringt."[7]

Kraus' giftigste Pfeile sind jedoch Max Reinhardt persönlich vorbehalten: „Herr Reinhardt, der nicht, wie vielfach angenommen wird, aus Budapest stammt, hat es, was seiner Expansionsfähigkeit gewiß kein schlechtes Zeugnis ausstellt, verstanden, von Preßburg aus die mitteleuropäische Kulturzone zu erobern und beherrscht sie heute schrankenlos, indem er auf Schloß Leopoldskron sich von galonierenden Dienern mit gepuderten Haaren und in Wien von der Presse bedienen läßt... Schon hat ihn die Zuckerkandl zum König proklamiert, den ‚Kreuzzüge der Kunsterlösung vom Heimatlande ferngehalten' haben. Jetzt aber kehre er wieder und schenke uns ‚sein ungeheures Prestige', also eben jenen Wert, den zu gewinnen wir einen Weltkrieg verloren haben. Ob ihm nun dieser Staatsstreich gelingen wird oder nicht, gewiß ist, daß die öffentliche Meinung, die Herr Reinhardt heute von seiner schier uneinnehmbaren Preßburg beherrscht, seit Attila, der gleichfalls von dort nach dem Abendlande vordrang, oder, sagen wir, seit dem Korsen, nicht das Gefühl hatte, im Schatten einer schon bei Lebzeiten mythischen Persönlichkeit zu leben."[8]

Oder in direkter Anspielung auf den Salzburger „Jedermann": „Herr Reinhardt, der Träger des Problems der Theatermenschheit, die ihres Zusammenbruches nicht bewußt wird, wenn sie den Triumph seiner Regiekunst ausschreit, die man ehedem, in der Zeit der Persönlichkeiten zum Krenreiben gebraucht hätte – er scheint nun einmal bestimmt, der Zeremonienmeister einer freihändig offerierten Kultur zu sein, die um eine Renaissance des Barocks sich die Valuta aus dem Leib schindet. Sein Expansionsdrang umfaßt vom Zirkus bis zur Kirche alle Örtlichkeiten, in denen im Zusammenfließen von Publikum und Komparserie sich immer ein voller Saal imaginieren läßt und wo vor dem Rollenwechsel von Zuschauer und Akteur, Hanswurst und Priester allem Weltbetrug ein hohe Entrée abzugewinnen ist."

Und in krasser Überschätzung der Wirkung seiner Theaterpolemik meint der Kritiker: „So scheint ja mein aufklärendes Wort im Verein mit der Not dieser Tage den valutarischen Hochflug der Moissi-Seele soweit gehemmt zu haben, daß die Bergpredigten schon vor wesentlich geleerteren Häusern stattfinden und daß man in Erwartung des unvermeidlichen großen Welttheaterkrachs dieser Saison den Unwiderstehlichen getrost der andauernden Ekstase junger Gänse sowie der Zuckerkandl überlassen kann."[9]

Alle Querschüsse eines Karl Kraus konnten indes an der Tatsache nichts ändern, daß die Salzburger Festspiele zu einem großen Erfolg und einer dauerhaften Institution wurden. Wenngleich auch „B. Z.", engagiert und begeisterungsfähig, wie sie nun einmal ist, ihre Rolle als „Herold" dann und wann stilistisch übertreibt: „Vom Salzburger Domplatz aus aber ist der ‚Jedermann' auf dem Wege, ein Volksspiel im wahrsten Sinn zu werden. Denn: Schon sind Bauernspiele in kleinen und kleinsten Städtchen und Dörfern in Österreich und Deutschland an der Tages- oder vielmehr an der Fest-Ordnung. Daß im alten Rahmen ein Dichter den Geist, den Nerv, das Herz dieser Tage zu offenbaren wußte, daß hier nicht altertümelndes Feinschmeckertum am Werk ist, sondern ein durch die Maske alter Text und Kleidung distanziertes Bekenntnis zeiteigenen Leids, dies spricht das immer sich vertiefende Verhältnis zwischen Volkstum und ‚Jedermann' aus."

Ausländische Prominenz ist im Gründungsstadium der Salzburger Festspiele nur spärlich vertreten. Eine Ausnahme bildet der französische Schriftsteller Paul Géraldy, dessen Stück „Hochzeitstage" Berta noch 1918 ans Burgtheater gebracht hatte. Er kommt aber nicht wie die meisten aus dem Ausland mit der Eisenbahn, sondern im eigenen Auto.

Im „Österreichischen Hof" trifft Géraldy bei dieser Gelegenheit zum ersten Mal mit Hugo von Hofmannsthal zusammen. Ausnahmsweise ist „B. Z." nicht mit von der Partie, und Géraldy muß ihr später in allen Einzelheiten über das Treffen berichten.

Sehr zur Überraschung des französischen Gastes beginnt das Gespräch in einer etwas frostigen Atmosphäre, wofür in erster Linie Hofmannsthal verantwortlich ist. Dieser beginnt die Konversation nämlich mit betonter Reserve: „Ich könnte nicht sagen, daß ich nicht bewegt bin, Monsieur. Sie sind der erste Franzose, dem ich nach dem Krieg die Hand gebe... Frankreich hat unsere Frauen und Kinder hungern lassen." Nun ist es an Géraldy, reserviert zu sein. Er hat zu jenem Zeitpunkt bereits viele österreichische Hände geschüttelt. Immerhin schreibt man 1920 und nicht 1918: „Ihre Unterseeboote haben es sich nicht entgehen lassen, völlig harmlose Passagierdampfer zu versenken", kontert er.

Dann aber ist es Hofmannsthal, der plötzlich die Distanz überbrückt: „Nun haben wir diesem Thema drei Minuten gewidmet. Das genügt." Er ergreift Géraldys Hand und umarmt ihn. Dann aber sagt er, ganz ohne Einleitung: „Ich möchte, daß wir uns so gut wie möglich kennenlernen. Glauben Sie nicht, daß wir dies am besten erreichen können, wenn wir uns gegenseitig unsere nächsten Stücke erzählen?"[10]

Géraldy stimmt begeistert zu. „Es ist für einen Dramatiker schwierig, ein Stück zu erzählen. Es ist natürlich in den Details noch unklar, und man erzählt es, um sich selbst darüber klarzuwerden. Ich glaube, dies ist die beste Art, daran zu arbeiten."

Hofmannsthal beginnt zu erzählen. Manchmal fällt ihm dabei etwas Neues ein, und er erprobt es sogleich an seinem Kollegen, indem er dessen Reaktion beobachtet.[11]

Der Kontakt zwischen Géraldy und Hofmannsthal dauert in den folgenden Jahren weiter an. Nach einiger Zeit legt der österreichische Dichter dem Franzosen sein Stück „Der Schwierige" vor und meint dazu: „Die Hauptfigur des Stückes werden Sie vielleicht wiedererkennen."[12] Das fällt Géraldy nicht schwer: Er hat schon bei ihrem ersten Zusammentreffen erkannt, daß Hofmannsthal ein Schwieriger ist. Und Berta Zukkerkandl aber ein Juwel. Über sie schwärmt er noch 60 Jahre später, im August 1980, im Alter von 95 Jahren: „Sie war der bemerkenswerteste Mensch, den ich je getroffen habe. Der Kontakt mit ihr war total. Sie war die innere Fröhlichkeit, die Ungezwungenheit, voll Humor, Charme und Ausstrahlung. Sie füllte den Raum mit Charme und Fröhlichkeit. Sie verzauberte ihr Haus mit Glückseligkeit. Während meines ganzen, sehr langen Lebens traf ich niemanden, der mir ein so vollständiges Gefühl des Gleichgewichts vermitteln konnte, und des Einverständnisses. Sie war teils Intellektuelle, teils Gemütsmensch. Sie übertrug ihren Charme auf alles, das sie berührte. Sie alterte, aber sie war zeitlos. In meinem Leben habe ich zahllose große Persönlichkeiten gekannt, aber niemanden, der an sie heranreichte. Nichts war für sie schwierig. Aber alles interessant. Sie besaß Leichtigkeit und Tiefe zugleich. Wenn man mit ihr sprach, war die Verständigung total und spontan. Und welch treffsicheres Urteil. Diese

Intimität konnte große Distanzen überspringen. Sie war in Wien, ich in Paris. In Wirklichkeit habe ich sie aber nie verlassen. Sie trat in mein Leben ein und fand dort für immer ihren Platz. Es war die totale Freundschaft. "[13] Géraldy bleibt nicht lange der einzige französische Künstler, der Österreich „verzeiht". Alsbald stellt sich Maurice Ravel, wahrscheinlich der bedeutendste französische Komponist seiner Zeit, in Wien ein. Auch dabei hat Berta Zuckerkandl ihre Hand im Spiel. Vor dem Krieg hat sie Ravel nur flüchtig gekannt, obwohl dieser den „musikbetonten" Salon ihrer Schwester oft besucht hatte. Berta weiß daher von seinem mutigen Eintreten gegen den engstirnigen Chauvinismus, der in Frankreich noch lange nach Kriegsende anhält. Und das, obwohl – oder vielleicht gerade weil – er den Krieg an der Front verbracht hatte.

So fällt es der Hofrätin nicht schwer, ihn nach Wien zu lotsen. Über Sophie läßt sie bei Ravel anfragen, ob er gegen die Aufführung seiner Werke in Österreich – unter einem erstklassigen Dirigenten und von einem erstklassigen Orchester gespielt – etwas einzuwenden hätte und ob er den Konzerten persönlich beiwohnen möchte. Die Antwort kommt unverzüglich: „Ich habe auf die Gelegenheit gewartet, diesen sinnlosen Haß zu bekämpfen, der den Krieg noch immer weiterleben läßt. Ich stehe zu Ihrer Verfügung."

In Wien eingetroffen, wird der Komponist prompt von „B. Z." in Beschlag genommen. Er wohnt sogar eine Zeitlang bei den Zuckerkandls in der Oppolzergasse, dann aber muß Berta ihren Gast als Mahler-Bewunderer an ihre Freundin Alma abtreten. Notabene, da die Villa, in der Alma jetzt mit Franz Werfel auf der Hohen Warte lebt, viel mehr Platz bietet.

Und Wien bezaubert seinen Gast. Als Ravel in einem kleinen Lederwarengeschäft in Döbling zwei Taschen ersteht und seinen Namen angibt, lehnt es die Besitzerin ab, Geld anzunehmen. Der Komponist ist fassungslos. „Was sagen Sie dazu?" erzählt er, nach Hause zurückgekehrt. „Hundert Jahre könnte ich in Paris wohnen, ohne jemals so bekannt und beliebt zu werden."[14]

Die Ravel-Konzerte werden zu einem durchschlagenden Erfolg. Orchester und Publikum stimmen in minutenlange Ovationen ein.

Seinen beiden Gastgeberinnen bereitet der Komponist allerdings einige Schwierigkeiten. Er erweist sich nicht nur als zerstreut – was Berta bereits wußte –, sondern auch egoistisch wie so viele Künstler. So verursacht er einige Verwirrung, weil er Einladungen vergißt oder verwechselt. Dafür ist er bei der Pflege seiner Garderobe geradezu peinlich genau. Berta erhält die Sonderaufgabe, seine Krawatte so zu knüpfen, wie er es aus Paris gewohnt ist.

Am Ende des Besuches geben Berta Zuckerkandl und Alma Mahler gemeinsam für Ravel ein wienerisches Abschiedsfest beim Heurigen in Döbling. Obwohl die Oktobernächte schon recht kühl sind, versammeln sich mehr als hundert Gäste im Heurigengarten, darunter Wiens gesamte Boheme. Nicht nur die Musiker, sondern auch Maler und Schriftsteller. Und viele schöne Frauen. Es herrscht echte Heurigenstimmung, und Ravel fordert die Schrammeln immer wieder auf: „Spielt mir einen Walzer von Johann Strauß!" Dann tut der Wein seine Schuldigkeit. Ravel stimmt in den Gesang ein, umarmt rechts und links die hübschen Wienerinnen: „Ich werde niemals euren Heurigen vergessen und Wien, diese reine Quelle unerschöpflicher Musikalität."[15] Und dieser Abend liefert die Inspiration für eines seiner populärsten Werke: „La valse."

Auf Ravels Vorschlag stimmt Berta zu, ihn auf der Rückreise nach Paris zu begleiten. Sie entdeckt dabei neuerlich kleine Schwächen des großen Genies, denn sie muß alles selbst besorgen: Hotelreservierungen und Fahrkarten. Mit Mühe gelingt es ihr, ein Halbcoupe für zwei Personen zu ergattern, in dem sich aber nur einer bequem ausstrecken kann. Natürlich ist es der Meister, den sie auf die Sitzbank bettet, während sie sich selbst in eine Ecke verdrückt. Nur in einen leichten Überzieher gekleidet, lächelt er vorerst über ihre Warnung, er werde bald frieren. Nach zwei Stunden jammert er dann wie ein kleines Kind: „Ich hole mir eine Bronchitis." Berta breitet ihren Pelz über ihn aus, aber das genügt ihm nicht. Er klagt über Halsschmerzen, worauf seine Begleiterin noch auf ihren Wollschal verzichtet. Nun schläft Ravel friedlich ein, während sie vor Kälte zittert. „Wie herrlich, mit einem Genie befreundet zu sein", räsoniert sie. „Aber wie unbequem."[16]

Das nächste bedeutende Ereignis bei den Salzburger Festspielen ist Hofmannsthals „Großes Welttheater" – so genannt nach dem Stück gleichen Namens des spanischen Autors Pedro Calderon de la Barca aus dem 17. Jahrhundert.

Die eigentliche „Premiere" findet jedoch nicht in Salzburg statt, sondern Anfang Februar 1922 als Vorlesung in Berta Zuckerkandls Wiener Salon. Hofmannsthal selbst hatte seine Freundin ersucht, die Veranstaltung in ihrem Heim zu arrangieren. Diese fühlt sich geehrt, wenngleich sie die Vorbereitungen vor einige Probleme stellen. Unter den Geladenen darf keiner sein, der die geradezu krankhafte Empfindlichkeit des „Schwierigen" herausfordern könnte. Hofmannsthal fertigt eine Gästeliste an, Berta fügt noch einige Namen hinzu, darunter den von Arthur Schnitzler. Dieser akzeptiert die Einladung, was Hofmannsthal zu würdigen weiß: „Es freut mich riesig von ‚B. Z.' zu hören, daß Sie zu dem Vorlesen des Welttheaters kommen wollen", schreibt er am 28. Jänner 1922 an seinen Kollegen. „Es ist ja keine Vorlesung, sondern wirklich ein bescheidenes Vorlesen an ein paar alte und ein paar neue Bekannte und Freunde an diesem zwanglosen neutralen Ort, und es ist natürlich ein liebes Geschenk, daß Sie da sein wollen."[17]

Schließlich finden sich fast hundert Prominente ein. Neben Schnitzler auch Hermann Bahr, Richard Beer-Hofmann und Felix Salten. Hofmannsthal ist an jenem Abend nicht gut in Form. Er beginnt zu lesen, sichtlich nervös. Bertas Genuß ist nicht ungetrübt. Sie befürchtet immer wieder, etwas könnte ihn stören. Doch alles geht gut bis zur zweiten Hälfte des Stückes. Dann wird Hofmannsthal plötzlich leichenblaß und stöhnt: „Ich fühle mich nicht wohl."

Möglichst unauffällig führt Hofmannsthals Gerty den Schwankenden in Bertas Schlafzimmer und bettet ihn auf den Teppich. Nach ein paar Minuten erholt er sich und besteht trotz aller Einwände darauf, das Stück zu Ende zu lesen.

Auch Schnitzler findet den Abend bei Berta etwas mühevoll. Allerdings denkt er dabei nur an sich selbst: „Abends zur Hofrätin", notiert er in seinem Tagebuch am 3. Februar 1922. „Hugo las sein Salzburger ‚Großes Welttheater'. Ich folgte nicht leicht wegen mangelnder Konzentration und mühseligen Hörens – was wohl auch zusammenhängt."[18]

Auf der Basis von Schnitzlers Tagebucheintragung könnte man fast glauben, die Hofrätin hätte Hofmannsthals Schwächeanfall in ihrer eigenen Schilderung übertrieben. Ihre Angaben werden jedoch von Alma Mahler vollinhaltlich bestätigt.[19]

Die Aufführung des „Welttheaters" in Reinhardts Inszenierung findet erstmals in der Salzburger Kollegienkirche statt: Ein ungewöhnliches Unterfangen, aber der Erfolg des „Jedermann" vor dem Dom hatte frühere Einwände von seiten des Klerus zum Verstummen gebracht. Notabene, da sich der Erzbischof selbst für das Projekt eingesetzt hatte.

Bei aller Freundschaft zu Reinhardt und Hofmannsthal wird „B. Z." diesmal von den Proben in der Kollegienkirche verbannt. Aber sie ist in Salzburg bekannt genug, um unter dem Festspielpersonal Verbündete zu finden, die sie in einer Galerie der Kirche verstecken.

Das „Welttheater" hat keine leichte Geburt. Reinhardt muß überall selbst Hand anlegen. Auch Moissi, der den Bettler spielt, der sich gegen Gott auflehnt, kann sich anfänglich nicht in die Rolle einfühlen.

Mit unendlicher Geduld und einem Fingerspitzengefühl, das Berta nicht genügend würdigen kann, gelingt es ihm jedoch, eine ihrer Ansicht nach perfekte Inszenierung über die ungewöhnliche Bühne gehen zu lassen.

Entsprechend groß ist die Begeisterung, die in ihren Rezensionen in der „Wiener Allgemeinen Zeitung" ihren Niederschlag findet. Es sind ihrer gleich drei, weil sie glaubt, in einem einzigen Bericht dem Werk nicht gerecht werden zu können. „Volksverbundenheit ! Diese aus dem Sein der dramatischen Dichtung seit Jahrhunderten ausgelöschte Flamme hat Hugo von Hofmannstal neu entzündet", schreibt sie in der ersten Folge. „In seinem ‚Großen Welttheater' ist er zum Pathos der Eindeutigkeit gelangt. Zur schlichten Monumentalität abrupter Gestaltung, die ihn aus dem verfeinerten Empfinden um die Gesetzmäßigkeit des Über-Individuellen erblüht. Wie das Theater der Volksverbundenheit, an dessen Schöpfung Hofmannsthal mit hartnäckiger Hingabe es schafft, es fordert."[20] Auch in ihrem zweiten, im expressionistischen Zeitstil verfaßten Bericht, bleibt die Rezensentin bei einer prinzipiellen Würdigung des Werkes und der Aufführung, und erst in der dritten und letzten Folge steigt sie in den eigentlichen Bereich der Theaterkritik hinab. Wobei sie mit Lob für alle Beteiligten, namentlich den Regisseur Reinhardt, den Bühnenbildner Roller und die Schauspieler von Alexander Moissi bis Else Wohlgemut nicht spart. „Die Weltkarte hat das alte Österreich ausgemerzt", schließt sie ihre Betrachtungen am Beispiel „Großes Welttheater". „Ein junges Österreich aber sammelt Kräfte. Nicht allein um ein künstlerisches Erbteil zu schützen, das zu den edelsten gehört. Nicht nur Behüter auch Fortsetzer sein, das ist des kleinen Österreichs großes Schöpferprogramm. Und als Fortsetzer einer im tiefen Wesen des Österreichers ruhenden festlichen Freude an künstlerischem Schauspiel sind Hugo von Hofmannsthal und Max Reinhardt mit erkennendem Dank zu feiern."[21]

Auch die anderen Theaterkritiker der Wiener Presse, einschließlich des berühmten Felix Salten, loben die Salzburger Aufführung. In den Wiener Literaturcafés wartet man mit Spannung auf den unvermeidlichen Konter Karl Kraus', der hinter dem wohlabgestimmten Chor der Rezensenten die Hand der „B. Z." – „der Alraune jüdischer Zeitungen" – vermutet. Die Replik kommt in der nächsten „Fackel": „Wir anderen... überdrüssig des Gottesdienstes der öffentlichen Theaterei, wünschen wir nicht noch die Offenbarung der Geschäftsgeheimnisse zu empfangen und würden es gern sehen, wenn die Feuilletons, die in Wien über die Errungenschaften und Schwierigkeiten der Unternehmung Reinhardt erscheinen, von ihr – ‚B. Z.' – selbst gezeichnet wären."[22]

Die Begeisterung über das „Welttheater" klingt indes noch in Berta Zuckerkandls Epilog zur Festspielsaison 1922 weiter. „Diese Salzburger Festspiele werden wohl weit über ihren Rahmen hinaus Gestalt annehmen. Darüber heute zu sprechen ist noch nicht an der Zeit. Aber der schöne Abschiedsklang ehrlich bewegter, bewundernder und mitgerissener froher Menschen – er kündet ein noch schöneres Wiedersehen."

Der Weiterbestand – und die Weiterentwicklung – der Salzburger Festspiele war allerdings zu jenem Zeitpunkt noch keineswegs gesichert. Insbesondere Hofmannsthal hatte um den Ausbau der Felsenreitschule hart zu kämpfen. Berta arrangierte für ihn ein Treffen mit dem Mäzen, Generaldirektor Gottfried Schenker, dem Chef der gleichnamigen Speditionsfirma. Nach anfänglichen Fortschritten gerieten diese Gespräche in eine Sackgasse. Worauf sich der Schriftsteller hilfesuchend an die Hofrätin wandte: „Das Ganze ist mir völlig unbegreiflich. Ich bitte Sie nun, gütige, hilfreiche Freundin, bringen Sie dies wieder ins Gleis, aber nicht bloß telefonisch. Suchen Sie Schenker auf, stellen Sie ihm vor, welche Bedeutung das Weiterführen der Festspiele hat. Daß auch nur dies Reinhardt dauernd an Österreich binden kann."[23]

Bertas Bemühungen hatten schließlich Erfolg und die Felsenreitschule wurde zum integralen Bestandteil der Festspiele.

Nicht alle Mitarbeiter der „Wiener Allgemeinen Zeitung" bewegten sich indes in den höchsten Regionen der Kulturredakteurin. Unmittelbar über ihren Salzburgbericht vom 14. August 1922 hat die Inseratenabteilung folgende Anzeige eines Café-Kabaretts plaziert: „Der unwiderruflich letzte Weltuntergang nimmt am 18. August d. J. seinen Anfang. Bevor Euch der Krater verschlingt, die Lava erstickt, das Geröll zerrümpelt, eilt zu Leopoldi-Wiesenthal, Wien I., Rotgasse 5. Überlebende treffen sich nach wie vor zu einem höllischen Leichenschmaus im L-W."[24]

## 22. KAPITEL

## DER ZWEITE SALON

Im Juli 1922 – also unmittelbar vor den letzten, im vorangegangenen Kapitel geschilderten Ereignissen – herrscht im Hause Zuckerkandl höchste Aufregung. Berta erwartet die Geburt ihres Enkelkindes und zeigt sich dabei wesentlich aufgeregter als die unmittelbar Betroffene, nämlich ihre Schwiegertochter Trude.

Nicht ohne Amüsement erinnert sich diese an den aufregenden Abend: „Nach der Vorstellung im Deutschen Volkstheater kam Moissi zu uns, mit einem Bukett Blumen für mich. Wir wußten, daß es bald soweit sein würde. Ich war schon nervös, denn ich wußte, wie übertrieben ängstlich meine Schwiegermutter in solchen Sachen war. Ich wußte aber nicht, wie ich es ihr verheimlichen sollte, wenn sich die Wehen einstellten. Glücklicherweise lenkte Moissi sie ab. Während er das Fiakerlied sang, spürte ich die ersten Wehen. Ich sagte nur, ich sei müde und wolle mich zurückziehen. Ich verließ das Zimmer und ging mit meiner Betreuerin zu Fuß in das Sanatorium Löw."

Berta erfährt von der Geburt ihres Enkels erst im nachhinein. Ein Herzenswunsch wird ihr jedoch erfüllt. Ihr Enkel erhält den Namen Emil, zum Andenken an seinen Großvater. Emil Zuckerkandl II. ist heute Präsident des Institute of Molecular Medical Sciences in Palo Alto, Kalifornien.

Zu jener Zeit, genauer gesagt im folgenden Herbst, beginnt sich Berta Zuckerkandls „zweiter Salon" zu einer echten Wiener Institution zu entwickeln. Es ist kein „politischer Salon", obwohl Politiker zu den häufigen Gästen der Hofrätin zählen.

Im Gegensatz zur wirtschaftlichen Lage hat sich die politische Situation in Österreich nach den Wirren der unmittelbaren Nachkriegszeit und dem Schock des Friedensvertrages von St. Germain äußerlich etwas konsolidiert. Aber die große Koalition, welche die Republik Deutschösterreich – die dann nur noch schlicht Republik Österreich heißt – aus der Taufe gehoben hatte, ist im Oktober 1920 nach den zweiten Parlamentswahlen, aus denen die nichtsozialistischen Parteien gestärkt hervorgegangen waren, zusammengebrochen. Die Linke bleibt bis zum Anschluß von 1938 von der Regierungsverantwortung ausgeschlossen – eine Entwicklung, die bereits den Keim des Untergangs der Ersten Republik in sich trägt.

Und sogar die persönlichen Beziehungen zwischen den Politikern der beiden großen Lager verschlechtern sich dauernd. Man spricht kaum noch miteinander, sondern höchstens gegeneinander.

In dieser gereizten Atmosphäre bildet Berta Zuckerkandls Salon, wie jener ihrer Freundin Alma, eine der wenigen neutralen Inseln, auf denen die alten Gesetze der gegenseitigen Achtung und Höflichkeit noch eingehalten werden. Der Hausfrau zuliebe. Sogar von Personen, die einander anderfalls, nur wenige hundert Meter entfernt im Parlament, erbitterte Rededuelle liefern.

Bei künstlerischen Anlässen − wie etwa Dichterlesungen − ist die Gastgeberin bereit, die Teilnehmerliste den Wünschen der Ehrengäste anzupassen. Sie lehnt es jedoch strikte ab, ihre Besucher nach deren politischer Einstellung zu klassifizieren. Kein Wunder, daß der Salon unter jenen, die niemals in die Oppolzergasse eingeladen werden, nämlich den Rechtsextremisten, den Ruf eines „Kulturbolschewistentreffs" erlangt: eine absurde Beschuldigung, wie alle überlebenden Besucher des Salons einmütig versichern.

Aber einige Worte über den Salon: Bertas „Jour fixe" war der Sonntag, genauer der Sonntagnachmittag. Die Bewirtung war eher bescheiden − Tee oder Kaffee zu belegten Brötchen. Die Hausfrau hatte nie die Ambition, bei der Verpflegung ihrer Besucher mit anderen Gastgeberinnen, wie Alma Mahler, mitzuhalten.

Es spricht für das Improvisationstalent der Hofrätin, daß sie stets in der Lage war, ihr reges berufliches und gesellschaftliches Leben in den Rahmen einer für damalige Verhältnisse gar nicht so großen Vierzimmerwohnung zu pressen.

Alle Fenster der Wohnung führten in die ruhige Oppolzergasse. Gegenüber lag die im protzigen pseudoflorentinischen Renaissancestil erbaute Zentrale der Bodencreditanstalt − bis vor kurzem diente das Gebäude als „Hauptquartier" der niederösterreichischen ÖVP. Für ihr damaliges Visavis hatte „B. Z." keine große Sympathie. Besonders im Sommer, wenn die Fenster offenstanden, störte sie das rege Treiben in den Räumen der Bank. Da blickte sie lieber scharf nach links, wo sie am Ende der Gasse die Überreste der Mölker Bastei und darauf eine Reihe niedriger Barockhäuser erspähen konnte. Eines dieser Häuser wird übrigens, auf Grund eher dubioser Indizien, mit Franz Schuberts „Dreimäderlhaus" identifiziert.

Bertas eigentliches Reich, ihr Lieblingsraum an einem Ende der Wohnung, war das Schlafzimmer. Wobei der Ausdruck „Schlafzimmer" nur bedingt zutrifft, denn es war zugleich ihr Arbeitsraum. Ihr großes Bett − und sie liebte es, im Bett zu schreiben oder sogar, wie ein französischer König, dort Gäste zu empfangen − war von Bücherregalen umgeben, so daß sie ihre literarischen Unterlagen gleich zur Hand hatte. Das Zimmer am anderen Ende der Wohnung wurde von Bertas Sohn Fritz und dessen

Familie bewohnt, bevor diese 1929 in das von Josef Hoffmann ausgebaute Sanatorium Purkersdorf übersiedelten – einem von Bertas Schwager Victor Zuckerkandl erworbenen Familienbesitz.

Der anschließende Raum war mit schwarz-weißem Holz getäfelt und diente als Speisezimmer. Josef Hoffmann hatte übrigens das Mobiliar der ganzen Wohnung entworfen. Die Dekorelemente stammten, wie nicht anders zu erwarten, aus der Wiener Werkstätte. Den einzigen „stilfremden" Beitrag bildete die noch von Emil Zuckerkandl zusammengestellte Chinasammlung, die eine ganze Wand des Speisezimmers einnahm.

Den Kern der Wohnung – zwischen Schlafzimmer und dem Speisezimmer – bildete der Riesenraum des eigentlichen Salons, den die Hausfrau selbst lieber „die Bibliothek" nannte. In einer Ecke stand ein Klavier für allfällige musikalische Darbietungen, in einer anderen ein Kachelofen. Das Um und Auf des Salons war jedoch der Diwan, natürlich ein Produkt der Wiener Werkstätte. Er war in einem schwer definierbaren dunklen Schwarz-Grün gehalten und mit einem Blumenmotiv im Jugendstil geschmückt.

Diesem Diwan, auf dem bis zu zehn Personen Platz fanden, galt Bertas ganze Liebe. „Diese Diwanecke ist der Hauptbestandteil meines geselligen Lebens", betont sie in ihrem Tagebuch. „Seit vielen Jahren treffe ich hier mit Freunden zusammen, erwarte meinen Sohn, die Schwiegertochter und den Enkel, suche zu trösten, muß aber wohl als allzu temperamentvolle Journalistin auch hie und da jemand kränken. Politikern lauscht der erfahrene Diwan mit Verständnis, er kennt viele Dichter, die hier ihre Klage laut werden lassen. Er mißbilligt die Absicht einer Ehefrau, sich von dem großen Schriftsteller, von dem Mann, der sie liebt, scheiden zu lassen[1] – aber er weiß, daß ich solche Vertraulichkeiten niemals mit der Arroganz des Bewußtseins eigener Tugend aufnehme, vielmehr immer zu verstehen suche. Er bemitleidet die neuen Armen, wenn sie mir fassungslos den Verlust ihrer seit Generationen erworbenen Vermögen klagen. Er lächelt über die neuen Reichen, die sich manchmal bei mir versammeln und erstaunt erfahren, daß es Dinge gibt wie Geist und Ideale, die nicht zu kaufen sind. Er unterhält sich königlich, selbst wenn der Schauspieler und Schriftsteller Egon Friedell mit dem Gewicht seiner Hünengestalt ihm zwei Rippen bricht. Auf meinem Diwan wird Österreich lebendig."[2]

Bertas Salon fasziniert auch den Schriftsteller Franz Theodor Csokor, über viele Jahre einer der treuesten Freunde der Hofrätin: „Literarisch radikaler (als der Salon Alma Mahlers)", bemerkt er in einem Brief an seinen Schriftstellerkollegen Ferdinand Bruckner, „ist der Salon der ‚Hofrätin', der Berta Zuckerkandl, deren Schwester mit Paul Clemenceau, dem Bruder des ‚Tigers', verheiratet ist, wie Du weißt. Hier hört man Marcel Dunant orakeln, der um die Führung Frankreichs in Zentraleuropa besorgt scheint, hier taucht umschwärmt Fritz von Unruh auf und das Faß

Theodor Däubler (ein damals sehr bekannter Schriftsteller) und vor allem und immer wieder unser köstlicher Egon Friedell. Gott gebe, daß es hier so bleibt, denn hier ist noch Europa."[3]

Dagegen ätzt Karl Kraus in der „Fackel": „Über diese und ähnliche Wirkungen wissen wir manches aus den Berichten einer sage-femme (Hebamme) der Kultur, der Zuckerkandl, bei der die Generationen ein- und ausgegangen sind. Der Ausblick auf die Wechselbeziehungen, die sich da zwischen Leben und Literatur ergeben haben, ist keineswegs erfreulich."[4]

Bemerkenswert ist nicht nur die literarische Bandbreite des Salons, sondern auch seine bereits erwähnte politische Neutralität. Milan Dubrovic, Nestor des Wiener Journalismus und einst gerne gesehener Gast in der Oppolzergasse, erinnert sich lebhaft an ein Zusammentreffen zweier Welten im Aufzug des Hauses. In der Liftkabine begegnet er dem damaligen Bundeskanzler Prälat Ignaz Seipel. Als Dubrovic diesen begrüßt, tritt noch ein Herr hinzu. Es ist der Sozialist Julius Tandler.

„Was geschieht jetzt?" schießt es dem Journalisten durch den Sinn. Es geschieht gar nichts. Die beiden politischen Antipoden geben einander freundlich die Hand, und gemeinsam fahren alle zur Hofrätin, deren politische „Exterritorialität" bis in den Aufzug ihres Hauses reicht.

Berta hatte den Prälaten – Bundeskanzler von 1922 bis 1924 und dann wieder von 1926 bis 1929 – durch ihren Freund Hermann Bahr schätzen gelernt. Der Schriftsteller war schon während des Ersten Weltkrieges mit Seipel, der damals in Salzburg unterrichtete, befreundet. „Täglich gehen wir stundenlang spazieren, und unser Gespräch stockt keinen Augenblick", hatte er Berta bereits 1918, nach ihrer Heimkehr aus der Schweiz, über seinen Freund erzählt. „Ich bin selten einem Mann begegnet, der so wie Seipel alle Probleme der Gesellschaft beherrscht, nicht nur als Priester die moralischen, sondern auch philosophische und politische Probleme. Es ist in diesen Zeiten der Minderwertigkeit doppelt erstaunlich, einem Geist solcher Mitte zu begegnen. Wollte Gott, er wäre berufen, Lenker unseres armen Staates zu sein. Österreich besitzt in Seipel einen Staatsmann von imponierendem Format. Doch wie selten geschieht es, daß der rechte Mann an die rechte Stelle gesetzt wird."[5]

Bahrs Wunsch geht nach vier Jahren in Erfüllung. „Wessen Idee ist es gewesen?" fragt Berta rhetorisch.[6] Jedenfalls war es, ihrer Ansicht nach, Österreichs Rettung, Seipel zum Regierungschef zu wählen.

Was die Hofrätin an Seipel besonders schätzt und seine früheren antisemitischen Äußerungen vergessen läßt, ist nicht nur dessen Geschichtsbewußtsein, sondern auch seine Instinktsicherheit. Dadurch, meint sie, könne er sich im chaotischen Nachkriegseuropa zurechtfinden. „Sein Leitgedanke ist Abwarten. Vorsichtiges Wägen, genaueste Abschätzung aller in Betracht kommenden Kräfte. All dies ist selbstverständlich eingekeilt in eine unerschütterliche Weltanschauung. Sie ist antiliberal, antikapitalistisch und, wenn auch vorsichtig verhüllt, antipreußisch. Und habsburgisch."[7] Fasziniert ist sie auch von Seipels Zusammenarbeit – man könnte fast von einer Freundschaft sprechen – mit dem Finanzexperten Gottfried Kunwald. „Hier der katholische Priester, dort der zur Mystik des Katholizismus neigende, ungetaufte Jude."[8] Dieses Zusammengehen erinnert sie an einen Satz Hugo von Hofmannsthals: „In diesem kritischen Augenblick ließ das Geheimnis der Kontemporanität zwei entscheidende Energien aneinanderprallen und sich vereinigen."[9]

Kunwald hatte während seines ganzen erwachsenen Lebens unter einer schweren körperlichen Behinderung zu leiden. Seine Beine waren für den schweren, massigen Körper viel zu kurz. Dennoch war er in jungen Jahren ein begeisterter Wanderer und Bergsteiger. Mit 30 Jahren kam dann der physische Zusammenbruch. Seine Wirbelsäule konnte dem Druck nicht mehr standhalten. Zuerst steckte man seine Beine in Schienen. Danach ging er auf Krücken, bis ihn sein Leiden schließlich vollends an den Rollstuhl fesselte.

Körperliche Gebrechen können aber Kunwalds regen Geist nicht fesseln. Er bleibt ein erfolgreicher Anwalt und Finanzier und avanciert schließlich zum Beirat der Österreichischen Nationalbank und weigert sich auch, den Verkehr mit der Außenwelt abzubrechen. Täglich läßt er sich von Diener und Chauffeur in seinen Wagen tragen. Sogar im strengen Winter läßt er das Verdeck offen, wenn er zu den Sitzungen der Nationalbank fährt.

Als Seipel 1919 von Salzburg an die Wiener Universität berufen wird, erwecken Kunwalds nationalökonomische Schriften seine Aufmerksamkeit. Am 31. Mai 1922 wird der Prälat zum ersten Mal Bundeskanzler. Und damit beginnt Kunwalds Einfluß auf die Regierungsgeschäfte, wenngleich Kanzler und Finanzier bestrebt sind, ihre Verbindung so lang wie nur möglich geheimzuhalten. Es trifft sich gut, daß Kunwalds Wohnung nur wenige Schritte vom Erzbischöflichen Palais am Stephansplatz entfernt ist. Seipel ist ein häufiger Besucher bei seinem Berater und scheut sich nicht, die drei Stockwerke zu Kunwalds Appartement hinaufzuklettern, um dann beim Nachtmahl die Probleme Österreichs zu erörtern.

Auf die Dauer läßt sich diese Verbindung natürlich nicht geheimhalten. Alsbald avanciert Kunwald in den Augen der Presse – besonders der oppositionellen – zur „grauen Eminenz" der Ersten Republik.

Trotz dieser Querschüsse hält Berta den Finanzier für eine der „populärsten Figuren der Wienerstadt". Anscheinend waren ihr die antisemitischen Schmähschriften und böswilligen Karikaturen, die damals in Wien verbreitet wurden, niemals unter die Augen gekommen.

Neben ihren gesellschaftlichen und intellektuellen Kontakten hat „B. Z." auch ihre Beziehungen zu den wichtigsten in Wien akkreditierten

Diplomaten erneuert. Und diese sind ihrerseits bestrebt, von einer so gut informierten Österreicherin die neuesten Wiener Interna zu erfahren.

Weltpolitische Wirren und wirtschaftliche Krisen können die Hofrätin indessen von ihrem Hauptanliegen nicht abbringen: dem Wiederaufbau der kulturellen Beziehungen zwischen den beiden Ländern, die ihr nach wie vor am nächsten stehen: Österreich und Frankreich

Nach den erfolgreichen Visiten von Ravel und Géraldy hat sie ein noch höheres Ziel avanciert: Sie will ein Gastspiel des berühmtesten französischen Theaters, der Comédie Française, in der österreichischen Hauptstadt arrangieren. Bei einem ihrer häufigen Besuche in Paris erörtert sie dieses Projekt mit dem Intendanten der Comédie Française, Emile Fabre, und dem Presseattaché der österreichischen Gesandtschaft, Paul Zifferer. Beide wollen das Projekt unterstützen.

Im Dezember 1923 richtet sie an das Außenministerium in Wien die Anfrage, ob sie bei ihrer nächsten Parisvisite, Anfang 1924, weitere Schritte in dieser Angelegenheit, zusammen mit der österreichischen Gesandtschaft, unternehmen solle.

Dann aber erlebt sie eine herbe Enttäuschung. Die Idee eines Gastspiels der Comédie Française in Wien hat nämlich in österreichischen Regierungskreisen derartigen Anklang gefunden, daß man sie nicht mehr der Initiative einer Privatperson überlassen möchte.

Die Hofrätin wird daraufhin ins Außenministerium gebeten, wo ihr Generalsekretär Franz Peter höflich, aber bestimmt erklärt, staatliche Stellen würden künftig diese Angelegenheit verfolgen. Ihre Hilfe werde nicht weiter benötigt.

Darüber berichtet Peter an den österreichischen Gesandten in Paris: „Über den Auftrag des Herren Ministers habe ich heute der bei mir erschienenen, obgenannten Dame vom Stande der Angelegenheit Mitteilung gemacht und ihr hiebei zu verstehen gegeben, daß es doch in erster Linie Sache des hiesigen französischen Gesandten wäre, seine Regierung für die Durchführung des projektierten Gastspieles zu interessieren, es aber nicht opportun erscheine, daß die österreichische Gesandtschaft durch ihren Gesandten in Paris offiziell beim französischen Unterrichtsministerium als der vorgesetzten Behörde der Comédie Française interveniere. Frau Zuckerkandl hat diesen Standpunkt vollständig begriffen und es auch ihrerseits als richtig erkannt, daß man mit besonderer Vorsicht vorgehen müsse. Sie werde morgen wiederum nach Paris zurückkehren und in privater Weise mit den an der Sache interessierten Faktoren Fühlung nehmen. Jedenfalls sei es zweckmäßig, die Angelegenheit nicht zu überstürzen."[10]

Der Hochmut, mit dem die hohen Herren Bertas Hilfsangebot zurückweisen, erweist sich als Bumerang. Ohne ihr „savoir-faire" zerschlagen sich die Verhandlungen über das Gastspiel der Comédie Française in

Wien und – nach Angaben der Theaterleitung – kommen die großen französischen Schauspieler erst zwölf Jahre später, nämlich 1936, zu ihrem ersten Auftritt in Wien.

Immerhin kommt der als „Gegenbesuch" geplante Auftritt der Wiener Oper an der Seine Ende Mai 1924 zustande. Und dieses Ereignis läßt sich „B. Z." natürlich nicht entgehen, diesmal als Vertreterin des „Neuen Wiener Journals", zu dem sie in den Nachkriegsjahren von der „Wiener Allgemeinen Zeitung" übergewechselt ist. Der Auftritt des Wiener Ensembles in Paris wird zu einem großen Publikumserfolg: „Seit langen Jahren ist die Frühjahrssaison in Paris wieder zu dem Brennpunkt internationaler und festlicher Kunstdarstellungen geworden", berichtet „die Zuckerkandl" nach Wien. „Wie aber vor dem Krieg das kaiserlich-russische Ballett zur größten Sensation der Frühjahrssaison von ‚tout Paris' gestempelt worden war, so ist es diesmal die Wiener Oper, der die größten Huldigungen zuteil werden."[11]

Und damit ist für die Kritikerin zumindest kurzfristig die Welt wieder heil.

# 23. KAPITEL

# HERMANN BAHRS SORGEN

Karl Kraus konnte es nicht verhindern: Im Jänner 1923 feiert Hermann Bahr sein 40-Jahr-Jubiläum als Bühnenautor und wird zu diesem Anlaß mit Ehrungen überhäuft. Sein Erstling „Die Wunderkur" hatte im Jänner 1883 am Landestheater seiner Heimatstadt Linz Premiere. In Berlin veranstaltet ein Komitee unter der Führung von Gerhart Hauptmann eine Hermann-Bahr-Woche. In Wien übernimmt Berta Zukkerkandl den Vorsitz des österreichischen Jubiläums-Ausschusses.

„Es ist dies wohl ein Anlaß, sein bisheriges Lebenswerk zu überschauen und festzustellen, wie dieser eigenartige Mann sich zu seiner Zeit stellte, welchen Anteil er an der Entwicklung der Literatur unseres Jahrhunderts genommen, welchen Platz im Schrifttum ihm selber zukommt, um so zu einer vollkommenen Würdigung seines ganzen geistigen Schaffens zu gelangen", heißt es in einer gemeinsamen Erklärung der beiden Komitees. „Seiner Beziehungen zum Theater wird hierbei in erster Linie zu gedenken sein; denn durch das lebendige, von der Bühne herabgesprochene Wort hat Hermann Bahr wohl die stärksten und tiefgehendsten Wirkungen ausgelöst. Den größtem Teil seiner schöpferischen Kraft widmete er der Bühne, der er eine stattliche Reihe dramatischer Werke und damit viel Erfolg schenkte."[1]

Bahr lebt zu jener Zeit nicht mehr ständig in Salzburg, sondern zumeist in München. Nicht so sehr aus persönlicher Vorliebe für die bayerische Hauptstadt, sondern seiner Frau, der Kammersängerin Anna Mildenburg, zuliebe, die dort an der Akademie für Tonkunst Unterrichtskurse hält. „Es schweben Verhandlungen mit dem – bayerischen – Unterrichtsministerium, das sie ganz und auf Lebenszeit für die Akademie haben will"[2], berichtet er seiner Freundin Berta, der er gleichzeitig ein Bühnenexemplar seines „Unmenschen" schickt, mit der Bitte, das Werk mit Diskretion zu behandeln: „Sie werden zu den wenigen gehören, die sein sorgsam verstecktes, eigentliches Problem in seiner ganzen Verwegenheit verstehen. Es hatte, nach mir gestern zugekommenen Telegrammen aus Hamburg, dort einen sehr starken, in München einen Publikumserfolg gehabt, den die Kritik zu zerkrümeln sucht. Und wenn Ihnen das Stück Spaß macht und Sie einen müßigen Vormittag darauf verwendeten, es in Ihrem Blatt zu besprechen, so wäre mir das sehr willkommen. Es ist übrigens nicht, wie auch Sie zu meinen scheinen, im Burgtheater abgelehnt, denn es ist in Wien überhaupt noch keinem Theater eingereicht worden. Reinhardt hat es angenommen, und ich will erst nach dem Ausgang der Berliner Premiere entscheiden, ob es überhaupt nach Wien kommt, und wo. Ich habe in Wien stets eine so ‚schlechte Presse‘, daß sie mir auch für draußen viel ruinieren kann und nur durch vorherige Erfolge draußen halbwegs gebändigt werden kann."[3]

Karl Kraus war in diesem Punkt ganz anderer Meinung. Er meinte zeitlebens, Bahrs „Concordia" hätte die Wiener Presse zugunsten ihres Freundes mobilisiert.

In den folgenden Monaten bleibt der Schriftsteller in ständigem Briefkontakt mit Berta Zuckerkandl, bei der er dauernd Rat und Aufmunterung sucht. Da ist etwa das Problem einer französischen Sängerin, die bei Anna Mildenburg die Partie der Isolde einstudieren möchte. Bahr ist eigentlich gegen dieses Vorhaben, meint aber, es wäre gut, würde die Französin aus „erster Hand die deutsche Not am eigenen Magen kennenlernen". Den Rat der Hofrätin benötigen die Bahrs in erster Linie in der Frage des Honorars: „Meine Frau ist bereits Boche genug geworden, um plötzlich einen ihr früher unbekannten Geiz zu entwickeln, und die Preise danach gestaltet. Sie berichtet mir also, daß sie 50 Francs für die Stunde verlangt. Unmittelbar darauf kommt aber die geborene Kärntnerin wieder zum Vorschein, und diese meint ängstlich: ‚Bitte schreib' Berta, sie soll raten!' Also bitte: raten Sie."[4]

Der Ratschlag der Hofrätin ist leider nicht überliefert.

Mit der Zeit wächst in Bahr das Heimweh nach Wien. Für ihn selbst, glaubt er, ließe sich die Übersiedlung leicht bewerkstelligen, aber als liebender Gatte denkt er in erster Linie an die Karriere seiner Frau. Und da ergeben sich Schwierigkeiten, obwohl er von seinem alten Freund Ignaz Seipel, seit 1922 österreichischer Bundeskanzler, jede Hilfe im Rahmen des Möglichen erwarten kann. Der Kanzler ist jedoch nicht der Mann, der seine eigenen Kompetenzen überschreitet. Und deshalb muß „die Zuckerkandl" helfend einspringen: „Wozu hat man schließlich Freunde", gesteht ihr Bahr, „als um auf sie Monologe, die einem zu schwer werden, abzuwälzen. Ich weiß niemanden, vor dem ich so ruhig vor mich hinsinnen könnte, wie vor Ihnen. Sicher, daß Sie nichts an mir mißverstehen. Mir wird immer wahrscheinlicher, daß die Zeit nicht mehr fern ist, wo hier das Dasein aufhört. Man wird auch dann noch irgendwie vegetieren, und wär' ich allein, so hätt' ich keine Sorgen, denn ich lebe so durchaus in mir, daß ich die scheußlichste Wandeldekoration in Wirklichkeit kaum mehr bemerke. Meine Frau ist nicht so weit. Sie kann ohne große Tätigkeit nicht leben, und ich vermute, daß die hiesigen Tätigkeiten nicht mehr lange dauern. Was dann? Natürlich würde Seipel bereit sein, mich in Wien unterzubringen, er wäre fähig, mir das Burgtheater anzubieten und erst

224

wieder in Wien, hätte meine Frau in der kürzesten Zeit Schüler und Schülerinnen aus aller Welt, die wahrscheinlich nach Wien lieber kämen als hierher."[5] Gegen eine derartige Vorgangsweise wehrt sich Bahrs Stolz: „Das ganze spießt sich nur daran, daß es eine meiner Tugenden ist, um nichts bitten zu können und schon gar nicht um etwas, worauf ich eine Art Recht zu haben glaube. Irgendwie wehrt sich irgend eine gute Kraft in mir, ungerufen nach Wien heimzukehren. Mein Talent für die Rolle des verlorenen Sohnes ist gering. Reinhardt hat mir, als ich das letzte Mal in Salzburg war, unaufgefordert gesagt: ‚Ihre Frau muß an die Wiener Musikhochschule!' Sie, liebe Freundin, denken darüber ebenso. Es denken wahrscheinlich alle entscheidenden Leute so. Nur wird es dennoch nicht geschehen... weil... ja, weil schließlich irgend jemand, an den niemand denkt, aber die Kunst des Bettelns und Bittens versteht, den Platz für Jahre verstellt. Alle werden sich dann zu spät erinnern, daß sie vergessen haben. Wien ändert sich nicht, und leider werd' ich mich kaum ändern."[6]

Tatsächlich „spießt" sich etwas. Es ist aber kein Niemand, sondern der Komponist Josef Marx, damals Leiter der Wiener Musikakademie, bei dem Bahr die Mildenburg unterbringen möchte.

Erbittert beschwert er sich darüber bei seiner Vertrauten: „Meine Sache steht ganz schlecht und zwar auf eine echt wienerische Art. Aus einem vier Seiten langen Brief Seipels an Josef Redlich (Bahrs Freund, den letzten kaiserlichen Finanzminister) und einem sehr langen Bericht Redlichs über eine Unterredung, die er mit Seipel hatte, geht hervor, daß der Kanzler alles tut, was in seiner Macht liegt, um unseren Akademieplan zu fördern. Daß weiter der Unterrichtsminister – Emil Schneider – beteuert hat, daß auch er diese Sache lebhaft wünscht, aber bei Marx auf Bedenken finanzieller Art stößt, jedoch diese noch überwinden zu können hofft. Ferner, daß Marx Ausflüchte macht, den Finanzminister und den Generalkommissar[7] vorschützt, in Wirklichkeit aber einfach selber nicht will, sei es, weil man ihn aufgehetzt hat, sei es aus mir unbekannten Gründen."[8]

Da Seipel dem Schriftsteller versichert hatte, alles Mögliche getan zu haben, und dieser auch vom Unterrichtsminister keine weitere Hilfe erwartet, wendet er sich in letzter Instanz an die bewährte „Nothelferin" in der Oppolzergasse: „Seipel darf in der Sache auf keinen Fall mehr angerufen werden, es wäre mir sehr peinlich und auch ihm sehr peinlich und wirkungslos. Also bitte, unter gar keinen Umständen!... Bleibt also nur Marx, bei dem liegt die Entscheidung. Er ist, vielleicht von Großdeutschen angestiftet, dagegen und sucht zunächst auf die lange Bank zu schieben... Beizukommen ist dem guten Hofrat nur entweder durch Angst vor der Presse oder einem ihm imponierenden Arier, als welcher zum Beispiel – der Komponist – Julius Bittner in seiner Mischung von Treuherzigkeit, Grobheit und Rücksichtslosigkeit mit dem echtesten oberösterreichischen Dialekt ganz unvergleichlich fungieren würde. Ich hätte schon an ihn geschrieben, weiß aber seine Adresse nicht ... Wenn ich also, so schwer's mir fällt, noch einmal Ihre Güte mißbrauchen darf, so ginge meine Bitte dahin, Bittner auch die Komik der Situation zu schildern, daß der Bundeskanzler etwas will und der Unterrichtsminister auch, und es nur ein österreichischer Musiker ist, der sich dagegen wehrt, die Mildenburg an sein Institut zu kriegen."

Schließlich äußert Bahr noch sehr klare Wunschvorstellungen für seine Frau: „ Es handelt sich erstens um das Gehalt von drei Millionen im Monat (in Inflationskronen), zweitens Ersatz der Übersiedlungskosten, und drittens um Besorgung einer Wohnung unweit der Akademie. Aber Sie werden sehen: es wird uns nicht gelingen."[9]

Es gelingt wirklich nicht, und der Schriftsteller vermutet immer stärker, daß nicht sachliche, sondern politische Gründe dafür ausschlaggebend sind: „Seipel hat in mehr als freundschaftlicher Art alles getan, was in seiner Macht steht... Dem Leiter der Akademie ein Engagement zu befehlen, geht weder, noch will ich es, noch würde ich meiner Frau raten, einen von oben erzwungenen Antrag anzunehmen. Sie hat's nicht nötig, sich aufoktroyieren zu lassen. Marx hat das Engagement ursprünglich selbst wollen und ärgert sich mit Recht über die voreilige Nachricht – in der Presse –, an der ich selbstverständlich unschuldig bin, weil dadurch meine alten Feinde alarmiert worden sind, die großdeutsche Sippe, der der ‚klerikale Judenknecht' ein Greuel und außerdem verdächtig ist, wenn er dauernd in Wien lebt, seine Beziehung zu Seipel dazu zu gebrauchen, daß er ihm klarmacht, wie viel klüger doch für ihn, für die christlichsoziale Partei und für das ganze Land, eine Koalition mit den Sozialdemokraten wäre, als mit diesen, immer nur im Schreien, aber an Zahl und Macht gar nicht großen Deutschen... Und darum möchte ich Sie bitten, jetzt nicht mehr die großen Kanonen auffahren zu lassen. Ich weiß nämlich nicht mehr, ob ich meiner Frau überhaupt noch raten darf, nach Wien zu gehen, wo jetzt, ganz habsburgisch, alles wieder zum Politikum wird... Natürlich gehört sie nach Wien, ganz wie ich nach Wien gehöre, aber haben Sie je gehört, daß Wien einen, der nach Wien gehört, sich gefallen läßt?"[10]

Berta drängt jedoch ihren Seelenfreund, den Kampf noch nicht aufzugeben. Dieser bleibt indes skeptisch: „Der Weg nach Wien ist mit lauter Demütigungen und Entwürdigungen gepflastert. Daß es auch Menschen geben könnte, die keine Lakaien sind, scheint man im Ministerium nicht zu vermuten. Vorläufig übe ich mich noch einige Zeit in Selbstüberwindung und warte geduldig. Ich kann aber nicht garantieren, daß ich meinen Unmut noch lange beherrsche. Das Dünkel der Herren ist zu frech – und dabei so namenlos albern. Denn ‚auf was hinauf?', möchte man wienerisch fragen. Und daß einem die Republik die moralische Verpflichtung auferlegt, ein Schnorrer zu sein, kann ich nicht einsehen."[11]

In den folgenden Wochen scheint sich das Blatt doch noch zu Bahrs Gunsten zu wenden, allerdings mit „wenn" und „aber".

„Herzlichen Dank für Ihren so lieben Brief, dessen Optimismus ich nun freilich garnicht teile", antwortet er auf ein Schreiben Bertas aus Wien. „Daß ich nur nach Wien zu fahren brauche, um nach zwei Tagen mit einem finanziell ganz ausreichenden Vertrag in der Tasche heimkehren zu können, daran zweifle ich nicht... Hofrat Marx wird mich zehn Mal gerührt umarmen – und nur ganz schüchtern andeuten, daß (der damalige Direktor der Wiener Staatsoper) Richard Strauss dagegen ist – was ich übrigens für erlogen halte, worauf man sich aber, da Strauss, glaub' ich, im Augenblick nicht in Wien ist, zur Zeit unter vier Augen ‚im Vertrauen' ausredet – und, wenn es sein muß, auch unterschreiben, aber mit dem Zusatz, er hoffe bestimmt, daß sich mit der Zeit schon irgendwie noch eine ‚Verwendung' für meine Frau finden wird. Gerade dies aber macht alle weiteren Verhandlungen für mich unannehmbar... Der einzige, der wahrscheinlich weiß, worum es sich handelt, und der bei seiner brutalen bayerischen Aufrichtigkeit es auch ruhig sagen würde, ist Richard Strauss. Aber er würde es ablehnen, sich in die Sache einzumischen, weil ihn nichts interessiert als Geldverdienen und Skatspielen, und er auf Dinge, die nicht in diesem Geld-Skat-Horizont liegen, keine Kraft vergeudet."[12]

Im März 1924 erhält Bahr dann vom österreichischen Unterrichtsministerium eine direkte Anfrage, ob seine Frau geneigt wäre, einem Ruf nach Wien zu folgen. Als er jedoch im Gegenzug an der Akademie nach den genauen Bedingungen ihrer Anstellung anfragt, erhält er von Hofrat Marx die geradezu klassische Antwort, bei seinen – Bahrs – guten „Beziehungen" zum Ministerium solle er dies mit den zuständigen Herren selbst ordnen.

Für den Schriftsteller ist diese Replik der letzte Tropfen, der das Faß seines Übermutes übergehen läßt: „Damit hatte ich schwarz auf weiß", teilt er seiner Wiener Freundin mit, „was ich immer gefürchtet hatte und was die Stellung meiner Frau von vornherein unmöglich gemacht hätte: Die Sache wäre damit eine Protektionsgeschichte geworden. Hier in München aber hat nicht bloß der Präsident und das Professorenkollegium der Akademie, sondern ganz besonders auch der Unterrichtsminister, der alte Matt, in Person, alles aufgeboten, um ihr zu zeigen, wie hoch man sie schätzt und daß man sie für unentbehrlich hält . . . Die ganze Behandlung des Falles beweist, daß in Wien kein Hahn nach mir kräht. Sie, liebe Freundin, sind eine Spezial- und Ausnahmshenne!"[13]

Damit ist das Kapitel Bahr-Mildenburg abgeschlossen.

Der Schriftsteller kommt zwar in den folgenden Jahren noch etliche Male nach Wien, wobei er sich zumeist bei der Hofrätin einquartiert – „Für mich ist die Oppolzergasse 6 wirklich der einzige Reiz der ehemaligen Kaiserstadt"[14] –, oder im Sommer nach Unterach am Attersee, bleibt aber bis an sein Lebensende –1934 – in München.

Nur einmal, in einem Brief an Berta Zuckerkandl aus dem Jahr 1927, kommt seine ganze Verbitterung zum Ausdruck: „Hätten wir noch die Monarchie, so dürfte ich wenigstens hoffen, zu meinem achtzigsten Geburtstag ‚kaiserlicher Rat' zu werden. Es ist nicht Eitelkeit, was aus diesen Zeilen spricht, es ist der gerechte Zorn, den ich schon vor 30 Jahren, noch in Wien lebend, gegen diese Stadt empfand."[15]

# 24. KAPITEL

## HILFE VON PAINLEVÉ

Der Wechsel von der „Wiener Allgemeinen Zeitung" zum „Neuen Wiener Journal" – einer Zeitung von zumindest mitteleuropäischem Format, deren Ansehen knapp unter jenem der „Neuen Freien Presse" und des „Neuen Wiener Tagblattes" rangiert – wirkt sich höchst vorteilhaft auf Berta Zuckerkandls journalistische Karriere aus. Hatte sie sich zuvor hauptsächlich dem Kulturressort gewidmet, so wächst sie nun innerhalb kürzester Zeit zur bedeutendsten außenpolitischen Kommentatorin Österreichs heran. Kein Wunder, daß sie ihre Freunde alsbald „die Wiener Madame Tabouis" nennen – Geneviève Tabouis war in der Zwischenkriegszeit die einflußreichste politische Kommentatorin Frankreichs.

Gegenüber ihren österreichischen Kollegen genießt sie einen bedeutenden Vorteil: ihre persönlichen Beziehungen zu einigen der wichtigsten westeuropäischen Politiker. Wo andere österreichische Journalisten – oft erfolglos – antichambrieren müssen, stehen ihr alle – oder zumindest die meisten – Türen offen. Konsequenterweise setzt sie daher das „Neue Wiener Journal" vorwiegend als Sonderkorrespondentin im Ausland ein.

Im Frühjahr 1924 beginnt sie ihre große Serie von Exklusivinterviews mit westeuropäischen Spitzenpolitikern. Paris ist ihre erste Station, wo sie bereits ein Jahr zuvor den großen Dichter Anatol France interviewt hatte. Auch diesmal beginnt sie ihre „Tournee" mit einem kulturellen Beitrag – der bereits erwähnten Rezension des Pariser Gastspiels der Wiener Staatsoper.

In Paris gelingt ihr überdies ein echter „Knüller", ein Interview mit dem sowjetischen Gesandten in Paris, Leonid Krassin. Frankreich hatte den Sowjetstaat erst Anfang der zwanziger Jahre anerkannt und ihm – trotz der wütenden Proteste der zahlreichen in Paris etablierten Exilrussen – das Gebäude der früheren zaristischen Botschaft, ein Palais aus dem 17. Jahrhundert in der Rue Grenelle, zugesprochen.

Als Gesprächspartner präsentiert sich Krassin keineswegs als Revolutionär, sondern als gemäßigter Diplomat, dem es darum geht, Sympathien – und seien es jene des kleinen Österreichs – für sein durch den Bürgerkrieg zerrüttetes Land zu gewinnen. „Gewiß ist eine enge handelspolitische Verbindung mit Österreich auf das Freudigste zu begrüßen", versichert er der Interviewerin. „Es wäre höchst wünschenswert, wenn die öster-reichische Industrie sich auf das ungeheure Absatzgebiet Rußlands beson-ders einstellen würde. Sowjetrußland zählt gegenwärtig etwa 20 Millionen Bauernwirtschaften. Diese Bauern werden in den kommenden Jahren als Käufer stark in Erscheinung treten. Nicht nur für landwirtschaftliche Geräte, sondern auch für die Bedürfnisse ihrer Lebenshaltung – Messer, Ga-beln, Möbel und anderes. Wenn zum Beispiel nur ein Drittel der Bauern Taschenuhren kaufen kann, so kann im Ausland eine Uhrenfabrikation ein großes Geschäft machen."[1]

Bertas nächste Station ist London. Der Entschluß, nach England zu fah-ren, war ihr nicht leichtgefallen. „Ich schreckte davor zurück", läßt sie ihre Schwester wissen. „In Paris bin ich daheim. In London besitze ich nur eine einzige Freundin, die jetzt allerdings einflußreich ist. Ethel Snowden, die Frau des Finanzministers Philip Snowden."[2]

Kurz zuvor hatte die britische Labour Party die Parlamentswahlen ge-wonnen. Mit Ramsey MacDonald übernimmt erstmals ein Sozialist das Amt des Premierministers, und MacDonald ernennt sofort seinen engsten Mitarbeiter Philip Snowden zum „Chancellor of the Exchequer", dem wich-tigsten Amt innerhalb seines Teams.

Vor ihrem widerwilligen Entschluß, nach London zu fahren, hatte Berta Zuckerkandl beschlossen, sich der Hilfe Ethel Snowdens zu versichern, mit der sie seit den ersten Nachkriegsjahren in brieflichem Kontakt steht. Sie beschreibt ihrer Freundin ausführlich Sinn und Zweck ihrer Reise – die Kontaktaufnahme mit Spitzenpolitikern – und fragt ganz offen, ob dies durchführbar sei.

Die Antwort kam telegrafisch: "Expecting you dearest in Downing Street."

Das heißt Downing Street Nr. 11. Der Premierminister residiert traditi-onsgemäß auf Nummer 10. Das Zwillingshaus Nr. 11 – im Herzen Lon-dons sind gerade und ungerade Hausnummern oft nebeneinander zu finden – steht dem jeweiligen Finanzminister als Wohnung zur Verfügung

Mit einem so warmen Empfang hatte die Hofrätin gar nicht gerechnet. Ethel Snowden holt sie vom Victoria-Bahnhof ab und quartiert sie in ihrem eigenen Schlafzimmer im ersten Stock des Hauses ein, während sie selbst im Gästezimmer übernachtet.

Das Erdgeschoß ist halb Residenz, halb inoffizielles Arbeitszimmer Phi-lip Snowdens. Wie Kunwald ist er gelähmt und kann sich nur auf Krücken bewegen. Daher zieht er es vor, den Großteil seiner Arbeit zu Hause und nicht im Schatzamt, der Treasury, zu verrichten.

Noch am Abend ihrer Ankunft trifft Berta mit Snowden zusammen und informiert ihn über die Lage in Österreich. Ethel Snowden steht ihr dabei als Fürsprecherin bei. Die Frau des Ministers ist nämlich eher sozial als politisch engagiert. Obwohl es den oft gespannten Beziehungen ihres

Mannes zu seiner Partei sicherlich nicht geschadet hätte, weigert sie sich beharrlich, der Labour Party beizutreten. „Auch hierin gleichen wir uns", berichtet Berta ihrer Schwester. „Du weißt, ich hasse den Begriff ‚Partei‘. "[3]

Snowden vermittelt seinem Hausgast ein exklusives Gespräch mit Ramsey MacDonald, eine bedeutende Auszeichnung, wenn man bedenkt, daß sich britische Regierungschefs – damals wie heute – nur sehr selten interviewen lassen.

Der Premierminister empfängt die Journalistin liebenswürdig, aber dennoch distanziert. Alsbald wird ihr klar, daß sie von diesem Gesprächspartner keine Hilfszusage für Österreich erwarten kann. Doch was er sagt, genügt für ein Exklusivinterview auf der Titelseite des „Neuen Wiener Journals".

„B. Z." ist offensichtlich bestrebt, MacDonalds Sympathie zu gewinnen, indem sie ihre eigene Bewunderung für die Labour Party zum Ausdruck bringt. „Seitdem die Labour-Regierung die Macht übernommen hat, ist die Atmosphäre der Welt eine reinere, bessere geworden", eröffnet sie das Gespräch. MacDonald antwortet bescheiden, er hätte versucht, Großbritanniens Außenpolitik zu einer Politik der freundschaftlichen Verständigung zu machen. Er trete deshalb dafür ein, daß neben den europäischen Siegerstaaten auch noch Deutschland und die Sowjetunion dem Völkerbund beitreten sollten. Aber das sei noch immer nicht genug.

Jetzt ist es an Berta, erstaunt zu sein: „Aber das wären doch sozusagen alle europäischen Großmächte?"

MacDonald antwortet mit einem Satz, den er noch öfters bei ähnlichen Anlässen wiederholt und der in ganz Europa die Runde macht: „My heart is with the small nations of Europe. (Mein Herz ist mit den kleinen Nationen Europas.) Wir brauchen sie alle. Wir rufen sie auf. Denn ohne sie muß die große Friedensunion in Europa unvollständig bleiben."[4]

Bertas nächster Interviewpartner ergibt sich sozusagen von selbst: Es ist ihr Gastgeber Philip Snowden. So wie sich MacDonald für die kleinen Nationen Europas einsetzte, hat auch Snowden ein zugkräftiges Schlagwort zur Hand. Es lautet: „free trade" – Freihandel, ein Begriff, der in der protektionistischen Zwischenkriegszeit reichlich utopisch anmutete.[5]

Dabei kann Berta die wichtigste Nachricht, die sie von Snowden erhalten hat, gar nicht veröffentlichen, weil sie vertraulich ist. Der Minister eröffnet ihr, daß er an einem Projekt arbeite, englisches Kapital der österreichischen Industrie zuzuführen.

Besonders stolz ist die Hofrätin auf ihr drittes und letztes Exklusivinterview: mit dem schon damals fast legendären Lordkanzler der Labour-Regierung, Viscount Haldane of Cloan. Bereits 1911 in den Adelsstand erhoben, kommt Haldane aus den Reihen der Liberalen Partei. Als Kriegsminister des liberalen Kabinetts unter Henry Asquith hat er die britischen Streitkräfte reformiert. Dennoch bleibt er Pazifist, und dies veranlaßt ihn schließlich, zur Labour Party überzuwechseln.

Selbst Bertas Gastgeberin Ethel Snowden ist überrascht, als sich Haldane bereiterklärt, die österreichische Journalistin zum Tee in seinem Haus am Queen Anne's Gate zu empfangen: „Sie können sich nicht vorstellen, was für eine Auszeichnung Ihnen widerfährt. Denn es ist sehr schwer, zu Lord Haldane vorzudringen."

Schon das Haus Haldanes fasziniert die Besucherin: Stilecht bis zum mächtigen Türklopfer, der die Glocke ersetzt. Die winzige Halle, mit Blumen überladen. Im „Living-Room" im ersten Stock erwartet sie Miß Haldane, die für ihren unverheirateten Bruder die Honneurs macht. „Dieses Haus ist ganz Sonne", urteilt die Besucherin, „soweit dies in London möglich ist."[6]

In ihrem Bestreben, für Österreich Stimmung zu machen, läuft die Journalistin beim Lord Chancellor offene Türen ein. Er entpuppt sich als alter Freund ihrer Heimat und als der einzige Politiker in London, der wirklich an Österreichs Zukunft glaubt: „Was hat doch Österreich der Welt an wissenschaftlicher Größe, an Genialität geschenkt. Das wird viel zu wenig gewürdigt. Es sollte im Bewußtsein aller Menschen, aller Nationen immer wach bleiben. Dieses Bewußtsein, daß Österreich eine besondere Aufgabe, eine Weltmission erfüllt, indem es eine Quelle der Geistigkeit und der Kunstfreude ist."

„Warum hat England dann mitgeholfen, dieses Märchenland zu zerstören?" will „B. Z." wissen.

„Gegen meinen Willen", beteuert Lord Haldane. „Ich glaube, daß sich die Versailler Auguren in einer Zwangslage befanden. Sie waren seit 1916 durch Versprechungen gebunden. Die Tschechen, die Italiener... Der Sieg war nicht leicht erkauft."[7]

Und er beendet das Gespräch mit einer rosigen Zukunftsvision. „Verfall ist oft nur eine Frage der Wiedergeburt. Auch Byzanz wurde lange von den Historikern als Verfallsepoche bezeichnet. Und doch lag in Byzanz der Keim christlicher Kultur. So wird vielleicht das, was von Österreich übrig geblieben ist, der Welt den kostbaren Saft der Freude bewahren. Ich will meinen Einfluß, so stark wie möglich, dafür einsetzen. Ihre Heimat darf nicht verzweifeln."[8]

In Österreich selbst denkt man gerade in jenen Tag so wenig an Wiedergeburt. Während Berta Zuckerkandl in Paris und London intervenierte, war in Wien Bundeskanzler Seipel am 1. Juni bei einem Attentat schwer verletzt worden. Dennoch veröffentlicht das „Neue Wiener Journal" Bertas Beiträge, die laufend in Wien eintreffen, weiterhin auf seiner Titelseite, gleich neben den Berichten über das Attentat und den Bulletins über den Gesundheitszustand des Kanzlers.

Die „B. Z."-Exklusivinterviews werden in Wiener politischen Kreisen naturgemäß mit großem Interesse aufgenommen. Ein besonders aufmerksamer Leser ist Seipels Berater Gottfried Kunwald. Er ist von ihrem politischen Weitblick – und ihren Beziehungen – so sehr beeindruckt, daß er die gleiche Schlußfolgerung zieht wie Jahre zuvor Graf Czernin und Otto Bauer: Man müsse die Hofrätin gezielt im Interesse der österreichischen Staatsräson einsetzen.

Einige Zeit nach ihrer Rückkehr nach Wien bittet sie Kunwald zu sich in seine Wohnung. Ihre erste Zusammenkunft beginnt nicht gerade erfolgversprechend. Zuerst läßt sie der exzentrische Finanzier 20 Minuten lang warten. „Auf einem zerschlissenen Sofa", wie Berta ärgerlich verzeichnet.[9] Die einzigen Möbelstücke des Vorzimmers sind ein tintenbefleckter Schreibtisch und ein mächtiges Telefon-Schaltbrett, vor dem sich der diensthabende Sekretär aufgebaut hat. Plötzlich schrillen zwei Glocken. Der dienstbare Geist schreckt aus seinem Halbschlaf auf, grüne und rote Lichter zucken, die Schaltstöpsel werden herausgezogen, eine Botschaft wird notiert, der Anrufer verbunden. Dann sinkt der Sekretär in seine Regungslosigkeit zurück, bis ihn neuerlich ein dreifacher Glockenton aufhorchen läßt. Dieses Signal bedeutet: Der Gast darf eintreten.

Der Sekretär führt die Hofrätin in Kunwalds Allerheiligstes. Der Hausherr sitzt am Rande eines langen Tisches, den massiven Oberkörper von einem talarähnlichen Gewand umhüllt.

Kunwald entschuldigt sich, seinen Gast nur sitzend empfangen zu können. „Ich bin ein Krüppel", sagt er ganz ohne Selbstmitleid. Und dann erläutert er den Grund seiner Einladung. „Ich verfolge schon lange mit großem Interesse die anonyme Hilfe, die Sie, besonders durch Ihre französischen Verbindungen, während und nach dem Krieg dem armen Land geleistet haben. Auch der Bundeskanzler hat in manchen Akten, die er in den Archiven des Ballhausplatzes studierte, Ihren Namen gefunden. Es ist auf seinen Wunsch, daß ich mit Ihnen Verbindung aufnehme."[10]

Die Besucherin meint, mit der Verabschiedung der Völkerbundanleihe sei doch die ärgste Gefahr für Österreich gebannt. Und sie kennt natürlich die Rolle, die Kunwald im Zusammenhang mit der Reise des Kanzlers nach Verona gespielt hat. Es wundert sie nur, daß der Finanzmann nach diesem Coup auf keinen hohen Posten berufen wurde.

Dieser winkt jedoch ab: „Nie, nie werde ich irgend eine offizielle Stelle annehmen. Nie den unglückseligen Fehler begehen, durch den viele Juden das Judentum gefährden. Der österreichische Jude ist gewiß ein treuer Patriot. Die schönste Eigenschaft des Juden ist es, daß er in seinem jeweiligen Vaterland wurzelt. Leider sagt er sich selten: ‚Ich gehöre einer Minorität an, der man oft vorwirft, sich emporzudrängen.' Meiner Meinung nach sollten Stellen, die exponiert und allzu verantwortungsreich sind, wie zum Beispiel offizielle, für die Leitung des Staates verantwortliche Stellen, nicht von Juden besetzt werden."

Die Hofrätin ist in diesem Punkt ganz anderer Meinung: „Wo bliebe dann das Vorrecht des Begabten? Wo der edle Begriff: Platz dem Würdigsten?" Es könnte sein, wie es zum Beispiel bei Lord Reading (dem Vizekönig von Indien) oder bei Disraeli (dem britischen Premierminister) der Fall war, daß ein Jude sein Amt zum Segen seines Landes ausübt."

Kunwald läßt sich jedoch nicht beirren: „Selbst der Würdigste muß als Jude bescheiden im Hintergrund bleiben. Er soll seine großen geistigen Kräfte wohl zur Verfügung stellen, doch hinter den Kulissen."

Nach dieser Diskussion erläutert der Kanzlerberater seine Ideen im Detail: „Österreichs Rettung ist nur durch eine enge Verbundenheit mit Frankreich möglich. Wenn es gelänge, Frankreichs Interesse zu wecken, wenn die Kapitalisten dort die Möglichkeiten, die wir noch immer besitzen, berücksichtigen und große Summen in Österreich investieren wollen, dann kann der Miniaturstaat lebensfähig werden. Seipel hat dieses Problem, das ich aufgeworfen habe, lange studiert und hat dann meine Ansicht geteilt. Diese finanzielle Injektion wäre auch die stärkste Waffe gegen die Anschlußpropaganda."

„Mein Ziel ist die politische und ökonomische Wiedergeburt."[11] Und schließlich erklärt sich Berta bereit, an jedem Versuch, Frankreichs Unterstützung zu gewinnen, nach besten Kräften mitzuwirken

Der Finanzier übernimmt es, Seipels Zustimmung für Bertas Mission einzuholen. Bei diesem läuft er indes offene Türen ein. Erfreut teilt er der Hofrätin mit, daß der Kanzler von ihr nur als „unsere Berta" spreche. Diese meint, das sei zuviel des Lobes. Was sie bisher getan hätte, verdiene kaum diese freundschaftliche Bezeichnung. Überdies wittere sie eine neue Regierungskrise in Frankreich, welche die Realisierung der gemeinsamen Pläne gefährden könnte.

Das nächste „Arbeitsgespräch" findet bereits im Bundeskanzleramt statt, und Seipel ist persönlich anwesend. „Mein Freund Kunwald", erläutert er der Besucherin, „hat verschiedene Projekte ausgearbeitet, die für die französische Hochfinanz von Interesse sein könnten. Dafür ist vorerst eine wohlwollende Empfehlung der französischen Regierung notwendig. Hauptsächlich des Finanzministers. Österreich besitzt noch Industrien von großem Wert."

„Besonders für Frankreich", wirft Kunwald ein. „Ich habe bereits einige Optionen in Händen."

Die Hofrätin dämpft den Optimismus ihrer Gesprächspartner, besonders was ihren eigenen Einfluß in Paris trifft. „Ich kenne den jetzigen Finanzminister nicht. Und mit (Premierminister) Briand stehe ich kaum in Kontakt. Allerdings wäre es mir leicht, bei ihm eingeführt zu werden. Doch das ist nicht dasselbe."

„...wie wenn Ihr Freund Painlevé am Ruder wäre", beendet Kunwald ihren Satz.

Painlevé ist aber nicht – oder noch nicht – am Ruder. Momentan ist er in Wartestellung, und Berta meint daher, es wäre besser, noch etwas abzuwarten. Davon will Kunwald nichts wissen: „Abwarten? Glauben Sie, daß Optionen auf Abwarten eingerichtet sind? Entweder Sie fahren jetzt, oder wir lassen unsere Pläne fallen." Nun ist es Seipel, der seinen Berater einbremst: „Frau Berta hat recht, wenn sie zögert. Denn sie trägt, wie immer, die Kosten der Reise selbst. Und deshalb haben wir kein Recht, unsere Freundin in ein Abenteuer zu jagen." Dieser Einwurf genügt, um das Selbstbewußtsein der Hofrätin zu wekken und ihre Bedenken zu zerstreuen. „Vorsicht ist die Mutter des Geizes", resümiert sie in ihren Erinnerungen. „Fort mit der Vorsicht!"[12]

Die Verwirklichung der gemeinsamen Pläne stößt indes auf Schwierigkeiten. Am 8. November 1924 tritt Ignaz Seipel als Bundeskanzler zurück. Drei Wochen später übernimmt Rudolf Ramek das Amt des Regierungschefs.

Berta Zuckerkandl steht in keinem Nahverhältnis zum neuen Kanzler, aber Kunwalds Einfluß ist noch immer groß genug, um Ramek zu überreden, die inoffizielle Mission der Hofrätin nach Paris zu sanktionieren. Anfang April 1925 fährt sie schließlich mit dem Segen der Regierung nach Frankreich.

Dort herrscht wieder einmal eine Regierungskrise, aber diesmal ist die Wendung zu Österreichs Gunsten. „Ich bin, Sie werden es bereits wissen", meldet „B. Z." ihrem Gönner Kunwald am 16. April, eine Woche nach ihrer Ankunft, „gerade im entscheidenden Augenblick gekommen. Painlevé wurde eben ins Elysee gerufen. Wenn es ihm gelingt, ein Ministerium zu bilden, so wird er morgen die Regierung übernehmen."[13]

Noch bevor sie den Brief in den Kasten werfen kann, ist die Entscheidung bereits gefallen. Am Nachmittag kommt Painlevé zu Paul und Sophie Clemenceau – bei denen Berta wohnt –, um sich mit ihnen zu beraten. Sein Ministerium ist fast komplett, aber noch fehlt die Hauptsache: der Finanzminister. Plötzlich springt Painlevé auf, mit jener Exuberanz, die seinem Wesen so viel Wärme gibt: „Pourquoi ne pas vous dire, tout de suite, ce que je propose de faire. Je choisirai Caillaux pour les finances." – „Warum soll ich euch nicht gleich sagen, was ich zu tun gedenke. Ich werde Caillaux als Finanzminister wählen." Das ist ein kühner Schritt: den als Verräter noch kurz zuvor Verfemten ins Kabinett zu berufen. Selbst Paul Clemenceau, der selten seine Ruhe verliert, ist völlig verblüfft: „Quoi? Caillaux?" – „Was? Caillaux?"

Painlevé bleibt ungerührt: „Ja, Caillaux, den Ihr Bruder als Verräter vor den Obersten Gerichtshof zerren wollte. Caillaux, dem ein endloser Prozeß gemacht wurde. Caillaux, der, obwohl vollständig rehabilitiert, noch immer in Mamers im Exil lebt. Caillaux ist der Mann, den ich brauche. Ein As in finanziellen Fragen. Ein kaltblütiger Denker und ein aufpeitschender Redner mit einem eisernen Willen." Sophie Clemenceau ist noch immer nicht überzeugt: „Aber wird er annehmen?" Für Painlevé gibt es keinen Zweifel: „Sicher wird er annehmen. Ich tue das gleiche, was Georges (Clemenceau) getan hat, als er Picquart zum Kriegsminister ernannte, um die Schmach, die man dem Verteidiger Dreyfus' angetan hatte, auszumerzen. Ich will dasselbe tun, um das Unrecht wiedergutzumachen, das man Caillaux angetan hat. Ich fahre selbst zu ihm nach Mamers."[14]

Noch am gleichen Abend begibt sich der Premierminister tatsächlich in Caillaux' Exil, um diesen nach Paris zu holen. Um Mitternacht gibt er die Zusammensetzung seines Kabinetts bekannt. Berta kann sich freuen: „Für uns, für Seipel und für Kunwalds Pläne ist es, als ob eine Fee die ganze Sache arrangiert hätte."[15]

Gleichzeitig sieht die Journalistin Zuckerkandl eine Gelegenheit, die Serie ihrer Exklusivinterviews mit Spitzenpolitiker in Paris fortzusetzen. Ein Jahr zuvor war ihre französische Ausbeute eher mager ausgefallen, weil die richtigen Leute nicht an den richtigen Stellen saßen.

Im Frühjahr 1925 hat sie es natürlich leichter. Painlevé gewährt seiner alten Freundin das erste Interview am Tag der Kabinettsbildung und noch vor dem Vertrauensvotum in der Kammer. „Österreich wird in mir immer einen warmen Freund und volles Verständnis für seine hohen Werte finden", versichert er. „Ich habe von jeher und stets die feste Überzeugung vertreten, daß es so lange kein europäisches Gleichgewicht gäbe, ehe nicht die Lage Österreichs konsolidiert und sein Wirtschaftsleben endgültig gesichert ist. Die Existenz Österreichs durch wirtschaftliche Hemmnisse zu unterbinden und hiermit ein geistig und kulturell so hochstehendes Volk durch künstliche Einschränkungen zu ersticken, wäre nicht nur unmenschlich und grausam, sondern würde im Herzen Mitteleuropas einen gefährlichen Krankheitsherd für alle Völker bedeuten... Ich habe die feste und bestimmte Hoffnung, daß noch eine Lösung gefunden wird, um zwischen Österreich und seinen Nachbarstaaten ein neues wirtschaftliches Leben aufblühen zu lassen."[16]

Bertas nächster Interviewpartner ist der umstrittene Finanzminister Caillaux, dessen Ernennung soviel Aufregung verursacht hatte. Sein Büro befindet sich in der Rue de Rivoli gegenüber dem Louvre. Das Taxi der Journalistin wird durch das mächtige Tor in den Hof des Ministeriums geschleust: „Eine breite, gerade ansteigende Treppe führt zu den Amtsräumen. Mein Herz klopft, aber nicht etwa weil ich mich zu einem Minister begebe. Das macht auf mich keinen Eindruck. Was meine Natur schreckt, ist ein Huissier (livrierter Amtsdiener). Ein mit prangender Silberkette geschmückter, autoritär streng blickender Mann, der mächtiger ist als alle Chefs. Diese kommen und gehen, aber er bleibt. Er kennt wie kein anderer die Hierarchie der Gebräuche und wer respektvoll oder wer abweisend empfangen werden soll. Er allein entscheidet darüber, ob man zehn Minuten oder eine Stunde zu warten hat. Ja, Huissiers flößen mir heillose Angst ein. Deshalb, und auch aus angeborenem Leichtsinn, versuche ich stets, dem Huissier eine 20-Francs-Note in die Hand gleiten zu lassen. Die Grandezza ist unnachahmlich, mit der der Silberbehängte diesen Obolus in Empfang nimmt. Nicht einmal ein Schauspieler der Comédie Française kann sie erreichen. Niemals sieht man den Schein in die Tasche gleiten. Er zerstäubt ihn sozusagen in der Luft. Und nur an dem plötzlich beschwingten Schritt, mit dem er die Visitkarte in das Heiligtum trägt, an dem jetzt vertraulichen Lächeln ist die Wirkung der Injektion zu bemerken."[17]

Caillaux empfängt die Journalistin mit ausgestreckten Armen: „Madame, ich bin glücklich, Sie zu empfangen. Würden Sie Madame Clemenceau von mir ausrichten, daß ich niemals ihre großartige Haltung während meines Prozesses vergessen werde. Dabei kannte sie mich gar nicht persönlich. Schon deswegen, Madame, stehe ich zu Ihren Diensten."

Trotz dieses freundlichen Empfanges findet Berta den Minister gar nicht sympathisch. Der kahle Kopf, das heftig gerötete Gesicht, die zuckenden, nervösen Gesten stoßen sie ab. Ebenso wie die eiskalte Sicherheit des Mannes, der alle Höhen und Tiefen des Schicksals kennt.

Davon läßt sie sich allerdings nichts anmerken und übergibt Caillaux das Exposé, das man ihr in Wien mitgegeben hat. Dieser legt es jedoch ungelesen zurück. „Ich werde das Exposé später lesen. Vorläufig bitte ich Sie, mir kurz zu schildern, was Ihre Regierung von uns erwartet."

Auf diese Bitte hin ist die Hofrätin gut vorbereitet. Sie kennt das Thema in allen Einzelheiten. Instinktiv fühlt sie, daß sie Caillaux nicht langweilt. Während sie spricht, macht er sich dauernd Notizen.

„Lassen Sie mir Zeit", erklärt er schließlich. „Der Gedanke, daß ein von Frankreich finanziell unterstütztes Österreich die beste Abwehr der Anschlußbewegung sein könnte, ist logisch und politisch durchführbar. Ihn zu realisieren, scheint mir möglich. Die Sympathien, deren sich Österreich auch jetzt noch erfreut, werden mir die Aufgabe erleichtern."

Die Unterredung scheint zu Ende, doch gelingt es Berta, noch rasch einen Wunsch vorzubringen. „Solche Worte des französischen Finanzministers dürften auch in weiteren Kreisen nicht unbekannt bleiben. Der Bundeskanzler und Dr. Kunwald werden ihre Bedeutung erkennen. Doch um die notwendige Atmosphäre zu schaffen, was Frankreichs Anteilnahme betrifft, möchte ich um Ihre Erlaubnis bitten, Ihre Worte in der Form eines Interviews in Wien veröffentlichen zu dürfen."

Caillaux stimmt zu, und am 17. Mai 1925 prunkt Berta Zuckerkandls Interview auf der Titelseite des „Neuen Wiener Journals".[18]

Nach dem so positiven Ausgang des Gesprächs zwischen Caillaux und der österreichischen Emissärin beschließt Kunwald, persönlich nach Paris zu fahren. Trotz der körperlichen Strapazen, die er dabei auf sich nehmen muß. Die Hofrätin läßt es sich nicht nehmen, ihren Freund bei Caillaux persönlich einzuführen. Und dieser zeigt seine Ritterlichkeit, als er seinen verkrüppelten Gast, der von Dienern aus dem Auto gehoben wird, am unteren Treppenabsatz erwartet und ihn selbst in sein Büro hinaufbegleitet. Bei der Zusammenkunft selbst ist „B. Z ." nicht zugegen. Deshalb weiß sie nichts über den Inhalt des Gesprächs zu berichten. Die Mission findet jedoch ihren Niederschlag in den Berichten des österreichischen Gesandten in Paris, Eichhoff, an das Außenministerium in Wien. Der Gesandte scheint über den Alleingang des Außenseiters Kunwald ebensowenig begeistert wie über die Tatsache, daß dessen Zusammenkunft mit dem Finanzminister nicht von seiner Gesandtschaft, sondern von einer Journalistin fixiert worden war. Während er selbst nur ein Treffen Kunwalds mit Staatssekretär Jacques Seydoux im Außenministerium hatte fixieren können.

„Gemäß dem sehr geschätzten Schreiben vom 30. April habe ich Herrn Dr. Kunwald dreimal nach telefonischer Anfrage im Hotel aufgesucht, fand ihn jedesmal im Bett", beschwert sich der Diplomat bei Außenminister Heinrich Mataja – als hätte er nichts von Kunwalds Gebrechen gewußt. „Meine Gespräche mit Dr. Kunwald waren interessant. Er urteilt sehr apodiktisch über die allgemeine Lage unseres Vaterlandes. Nach seiner Auffassung ist unsere Leistungsfähigkeit ebensowenig in Frage zu ziehen, wie die Fortdauer irgendeines anderen Staates gleich deshalb bezweifelt werden kann, weil er – was zeitweise unvermeidlich ist – in eine wirtschaftliche Krise gelangt... Daß bei uns aus jeder Schwierigkeit gleich Bedenken gegen unsere Existenzmöglichkeit abgeleitet werden, mag daher kommen, daß wir in unserer gegenwärtigen Gestaltung noch kein zureichendes Nationalgefühl aufgebracht haben."[19]

Was den Gesandten besonders ärgert, war die von Kunwald gegenüber der französischen Regierung geäußerte Forderung nach Abschaffung der damals noch bestehenden Völkerbund-Aufsicht über die österreichischen Staatsfinanzen unter dem Vorsitz des niederländischen Generalkommissars Zimmermann. Diese Intervention Kunwalds, wettert der Gesandte, hätte dessen französische Gesprächspartner verärgert. Und damit seine, Eichhoffs, Beziehungen zum Quai d'Orsay beeinträchtigt.[20]

Was der Gesandte offensichtlich nicht wußte, war die Tatsache, daß seine Regierung die Aufhebung der Völkerbund-Bevormundung als wichtiges Anliegen betrachtete und daß Außenminister Mataja die Hofrätin ausdrücklich ersucht hatte, diese Bemühungen auch nach Kunwalds Abreise fortzusetzen.

Was diese auch tut. Sie liegt Painlevé dauernd in den Ohren, bis dieser ihr verspricht, das Problem bei der nächsten Session des Völkerbundes aufzugreifen.

Und der Premierminister erfüllt sein Versprechen. Am 8. September 1925 fordert er in Genf die sofortige Abschaffung der Völkerbundaufsicht über Österreichs Finanzen und setzt sich nach heftigen Debatten auch durch.

Damit hat die „Zuckerkandl-Mission" einen wichtigen Teilerfolg errungen. Die eigentlichen Wirtschaftsverhandlungen, die nun von Experten beider Länder geführt werden, gestalten sich jedoch schwieriger als erwartet. Die Genfer Wirtschaftskonferenz im November 1925 bringt für Österreich nur bescheidene Fortschritte.

Und es gibt auch Rückschläge. Am 25. November tritt Painlevé, der beste Freund, den Österreich jemals im Amt des französischen Ministerpräsidenten hatte, zurück, nachdem er bereits einige Wochen zuvor Caillaux als Finanzminister hatte entlassen müssen. Premierminister wird – zum vierten Mal – Aristide Briand, nicht gerade ein Fürsprecher Österreichs. Immerhin bleibt Painlevé als Kriegsminister im neuen Kabinett.

Dann aber sorgt ein Interview, das Alt- und bald wieder Bundeskanzler Seipel im Februar 1926 dem Berliner „Acht-Uhr-Blatt" gewährt, für beträchtliche Aufregung an der Seine. In diesem Interview wird Seipel dahingehend zitiert, die vorhergegangene Genfer Wirtschaftskonferenz sei eine „durch die gegenwärtige politische Lage notwendig gewesen Etappe zum Anschluß" gewesen. Österreichs Pariser Freunde, allen voran Painlevé, sind über diese Äußerung empört. Der nunmehrige Kriegsminister meint, Seipel hätte für ihn das Gegengewicht zum Anschlußgedanken verkörpert. Er wisse jetzt nicht mehr, auf wen er sich verlassen könne. Und Briand droht, er werde sich mit Österreich „beschäftigen", sobald ihm die Debatte über die Finanzgesetze eine Atempause gönne.

Bestürzt eilt der neue österreichische Gesandte Alfred Grünberger auf den Quai d'Orsay, um Generalsekretär Berthelot eine authentische Version des Interviews vorzulesen. Dieser erklärt sich mit der Aufklärung befriedigt, das Mißtrauen gegen Seipel dauert jedoch in Frankreich weiter an.[21]

Deshalb beschließt der Prälat, persönlich nach Paris zu fahren. Offiziell soll der Besuch dazu dienen, Painlevé in dessen Funktion als Präsident des Comité France-Autriche – die er seit der Gründung des Komitees innehat – zu ehren. Die inoffizielle Schirmherrschaft, zumindest über den gesellschaftlichen Teil, haben die Schwestern Sophie und Berta übernommen.

Am 3. Juni 1926, also schon kurz nach Seipels Ankunft, veranstaltet Painlevé eine Soirée für seinen österreichischen Gast unter dem Titel „Une heure de musique", bei der Sophie Clemenceau „ganz als Hausfrau wirkte", wie Graf Kessler, der sich gerade in Paris aufhält und natürlich eingeladen ist, bissig in seinem Tagebuch festhält: In Anspielung auf das Nahverhältnis, das man Sophie zu Painlevé nachsagt. Bertas Anwesenheit erwähnt der Graf übrigens mit keinem Wort. Offensichtlich plagt ihn noch immer das schlechte Gewissen wegen der Rolle, die er ihr gegenüber 1917 in der Schweiz gespielt hatte.

Die Soirée findet nicht im Kriegsministerium, sondern im „Hotel Claridge" statt, und auch dafür hat Kessler eine zynische Erklärung: „Angeblich, weil Painlevé, als er die Einladungen verschickte, den Sturz des Kabinetts erwartete; er hat lieber vorgebaut."[22]

Bertas Beschreibung desselben Ereignisses fällt wesentlich enthusiastischer aus: „Gerade als (die französische Sängerin) Marya Freund die ‚Melodie grecque' von Maurice Ravel unnachahmlich sang, trat dieser (Ravel) ein. Tosender Beifall begrüßte ihn. Seipel fragte seine Nachbarin, die berühmte französische Lyrikerin Comtesse Anne de Noailles, um die Ursache der spontanen Ovation. Als sie ihm den Namen Ravel nannte, begrüßte Seipel den großen französischen Komponisten auf das herzlichste. ‚Sie haben ein Ballett „Vienne" geschrieben – eine große Ehre, die Sie uns erwiesen.' ‚Ich wollte', erwiderte Ravel, ‚meine Paraphrase von Johann Strauß-Walzern zuerst in Wien aufführen lassen. Dort ist der Boden, auf dem diese österreichisch-französische Musik erklingen sollte.'"[23]

Seipel bereitet sich zum Abschied vor. „Menschen, die Musik nicht fühlen, werden auch den heutigen Abend, der Ausdruck einer vollkommenen Harmonie war, nicht verstehen", erklärt Painlevé, als er dem österreichischen Kanzler die Hand reicht. „Wir wollen in diesem Sinn weiter musizieren."[24]

Bei Harry Kessler klingt all das weit blasierter: „Marya Freund sang deutsch und französisch, auch wurde ungezwungen viel deutsch gesprochen, trotz der französischen Generäle in großer Uniform; niemand schien darauf zu achten. Dann ließ mich Madame de Noailles holen und erneuerte unsere Bekanntschaft in ihrer aufgeregten, überschwenglichen Weise. Die kleine rabenschwarze Frau hatte schwarze Handschuhe zu ihrem Abendkleid angezogen; ihre Finger fuhren mir wie schwarze Nattern ins Gesicht... Im selben Augenblick griff Ravel, der wie eine arische Ausgabe von Oscar Fried aussieht, nach meiner Hand. ‚Cher ami' usw., ‚seit so lange nicht gesehen...' Es war ein allgemeines Wiedersehen, Stimmung europäisch, trotz der glänzenden französischen Uniformen, gar nicht wie beim Kriegsminister, eine große europäische Gesellschaft. In dieser Beziehung kann man vielleicht sagen, ‚que cette soirée marque une date'..."[25]

Seipels Pariser Programm beschränkt sich naturgemäß nicht auf gesellschaftliche Funktionen. Der Altbundeskanzler hält auch zwei bedeutende Vorträge: den ersten bei einem Bankett des „Comité France-Autriche", den zweiten an der Sorbonne.

Bei letzterem Anlaß zeichnet sich der Prälat besonders aus. Er beschließt, den Vortrag in französischer Sprache zu halten, obwohl er dieser Sprache – im Gegensatz zum Italienischen – kaum mächtig ist. Presseattaché Zifferer überträgt seinen Vortrag ins Französische, und innerhalb von zwei kurzen Tagen überwindet Seipel die Schwierigkeiten der Aussprache. Dabei kommt ihm die Hofrätin zu Hilfe. Er spricht ihr einige Sätze vor, um deren Wirkung zu erproben. Der vor mehr als tausend teilweise kritisch eingestellten Franzosen gehaltene Vortrag erreicht dann, so „B. Z.", eine „nachhaltige Wirkung".[26]

Diesen Eindruck bestätigt der österreichische Geschäftsträger in Paris in seinem Abschlußbericht über die Seipel-Visite an den Generalsekretär des Außenministeriums: „Die Wirkung des hiesigen Besuches des Altbundeskanzlers Seipel läßt sich nunmehr nach Ausklingen der Pressestimmen und nach verschiedenen Gesprächen mit maßgebenden Kreisen zusammenfassend als eine hervorragend günstige bezeichnen. Das Ereignis war für uns von vornehinein sehr bedeutungsvoll. Die Persönlichkeit des früheren Bundeskanzlers ist in den Augen der hiesigen Öffentlichkeit mit dem österreichischen Problem so gut wie identisch, und zwar in um so höherem Grade, als er nicht mehr an der Spitze der Regierung steht und seine Zunge daher durch rein taktische Erwägungen der amtlichen Politik nicht mehr gebunden ist... Die ungewöhnliche Herzlichkeit, mit der Painlevé bei beiden Gelegenheiten die Ansprachen Dr. Seipels einleitete und beschloß, hat hier zweifellos tiefen Eindruck gemacht und unser Prestige in sehr erfreulicher Weise gehoben. Wenn es nun auch wahr ist, daß die Franzosen außer einer formvollendeten und meisterhaften Darstellung des österreichischen Problems in dem Punkte, der sie am meisten interessiert, nicht allzuviel Neues erfahren haben, so stellt sich die von Dr. Seipel mit anscheinend großem Freimute behandelte Frage des Anschlusses, in einem großen Zusammenhang erklärt und gedeutet, doch den hiesigen Gemütern und Gehirnen ganz anders dar, als die meisten zusammenhanglosen und falsch pointierten Anschlußnachrichten, die die hiesige Öffentlichkeit durch ihre Zeitungen erfährt. Es war vom Standpunkte unserer hiesigen außenpolitischen Stellung unbedingt nötig, daß Mgr. Seipel dieses Kind beim Namen genannt hat."[27]

Nach seiner Heimkehr beschließt Seipel, seinen Gastgeber Painlevé zu einem Gegenbesuch nach Wien einzuladen, eine Initiative, die von der Hofrätin tatkräftig unterstützt wird.

Vorerst müssen sich beide aber gedulden. In Österreich ist es inzwischen zu einem Regierungswechsel gekommen, wenngleich ohne jene Krisenelemente, die für andere westeuropäische Länder, besonders Frankreich, damals bezeichnend waren. Am 20. Oktober 1926 löst Ignaz Seipel seinen Parteifreund Ramek auf dem Ballhausplatz ab und bildet sein viertes Kabinett.

Am 15. und 16. Juli 1927 kommt es mit dem Brand des Wiener „Justizpalastes zu den bislang schwersten Unruhen in der Geschichte der Ersten Republik. Durch seine harte Reaktion auf die sozialdemokratische Kritik am brutalen Eingreifen der Exekutive während der Ausschreitungen verschärft Seipel das innenpolitische Klima in Österreich. Für die Linke ist er künftig der „Prälat ohne Milde".

Die sozialistische und liberale Presse in Westeuropa reagiert äußerst negativ auf die Ereignisse rund um den Justizpalast-Brand, und unter den gegebenen Umständen ist auch der gemäßigte Linkspolitiker Painlevé an einer Reise nach Österreich nicht besonders interessiert.

Mit ihrer typischen Hartnäckigkeit läßt die Hofrätin jedoch nicht locker. Endlich gelingt es ihr, Seipel vom politischen Wert einer derartigen Visite neuerlich zu überzeugen. Am 25. Juli 1928 erhält sie von ihm schriftlich eine zumindest prinzipielle Zustimmung für ihre Initiative: „Die würdige Einladung M. Painlevés liegt mir ebenso am Herzen, als Ihnen selbst. Aber leider fehlt es mir noch immer an der Möglichkeit, sie wirkungsvoll zu gestalten. Ich habe bis in die letzte Zeit immer wieder gesucht, welche Organisation die Einladung ergehen lassen sollte. Aber alle sind zu klein und zu unbedeutend dazu. Die Regierung selbst kommt natürlich nicht in Betracht, da jeder Anlaß fehlt, den französischen Kriegsminister nach Wien zu bemühen. Wenn M. Painlevé mit guter Begründung hier ist, dann wird es natürlich die Regierung nicht daran fehlen lassen, ihn zu feiern, wie er es verdient. Gesandter Grünberger läßt keine Gelegenheit vorübergehen, ohne mich an diese Angelegenheit zu erinnern."[28]

Berta erhält Seipels Schreiben während eines Kurzaufenthaltes in Gastein, aber sie antwortet postwendend, daß der geplante Besuch nicht mangels eines geeigneten „Sponsors" unterbleiben dürfe. Und sie schlägt ihrerseits eine Reihe von Organisationen vor, welche die Schirmherrschaft übernehmen könnten.

Diese Argumentation überzeugt den Kanzler. Schon am 31. Juli schreibt er ihr neuerlich : „Für Ihren Brief sage ich Ihnen vielen Dank. Ich sehe dem Besuch M. Painlevés bei uns keineswegs ad acta gelegt an. Die neue Möglichkeit mit dem Institut de Cooperation International, von der ich bisher nicht gewußt habe, werde ich sofort weiterverfolgen und Ihnen dann Nachricht geben."[29]

Schließlich übernimmt der österreichische Kulturbund die Patronanz über den Besuch. Immerhin ist Painlevé nicht nur ein Politiker, sondern auch ein berühmter Mathematiker.

Im September 1928 trifft der Ehrengast endlich in Wien ein, und natürlich kommen zu diesem Anlaß auch Paul und Sophie Clemenceau nach Österreich. Das Programm, mit aktiver Assistenz der Hofrätin gestaltet, hält sich bewußt an das Schema der Seipel-Visite in Paris Doch das Interesse der österreichischen Öffentlichkeit ist womöglich noch größer. Immerhin ist Painlevé Kriegsminister der damals bedeutendsten Militärmacht Europas.

Dem Vortrag des Politikers im Festsaal des Kulturbundes wohnen Staatspräsident Michael Hainisch, Bundeskanzler Seipel, die meisten Mitglieder der Regierung und fast alle ausländischen Missionschefs bei. Der Redner hält sein Referat betont unpolitisch. Er weist auf das wahrhaft internationale Werk der reinen Wissenschaft hin, der er jedoch eine gewisse Gleichgültigkeit in bezug auf Begriffe wie „gut" und „böse" und eine übermenschliche Gefühllosigkeit vorwirft. Welchen Widerstand, fragt er rhetorisch, biete die Wissenschaft gegen die menschlichen Leidenschaften und die Übergriffe der Macht, die sie selbst geschaffen habe?[30]

Natürlich läßt es sich Berta nicht nehmen, tief in ihre nicht allzu wohlgefütterte Tasche zu greifen, um einen „Rout", wie es das „Neue Wiener Journal" nennt, für Painlevé zu veranstalten, wobei sie zusammen mit ihrer Schwester die Honneurs macht. Und wieder gilt das Augenmerk der Presse der „friedlichen Koexistenz" zwischen Seipel und Julius Tandler rund um den Diwan in der Oppolzergasse.[31] Selbstverständlich sind auch die alten Habitués des Salons zugegen: etwa die Mediziner Wagner-Jauregg und Eiselsberg, die Schauspieler Raoul Aslan, Hilde Wagener und Adrienne Geßner sowie die Schriftsteller Karl Schönherr und Raoul Auernheimer. Namen, die bis heute ihren Klang nicht verloren haben.

Bei seiner Abreise bedankt sich Painlevé noch einmal bei seiner „privaten Gastgeberin": „Trotz allem was geschehen ist, weicht der seltsame Zauber nicht, der dieser Stadt märchenhafte Anmut verleiht. Hier sind die Menschen anders als sonst überall. Was mich besonders berührt, ist die, möchte ich sagen, edle Schlichtheit ihres genialen Wesens. Diese Wiener und Wienerinnen haben etwas von der naiven Unbewußtheit des Kindes an sich. Ja, dies ist ein Merkmal der Wiener Art und Weise. Ich bin viel gereist, komme mit der Elite aller Länder in Berührung. Aber niemals, wie hier ist diese geistige Natürlichkeit zu finden, dieses gelassene Lächeln. Es ist das Lächeln eines von einer uralten Kultur getränkten Volkes."[32]

# 25. KAPITEL

# ILLUSTRE KREISE

„Während ich von Wien abwesend war, hat sich ein Ereignis begeben, das nachträglich mitzumachen, mir eine Beschreibung ermöglicht, die ihm durchaus angepaßt erscheint. Es handelt sich um den Anbruch des augustäischen Zeitalters, um den Beginn jener Epoche, in der unter der Regierung Bosels die Wissenschaften, am Hofe Castigliones die Künste blühten (Siegfried Bosel und Camillo Castiglione waren zwielichtige Finanziers in den Zwischenkriegsjahren, die anderseits bedeutende Beiträge zur Förderung der Wissenschaft und Kunst leisteten), und mitten aus einem Barockzeitalter heraus, in dem wir uns ausgerechnet befinden, ein stilles schlichtes Hoftheater entstand, wo man nachher warmes Essen bekommen kann, und das sich auf dem raschesten Umweg von Salzburg über Weimar nach Wien, der Abkürzung halber ‚Die Schauspieler im Theater in der Josefstadt unter der Führung von Max Reinhardt' nennt... Wogegen man gar nichts machen kann. Ich lasse deshalb meinem Gewährsmann im ‚Neuen Wiener Journal' das Wort."[1]

Das Ereignis, das Karl Kraus mit beißender Ironie bei einem Vortrag am 17. April 1924 glossiert, ist die Wiedereröffnung des Theaters in der Josefstadt, 17 Tage zuvor. Das historische Theater, 1788 errichtet und 1822 von Kornhäusl, dem bedeutendsten Architekten des Wiener Biedermeier, umgebaut, war von Max Reinhardt übernommen und im alten Glanz wiederhergestellt worden. Eine kulturelle Großtat, die Karl Kraus, aus seiner persönlichen Abneigung für Reinhardt heraus, ganz und gar nicht zu würdigen weiß. Im krassen Gegensatz zu Generationen von Theatergehern, die sich in den folgenden Jahrzehnten an Wiens intimstem Theater erfreuten.

Der „Gewährsmann", auf dessen Beschreibung sich Kraus beruft, ist natürlich Berta Zuckerkandl, wobei es sich zugegebenermaßen um einen „Hofbericht" handelt, wie man ihn heute kaum mehr schreiben würde:

„Der große Abend ist vorüber. Das neu entstandene Josefstädter Theater hat seine Pforten geöffnet. Wer wissen wollte, was dieser Abend für die Theatergeschichte Wiens zu bedeuten hat, der brauchte nur zur Josefstädter Straße vor das Theater hinzugehen, um im Reflex der freundlich erhellten, neuen Fassade des alten Baues den Aufzug des geistigen Wien in prunkvoller Prozession zu beobachten..."

„Die innere Erneuerung des Hauses ist eine Sensation. Einen ähnlichen Eindruck mögen jene unserer Urväter gehabt haben, die der Eröffnung des alten Burgtheaters – am Michaelerplatz – beigewohnt haben. Alles von anheimelndster Intimität und doch von geradezu unglaubwürdigem Prunk. Es ist alles so alt und doch so neu. Am Abend der ersten Vorstellung fand man kaum Zeit, sich mit diesen Einzelheiten zu befassen. Die Eindrücke des Hauses selbst gingen unter in der mit adeliger Noblesse sich gebenden Bewegung der erschienenen Gesellschaft. Der erhebende Augenblick der Übernahme eines neuen Kulturbesitzes durch die geistigen Vertreter der alten Kulturmetropole erfuhr eine zutreffende Andeutung durch das Aufgehen des eisernen Vorhanges, der sich in geradezu feierlich langsamem Tempo in die Höhe hob."

„Fast ohne Verspätung – die Teilnehmer der Eröffnungsvorstellung waren ausnahmslos rechtzeitig erschienen – kündigte der feierliche, von sanftem Klingen begleitete Ton des Gongs den Beginn der Vorstellung. Ungemein stimmungsvoll, mit nach Sekunden abgewogener Langsamkeit wird es still im Zuschauerraum. Der Blick aller wendet sich zu der rechten Proszeniumsloge, in der der scharf umrissene Kopf jenes Führers sichtbar wird, den das Wiener Theaterleben an diesem Tag hinzubekommen hat: Max Reinhardt."

Und weiter im gleichen Stil: „Das gesellschaftliche Bild war, wie schon bedeutet, ein unerhört prunkvolles. Das Haus erwies sich naturgemäß als viel zu klein, um allen den Platz anzuweisen, der ihnen gebührt hätte. Und so begnügte sich mancher, der es sonst verschmäht, einen Sitz in der dritten Reihe Cercle einzunehmen, mit einem Platz in der vierten Reihe Balkon. Man befand sich demnach wie vor einem Wunder, daß das kleine Haus all jenen Raum zu geben vermochte, die das kulturelle Leben Wiens repräsentieren."[2]

„B. Z." ist allerdings nicht die einzige, die das alt-neue Theater fasziniert. Das von ihr beschriebene Ereignis findet auch in den Schriften Robert Musils seinen Niederschlag – also im Werk eines Schriftstellers, den man bestimmt nicht unter die Hofberichterstatter einreihen würde.

So schreibt Musil: „Ein frischer Anstrich hatte die alte Fassade des Theaters in der Josefstadt reizend hervorgehoben. In der schmalen Josefstädter Straße stauten sich die Autos und das Spalier der Gaffer; es war der 1. April und dennoch war das Versprechen, daß an diesem Tage eröffnet wurde, keine Lüge. Bei Beginn des Spiels ging der herrliche Gaslüster sanft in die Höhe, und es wurde auf solche Weise Dämmerung im Haus, daß alle Münder O! machten, weil selbst in Börsianerherzen Kindheitserinnerungen an schwebende Ballons erwachten. Alles war da; die neuen Vierhundert und der Rest von früher; die Spitzen von Stadt und Staat; die Girlande der Schönheit; die Sterne der verschiedenen – Finanz-, Kunst-, Wissenschaft-, Theater-, usw.-Himmel, wirklicher Geist und jener, der in der Dreieinigkeit von Reichtum, Schönheit und Geist niemals störender Dritter zu sein sich befleißigt; kurz die Zähler und Nullen, die hinten an den Ziffern hängen; noch kürzer: Ganz Wien war da; was sich dafür hält, und was sich dazu hält."³

Was aber den abwesenden – oder vielleicht gar nicht eingeladenen? – Karl Kraus nicht beeindrucken kann. Er resümiert: „Man sieht, ich habe mehr davon, wenn ich die Ereignisse nicht unmittelbar erlebe, wenn ich nichts aus dem Brunnen des Lebens, nichts aus dem Boden der Natur hole, und alles aus der Zeitung."⁴

Womit der Literat weder der architektonischen Leistung des Wiederaufbaus noch dem künstlerischen Wert der Premiere – Goldonis „Diener zweier Herren", mit den Thimigs in den Hauptrollen – gerecht wird.

Der Entschluß Reinhardts, das Theater zu restaurieren, kam natürlich nicht von heute auf morgen. Schon in seiner Burgtheaterzeit hatte er ein Auge auf das in seiner Bausubstanz heruntergekommene Theater in der Josefstadt geworfen. „Wien besitzt ein altes Theater, das wie eine Stradivarius-Geige das Geheimnis birgt, den Ton zu veredeln, das Theater in der Josefstadt", hatte er „B. Z." nach einer eher unbefriedigenden Vorstellung im Burgtheater anvertraut. Seine spätere Frau, die Schauspielerin Helene Thimig, hatte ihn damals in seinen Plänen unterstützt: „Ja, es ist ein Wunder, wenn man auf dieser Bühne steht. Ich habe es einmal erfahren. Dieses Wunder wirkt bis in die letzte Reihe der vierten Galerie. Jedes Lächeln, jede Erregung findet ein Echo – es ist wunderbar."⁵

Wie einigen anderen Kulturschaffenden hat die österreichische Regierung Reinhardt eine Wohnung in der Wiener Hofburg zur Verfügung gestellt. Während die Restaurierung des Theaters in der Josefstadt ihrem Ende zugeht, hält der Regisseur in seiner Wohnung und in den anschließenden Räumen die Proben jener Stücke ab, die er in der ersten Saison ins Repertoire aufgenommen hat. Eines von diesen ist „Aimer" von Paul Géraldy in der Übersetzung von Berta Zuckerkandl.

Neben dem Autor, der eigens nach Wien gekommen ist, wohnt auch die Übersetzerin den „Hofburg-Proben" bei. Der Franzose ist von der höfischen Ambiance begeistert. „Wissen Sie, wen die österreichische Regierung nach Kriegsende im großartigen Gebäude der ehemaligen kaiserlichen Residenz untergebracht hat?" berichtet er einem Kollegen in Paris. „Max Reinhardt, den Theatermann. Wem stünde ein so prächtiger Raum besser an, als einem großen Wiener Regisseur? Die Proben fanden in den durch Paravents sehr geschickt aufgeteilten Sälen statt. Später schob man die Paravents zur Seite, und setzte sich an einen fröhlich gedeckten Tisch. Nach dem Essen führte uns Reinhardt durch weite Höfe und über mächtige Stiegen, öffnete ein schweres Gitter, und ich fand mich auf dem zu dieser nächtlichen Stunde wenig belebten Michaelerplatz. Alt-Wien schlief. Ich konnte Traum und Wirklichkeit nicht mehr unterscheiden."⁶

Für Salzburg engagiert Max Reinhardt einen alten Duzfreund der Hofrätin: Egon Friedell. Friedell, er war übrigens Doktor der Philosophie, ist späteren Generationen besser bekannt als Satiriker und Autor seiner monumentalen Kulturgeschichten der Neuzeit und des Altertums. Er war auch ein hervorragender Übersetzer und hatte das Werk des französischen Historikers Hippolyte Taine „Ancien Régime" ins Deutsche übertragen. Seine Gedanken zu dieser Aufgabe teilt er „B. Z." in einem – undatierten – Brief mit: „Es ist eine große, aber sehr genußreiche Arbeit. Wie schön wäre es, wenn ich Dir daraus vorlesen könnte, da Du in dreifacher Hinsicht sachverständig bist: als Übersetzerin, gelernte Französin und letzte Dame des Ancien Régime."[7]

Friedell war mit der Hofrätin seit 1912 befreundet. Sie hatte ihn kennengelernt, als er in Wien einen Vortrag über den britischen Dichter Carlyle hielt, und war von seiner Diktion so beeindruckt, daß sie ihn in ihrer Rezension mit Mitterwurzer, seinerzeit bedeutendster Schauspieler des deutschen Sprachraums, verglich. Friedell war über diese Kritik so begeistert, daß er den Artikel ausschnitt und später, wie einen Talisman, stets bei sich in seiner Brieftasche trug.

In den zwanziger Jahren widmet er sich allerdings mehr der Schauspielerei. Das Stück, um das es in Salzburg geht, ist Molières „Eingebildeter Kranker", den Reinhardt jedoch nicht bei den Festspielen, sondern, sozusagen privat, in Schloß Leopoldskron zur Aufführung bringt.

Friedell mußte die Rolle des Diafoirus durch einen echten Theatercoup erobern. Reinhardt hatte ursprünglich an eine andere Besetzung gedacht. Als er jedoch eines Abends am Schloßteich von Leopoldskron Ruhe suchte, wurde er plötzlich durch lautes Geplätscher aufgescheucht. Aus dem Schilf stieg ein massiger, halbnackter Mann aus dem Wasser: in der Maske Neptuns, der dem Theatermann sofort seine Begehr – in perfektem Französisch – verkündete: „Ich habe den See durchquert, die Götter haben mir beigestanden, und wenn ich morgen – ich bin sehr eigensinnig – nicht die Rolle erhalte, die mir in dem neuen Stück zusteht, dann wirst du die Rache der unsterblichen Götter kennenlernen."

Als echter Bühnenmensch ist Reinhardt für derartige Theatralik zugänglich. Friedell erhält die Rolle. Dazu der Kommentar des Regisseurs „Ich arbeite mit niemandem lieber und besser als mit talentierten Dilettanten." Und Talent hat Friedell in hohem Maße. Reinhardt gibt ihm noch eine weitere Rolle in einer seiner nächsten Inszenierungen in der „Josefstadt": Es ist „Der Schwierige" von Hugo von Hofmannsthal.

Dieser Auftritt wird zu Friedells größtem schauspielerischen Erfolg. Am meisten freut ihn aber Bertas Premierenbericht im „Neuen Wiener Journal": „Ihre Kritik hat mich größenwahnsinnig gemacht", eröffnet er ihr. „Es ist ein Zustand, der so gottvoll ist wie der, den ein paar Stamperl Slivovitz in mir zu erzeugen pflegen."

Worauf die Hofrätin antwortet, daß ihr leider dieses Gefühl – zumindest von Slivovitz erzeugt – fremd sei.[8] Aber auch sie bekommt mehrmals Friedells Hang zu Theatercoups am eigenen Leib zu verspüren. Er zählt nämlich nicht zu jenen, die sich brav zu Bertas sonntäglichem Jour fixe einstellen oder jeden Besuch ankündigen. Er schneit einfach herein, wann immer es ihm paßt. Eines Abends kommt er wieder unangemeldet zu seiner Freundin, doch diese wimmelt ihn schon nach einigen Minuten ab. Sie habe am folgenden Tag ein anstrengendes Programm zu absolvieren: Mittagessen bei Schnitzler, Jause bei Beer-Hofmann und am Abend eine Soirée auf der britischen Gesandtschaft.

Ihr Gast bleibt völlig unbeeindruckt. „Da geh' ich überall mit", verkündet er apodiktisch. „Ich laß' dich nicht allein."

Die Hausfrau hält dies für einen von seinen Späßen. „Was fällt dir ein ! Ich verbitte mir diese Witze."[9] Und Friedell scheint sich zu fügen.

Als sie am nächsten Tag bei den Schnitzlers zu Tisch sitzt, hat sie die „Drohung" längst vergessen. Unvermittelt tritt das Stubenmädchen ein: „Herr Dr. Friedell läßt fragen, ob er eintreten darf?"

Schnitzler ist befremdet, Berta wütend, aber was bleibt ihr übrig? Gastfreundlich bittet der Hausherr den unerwarteten Gast, einzutreten.

Dieser unternimmt nicht einmal den Versuch einer Entschuldigung: „Sie müssen mir erlauben, bei Ihnen zu speisen, weil ich geschworen habe, überall hinzugehen, wo die Berta heute eingeladen ist. Bei Ihnen fange ich an."[10]

Bis vier Uhr nachmittags betätigt sich der ungebetene Gast als Alleinunterhalter. Während er gerade in ein Gespräch mit Schnitzler verwickelt ist, unternimmt es Berta, sich unauffällig zu entfernen. Auf keinen Fall will sie ihren Freund auch zu Beer-Hofmann mitnehmen. Sie weiß, wie reserviert dieser ist und daß er niemals Fremde empfängt.

Schnitzler wohnt im Währinger Cottage. Von dort ist es nicht weit zu Beer-Hofmann in Pötzleinsdorf.

Vorerst scheint Bertas List erfolgreich. Schon eine Stunde lang plaudert sie mit den Beer-Hofmanns. Dann läutet es neuerlich. Beer-Hofmann blickt auf seine Frau: „Wer kann das sein?"

Bevor diese antworten kann, meldet sich der dienstbare Geist: „Ein Herr Friedell ist draußen..." „Friedl? Kenne ich nicht", erklärt der Hausherr. „Das muß ein Irrtum sein."

Da tönt schon Friedells sonore Stimme aus dem Flur: „Guten Tag, Herr Doktor. Entschuldigen Sie den Überfall, aber ich muß heute überall hin, wo die Berta ist. Infolgedessen auch zu Ihnen."

Die Angesprochene ist blaß vor Wut: „Ich schwöre Ihnen, Beer-Hofmann, ich bin daran unschuldig!" Und an Friedell gewandt: „Wieso kannten Sie überhaupt die Adresse?"

Dieser ist nur amüsiert: „Ich habe sie dem kleinen Heini herausgelockt."[11]

Der „kleine Heini" ist der Regisseur Heinrich Schnitzler, der Sohn des Schriftstellers.

Bertas gute Laune ist endgültig verflogen. Nach zehn Minuten in einer frostigen Atmosphäre verabschiedet sie sich. Friedell mit ihr. Sein Angebot, sie nach Hause zu bringen, lehnt sie wütend ab und zieht es vor, den langen Weg mit der Straßenbahn in die Stadt zu fahren.

Nach dem Friseur, einer Maniküre und etwas Ruhe hat die Hofrätin ihre allseits gerühmte Contenance wiedergefunden. „Jetzt kann nichts mehr passieren", denkt sie, während sie sich für den Empfang auf der Gesandtschaft anzieht. „Dort kommt niemand ohne Einladung hinein."

Meint sie. Als sie die Gesandtschaft betritt, einige Bekannte begrüßt und zum Buffet geht, steht dort bereits Friedell im Smoking, ein Glas Champagner in der Hand und in ein Gespräch mit einem ordengeschmückten Herrn vertieft. Nachdem er Berta erblickt, gibt er sich demonstrativ erstaunt und verbeugt sich vor ihr: „Good evening, Mylady. Ich bin überglücklich, Sie hier zu treffen."

Ihre nächste Frage nimmt er vorweg: „Sie unterschätzen die Macht der Presse. Glaubten Sie, ich könnte keine Einladung ergattern?"

Die Hofrätin gibt sich endgültig geschlagen. Ihre Freundschaft erleidet dadurch keinen Abbruch.[12]

Friedell bleibt auch in späteren Jahren schlagfertig. Als die Nazis in Deutschland an die Macht kommen und seine Verträge mit deutschen Verlegern „einfrieren", ärgert er sich vorerst: „Der springende Punkt scheint zu sein: muß man, wenn ein Buch erscheinen soll, Mitglied der Reichsfachschaft der Schriftsteller sein? Diese verlangt nämlich, daß derjenige und seine Frau, beziehungsweise Egeria, also auch Du, Vollarier sind", schreibt er Berta aus Kufstein, wo er sich während des Sommers aufhält.[13]

Aber er gibt sich nicht geschlagen. Als er den Verleger telefonisch nicht erreichen kann, marschiert er herrisch über die deutsche Grenze und fordert den deutschen Zollbeamten auf, ihm sofort eine Verbindung mit Berlin herzustellen. Was dieser auch tut. Während ihn „Hitler von der Wand durchbohrend anblickt", spricht er mit Berlin und kann seine Angelegenheit zumindest kurzfristig regeln. „Da aber alles was ich berühre sofort zum Schwank wird, so war die Sache nicht schlimm. Außerdem hat sie den Vorteil, daß ich jetzt hier als Nazimärtyrer gelte", berichtet er darüber der Hofrätin.[14]

Egon Friedell ist übrigens nicht das einzige „Original", mit dem sich Max Reinhardt herumzuschlagen hat. Der Prunk, mit dem sich der geniale Regisseur auf Leopoldskron umgibt, provoziert nicht nur Karl Kraus, sondern auch Spaßvögel aller Art. Aber es sind wenigstens Spaßmacher von

Format, wie etwa der Schriftsteller Ferenc Molnár. Molnárs spektakuläres Rencontre mit Reinhardt findet sogar Eingang in Friedrich Torbergs „Tante Jolesch oder Der Untergang des Abendlandes in Anekdoten". Darüber weiß Berta Zuckerkandl aus erster Hand – in einer etwas abweichenden Version – zu berichten.

Der Regisseur hatte einen prominenten Theatermann vom Broadway – nach Torbergs Darstellung handelt es sich um den Filmproduzenten Jack Warner – nach Leopoldskron geladen und weder Mühe noch Kosten gespart, um dem wichtigen Gast einen eindrucksvollen Empfang zu bereiten. Zu einem Festdiner für den Amerikaner sind unter anderen der Erzbischof von Salzburg, der Landeshauptmann, ein russischer Fürst, zwei Herzoginnen und ein berühmter Filmstar geladen. Die Tafel ist gedeckt mit seinem berühmten Vieux-Saxe-Service. Dazu eine weiße Blütenpracht.

Nach aufgehobener Tafel wird im Fischer-von-Erlach-Saal Kaffee serviert. Der Amerikaner äußert sich begeistert zu Molnár, mit dem er einen Augenblick lang allein geblieben ist. „Ja", erwidert Molnár, „Reinhardt ist ein Magier. Wie fabelhaft ist es ihm gelungen, den Erzbischof, den Landeshauptmann, den Fürsten, die Herzoginnen von Schauspielerinnen und Schauspielern darstellen zu lassen. Sie glauben doch nicht, mit dem wirklichen Erzbischof und allen anderen Herrschaften diniert zu haben? Reinhardt wollte Sie besonders ehren. Er hat seine Truppe Maske machen lassen."[15]

Wütend stürmt der Amerikaner aus dem Schloß. Er läßt sein Auto vorfahren und will sofort abreisen. Erst auf dem Bahnhof holt man ihn ein, nachdem Reinhardt erfahren hat, was vorgefallen war. Er bittet den noch immer empörten Gast am folgenden Morgen im Salzburger Dom der vom Erzbischof zelebrierten Messe beizuwohnen, um sich von dessen Echtheit zu überzeugen. Was dann auch geschieht.

Reinhardt ist jedoch Molnár keinen Moment lang böse. Als echter Theatermann weiß er einen derartigen Coup zu schätzen.

Wenn die Hofrätin nicht auf Leopoldskron zu Gast ist, besteht sie darauf, ihren finanziellen Engpässen zum Trotz, standesgemäß im „Österreichischen Hof" abzusteigen. Die Direktorin weiß wohl, daß sie es sich nicht leisten kann, eines der Appartements mit dem Blick auf die Salzach zu mieten, und daß ihr die andere Straßenseite zu laut ist. Deshalb wird für sie alljährlich ein stilles Seitenzimmer reserviert. Die Hausdiener verstecken Bett und Waschtisch – damals waren noch nicht alle Zimmer im „Österreichischen Hof" mit Bad oder Dusche ausgestattet – hinter einem Paravent und verwandeln durch diesen Trick das Zimmer in einen Ersatzsalon, den Berta überall, wo sie sich niederläßt, benötigt.

Um die berühmte Aussicht auf die Salzburger Altstadt, das „Florenz des Nordens", zu genießen, muß sie allerdings in den dritten Stock hinaufsteigen. Dort logiert traditionsgemäß Alexander Moissi mit seiner Frau, der Schauspielerin Johanna Terwin-Moissi. Bei dem geselligen Ehepaar herrscht immer ein reges Kommen und Gehen. Oft ist auf dem Diwan kein Sitzplatz mehr frei. Dann kauern die Gäste eben auf dem Fußboden oder auf den Betten.

Nicht so gesellig geht es bei den Hofmannsthals zu, die ebenfalls während der Festspielzeit im „Österreichischen Hof" wohnen, nämlich in einer Art Mansarde unmittelbar unter dem Dach. Nicht aus Sparsamkeit, sondern weil der Dichter die Abgeschiedenheit liebt. Aber auch er kommt ohne den Festspieltrubel nicht aus. Sein „Jedermann" ist zu einem Dauerbrenner bei den Salzburger Festspielen geworden. Und wenn das Wetter mitspielt ist der Erfolg der Aufführung gesichert. Damals wie noch heute.

Das Frühstück oder, besser gesagt, das zweite Frühstück, nimmt Bertas Kreis nicht im Hotel, sondern nebenan im Café Bazar ein. Der Stammplatz der Hofrätin wird vom Ober tagtäglich reserviert – während Berta ihrerseits die Autorität des Oberkellners bedingungslos akzeptiert. Ist er doch der einzige, der für ausverkaufte Vorstellungen immer noch Karten auftreibt.

Während sie eines Tages im „Bazar" ihren zweiten Morgenkaffee mit Schlag konsumiert – sie hatte niemals Probleme mit ihrer Figur –, geht draußen Moissi vorbei. Er winkt ihr durch das Fenster: Sie soll mitkommen.

„Wohin?" fragt sie, nachdem sie das Café verlassen hat.

„Zum Dom. Ich schau' mir den ‚Jedermann' an. Frag nicht mehr. Du wirst gleich alles sehen."

Neugierig geworden begleitet sie den Schauspieler über die Salzachbrücke zum Domplatz. Dort, auf den Brettern für die Nachmittagvorstellung, spielen Kinder den „Jedermann", ein Brauch, der sich bis in die Gegenwart erhalten hat. Sie hatten offensichtlich von den Dächern und anderen Verstecken aus das Spiel vor der Kathedrale oft verfolgt. Sie kennen ganze Szenen auswendig. Jetzt lassen sie sich durch die Zuschauer nicht stören. Die Anwesenheit des großen Moissi scheint sie eher zu ermuntern. Der kleine Jedermann wirft oft einen Blick auf seinen großen Kollegen, als wollte er ihm sagen: Siehst du, das kann ich auch.

„Für Hofmannsthal", sagt Moissi, „ist das die schönste Bestätigung, daß sein Werk zur echten Volksdichtung geworden ist. Auch Bauern führen in vielen Orten das heilige Stück auf."[16]

Trotz dieses Erfolges sorgt sich „B. Z." um Hofmannsthal. Noch immer erinnert sie sich an den Ohnmachtsanfall des Dichters in ihrer Wohnung während der ersten Lesung des „Großen Welttheaters". Es folgen weitere Anfälle, doch er selbst achtet nicht darauf. Aber er hat die Lust am Leben verloren. „Ich möchte nicht mehr leben", gesteht er einmal der Hofrätin. „Es freut mich nicht mehr, ich will fort." Und bevor seine erschrockene Freundin darauf reagieren kann, wechsel er das Thema, als hätte er nichts gesagt.

Ebenso wie Berta zeigt sich Alma Mahler-Werfel über den gesundheitlichen und seelischen Zustand Hofmannsthals beunruhigt. So notiert sie in ihren Erinnerungen über ein Treffen mit diesem bei Berta Zuckerkandl: „Er kam, vielmehr er schwankte zur Tür hinein... wir riefen: ‚Was ist Ihnen?‘... Er sank lautlos auf das Sofa. Berta holte Wasser und Validol. Es wurde ihm besser, aber seine geisterhafte Blässe verließ sein Gesicht nicht."[17] Der Anlaß für Hofmannsthals Schwächeanfall ist rasch geklärt. „Raimund – seinem jüngeren Sohn – muß etwas geschehen sein", eröffnet er den beiden erschreckten Damen. „Er hat vorgestern telegrafiert, daß er von einer Weltreise – am 24. frühmorgens eintrifft. Und eben kaufe ich das Blatt – da lesen Sie das Datum: Heute ist der 24., und er ist noch nicht angekommen."

Seine Blässe läßt einen neuerlichen Anfall befürchten. Dann hat Berta plötzlich eine Eingebung. Sie nimmt Hofmannsthal die Zeitung aus der Hand. Es ist das „Sechs-Uhr-Blatt", eine Zeitung, die am Nachmittag erscheint und das Datum des folgenden Tages trägt. Also ist es erst der 23. Rasch teilt sie diese Erkenntnis dem „Patienten" mit. Dieser ist erlöst, und alles scheint wieder in Ordnung.[18]

Leider hat niemand die Idee, den Schriftsteller zu überreden, sich einer gründlichen ärztlichen Untersuchung zu unterziehen.

Die eigentliche Katastrophe geht dann von Hofmannsthals älterem Sohn Franz aus. Dieser ist, nach Ansicht der Hofrätin, ein hübscher, liebenswürdiger junger Mann. Nicht sonderlich begabt, aber vielleicht falsch erzogen. Alma Mahler-Werfel nennt ihn einen „jungen Ahnungslosen". Versuche seiner Eltern, ihm eine geeignete Stellung zu finden, schlagen fehl. Zuletzt soll er in Paris einen Posten antreten, kehrt aber, mehr oder weniger erfolglos, nach Wien zurück.

Hofmannsthal, der Schwierige, hat keine Lust – oder keinen Mut–, sich mit seinem Sohn offen zu unterhalten. Er schiebt die Aussprache immer wieder auf.

Im Sommer 1929 treffen Hugo von Hofmannsthal und seine Frau Gerty unvermutet im Sanatorium Purkersdorf ein, wo sich Berta gerade bei ihrer Familie aufhält. Diese ahnt alsbald, daß Gerty den Chauffeur ersucht hat, den Umweg über Purkersdorf auf der Fahrt zu ihrem Schlößl in Rodaun zu wählen, um den besonders nervösen Schriftsteller etwas abzulenken. Oder aber, um ein Gespräch zu führen, dem er bisher ausgewichen war.

So ist es Gerty, die – nicht gerade geschickt – das Gespräch auf die Probleme ihres Sohnes lenkt. „Franzl ist zurück", erzählt sie ihrer Gastgeberin. „Er hat in Paris Freunde gefunden, die ihm ein Verkehrsbüro einrichten wollen. Das möchte er so gerne mit Hugo besprechen."

Worauf dieser aufbraust: „Lassen wir das. Wozu hier? Ich will mit Berta von etwas anderem reden."

Wovon sie reden – daran kann sich die Hofrätin später nicht mehr erinnern. Was sie sehr bedauert, als sie erkennt, vielleicht etwas sehr Wichtiges unterlassen zu haben.

Drei Tage später erschießt sich Franz von Hofmannsthal im Elternhaus im Alter von 26 Jahren.

„Wie kann Hofmannsthal das ertragen?" fragt sich „B. Z.", beschließt aber, ihren Freund, unnahbar wie er ist, in seiner Trauer nicht zu stören. Zwei Tage später erhält sie eine weitere Hiobsbotschaft. Der Telefonanruf einer Bekannten reißt sie um Mitternacht aus dem Schlaf: „Berta, nun ist auch Hugo gestorben. Heute früh, als Franzls Sarg zur Gruft getragen wurde."[19]

Beim Eintreffen der Nachricht bricht Berta zusammen und muß ärztlich behandelt werden.

Später erfährt sie alle Einzelheiten. In der Nacht vor der Bestattung hatte Hofmannsthal endlich Schlaf gefunden. Am Morgen erzählt er seiner Frau von einem seltsamen Traum: von Franzls Sarg, der die Treppe hinuntergetragen werde. Eine Stimme flüstert ihm zu: „Sie müssen hinter dem Sarg gehen, Hugo." Im Traum will er seinen Hut nehmen, kann ihn aber nicht finden und sagt: „Mein Hut! Wo ist mein Hut? Sonst kann ich Franz nicht begleiten."

Einige Stunden später versammelt sich die Familie in der Bibliothek. Hofmannsthal wird gerufen: er möge dem Sarg als erster folgen. Er erhebt sich, sucht seinen Hut. „Ich kann den Hut nicht finden!" sind seine letzten Worte, als er leblos zu Boden sinkt.

Hugo von Hofmannsthal war Mitglied des Dritten Ordens der Franziskaner. Er wird im Ordenshabit begraben.[20]

# 26. KAPITEL

## ÖSTERREICHS DREYFUS-AFFÄRE

In den Jahren 1929 und 1930 erlebt Österreich seinen eigenen Dreyfus-Skandal: die Affäre Philipp Halsmann. Ausgelöst von kleinbürgerlichem Antisemitismus, gekoppelt mit Schlamperei. Der Fall ist heute weitestgehend vergessen, nicht zuletzt, weil in seinem Mittelpunkt kein Hauptmann des Generalstabs, sondern nur ein kleiner ostjüdischer Student stand. Die Motivation der Verantwortlichen war letztlich jedoch die gleiche – der Judenhaß, der in Österreich langsam, aber sicher seinem mörderischen Höhepunkt in der NS-Ära zustrebte. Und mehr noch als in der Dreyfus-Affäre, die sie nur als engagierte Beobachterin verfolgen konnte, steht Berta Zuckerkandl diesmal aktiv auf der Seite des Rechts. Wobei gerade sie wesentlich dazu beiträgt, daß dieses zum Durchbruch kommt.

Die Fakten sind rasch erzählt: Der Zahnarzt Max Morduch Halsmann und sein Sohn Philipp aus Riga verbringen ihre Ferien in Tirol, zumeist mit Bergwanderungen. Obwohl sie aus dem Flachland stammen, sind beide Bewunderer der Bergwelt. Im September 1928 quartieren sie sich in Mayrhofen im Zillertal ein und unternehmen von dort aus eine weitere Bergtour. Die Anstrengungen des Weges und die dünne Bergluft erweisen sich für den älteren Halsmann als zu anstrengend. Er wird von Unwohlsein befallen, erleidet einen Herzanfall und stürzt tot zu Boden.

Sein verzweifelter Sohn sucht Hilfe. In einem entlegenen Gasthaus findet er den Wirt allein, der die Behörden verständigt. Die Leiche bleibt inzwischen an der Unfallstelle und wird erst später ins Tal gebracht. Der Arzt konstatiert keine Wunde, kein Anzeichen auf Fremdverschulden. Der Tote wird zum Begräbnis freigegeben. Ein Unglücksfall, wie viele andere in den Bergen.

Dann aber setzen sich die Tratschmühlen in Bewegung. Juden, notabene Ostjuden, sind in der Tiroler Bergwelt fremde Wesen: Wesen, die man nur aus antisemitischen Publikationen kennt. In den Gasthäusern von Mayrhofen und Umgebung wird eifrig getuschelt. Plötzlich will sich jener Wirt, den Philipp Halsmann um Hilfe gebeten hatte, daran erinnern, einen heftigen Streit zwischen Vater und Sohn Halsmann beobachtet zu haben. Er hatte allerdings das Thema des Streites nicht mitbekommen können. Danach, behauptet nun der Gastwirt, hätte der Jüngere dem Älteren einen Stoß gegeben, und dieser sei ein Stück den Hang hinuntergerollt.

Dieser Tratsch genügt für die Verhaftung Philipp Halsmanns. Die Staatsanwaltschaft Innsbruck erhebt Anklage, und nach einem Blitzverfahren, das lebhaft an den ersten Dreyfus-Prozeß erinnert, wird Philipp Halsmann am 17. Dezember 1928 auf Grund unüberprüfter Zeugenaussagen des Vatermordes für schuldig befunden.

Selbstverständlich legt der Angeklagte, der bisher den Ernst seiner Lage nicht richtig erkannt hatte, Berufung ein und findet auch Verteidiger. Ein prominenter Jurist der Wiener Universität rekonstruiert den Tatbestand bis ins kleinste Detail und kommt zur Überzeugung, daß Philipp Halsmann völlig unschuldig ist. Er veröffentlicht seine Schlußfolgerungen, und von jenem Zeitpunkt nimmt der Fall immer mehr „dreyfusähnliche Aspekte" an. Wie seinerzeit in Frankreich ist die öffentliche Meinung in Österreich gespalten. Es bilden sich zwei Parteien, und in der Presse wird erbittert über die Schuld oder Unschuld des Studenten debattiert.

Im März 1929 hebt die Generalprokuratur das Urteil auf, und der Fall wird neuerlich dem Innsbrucker Gericht überwiesen.

Die Tiroler Justiz läßt sich vorerst Zeit. Erst im folgenden September findet der zweite Halsmann-Prozeß statt. Der Lokalaugenschein am zweiten Verhandlungstag bringt eine überraschende Erkenntnis: von jenem Wirtshaus aus, dessen Besitzer den „Mord" beobachtet haben wollte, konnte man den Tatort überhaupt nicht sehen. Nicht einmal mit einem Feldstecher. Daraufhin wird das Verfahren jedoch nicht eingestellt, sondern lediglich unterbrochen.

Danach kann von einem normalen Prozeß nicht mehr die Rede sein. Die antisemitische Presse hetzt gegen den Angeklagten, Plakate gegen ihn werden an Innsbrucker Häuser angeklebt, so daß sich die Verteidiger zu einer Vorsprache bei Justizminister Franz Slama genötigt sehen. Die Intervention wird jedoch durch die Tatsache erschwert, daß sich das Land gerade in einer Regierungskrise befindet.

Dennoch bleiben die Freunde des Angeklagten nicht passiv. Bei einer Sympathiekundgebung fordert kein Geringerer als Sigmund Freud die Freilassung Philipp Halsmanns. Am 17. Oktober wird der Prozeß wieder aufgenommen. Inzwischen hat sich die Staatsanwaltschaft Innsbruck ein Gefälligkeitsgutachten der lokalen Universität verschafft, das gegen den Angeklagten spricht. Damit ist der Weg für eine zweite Verurteilung frei. Dem Gericht ist dabei jedoch nicht gut zumute, und Philipp Halsmann wird diesmal nicht des Mordes, sondern „nur" des Totschlags schuldig befunden und zu vier Jahren schweren Kerker verurteilt.

Damit ist die Parallele zur Affäre Dreyfus perfekt. Ähnlich wie Emile Zola mit seinem „J'accuse", wenden sich die Verteidiger Philipp Halsmanns mit einem offenen Brief an den Bundespräsidenten der Republik,

Wilhelm Miklas, der am 27. Oktober 1929 in der „Neuen Freien Presse" veröffentlicht wird. Im November wird die Nichtigkeitsbeschwerde des Angeklagten, der nun schon mehr als ein Jahr hinter Gittern sitzt, eingereicht. Philipp Halsmann beginnt einen Hungerstreik, den er erst nach mehr als einer Woche, nachdem seine Gesundheit schwer geschädigt ist, auf Drängen seiner Anwälte aufgibt.

Am 23. Jänner 1930 wird die Nichtigkeitsbeschwerde aus „technischen Gründen" verworfen, aber damit setzt die Kampagne für eine Wiederaufnahme des Verfahrens erst recht ein. Die Verteidiger des Studenten wissen, daß nur ausländische Intervention dem Opfer des Justizskandals helfen kann. England ist zu weit weg und überdies an österreichischen Belangen desinteressiert. In Deutschland steht die Regierung Heinrich Brüning auf schwachen Beinen. In Italien hat Mussolini, damals noch keineswegs ein erklärter Antisemit, bereits so viele Justizmorde begangen, daß von ihm keine Hilfe zu erwarten ist. Bleibt also nur Frankreich. Und der Weg nach Paris, das weiß man in Wiens informierten Kreisen, führt über Berta Zuckerkandl.

Jene Juristen, welche die Verteidigungsbroschüre für den jungen Halsmann verfaßt hatten, wenden sich nun an die Hofrätin. Diese ist sofort gewillt, in Paris nicht nur die öffentliche Meinung zu mobilisieren – die den Fall bereits teilweise aus den Zeitungen kennt –, sondern auch ihre einflußreichen Freunde. In erster Linie Painlevé, der zu jener Zeit das Amt des Luftfahrtministers bekleidet und noch immer als Präsident der Französisch-Österreichischen Gesellschaft fungiert.

Der Moment ist günstig, denn der neue österreichische Bundeskanzler Johann Schober bereitet eben eine Reise nach Paris vor und will sich in diesem Zusammenhang der Hilfe der Clemenceau-Schwägerin versichern. Ende April 1930 ersucht er sie, ihn im Bundeskanzleramt aufzusuchen.

Berta ist diesmal alles andere als begeistert. Sie hat Schober während dessen Amtszeit als Wiener Polizeipräsident kennengelernt, aber – wie sie ihrer Schwester gesteht – „ein hervorragender Polizeipräsident ist noch lange kein hervorragender Staatsmann". Besonders suspekt muten ihr Schobers Anschlußideen an. Mit dem Ziel, diesen entgegenzuwirken, hatte der österreichische Gesandte in Paris, Alfred Grünberger, einen Besuch des Kanzlers an der Seine angeregt. Um aber allfälligen Protesten der mächtigen tschechoslowakischen Lobby in Paris zuvorzukommen, wird die Visite mit einem Gastspiel der Wiener Philharmoniker in der französischen Hauptstadt kombiniert.

Schober möchte diesen Anlaß jedenfalls für inoffizielle Regierungskontakte nutzen und ersucht daher die Hofrätin, für ihn das Terrain zu sondieren.

Eine Woche vor dem Kanzler fährt sie daher nach Paris, und es gelingt ihr, Painlevé dazu zu bewegen, die Schirmherrschaft über die Visite zu übernehmen. Daß sie bei dieser Gelegenheit ihren Freund auffordert, den Fall Halsmann während seiner Gespräche mit Schober zu erwähnen, ist zwar in ihren Memoiren nicht erwähnt, darf aber als selbstverständlich angenommen werden.

Das Gastspiel der Philharmoniker im „Theatre des Champs Elysées" gibt einen festlichen Rahmen für Schobers Gespräche ab. Painlevé läßt es sich nicht nehmen, den österreichischen Gast persönlich ins Theater zu geleiten. Danach erwähnt er auch die Affäre Halsmann und das Befremden, das sie in Paris ausgelöst habe.

Tags darauf fährt Schober höchst befriedigt in die Heimat zurück. Vor seiner Abreise verspricht er Painlevé hoch und heilig, er werde sich sofort nach seiner Rückkehr in Wien für Philipp Halsmann einsetzen, den auch er für unschuldig hält.

Painlevé ist als Politiker viel zu erfahren, um sich auf das mündliche Versprechen eines Kollegen zu verlassen. Da er weiß, daß Berta nach einigen Tagen ebenfalls nach Wien zurückkehren wird, gibt er ihr ein persönliches Schreiben an Schober mit: „Ich vertraue Ihnen hier einen Brief an. Es geht um das tragische Schicksal dieses Menschen. Ich weiß, wie sehr Sie daran Anteil nehmen. Deshalb bitte ich Sie, dieses Schreiben sofort nach Ihrer Ankunft Bundeskanzler Schober zu überreichen. Es darf keinem Sekretär in die Hände fallen. Das Couvert ist nicht verschlossen, da ich will, daß Sie den Brief zuerst lesen. Dann aber überreichen Sie ihn verschlossen."

Kaum in Sophies Wohnung zurückgekehrt, liest Berta den Brief: „Sehr geehrter Herr Bundeskanzler. Die mit Ihnen verbrachten Stunden und das Ergebnis von Besprechungen, die, wie ich hoffe, Österreichs Unabhängigkeits- und Existenzkampf erleichtern werden, bleiben mir in angenehmer Erinnerung. Ich war sehr erfreut, daß Sie meine Gewißheit bezüglich der völligen Unschuld des armen X teilen. Er ist das Opfer einer gefährlichen Bewegung, die sich von Deutschland aus ausbreitet und die auch die friedliche Atmosphäre in Ihrem Land gefährdet. Es war mir möglich, da dieser Prozeß als ein internationaler angesehen werden muß, alle diesbezüglichen Dokumente zu prüfen, und ich kam zu dem Schluß, daß das Beweismaterial gegen X gefälscht wurde und daß er das Opfer einer monströsen Intrige geworden ist."[1]

„So habe ich mir erlaubt, da Sie ganz meiner Meinung sind und die Macht besitzen, einem flagranten, ungeheuerlichen Justizirrtum vorzubeugen, Sie im Namen der Gerechtigkeit, die keine Grenzen kennen darf, zu ersuchen, dem Akt der Verurteilung, falls er Ihnen vorgelegt werden sollte, keine Folge zu leisten. Diese zwischen uns geschlossene Verständigung haben Sie, Herr Bundeskanzler, zu meiner Freude mit Ihrem Ehrenwort besiegelt. Sie versprachen, den Unschuldigen zu retten. Leider weiß ich allzu gut, wie oft man als verantwortlicher Staatsmann im wüsten Sorgengetriebe auf Gespräche und Versprechungen vergißt. Deshalb, Herr Bundeskanzler, erlaube ich mir, Sie an das Ehrenwort zu erinnern, mit welchem Sie mir Ihre freundschaftliche Gesinnung bestätigt haben."

Die Hofrätin kopiert den Brief, verschließt das Couvert und packt ihre Koffer. Wenige Stunden später sitzt sie im Arlberg-Expreß. Der Zug trifft um 16.30 Uhr in Wien ein, und Berta spricht schon eine Stunde später, ohne sich vorher umzuziehen, bei Schober auf dem Ballhausplatz vor.

Dieser erscheint vorerst gut gelaunt, jovial und über die Ergebnisse seiner Mission befriedigt: „Was führt Sie zu mir, gnädige Frau?"

„Herr Bundeskanzler, mir wurde die Ehre zuteil, Ihnen einen Brief von Präsident Painlevé zu überbringen, und zwar mit der Auflage, das Schreiben nur Ihnen persönlich zu übergeben."

Schober überfliegt das Schreiben, und mit einem Mal ist seine Jovialität verflogen. Er kann seine Bestürzung kaum verbergen: „Ich denke, Sie kennen den Inhalt, gnädige Frau?"

Die Hofrätin bejaht.

„Wie konnte ich ahnen, daß man so überstürzt vorgehen werde", verteidigt sich der Kanzler. „Als ich von Wien wegfuhr, lag der Akt noch nicht einmal beim Justizminster. Jetzt ist es vielleicht schon zu spät. Wenn er das Urteil unterschrieben hat, ist es rechtskräftig und kann nicht mehr rückgängig gemacht werden."

Einige Minuten lang scheint Schober unentschlossen. Dann reißt er sich zusammen: „Und doch! Ich kann mein gegebenes Wort nicht brechen... Frankreich gegenüber."²

Aus diesem Dilemma kann ihm seine Gesprächspartnerin nicht helfen. Es ist ihr ausgesprochen peinlich, Zeugin eines Gewissenskonflikts zu werden, der einen Staatsmann befällt, wenn er ein voreilig gegebenes Ehrenwort einlösen muß.

Endlich erhebt sich Schober. Seine als Polizeipräsident erworbene Fähigkeit, heikle Situationen einfallsreich zu bewältigen, kommt ihm auch diesmal zu Hilfe. Er entschuldigt sich bei seiner Besucherin und verläßt das Zimmer. Aus dem Nebenraum hört sie ihn telefonieren.

Als er zurückkehrt, scheint er sichtlich erleichtert. Jetzt ist er wieder ganz der verbindliche Politiker: „Wollen Sie gütigst Herrn Painlevé melden, daß ich, um mein verpfändetes Ehrenwort zu halten, einen Eingriff in die Rechte des Justizministers – aber mit dessen Zustimmung – unternommen habe. Da, Gott sei Dank, der ihm vorgelegte Akt noch nicht unterschrieben war, habe ich ihm diesen abverlangt. Ich lege ihn sofort dem Herrn Bundespräsidenten vor, welchem das Recht der Entscheidung – auf eine Begnadigung – zusteht. Auf diese Weise wird das Unrecht, welches auch ich gerne verhindern wollte, aus der Welt geschafft werden. Es ist zwar ein illegales Vorgehen, aber ich hoffe dadurch dem gütigen Herzen, dem verehrten Herrn Painlevé, und zugleich der Humanität gedient zu haben."[3]

Berta benachrichtigt sofort Painlevé, aber die österreichische Justiz läßt sich vorerst noch Zeit. Erst am 1. Oktober 1930 wird die Begnadigung Philipp Halsmanns bekanntgegeben.

Ähnlich wie im Fall Dreyfus sind die Anhänger des unschuldig Verurteilten auch in Wien mit dem Ausgang des Verfahrens gegen Halsmann nicht zufrieden. „Recht, nicht Gnade!" fordert die „Neue Freie Presse" in einem Kommentar zum Gnadenakt des Bundespräsidenten.[4]

Der junge Halsmann, lungenkrank und psychisch gebrochen, will indes nicht weiterkämpfen. Er akzeptiert den Gnadenakt und wird am 2. Oktober aus der Haftanstalt in Stein entlassen. Zwei Tage später verläßt er das ihm gegenüber so ungastliche Österreich für immer.

Die Geschichte hat noch ein Happy-End. Zuerst läßt sich Philipp Halsmann in Paris nieder, aber dort ist ihm auch kein ruhiges Leben beschieden. 1940 muß er nach Amerika weiterfliehen.

Erst jenseits des Atlantiks kann er sich richtig entfalten. Er wird zu einem der berühmtesten Portraitfotografen der Vereinigten Staaten. Mehr als hundert Titelseiten des Magazins „Life" stammen aus seiner Kamera. Albert Einstein, Winston Churchill, John F. Kennedy, Elizabeth Taylor, Marilyn Monroe und Judy Garland standen ihm Modell. Im Juni 1979 stirbt er, 74 Jahre alt, in den USA.[5]

Berta Zuckerkandl hat niemals behauptet, mehr als einen Beitrag zur Rettung Halsmanns – der sich in den USA übrigens „Philippe Halsman" nannte – geleistet zu haben. „Ich bin so froh, der Briefträger eines Schicksals gewesen zu sein", zieht sie bescheiden den Schlußstrich unter ihre Bemühungen.[6]

# 27. KAPITEL

## EIN FREUND STIRBT

Die Weltwirtschaftskrise – unmittelbar ausgelöst, aber keineswegs allein verursacht durch den „Schwarzen Freitag" an der New Yorker Börse am 29. Oktober 1929 – trifft das kleine Österreich wie eine Bombe mit einem Mehrfachsprengkopf: mit Explosionen im politischen, wirtschaftlichen und sozialen Bereich.

Im Frühjahr 1931 taucht dann ein neues Gesicht in der österreichischen Innenpolitik auf: Engelbert Dollfuß, knapp 1,50 Meter groß, ehemaliger Frontoffizier und niederösterreichischer Bauernbündler, tritt als Landwirtschaftsminister in das Kabinett Buresch ein. Vom politischen Gegner wegen seines fast zwergenhaften Wuchses verlacht, vom katholischen Lager als uneheliches Kind eher scheel angeschaut, verdrängt er mit der Zeit die rangälteren Politiker auf dem Weg zur Parteispitze.

Noch hat seine Stunde nicht geschlagen. Den sprichwörtlichen Mann auf der Straße bedrückt die Wirtschaftskrise mehr als der rein politische Machtkampf, der vielfach nur ein Ventil für Unzufriedene ist. Die Arbeitslosigkeit nimmt katastrophale Ausmaße an. Und die reicheren Länder, die früher einmal helfend eingesprungen waren, denken nicht daran, dem kleinen Österreich beizustehen, solange ihre eigenen Probleme ungelöst sind. Und dann folgt ein Schlag, der auch jene trifft, die sich bislang mehr schlecht als recht über Wasser gehalten hatten: der Zusammenbruch der Großbanken.

Als erste bricht die Depositenbank zusammen, doch erregt dies noch kein größeres Aufsehen, da die Direktoren als Spekulanten bekannt waren. Dann folgt jedoch der Kollaps der Bodencreditanstalt, einer seriösen Institution, die zutiefst im wirtschaftlichen Leben Österreichs verwurzelt ist.

Damit wird schließlich Berta Zuckerkandl in den Strudel der Ereignisse hineingezogen. Nicht so sehr finanziell als rein persönlich, denn die Hofrätin hat zu jenem Zeitpunkt kein Vermögen mehr, das sie hätte anlegen können, und der Familienbesitz ist vorerst im Sanatorium Purkersdorf, wie bereits erwähnt, einer Stiftung ihres Schwagers Viktor Zuckerkandl, krisensicher verankert.

Der Bankenkrach berührt sie vielmehr auf Grund der Nähe ihrer Wohnung in der Oppolzergasse, der Bodencreditanstalt direkt gegenüber. Eines Tages im Jahre 1931 vermißt sie nach ihrer Rückkehr von den Salzburger Festspielen mit einem Mal ein gewohntes Geräusch, das sie früher gestört hatte, dessen Fehlen ihr aber unvermittelt auffällt: Das Klappern der Schreibmaschinen in der Bank ist verstummt. Ebenso das Läuten der Telefone und das geschäftige Hin und Her der Beamten.

„Kein Zweifel," erkennt sie, „die Bodencreditanstalt war gestorben."
Die österreichische Öffentlichkeit reagiert auf den Bankenkrach eher unlogisch. Anstatt zurückzuschalten, setzt in Wirtschaftskreisen, aber auch unter einzelnen Bürgern, eine wilde Welle der Spekulation ein. Alles setzt auf eine Aufwertung des französischen Franc. Als dieser dann nicht aufgewertet wird, und die Spekulanten ihre Valuten mit Verlust abstoßen müssen, werden praktisch die letzten Vermögenswerte verschlungen. Und Österreich verliert überdies die Sympathie Frankreichs, das sich durch die Spekulationen schwer geschädigt sieht

„Wir stehen im Zeichen einer schwarzen Serie," gesteht Gottfried Kunwald der Hofrätin. „Diesen Verrat am Franc wird uns Paris lange nicht verzeihen."[1]

Während der ganzen Krisenzeit hält „B. Z." ihren letzten einflußreichen Freund in Paris, Painlevé – zu jener Zeit, wie bereits erwähnt, Luftfahrtminister und Präsident der Französisch-Österreichischen Gesellschaft –, über die Entwicklung in ihrer Heimat auf dem laufenden. In der stillen Hoffnung, die auch von österreichischen Ministern geteilt wird, er werde wieder einmal eine echte Schlüsselstellung im Pariser Kabinett übernehmen und sich dann für Wien einsetzen.

Der alte Politiker weiß Bertas Berichterstattung zu schätzen, wie er überhaupt die geistige Mitarbeit von Frauen zu würdigen weiß. Ganz im Gegensatz zur Einstellung seiner meisten Kollegen.

„Ich werde es vielleicht nicht mehr erleben," eröffnet er ihr bei einem ihrer Besuche in Paris, „aber ich sehe voraus, daß Frauen einmal eine wichtige Rolle in der Diplomatie spielen werden. Weibliche Intuition, subtiles Taktgefühl, aber auch der Hang zur Intrige werden in einer neuen Diplomatie eine wichtige Rolle spielen."

Und er fügt charmant hinzu: „Ich sehe Sie bereits als österreichische Gesandtin, Ihre Aktentasche unter dem Arm, dem Quay d'Orsay Ihre Aufwartung zu machen."[2]

Im Herbst 1932 kommt Painlevé zum letzten Mal nach Österreich. Über diesen Besuch gibt es zwei konträre Darstellungen, was umso bemerkenswerter anmutet, da beide aus der Feder Berta Zuckerkandls stammen.

In ihrem Buch „Ich erlebte 50 Jahre Weltgeschichte" berichtet sie: „Painlevé blieb sich treu und versuchte wieder zu helfen. Im September 1932 war er nach Wien gekommen und bewunderte die mutige Haltung, den echten österreichischen Optimismus der Politiker. Es war auch das unvergeßliche Verdienst des damaligen französischen Gesandten Comte Clauzel, die Annäherung der beiden Länder auf das innigste geformt zu haben."³

Wesentlich nüchterner schreibt sie indes an ihre Schwester: „Ich blicke mit gemischten Gefühlen auf die Tage zurück, die Painlevé in Wien verlebt hat. Privat waren sie harmonisch, geistig anregend, von der Güte dieses seltenen Menschen vollgesogen. Politisch konnten sie aber nicht anders verlaufen als negativ. Dem scharfen Blick Painlevés ist nicht entgangen, daß Wiens Atmosphäre, die ihm stets so sympathisch war, sich vollkommen verändert hat. Der latente Kriegszustand zwischen Stadt und Staat, die illegalen Armeen hüben und drüben erzeugen Reibungen ohne Ende Dieser Zustand, den er durchschaute, veranlaßte Painlevé zu dem Ausspruch: ,Dollfuß hat sein Volk aufgerufen, damit es ihm hilft, Österreichs Unabhängigkeit zu wahren. Es war ein mutiges Beginnen. Jetzt aber kämpft er gegen einen Teil seines Volkes, und das muß zu einem bösen Ende führen.' So ist die Begegnung (zwischen Painlevé und Dollfuß) eigentlich unbehaglich verlaufen."⁴

Im folgenden Winter erkrankt Painlevé schwer. Er ist nicht mehr in der Lage, an den Sitzungen des Parlaments teilzunehmen und tritt von seinem Ministeramt zurück. Dennoch bedrängt er weiter seine Kollegen, noch vom Krankenbett aus, das Holzabkommen mit Österreich und die Vorbereitungen für eine neue Anleihe unter Dach und Fach zu bringen.

Im Jänner reist Berta Zuckerkandl neuerlich nach Paris und weilt gerade an Painlevés Krankenbett, als dieser, trotz seiner Schwäche, dringend zum Telefon gerufen wird. Die Nachricht, die man ihm mitteilt, ist niederschmetternd: „Der deutsche Reichspräsident Paul von Hindenburg hat Adolf Hitler zum Reichskanzler designiert und mit der Bildung eines Kabinetts betraut."

Einige Augenblicke lang sind der Politiker und seine Besucherin wie gelähmt. Dann meint Painlevé, zutiefst erschüttert: „Heute beginnt vielleicht das Sterben von Europas Kultur. Und so etwas geschieht im 20. Jahrhundert. Armes, armes Österreich."

Nach einigen Minuten hat er sich wieder in der Gewalt. Gerade angesichts der Bedrohung durch das nationalsozialistische Deutschland müsse etwas geschehen: „Österreich ist die letzte Hoffnung, daß etwas unsagbar Schönes in der deutschen Kultur erhalten bleibt."

Am 28. Juni 1933 um 19 Uhr ruft Painlevé seinen Sekretär zu sich. Dieser findet ihn auf dem Fauteuil sitzend vor, schwer um Atem ringend. Aber er will diktieren, will noch ein Gedicht Goethes, den er so sehr verehrt, neu ins Französische übertragen. Diese Verse vermacht er Berta Zuckerkandl.⁵

Paul Painlevé stirbt am 29. Oktober 1933.

# 28. KAPITEL

## KONTAKT ZU DOLLFUSS

Am 20. Mai 1932 übernimmt Landwirtschaftsminister Engelbert Dollfuß das Amt des österreichischen Bundeskanzlers. Der Öffentlichkeit ist der spätere „Millimetternich" weitgehend unbekannt. Und auch innerhalb seines Kabinetts scheint er vorerst der Gefangene seiner extremistischen Koalitionspartner zu sein.

Berta Zuckerkandl steht dem neuen Bundeskanzler womöglich noch distanzierter gegenüber, als dies etwa bei Schober der Fall war. „Dieser neue Kurs, den nun, nachdem Seipels Abglanz verloschen ist, Österreichs Politik einschlägt", berichtet sie ihrer ständigen Briefpartnerin Sophie, „erscheint mit allen Mächten der Reaktion einen Bund zu schließen Ich beschränke mich darauf, Dollfuß und seine Ratgeber nach ihren Taten zu beurteilen. Jedenfalls ist es deutlich, daß der Faschismus Österreich ins Schlepptau nimmt."[1]

Nach einigen Monaten – noch hat Dollfuß den Punkt der letzten Umkehr auf dem Weg zur Diktatur nicht überschritten – ist die Hofrätin bereit, ihre Meinung über den Bundeskanzler zu revidieren. Was sie an ihm schätzt, ist seine Volksverbundenheit. Und sie hofft, daß er ein ähnliches Volksbewußtsein unter seinen Landsleuten erwecken und der Anschlußpropaganda dadurch entgegenwirken kann.

Sie kann sich jedoch nicht mit den meisten Beratern anfreunden, mit denen sich Dollfuß umgibt. Da ist zum Beispiel der Präsident der Nationalbank, Viktor Kienböck, der ihren Freund Kunwald seit dem Tod Seipels (1932) völlig beiseite gedrängt hat. „Kienböck ist gewiß ein nicht unbedeutender, aber dogmatisch veranlagter, höchst selbstsicherer Mann", heißt es in einem ihrer vielen Briefe an ihre Schwester. „Seine zersetzende Art von Ironie, die nicht kämpferisch auftritt, sondern sich wie Grünspan anlegt, wirkt penetrant. Sooft ich Kienböck begegnete, ist mir das süffisante Lächeln, das stets seine Lippen umspielt, wie ein Omen: daß der intimfeindliche Verkehr Kienböcks mit Kunwald zu einem Zusammenstoß führen wird, der die Niederlage des Idealisten Kunwald zur Folge haben muß. Eine Niederlage, die aber keineswegs den Sieg dieses Mephistopheles en miniature bedeuten wird."[2]

Der Zufall will es, daß „B. Z." kurz darauf zum ersten Mal mit dem Bundeskanzler in persönliche Berührung kommt. Einige französische Senatoren kommen nach Wien, und der französische Gesandte, Comte Clauzel, gibt zu ihren Ehren ein Mittagessen, zu dem auch der Bundeskanzler und die Hofrätin eingeladen sind.

Bei Tisch hat der Gesandte Berta den Ehrenplatz neben Dollfuß zugeteilt. Mit einem Hintergedanken, wie er später zugibt: Er wollte, daß der Kanzler eine andere Stimme höre als jene seiner näheren Umgebung.

Dollfuß versucht zuerst, harmlose Konversation zu machen: „Komisch", meint er und weist auf die blumengeschmückte Tafel, „diese Form der Vasen ! Sie sehen genauso aus wie unsere Tiroler Hüte. Und die ganz kleine, letzte dort, die wäre gerade richtig für meine Statur."³

„Hier spricht sein Minderwertigkeitskomplex, wegen seines kleinen Wuchses", denkt seine Gesprächspartnerin. „Mußte er nicht Machthunger auslösen?"

Bevor sie Dollfuß antworten kann, mischt sich ihr zweiter Tischnachbar, der französische Senator Eccord, in das Gespräch. Er hat von Bertas Übersetzertätigkeit aus dem Französischen gehört und will etwas über ihre nächsten Pläne wissen.

Der eher amusische Kanzler kann bei dieser Diskussion nicht mithalten. Er wechselt daher das Thema, indem er eine direkte Frage an die Hofrätin stellt: „Ist die österreichische Gesandtschaft in Paris wirklich so beliebt, wie man mir ostentativ berichtet?"

Das arglos eingeworfene Wort „ostentativ" verrät Berta, woher der Wind weht. „Unser ausgezeichneter Gesandter Grünberger", sagt sie sich, „wird wohl bald, wie alle von Seipel bevorzugten Mitarbeiter, gehen müssen."

Gerade deshalb schildert sie dem Kanzler Grünbergers Tätigkeit, dessen Beziehungen und die charmante Atmosphäre in der österreichischen Gesandtschaft in den lebhaftesten Farben.

Dollfuß blickt sie mit seinen kalten, wasserblauen Augen mißbilligend an: „Was Sie zu Grünbergers Gunsten anführen, gibt mir eher Grund, diese Art, unser Österreich zu repräsentieren, skeptisch zu beurteilen. Die Wiener Oper, die Philharmoniker, Quartette, Wiener Sängerknaben, Johann Strauß und Schubert... damit macht man sich beliebt. Aber mir wäre eine wirtschaftliche Propaganda lieber. Wir müssen unser Tiroler Holz verkaufen. Eine Intensivierung unserer kommerziellen Beziehungen ist lebenswichtig. Aber Herr Grünberger spielt mit seinem ersten Legationsrat stundenlang vierhändig Klavier."

„Herr Bundeskanzler", erwidert die Hofrätin gekränkt, „haben Sie nicht selbst den Impuls gegeben, Österreich zu einem Dorado des Fremdenverkehrs zu machen? Weil Sie darin die Quelle des Volkswohlstandes erkennen? Worin besteht aber die Anziehungskraft, die ein Land ausübt? Es sind doch nicht allein seine Naturschönheiten, die zählen. Darf ich den großen österreichischen Lyriker Anton Wildgans zitieren? ‚Und so oft des Schicksals Uhrenzeiger diese große Stunde der Geschichte wies, stand dieses Volk der Tänzer und der Geiger, wie Gottes Cherub vor dem Paradies."'

Dollfuß schweigt eine Weile. Dann sagt er, wärmer als zuvor: „Sie sind ein guter Verteidiger Ihrer Freunde. Ich wünschte mir, meine Ratgeber hätten Ihre Intensität. Es fehlt mir die Gabe, Aufrichtigkeit von Geschicklichkeit zu unterscheiden. Nichts ist entmutigender als das stete Entwirrenmüssen von wohlgemeinten und bösartigen Intrigen. Da sehne ich mich oft nach meinem kleinen Besitz in Preßbaum, wo ich so ruhig gelebt habe."

„Preßbaum?" Berta ist verwundert. „Dann sind wir Nachbarn. Mein Sohn ist Mitbesitzer des Sanatoriums Purkersdorf."

„Der herrliche Park", schwärmt der Bundeskanzler. „Wie oft bin ich vorübergefahren. Aber mein Töchterchen ist in Preßbaum gestorben. Seitdem wohnen wir nie mehr dort."[4]

Damit ist das Gespräch vorerst zu Ende. Berta und der Kanzler wenden sich ihren anderen Tischnachbarn zu.

Es ist jedoch nicht das Ende ihrer Beziehung. Am nächsten Abend sitzt die Hofrätin mit einer Freundin im nahen Cafe Landtmann, als sie unvermittelt zum Telefon gerufen wird. Was sie nicht erstaunt: Ihr Dienstmädchen weiß immer, wo sie zu finden ist. Erstaunt ist sie erst, als sich am anderen Ende des Drahtes der Bundeskanzler meldet: „Hier Dollfuß. Entschuldigen Sie bitte die Störung. Ich hätte eine Bitte. Ist es Ihnen möglich, mir in Ihrem Sanatorium zwei abgelegene Zimmer zu reservieren? In einer der Villen."

Berta ist hocherfreut: „Gewiß, Herr Bundeskanzler."

„Aber es muß ganz geheim bleiben. Ich brauche zwei, drei Tage Ruhe."

„Verlassen Sie sich auf mich. Wann wollen Sie kommen?"

„Morgen abend", antwortet der Kanzler. „Doch es kann spät werden."[5]

Mit der Geheimhaltung nimmt es die Hofrätin nicht allzu ernst. Sofort informiert sie Kunwald von der unerwarteten Chance, ein vertrauliches Treffen zwischen ihm und dem Bundeskanzler zu arrangieren. Dieser bleibt zurückhaltend: „Wenn ich Dollfuß nur einmal unter vier Augen sprechen könnte... Doch dürfte niemand davon erfahren. Vor allem dürfte Kienböck nichts ahnen. Sonst ist alles umsonst."[6]

Berta verspricht, sich an seine Instruktionen zu halten.

Zuerst läßt sie in der „Paula-Villa", der modernsten des Sanatoriums, ein kleines Appartement reservieren. Um Mitternacht rollt tatsächlich ein schwarzes Auto in den Park. Im Fond sitzen zwei Personen: Dollfuß und sein hünenhafter Leibwächter.

Am folgenden Tag zeigt sich der Kanzler überhaupt nicht. Erst am

Abend bittet er die „Hausfrau" – Berta spielt diese Rolle im Sanatorium – zu einem Plausch. Diese nimmt ihren Enkel Emil mit, weil er bereits ein passionierter Autogrammsammler ist. Dollfuß erfüllt ihm diesen Wunsch und strahlend verläßt der Junge das Appartement mit einem Kanzler-Autogramm.

Dollfuß beginnt nun von selbst von jener großen Sorge zu sprechen, die ihm die schleppenden Verhandlungen über Holzexporte nach Frankreich bereiten. Berta glaubt zu wissen, warum er gerade dieses Thema anschneidet: Sie soll bei ihren Freunden in Paris entsprechend intervenieren.

Vorsichtig geht sie nun daran, das Gespräch auf Kunwalds Lieblingsprojekt – französische Investitionen in Österreich – zu lenken. Der Regierungschef zeigt sich äußerst interessiert. Anscheinend hatte man ihm bisher Kunwalds Ideen verschwiegen. Er beginnt sich Notizen zu machen. Schließlich sagt er: „Ich werde Dr. Kunwald sofort zu mir bitten."

Die Hofrätin sieht sich schon am Ziel, doch ihr Triumph ist kurzlebig. Plötzlich klopft jemand an der Türe, und unangemeldet tritt Kienböck ein. „Ich wußte sofort: Die Gelegenheit ist verpaßt", notiert sie in ihren Erinnerungen, „denn der spöttische Zug um den Mund Kienböcks verschärfte sich zum Hohn. Er kennt meine Beziehungen zu Seipel und Kunwald. Sein scharfer Verstand, das Training in der Kunst der Intrige, haben ihm sofort verraten, was hier im Gang ist. Kunwald ist wieder von Kienböck schachmatt gesetzt."[7]

Am folgenden Tag trifft sie noch einmal mit Dollfuß zusammen. Kein Wort mehr von Kunwald – Berta an Sophie: „Den hat Kienböck verspeist." Hingegen entwickelt der Kanzler seine wirtschaftlichen Lieblingsideen. Er will, zum Beispiel, das Niveau der österreichischen Käseproduktion auf jenes der französischen heben.

„Es muß doch möglich sein, den Camembert, den Brie, in gleicher Qualität zu erzeugen", ruft er aus, ganz entzückt, als gelte es, eine wissenschaftliche Erkenntnis zu verkünden. „Wir leisten jetzt schon Vorzügliches. Wir könnten mit der Zeit enorm exportieren. Die Landwirtschaft kommt zuerst, dann der Fremdenverkehr. Sommer und Winter. Der Arlberg und Hannes Schneider (damals der berühmteste österreichische Skifahrer) sind für den Winter das gleiche wie Salzburg und Reinhardt für den Sommer. All das führt dazu, daß unser Schilling eine immer edlere Währung wird."[8]

Die Hofrätin erklärt sich für derartige Thesen nicht zuständig, weist aber auf die Ideen von Nationalökonomen hin, daß die Aufwertung des Schillings den Fremdenverkehr hemme. Ein Land mit einer allzu harten Währung würde die Touristen abschrecken. Könnte eine Währung nicht bei einer niedrigeren Parität ebenso stabil bleiben?

„Es ist mein Stolz" – „und Kienböcks", denkt seine Gesprächspartnerin –, „daß wir imstande sind, aus dem bettelarmen Österreich nach der Inflationskatastrophe allmählich ein Land zu machen, dessen Goldreserven (die 1938 in die Hände Hitlers fallen werden) es gestatten, den Schilling hochzuhalten. Es gibt hier eine Mystik, die ich die Mystik der Goldreserven nennen möchte. Kienböck hat mich zu diesem Glauben bekehrt." „B. Z." läßt sich von dieser Argumentation nicht überzeugen. Und das nicht nur aus Abneigung gegenüber dem Chef der Nationalbank: „Vor Jahren lebte ich in London bei den Snowdens, er war damals Finanzminister", gibt sie zu bedenken, „da sprach er auch von einer Mystik, an die er leidenschaftlich geglaubt hat. Von der Mystik des Freihandels. Aber er meinte, eine Volksmystik beruhe vor allem auf der Einheit des Volkes."[9]

Der Regierungschef faßt dies als persönlichen Vorwurf auf: „Es ist nicht meine Schuld, wenn Österreich ungeeint bleibt. Solange es bei uns zwei Regierungen gibt – die des Staates, die ich führe, und die der Stadt Wien, von Herrn (Bürgermeister Karl) Seitz und Genossen beherrscht –, wird es keinen Frieden geben."

„Aber die Stadt Wien hat die Bewunderung der Welt errungen", wendet Berta ein.[10]

Worauf Dollfuß neuerlich das Thema ins Belanglose abgleiten läßt. Und noch am gleichen Abend verläßt er Purkersdorf ebenso geheim wie er gekommen war.

Danach brechen die Kontakte zwischen dem Bundeskanzler und der Hofrätin für längere Zeit ab.

Am 4. März 1933 kommt es im Parlament zu einer Auseinandersetzung über die Gültigkeit einer Stimme bei einer Kampfabstimmung, worauf in der Folge die drei Nationalratspräsidenten ihre Ämter niederlegen. Dollfuß nutzt diesen Zwischenfall, um das Parlament überhaupt auszuschalten und regiert künftig mit Hilfe des längst überholten, aber noch nicht widerrufenen „Kriegswirtschaftlichen Ermächtigungsgesetzes" von 1917.

Noch bleibt den politischen Parteien eine Art Schattendasein, aber am 12. Februar 1934 kommt es zur Katastrophe. Auf Drängen Mussolinis und des Heimwehrflügels innerhalb der Regierungskoalition in Wien holt das Regime zum vernichtenden Schlag gegen die österreichische Sozialdemokratie aus. In der Hauptstadt, aber auch in verschiedenen Industrieorten, gehen Heimwehr und Exekutive mit schweren Waffen gegen die sozialistischen Hochburgen vor. Drei Tage dauern die Kämpfe an, dann ist die Rechte siegreich.

Just am 12. Februar ist der berühmte französische Nationalökonom Charles Rist, der im Auftrag des Quai d'Orsay in Wien weilt, bei Berta Zuckerkandl zum Tee angesagt. Der Gast bleibt jedoch aus. Er entschuldigt sich telefonisch aus der französischen Gesandtschaft, wo er vor den Straßenkämpfen Zuflucht gesucht hat: „Ich kann nicht zu Ihnen kommen. Sie hören ja selbst das Maschinengewehrfeuer. Das ist Österreichs Selbstmord."[11]

„Wie recht er hat", meldet Berta einige Tage später ihren Pariser Verwandten. „Von nun an werden Faschismus und Klerikalismus die letzten aufrechten Gebiete unserer Kultur vernichten. Der Weg ist frei für Hitler. Nennt mich nicht, wie es meine Freunde tun, die ‚Wiener Kassandra‘. Für diesen Blick in die Zukunft ist keine Sehergabe nötig."

Im gleichen Atemzug ist sie jedoch noch immer bestrebt, Dollfuß nach Möglichkeit in Schutz zu nehmen: „Major Fey allein soll die Verantwortung tragen. Das scheint mir glaubwürdig. Denn Dollfuß ist klüger und menschlicher als seine Minister und Untergebenen. Aber er hat sich seine Mitarbeiter gewählt, hat sie zumindest gewähren lassen. Also ist er schuldig.[12]

Anfang Juli 1934 trifft sie noch einmal mit dem Regierungschef zusammen. Zum ersten Mal seit den abendlichen Gesprächen in Purkersdorf und gleichzeitig zum letzten Mal. Wie jedes Jahr gibt der Direktor des Wiener Burgtheaters, Röbbeling, gegen Ende der Saison einen Empfang im Hotel Imperial, dem prominente Persönlichkeiten aus Politik, Kultur und Kunst beiwohnen. Noch ist Wiens Kulturleben nicht völlig gleichgeschaltet, und auch die „Kulturbolschewiken" – dazu „B. Z.": „Eine von den Nazis erfundene, idiotische Bezeichnung, ich gehöre zu ihnen" – befinden sich unter den Geladenen.

Dollfuß erkennt die Hofrätin von weitem und kommt auf sie zu: „Endlich. Wieso kommt es, daß Sie nirgends zu sehen sind?"

Berta antwortet betont kühl: „Ich kann offizielle Empfänge nicht leiden, und ich bin auch oft wochenlang in Paris."

„Ich weiß", erwidert der Kanzler, „Sie haben den Verlust Ihres großen Freundes – Painlevé – zu beklagen. Auch für Österreich ist sein Tod schmerzlich. Doch er hatte gewiß Freunde in der Regierung. Sie kennen sich da gut aus. Wir müssen darüber ausführlich sprechen. Frankreichs Haltung ist merklich kühl geworden."[13]

Der Kanzler liest die Antwort aus Bertas Gesichtsausdruck ab, und das erregt ihn: „Ich weiß, daß ich auf der Anklagebank sitze. Die Demokratien maßen sich ein Recht an, das sie Andersdenkenden verweigern. Sie wollen auch die innere Politik unseres Landes bestimmen und nicht nur – was sie tun und nie unterlassen – auf die Außenpolitik einwirken. Aber das kann ich nicht akzeptieren. Nicht das geographische Ausmaß eines Staates darf in dieser Hinsicht bestimmend sein, sondern die Intensität seines Aufbauwerkes. Dies möchte ich nun in loyaler Weise auseinandersetzen. Sie verstehen mich. Ich suche offiziell Fühlung zu nehmen. Über den ganzen Komplex dieser Fragen wollen wir uns, wenn Sie gestatten, unterhalten. Wann sind Sie frei?"[14]

Natürlich ist die Hofrätin geschmeichelt, wenn auch widerwillig. Sie antwortet, daß sie dem Kanzler immer zur Verfügung stehe, wenn auch als Andersdenkende.

Bevor sie einen Termin ausmachen können, wird Dollfuß von einem ordenbespickten Herrn angesprochen. Man geht zum Buffet, und Berta verläßt so früh wie möglich eine Gesellschaft, der sie sich nicht mehr zugehörig fühlt.

Doch Dollfuß hat nicht vergessen. Am 23. Juli ruft er Berta an: „Ich denke noch immer an unsere Begegnung. Doch ich hatte bis heute keine Minute frei. Die Frage, die ich mit Ihnen erörtern wollte, sie ist noch akuter geworden. Sind Sie übermorgen, um fünf Uhr nachmittags, frei?"

„Gewiß!"

„Dann erwarte ich Sie auf dem Ballhausplatz. Wir werden ganz ungestört sein."[15]

Am 25. Juli 1934 um 17 Uhr ist Engelbert Dollfuß bereits tot. Von nationalsozialistischen Verschwörern einige Stunden zuvor im Bundeskanzleramt ermordet.

# 29. KAPITEL

## DER LETZTE AUFTRITT

Unmittelbar nach der Ermordung Engelbert Dollfuß' am 25. Juli 1934 wird der bisherige Unterrichtsminister Kurt von Schuschnigg zum neuen Bundeskanzler ernannt. Sehr zur Enttäuschung der verschiedenen Heimwehr-Größen. Berta Zuckerkandl findet zu Schuschnigg überhaupt keinen Kontakt – und sucht auch keinen. Der nüchterne, ziemlich humorlose Jurist hat für die Privatdiplomatie, wie sie die Hofrätin für seine Vorgänger betrieben hat, kein Verständnis. Soferne er überhaupt von Bertas früheren Initiativen wußte.

Und die Politiker in Frankreich und England sind nicht mehr jene, mit denen Berta Zuckerkandl befreundet war und die ein echtes Gefühl für Österreich an den Tag gelegt hatten. Die alte Generation ist ausgestorben, und ihre Nachfolger haben sich dem „Appeasement", dem Nachgeben gegenüber Hitler und Mussolini, verschrieben.

Es ist daher kein Wunder, daß sich „B. Z." nun völlig von der Politik zurückzieht und sich lediglich dem kulturellen und gesellschaftlichen Leben – oder dem, was auf dem sinkenden Schiff noch übriggeblieben ist – widmet. Früher als sie selbst erkennt ihr Sohn Fritz die Zeichen der Zeit und emigriert 1935 freiwillig nach Frankreich.

Die Schatten der Zeit fallen sogar auf Bertas ungezwungenen Salon in der Oppolzergasse. Einige Vorsichtige – nicht unbedingt deutsche Emigranten, die sich wie versessen an ihren angestammten Kulturkreis klammern – haben ebenso wie Fritz Zuckerkandl eine größere geographische Distanz zwischen sich und Hitler gelegt.

Im Zeichen des betont „deutschen" Klerikalfaschismus in Österreich zeigt auch Alma Mahler-Werfel ihrer alten Freundin Berta eine Zeitlang die kalte Schulter. In Almas Salon stehen zur Zeit die Aristokraten und Prälaten hoch in Kurs, was aber ihren Mann Franz Werfel nicht daran hindert, weiterhin eng mit Berta zu verkehren oder sich heimlich zu seinen alten Freunden ins Café Herrenhof zu schleichen. Wahrscheinlich fühlt sich der vom Revolutionär zum Romantiker gewandelte Schriftsteller dort eher zu Hause als bei den noblen Freunden seiner Frau.

Der wachsende Einfluß der staatlichen Zensur vergällt „B. Z." schließlich die journalistische Arbeit. Um so intensiver konzentriert sie sich auf Übersetzungen französischer Werke ins Deutsche.

Ihre Übersetzungen von Paul Géraldys „Hochzeitstage" für das Burgtheater und „Liebe" für das wiedereröffnete Theater in der Josefstadt wurden bereits erwähnt. Dazu kommen noch zwei weitere Géraldys: „Robert und Marianne" und „Wenn sie groß geworden", drei Stücke von Henri Lenormand und „Mama Nicole" von Jacques Bousquet sowie „Domino" von Marcel Achard, um nur die wichtigsten zu nennen.

Noch knapp vor dem Anschluß entdeckt „Tante Berta", wie die lebhafte Siebzigerin mit wachsendem Alter von ihren Freunden genannt wird[1] – sehr im Gegensatz zum bissigen Spitznamen „Tante Klara" in der „Fackel" –, ein weiteres junges französisches Talent: den erst 27jährigen Jean Anouilh. Anouilhs Stück „Reisende ohne Gepäck", eine Satire auf die Habgier der Menschen, wird in der Übersetzung der Hofrätin Ende 1937 erstmals außerhalb Frankreichs in Wien, im damaligen „Deutschen Volkstheater", aufgeführt. Regisseur ist übrigens Egon Friedells groß gewordener „kleiner Heini", Arthur Schnitzlers Sohn Heinrich. Und noch bis zu seinem Tod würdigte Heinrich Schnitzler die Verdienste Berta Zuckerkandls als Übersetzerin französischer Werke.[2]

Lichtblicke in den letzten österreichischen Jahren „Tante Bertas" sind, neben Wiener Theaterabenden, die alljährlichen Salzburger Festspiele unter der Leitung von Max Reinhardt. Das große Ereignis an der Salzach ist zu jener Zeit der Auftritt Arturo Toscaninis. Die ganze Musikwelt spricht von der Zivilcourage des italienischen Dirigenten, zu einer Zeit, da eher Opportunismus als aufrechte Haltung die Regel ist. Hitler hatte ihn in sein deutsches Walhalla, nach Bayreuth, geladen, aber Toscanini lehnte entschieden ab. Dadurch wird sein Auftreten bei den Salzburger Festspielen ab 1934 zu einer politischen Demonstration für Österreich.

Aber auch dort machen sich kulturpolitische Pressionen kleinlicher Art bemerkbar, wie eben der Austrofaschismus seinen brutaleren Brüdern im Norden und Süden gebremst nacheifert. Aus nächster Nähe muß Berta Zuckerkandl, in Salzburg natürlich immer dabei, den Kampf Reinhardts und Toscaninis um die Integrität der Festspiele beobachten. Dabei zieht zumindest Reinhardt wiederholt den kürzeren.

Toscanini hat es in dieser Hinsicht leichter. Er zählt zu den berühmtesten Dirigenten seiner Zeit, und wenn ihn die Bürokraten schikanieren, dann reagiert er mit italienischem Temperament: „Ich gehe sofort! Ich bleibe keine Minute länger, wenn die Festspiele ihre Autonomie verlieren!"

Zweimal stellt er den Behörden dieses Ultimatum, und diese kapitulieren, da sie sich den Abgang des Maestros nicht leisten können.

Reinhardt dagegen ist kein Gast in Österreich und muß sich den heimischen Regeln unterwerfen. Wenngleich er auf der ganzen freien Welt inszenieren könnte, sind die Festspiele sein Lebenswerk, das er unbedingt erhalten möchte. Selbst um den Preis künstlerischer Konzessionen. Daß die Nazis dieses Werk, mit oder ohne Konzessionen, schon einige Jahre später entfremden werden, scheint er noch nicht zu ahnen. Das heißt: er will es nicht ahnen.

Im „Herbst" der Reinhardtschen Festspiele wartet er noch einmal mit einem grandiosen Schauspiel auf. So wie der „Zauberer" den „Jedermann" auf dem Domplatz hatte inszenieren lassen, spielt er nun Goethes „Faust" – nach einem Konzept von Clemens Kraus – unter freiem Himmel in der Felsenreitschule. Es wird keine leichte Geburt: An der Einmischung von oben bricht die langjährige Zusammenarbeit zwischen Reinhardt und seinem Bühnenbildner Oscar Strnad auseinander. Die Kulturbehörden stellen Reinhardt vor die Wahl, entweder auf Strnad zu verzichten oder auf seinen „Faust". Um die Produktion zu retten, gibt Reinhardt noch einmal nach. Er muß einen theaterfremden Bühnenbildner akzeptieren, aber dennoch wird der „Faust" in der Felsenreitschule – bei leidlichem Wetter – zu einem großen Erfolg.[3] Zu dem übrigens der blutjunge Herbert von Karajan als Dirigent der Begleitmusik beiträgt.

Im Frühjahr 1937 scheint die Welt der Berta Zuckerkandl noch einmal zu heilen . Die Prominenz der freien Welt gibt sich bei der Pariser Weltausstellung ein Stelldichein. Nostalgische Erinnerungen an 1900 werden indes von den zahlreichen Emigranten aus Deutschland und Fast-Emigranten aus Österreich, die sich ebenfalls an der Seine eingefunden haben, gestört.

Im „Thé Hollandais", in der Rue Rivoli, treffen die Hofrätin und ihre Freundin Friederike Zweig – die erste Frau Stefan Zweigs – mit einem der weitestblickenden Propheten des Untergangs, dem literarischen Chronisten des Zerfalls der Habsburgermonarchie, Joseph Roth, zusammen. Im Gegensatz zu Berta, die, ihrem Ruf als Kassandra zum Trotz, in ihrem Herzen noch immer auf eine bessere Zukunft hofft, sieht Roth die einzige „Rettung Europas in einer Rückkehr zu den Werten der Vergangenheit.

Anlaß zu dieser akademischen Auseinandersetzung ist das neue Stück eines gemeinsamen Freundes, Franz Theodor Csokor, „Der 3. November 1918", in dem das Auseinanderbrechen der Völker des Habsburgerreiches geschildert wird.

„Sie alle, die einander befehden und verfolgen und die Österreich so lange Vaterland nannten, werden erst später erkennen, welche Kraft ihnen der Zusammenschluß verlieh", schließt Roth geradezu prophetisch. „Mag sein, daß erst Leid, Unglück, Verzweiflung und Vergewaltigung zu Mittlern werden, der die Völker Habsburgs vereint."[4]

Aber noch ist „B. Z." nicht verzweifelt. In der Ausstellung „600 Jahre französische Kunst" kann sie die trübe Gegenwart kurzfristig vergessen. Keineswegs begeistert sie dagegen der österreichische Pavillon bei der Weltausstellung: „Wie ein überdimensionales Plakat bedeckt die österreichische Landkarte die ganze Front. Sie soll für den Fremdenverkehr werben. Mit Kunst hat dies nur mehr wenig zu tun."[5] Und nur das Wiener Kaffeehaus auf dem Gelände kann ihr eine gewisse Entschädigung bieten.

Dort trifft sie auch mit Max Reinhardt und Helene Thimig zusammen, die in Paris auf dem Weg nach Salzburg Station gemacht haben. Auch für sie ist die französische Kunstausstellung das zentrale Ereignis. Neben dieser haben sie bei der Weltausstellung nur das Wiener Kaffeehaus besichtigt.

Reinhardts Zeit in Frankreich ist kurz bemessen, ebenso wie jene der Hofrätin. Ihre Schwester Sophie – die sie noch im gleichen Jahr verlieren wird – und ihr Schwager Paul sind bereits auf ihr Gut in der Vendée übersiedelt.

Auf der Rückreise muß sich Berta beeilen, um den Eröffnungsempfang Max Reinhardts auf Schloß Leopoldskron nicht zu verpassen. Über diesen, ihren – und Reinhardts – letzten „Auftritt" in Salzburg, berichtet Franz Theodor Csokor in einem Brief an Lina Loos, die Witwe des Architekten: „Neulich wurden wir zu dem ‚Professor' eingeladen, zu Max Reinhardt, nach Leopoldskron, und er tat bei der Begrüßung auf die netteste Weise so, als hätte er sein ganzes Leben durch auf meinen Besuch gewartet. Wahrscheinlich trug dazu mein Burgtheatererfolg – mit dem ‚3. November 1918' – und der an meiner Rechten blitzende Burgtheaterring bei. Auch die Zuckmayers kamen, er etwas niedergeschlagen, weil es ihm nicht gelungen war Rudolf Forster für seinen ‚Sommer in Österreich' durchzusetzen – diese Rolle spielt jetzt drüben irgend ein anglisierter Ungar aus Hollywood. Gegen zehn Uhr Abend schwirrte die Berta Z. herein, unser aller geliebte Hofrätin – ihr Schwager George Clemenceau hat sie ‚Liebenswerte Irre' getauft. Frisch aus dem Bahnhof kam sie, wo sie, nach zwanzigstündiger Fahrt aus Paris zwischen sechs Personen in ein Abteil dritter Klasse gepreßt, eingetrudelt und nach Leopoldskron angesaust war. Den Wachkordon um das wegen befürchteter Böllerattentate zernierte Schloß wußte sie rasch von ihrer Harmlosigkeit zu überzeugen, und nun flatterte sie noch bis zwei Uhr morgens durch den Saal, die jüngste von uns allen, genau wie sie der selige Pallenberg (der berühmte Schauspieler Max Pallenberg war kurz zuvor bei einem Flugzeugunfall ums Leben gekommen) einmal von ihr sagte: ‚Da scharwenzelt sie herum weißes Kleid, fußfreies Rockerl – und der ganze Fratz ist noch keine siebzig Jahre alt.'"[6]

Reinhardt weiß seine Freundin für die anstrengende Anreise zu entschädigen. Er lädt sie ein, diesmal während der Festspiele statt im – teuren – „Österreichischen Hof" bei ihm auf Leopoldskron zu wohnen. Dazu Berta: „Damit beginnen außerordentliche fünf Wochen meines Daseins, das von Erdenschwere losgelöst ist. Die Harmonie geistig erfüllter Stunden wechselt mit der die Phantasie beflügelnden Unruhe sich unablässlich erneuernder Feste."[7]

Dennoch enden die letzten Reinhardtschen Festspiele in Salzburg mit einem schrillen Mißton, den man nur als Wetterleuchen einer Katastrophe auffassen kann. Der Schlußempfang der Festspiele wird wie üblich von der Regierung in der Salzburger Residenz veranstaltet. Max Reinhardt hat auf das Arrangement keinen Einfluß, und verärgert findet er einen Vorwand, um die Einladung abzulehnen. Dazu „B. Z.": „Er kehrt dieser Pygmäenwelt den Rücken."

Durch sein Ausbleiben zwingt er Toscanini, dem gesellschaftliche Anlässe ohnehin verhaßt sind, die künstlerische Leitung der Festspiele allein zu repräsentieren. Reinhardt zuliebe nimmt der Dirigent dessen Platz an der Spitze der Ehrentafel ein. Immerhin kann er sich seine unmittelbaren Tischnachbarn aussuchen: Die große Sängerin Lotte Lehmann zu seiner Rechten, Helene Thimig zu seiner Linken. Vorerst läuft alles planmäßig. Der Maestro zeigt sogar ein seltenes Lächeln.

Allmählich nehmen etwa 50 Gäste an der Tafel ihre Plätze ein. Nur der Sessel zur Rechten der Gattin des Dirigenten Bruno Walter bleibt vorläufig leer. Als diese den auf der Karte verzeichneten Namen liest, bittet sie unauffällig einen Gast, mit ihr den Platz zu tauschen. „Warum lehnt sie einen Ehrenplatz ab?" wundert sich Berta Zuckerkandl, die in der „Tischhierarchie" nicht so weit oben rangiert.

Toscaninis Tischnachbarinnen gelingt es weiter, diesen bei guter Laune zu halten. Er erzählt sogar einige Anekdoten aus dem Leben seines Lieblingskomponisten Giuseppe Verdi und zeigt den Gästen eine vergilbte Visitenkarte, die er immer in seiner Brieftasche bei sich trägt, auf welcher der Komponist den jungen Dirigenten auffordert, ihn zu besuchen.

Plötzlich verstummt das Gespräch. Ein verspäteter Gast nimmt, sich vielmals entschuldigend, den noch freien Ehrenplatz ein. Es ist Franz von Papen, ehemaliger Reichskanzler und Totengräber der Weimarer Republik, den Hitler nach der Ermordung Dollfuß' als Gesandten nach Wien geschickt hatte, mit dem Auftrag, nach dem blutigen Fehlschlag des NS-Putsches im Juli 1934 Österreich auf seine feine Art zu demoralisieren. Was Papen auch vortrefflich gelingt.

Durch den Rückzug der Frau Bruno Walters sitzt Papen jetzt noch näher zu Toscanini. Lotte Lehmann und Helene Thimig erkennen die Gefahr und bemühen sich, den Maestro abzulenken. Die Sängerin zerschneidet sogar seine Schinkenportion in kleine Stücke, wie er es liebt, und reicht ihm den Teller.

Die Ablenkungsmanöver sind vergeblich. Brüsk stößt Toscanini den Teller von sich: „Non mangio! Non mangio!" – „Ich esse nicht!" An das am nächsten sitzende österreichische Regierungsmitglied gewandt, schreit er, nach einem wütenden Blick auf Papen: „Mai più! Mai più!" – „Nie wieder!" – und stürmt aus dem Saal.

Alle wissen, daß dies seine endgültige Absage an Österreich ist.

Berta muß noch einige Tage in Salzburg bleiben. Pietät erfordert, daß sie an der Enthüllung einer Gedenktafel für Hugo von Hofmannsthal teilnimmt. Die Gedenkrede hält ein alter Freund des Verstorbenen, der österreichische Gesandte in London, Baron Georg Franckenstein – einer jener aufrechten Diplomaten, die sich im folgenden März weigern werden, den Anschluß zu akzeptieren.

Die Hofrätin ist von der Feier nicht sonderlich beeindruckt, so nah ihr der Verstorbene gestanden ist: „Ich hasse diese banalen Erinnerungszeichen. Meist gibt das steinerne Portrait nicht einmal jene Realität wieder, die an einer Fotografie interessiert. Wäre ein Symbol nicht würdiger? Eine Säule oder einer jener poetischen Tempel, wie sie zu Rousseaus Zeiten dem Gedenken gewidmet waren!"⁸

Im Herbst 1937 beginnt, von der Umwelt wie von den übrigen unmittelbar Betroffenen zuerst unbemerkt, der Todeskampf Österreichs. Der Westen hat 1936 den völkerrechtswidrigen Einmarsch deutscher Truppen im demilitarisierten Rheinland tatenlos hingenommen. Hätte Frankreich damals mobilisiert, dann hätte Hitler – nach eigenen Angaben – kapitulieren müssen. Jetzt weiß er, daß er sich praktisch alles erlauben kann, bis er 1939 in Polen den Punkt der letzten Umkehr überschreitet. Österreich bietet sich als wehrloses Opfer geradezu zwangsläufig an, nachdem Benito Mussolini seinen einstigen Schützling zum Abschuß freigegeben hat.

Im Winter marschieren die österreichischen Nazis erstmals seit dem Verbot der NSDAP wieder offen auf den Straßen und die Behörden schreiten nicht mehr ein. Im Februar 1938 befiehlt Hitler den österreichischen Bundeskanzler Schuschnigg zu sich nach Berchtesgaden und überreicht ihm ein Ultimatum, das auf die Gleichschaltung Österreichs hinausläuft. Schuschnigg ist gezwungen, Nationalsozialisten in sein Kabinett aufzunehmen. Er versucht jedoch, die Auswirkungen des Abkommens zu mildern, indem er zusätzlich gemäßigte, linksstehende Persönlichkeiten in die Regierung beruft.

Trotzdem wächst der Druck der Nationalsozialisten von Tag zu Tag. Schließlich setzt Schuschnigg alles auf eine Karte. In einer Rede in Innsbruck am 9. März setzt er ein Plebiszit über Österreichs Unabhängigkeit für den 13. März an.

Kurzfristig gelingt es ihm, alle patriotischen Elemente um sich zu scharen, und sogar die illegalen Sozialdemokraten, mit denen er viel zu spät in Verbindung getreten ist, geben eine „Ja"-Parole für die Volksabstimmung aus.

In den folgenden 48 Stunden herrscht unter den Antinazis so etwas wie Euphorie. Am 11. März – obwohl es kein Sonntag, sondern ein Freitag ist – sammeln sich Bertas Freunde in ihrer „strategisch" gelegenen Wohnung – unweit des Ballhausplatzes, des Rathauses und des Parlaments –, um die neuesten Nachrichten auszutauschen.

Die Meinungen der Optimisten und Pessimisten prallen hart aneinander. Egon Friedell sieht Österreich schon gerettet. Er ist überzeugt, das Plebiszit werde eine überwältigende Mehrheit für ein freies Österreich ergeben. Und die Rufe „Hoch Österreich! Hoch Schuschnigg!", die vom Rathauspark herüberrauschen, scheinen ihm recht zu geben. Ein weiterer Gast platzt in die kleine Runde. Es ist Ödön von Horvath. Sogar ihn hat der patriotische Rausch erfaßt: „Kein Hitlergruß wagt sich mehr hervor. Überall, auch in der Provinz, ist seit der Schuschniggrede unerhörte Begeisterung aufgeflammt. Wir Österreicher haben uns wieder gefunden, und wir wissen: Übermorgen werden 80 Prozent der Bevölkerung für das unabhängige Österreich stimmen."[9]

Soviel Optimismus scheint selbst Friedell übertrieben: „Zusicherungen von Mussolini?" lächelt er sardonisch. „Da gehe ich lieber gleich nach Hause und hole meine Reisetasche. Ihr wißt: Reisen ist mir verhaßt. Und weil ich weiß, daß mich Reisevorbereitungen furchtbar nervös machen, steht immer ein vollständig gepacktes Reisenecessaire bei mir. So habe ich für alle Fälle vorgesorgt und an nichts mehr zu denken. Ich hole die Tasche und empfehle mich in fünf Minuten. Jedenfalls bin ich in jedem Sinn reisefertig."[10]

Und plötzlich verwandelt sich sein lächelndes Gesicht und wird zu einer Maske tiefen Trauerns.

Leider hat Egon Friedell seinen weisen Vorsatz nicht ausgeführt. Er hätte ihm das Leben gerettet.

Diese Euphorie der meisten Anwesenden erschreckt die „Wiener Kassandra": „Ja glaubt ihr denn wirklich, daß unser Plebiszit übermorgen stattfinden wird? Daß Hitler, gerade weil sich Österreich mit unterwarteter Kraft geeinigt hat, weil Österreich erwacht ist und sich gegen ein Aufgehen in dem verhaßten Preußen mächtig wehrt, es so weit kommen lassen wird? Er wird uns überfallen. Er wird die Ohnmacht Frankreichs und Englands ausnutzen. Mussolini ist ihm versklavt. Der 13. März wird nicht die Morgenröte des freien Österreichs sehen, sondern dessen Götterdämmerung."[11]

Der Kassandraruf löst betretenes Schweigen aus, doch er wird von erneuten „Hoch-Schuschnigg"-Rufen auf dem Ring übertönt.

„Mit Ihnen ist heute nichts anzufangen", bemerkt ein bekannter Theaterdirektor zur Hausfrau. „Die ganze Welt weiß bereits, daß Österreich Österreich bleiben will. Glauben Sie mir: selbst wenn es das Unglück wollte, daß die Nazis einbrechen, Wien bleibt Wien. Österreich bleibt Österreich. Da müssen sie ganz andere Methoden anwenden, als drüben im Dritten Reich. Verwienerte Nazis, die werden nie grausam sein."

Und mit derartigen, rückblickend geradezu lächerlichen Prophezeiungen, verabschieden sich Bertas Gäste.

Die Hofrätin bleibt allein zu Hause. Draußen wird es langsam dunkel.

Auf dem Ring ist es merkwürdig still geworden. „Wahrscheinlich ziehen sie jetzt zum Ballhausplatz, um Schuschnigg Ovationen zu bringen", versucht sie, die Veränderung sich selbst zu erklären. Dann stellt sie das Radio an, um die letzten Nachrichten zu hören. Was sie hört, ist die bekannte Stimme Schuschniggs. Die ersten Worte sind noch beruhigend. Es gebe keine Unruhen. Dann aber erkennt die Zuhörerin die schreckliche Wahrheit. Als Schuschnigg mit dem Satz „Gott schütze Österreich" schließt, weiß auch sie: Kassandra hat wieder einmal recht behalten. Und gerade dieses eine Mal hätte sie sich so gerne geirrt.[12]

# 30. KAPITEL

## ABSCHIED FÜR IMMER

Die Nacht vom 11. auf den 12. März 1938 wird für Berta Zuckerkandl zu einem Alptraum, von dem sie sich jahrelang nicht befreien kann. Auf dem Ring, wo noch wenige Stunden zuvor die Anhänger Schuschniggs demonstriert hatten, übernehmen nach Einbruch der Dunkelheit die Nationalsozialisten das Kommando – teils in Braunhemden mit Hakenkreuzarmbinden, teils noch in Räuberzivil. Sie schwärmen über den Heldenplatz und den Volksgarten zum Ballhausplatz und hissen auf dem Balkon die Hakenkreuzfahne.

Und es kommt noch ärger. Am 13. März kann sie von ihren Fenstern aus den Einzug Adolf Hitlers in Wien beobachten. Am gleichen Abend hält sie es in ihrer Wohnung nicht mehr aus und flieht zu ihrer Familie im relativ abgeschiedenen Purkersdorf. In den folgenden Tagen kehrt sie nur stundenweise in die Oppolzergasse zurück und verbringt die meiste Zeit in der französischen Gesandtschaft.

Daß Zuckerkandls Angst vor den Nazis gerechtfertigt war, läßt sich leicht feststellen. Sicherlich stand ihr Name nicht, wie sie befürchtete, auf den ersten „schwarzen Listen", welche die Gestapo noch am Abend des 11. März nach Wien mitgebracht hatte, aber die Gestapo erschien schon nach einigen Tagen in ihrer – leeren – Wohnung. Darüber hinaus zählen einige ihrer engsten Freunde zu den ersten Opfern. Gottfried Kunwald verübt am 14. März Selbstmord und Egon Friedell stürzt sich aus dem Fenster seiner Wohnung, als er sieht, wie SA-Leute in das Haus eindringen. Seine letzten Worte zu den Passanten unten auf der Straße: „Aus dem Weg!"

Glücklicherweise bleibt die Hofrätin in jenen kritischen Tagen nicht ohne treue Freunde. Ihr Sohn Fritz befindet sich in Frankreich und kann nicht ungefährdet zurückkehren. Dafür fliegt Paul Géraldy mit einer der ersten Maschinen nach Wiederaufnahme des Flugverkehrs zwischen Frankreich und der „Ostmark" nach Wien, um ihr beizustehen. Géraldy spricht persönlich in der französischen Gesandtschaft in Wien vor, wo man noch wenige Wochen zuvor „B. Z." als geehrten Gast empfangen hatte. Er ist zutiefst erschüttert, daß die französische Regierung vorerst allen gefährdeten Österreichern das rettende Einreisevisum verweigert, auch jenen mit engen Beziehungen zu Frankreich.

Also muß er auf höherer Ebene intervenieren. Von Wien aus ist dies unmöglich. Alle Telefongespräche ins Ausland werden abgehört. Daher fährt er nach Budapest und telefoniert von dort mit Paul Clemenceau. Der Bruder des 1929 verstorbenen „Tigers" bekleidet zu jenem Zeitpunkt nur das Amt eines Bürgermeisters von Le Réorthé, auf dessen Gebiet sich das Schloß L'Aubraie befindet, aber sein Name hat seinen Glanz noch nicht verloren. Paul Clemenceau wendet sich an den französischen Botschafter in Berlin, André François-Poncet, und dieser setzt sich persönlich dafür ein, daß „Madame Berthe Zuckerkandl, mit Schwiegertochter Trude und Enkel Emil" unverzüglich ein Visum ausgestellt wird.

Dreizehn Tage nach dem Einmarsch der Deutschen sitzt die Hofrätin wieder im Arlbergexpreß, in Richtung Paris. Aber diesmal ist es ein Abschied für immer.

Bertas Schwiegertochter bleibt vorerst noch in Wien, um einige vermögensrechtliche Fragen zu klären. Nur Mathilde Szeps, die „arische" Witwe ihres Bruders, wagt es, ihr dabei zu helfen. Bald erkennt Trude Zuckerkandl die Nutzlosigkeit ihrer Bemühungen und die Gefahren, denen sie sich aussetzt. Nach einigen Wochen fährt auch sie nach Paris.

Die noble Wohnung in der Oppolzergasse wird sofort nach Bertas Abreise „arisiert". Die braunen Okkupanten fliehen erst nach sieben Jahren, als die Russen vor den Toren Wiens stehen. Als die Hausbesitzerin Marianne Nechansky nach der Befreiung im April 1945 das Appartement zum erstenmal wieder betreten kann, findet sie die Räume völlig leer und ausgeplündert. Das einzige „Mobiliar" sind ganze Batterien von leeren Weinflaschen.[1]

In Paris fühlte sich Berta vor den Nazis vorerst sicher. Knapp 75 Jahre alt, denkt sie keinen Moment lang daran, ihren bisherigen aktiven Lebensstil aufzugeben. Sie findet eine Wohnung im vornehmen 16. Pariser Gemeindebezirk in der Rue Belles-Feuilles 22, die sich allsbald zu einem Treffpunkt der deutsch-österreichischen Emigration entwickelt. Viele ihrer Freunde haben, wie sie glauben, in Frankreich dauerhafte Zuflucht gefunden. So etwa Annette Kolb, Alma Mahler-Werfel, die sich an ihre alte Freundschaft zu Berta wieder erinnert, und natürlich Franz Werfel selbst.

Dazu Alma Mahler in ihren Erinnerungen: „Hier – in Paris – hatten wir wieder eine Menge Menschen um uns. Vor allem unsere liebe alte Freundin Berta Zuckerkandl, die jünger ist als wir alle."[2]

„B. Z." nimmt alsbald ihre literarische Tätigkeit wieder auf. Auf Grund jener Notizen, die ihr Freund Paul Géraldy aus Deutschland herausgeschmuggelt hat, verfaßt sie ihre Memoiren. Sie erscheinen zuerst in deutscher Sprache bei Bermann-Fischer in Stockholm, und auf Französisch. Gleichzeitig beginnt sie die Synopsis eines Drehbuches über Clemenceau, das als Grundlage für einen Film über den „Tiger" dienen soll, der aber niemals vollendet wird. Später benützt sie diese Unterlagen für ein Clemenceaubuch, das erst 1944 in Algier erscheinen kann.

Noch im November 1938 fährt sie nach London, um einen Verlag für die englische Ausgabe ihrer Memoiren zu finden, was ihr, dank ihrer ungebrochenen Energie, auch gelingt.

Die herrschende Atmosphäre in London findet sie indes bedrückend. Die Ära des „Appeasement", des Nachgebens gegenüber den Diktatoren, ist auf ihrem Höhepunkt. Noch will man in London nicht wahrhaben, daß Chamberlain von Hitler in München hinters Licht geführt wurde. Die britische Außenpolitik wird weiterhin vom sogenannten „Cliveden-Set" – benannt nach dem Landsitz des Zeitungsmagnaten Lord Astor – bestimmt, der unbeirrt der „Vernunft" des „Führers" vertraut.

Berta Zuckerkandl verfolgt diese Entwicklung mit Schrecken. „Die Wut auf Chamberlain wächst hier immerfort", erzählt sie aus London ihrer Schwiegertochter in Paris. „Doch ist nicht mehr gutzumachen, was er verbrochen hat."³

Chamberlain und seine Regierung stehen den politischen Bestrebungen der österreichischen Emigranten ablehnend gegenüber. In Frankreich dagegen läßt man den verschiedenen Exilgruppen etwas Spielraum, wenn man sie auch nicht direkt unterstützt.

Dies führt aber zu keiner vereinigten österreichischen Bewegung, sondern einer Vielfalt kleiner, einander heftig befehdender Gruppen: Von den Sozialisten, die noch immer von einen Anschluß an ein demokratisches Deutschland träumen, bis zu den Monarchisten um Otto von Habsburg.

Natürlich ist Berta Zuckerkandl mit von der Partie, aber sie schließt sich einer der wenigen überparteilichen Organisationen an, dem sogenannten „Österreichischen Büro", zu dessen Führern der Pharmazieprofessor Richard Wassitzky, der Exminister Hans Rott und der spätere österreichische Botschafter in Moskau, Norbert Bischoff, zählen. Daneben sitzt sie noch im Beirat der „Zentralvereinigung österreichischer Emigranten", dem auch Bruno Walter, Franz und Alma Werfel, Alfred Polgar und Friederike Zweig angehören. Zusammen mit Polgar und Friederike Zweig unterzeichnet sie im Namen der „Zentralvereinigung" einen Appell an „alle Mitarbeiter, Korrespondenten und befreundete Organisationen" in den neutralen Staaten, mit der Bitte, österreichischen Emigranten zu helfen.⁴

Als der Schriftsteller Robert Neumann einen österreichischen Exil-PEN-Club gründen will, bietet sie „als eines der ältesten Mitglieder des Österreichischen PEN-Clubs" auch diesem ihre Mitarbeit an.⁵

Im November 1938 erhält Fritz Zuckerkandl nach dreijährigem Aufenthalt in Paris die französische Staatsbürgerschaft, die auch Frau und Kind, nicht aber seine Mutter einschließt. Endlich wieder im Besitz gültiger Pässe, blicken zumindest die jüngeren Zuckerkandls optimistischer in die Zukunft.

Die Haltung der französischen Behörden gegenüber den österreichischen Emigranten bleibt auch nach Kriegsbeginn differenziert. Einerseits werden ihre politischen Bestrebungen jetzt offen unterstützt, anderseits werden österreichische Flüchtlinge reihenweise interniert

Dieses Schicksal bleibt den Zuckerkandls als französische Staatsbürger und Berta als Trägerin der Ehrenlegion, die sie noch von Painlevé erhalten hat, erspart. Noch geht ihr Leben in Paris in den gewohnten Bahnen weiter, wenngleich sich Fritz Zuckerkandl sofort zur Armee meldet und zum Dienst ohne Waffe verpflichtet wird.

Schon im Herbst 1939 war Bertas Enkel, der 17jährige Emil Zuckerkandl, an ein Gymnasium in Lucon bei L'Aubraie geschickt worden. Dort zieht er sich bald eine Lungeninfektion zu und muß zur Kur nach Südfrankreich übersiedeln. So kommt es, daß die Familie Zuckerkandl im Frühjahr 1940, als die deutsche Großoffensive an der Westfront beginnt, über halb Frankreich zerstreut ist.

Fritz Zuckerkandl ist als Dienstverpflichteter in Bourges stationiert. Gerade als sich der Zusammenbruch der französischen Armee abzeichnet, beschließt Berta als gute Soldatenmutter, ihren Sohn in seiner Garnison zu besuchen. Zuvor hat sie noch eine brillante Idee: Sie läßt ihren gesamten Schmuck in einem Pariser Versatzhaus belehnen. Bei ihrer Rückkehr nach Paris nach fünf Kriegsjahren kann ihn ihr Sohn mit dem Versatzschein anstandslos wieder auslösen, als wäre nichts geschehen.

In Bourges quartiert sich die Hofrätin im komfortablen „Hotel de la Boule d'Or" ein, in dem auch viele Offiziere wohnen. In der ersten Junihälfte setzt der Flüchtlingsstrom aus dem Norden ein und Berta bemerkt mit Schrecken, daß immer mehr Offiziere im Hotel Zivilkleidung anlegen.

Am 17. Juni soll der Betrieb ihres Sohnes in die Pyrenäen verlegt werden. Die beiden nehmen Abschied, aber schon wenige Stunden später kehrt Fritz ins Hotel zurück. In Zivil! Auch seine Einheit hat sich aufgelöst.

Die beiden versuchen per Zug in den Süden zu gelangen, doch der Bahnverkehr ist bereits eingestellt. Berta drängt daraufhin ihren Sohn, die Flucht allein fortzusetzen. Er sei als Mann stärker gefährdet als eine alte Dame, und der Marsch nach Süden würde ihm leichter fallen. Wie es das Schicksal will ist sie es jedoch, die als letzte einen Bus besteigen kann, während ihr Sohn draußen bleiben muß.

Tatsächlich gelingt es Fritz Zuckerkandl, zumeist zu Fuß, bis Montpellier zu gelangen, wo er mit einigen Freunden zusammentrifft. Dort liest er die Zeitungsannonce eines algerischen Geschäftsmannes, der einen Chemiker für seine Hefefabrik sucht. Nach einem kurzen Briefwechsel nimmt er die Stellung an, die sich indes nach seiner Ankunft in Algier in Luft auflöst: Die nötigen Kühlanlagen konnten nicht in Betrieb gesetzt werden. Schließlich findet er bei der algerischen Niederlassung eines französischen Konzerns als Chemiker einen Posten.

Inzwischen ist die Hofrätin zu Fuß und per Anhalter bis Moulins gelangt, wo nunmehr die Grenze zwischen dem besetzten und unbesetzten Frankreich verläuft. Die Strapazen sind für eine 76jährige Frau fast unerträglich. Sie ist noch immer Österreicherin und ihr Reisepapier, der „Sauf conduit", galt nur bis Bourges. Als sie hört, daß die Deutschen Moulins erreicht haben, zerreißt sie ihre letzten Identitätspapiere. Ihr einziger Ausweis ist nun der Orden der Ehrenlegion.

In Moulins sitzt sie vorerst fest und muß eine Zeitlang mit vielen anderen Flüchtlingen unter unbeschreiblichen Bedingungen, die sie an Dantes Inferno erinnern, in einem Kinosaal kampieren. Nach einiger Zeit findet sie ein Zimmer, wird aber bald daraus vertrieben. Die folgende Woche verbringt sie in einer verlassenen Kaserne. Ihre Fähigkeit, rasch Freundschaft zu schließen, kommt ihr wieder zunutze. Sie lernt eine Mademoiselle Petit kennen, die sie in einem Zimmer aufnimmt, das sie für sich selbst ausfindig gemacht hat.

In der dritten Woche gelingt es ihr, Kontakt zu einigen Regierungsbeamten in Vichy – nunmehr Hauptstadt des unbesetzten Frankreichs – aufzunehmen, die sie von früher kennt. Rascher als erwartet, erhält sie eine Einreisebewilligung und erreicht Montpellier nach einer fast vierwöchigen Odyssee. Von dort folgt sie ihrem Sohn nach Algier.[6]

In jenen kritischen Wochen sind auch Trude Zuckerkandl und ihr Sohn in eine gefährliche Situation geraten. Noch vor dem Zusammenbruch Frankreichs hatte sich Emils Gesundheitszustand so sehr verschlechtert, daß seine Mutter zu ihm nach Grasse bei Nizza gerufen wurde. Nach seiner Genesung – inzwischen ist Paris gefallen, und Italien hat Frankreich den Krieg erklärt – schlagen sich die beiden in die Vendée durch, wo sie bei Paul Clemenceau Zuflucht erhoffen. Bei ihrem Eintreffen in L'Aubraie müssen sie jedoch erfahren, daß die Deutschen nur noch wenige Kilometer entfernt sind. „Onkel Paul" meint, es wäre zu gefährlich für sie, in L'Aubraie zu bleiben. Er gibt ihnen eine Bankanweisung auf eine beträchtliche Summe und legt ihnen nahe, sich nach Bordeaux abzusetzen, um von dort nach Spanien zu gelangen.

Per Anhalter erreichen sie die Küste, doch Paul Clemenceaus Bankier ist verschwunden. Sie flüchten weiter nach Bayonne, wo sie zufällig mit Franz Werfel und Alma Mahler zusammentreffen. Zusammen mit Werfel betrachten sie den Strom der Flüchtlinge, die nach Spanien wollen und der Dichter hat Tränen in den Augen, worauf ihn seine Frau zurechtweist: „So hör' doch auf mit Deiner jüdischen Nächstenliebe."

Die Werfels entkommen nach Spanien, während es den anderen gelingt, den Bananenfrachter „Kilissi" zu besteigen, dessen Kapitän rund 500 Flüchtlinge gratis an Bord nimmt. Zielhafen ist Casablanca. Dort sind sie als französische Bürger in Sicherheit, bis es ihnen gelingt, den Kontakt zu

Berta und Fritz Zuckerkandl wieder herzustellen. Schließlich sind alle in Algier vereint.

Ihre Lebensbedingungen sind allerdings mehr als dürftig. Einzige Einkommensquelle ist Fritz Zuckerkandls nicht eben fürstliches Gehalt. Und weil das Schicksal oft seltsame Wege geht, finden sie eine Wohnung just in der Avenue Georges Clemenceau.

In Algier beginnt für die Flüchtlinge eine lange – und bange – Wartezeit. Nichts deutet auf einen raschen Sieg der Alliierten in Nordafrika hin. Erst im Herbst 1942 wendet sich das Blatt. Rommels Afrikakorps wird bei El-Alamein geschlagen. Am 7. und 8. November landen die Amerikaner in Nordafrika. Nach einem kurzen Gefecht strecken die Vichy-Truppen in der Hauptstadt Algier die Waffen. Für die Zuckerkandls ist die Zeit des Wartens und des Zitterns zu Ende.

Mit dem Eintreffen der Alliierten verschwindet wohl die physische Bedrohung, aber die wirtschaftliche Lage der Wiener Familie bleibt weiterhin gespannt. Trude und der junge Emil Zuckerkandl finden schließlich Arbeit bei der amerikanischen Truppenbetreuung – sie als Portraitistin, er als Pianist. Da aber die Alliierten deutschklingende Familiennamen nicht gerne hören, nennen die beiden sich „Aubraie", nach dem Schloß der Clemenceaus.

Nun kann sich Berta Zuckerkandl wieder ihrer literarischen Tätigkeit zuwenden. Endlich ist sie in der Lage, das Buch über Clemenceau, das sie lange geplant hatte, fertigzustellen. Den Text schreibt sie selbst in Schulhefte, wobei sie jedes Kapitel mit ihrem Enkel bespricht.

Im Rahmen ihrer Möglichkeiten wird sie auch für Österreich aktiv. Im Juni 1943 – also fast ein halbes Jahr vor der Moskauer Deklaration zu Österreich der Großmächte – veröffentlicht sie in der Zeitschrift „TAM", der sie regelmäßig Beiträge liefert, einen langen Grundsatzartikel unter dem Titel: „Wird Österreich wiedererstehen?". Darin kommt sie zu dem optimistischen Schluß: „Österreich ist das logische Ergebnis der mitteleuropäischen Völkerstruktur. Sein Verschwinden war nur eine Phase. Seine Kultur bleibt intakt. Hitler konnte sie nicht zerstören."[7]

Im Laufe des Jahres richten die Alliierten in der „Maison d'Agriculture" in Algier eine Radiostation ein, die Sendungen in englischer, französischer und deutscher Sprache an die Bevölkerung des besetzten Europas, aber auch an die deutschen Truppen in Italien und Südfrankreich ausstrahlt. Im Rahmen der deutschen Programme wird eine kleine Österreichsektion etabliert. „Wir waren das fünfte Rad am Wagen", erinnert sich der spätere Kulturredakteur der Austria Presse Agentur, Erich Derman, der damals dem Stab dieser Abteilung angehörte. „Aber zumindest existierten wir."

Für die Sendungen an die österreichischen Soldaten in der deutschen Wehrmacht wird auch die Hofrätin wiederholt herangezogen, was sie naturgemäß mit größter Befriedigung und dem Bewußtsein erfüllt, einen kleinen Beitrag zur Befreiung Österreichs leisten zu können.

Inzwischen hat sich Algier neben London zum wichtigsten Zentrum der Alliierten an der Peripherie Europas entwickelt. Hier residiert der alliierte Oberkommandierende General Dwight Eisenhower – bis er sein Hauptquartier nach London verlegt, um von dort die Invasion Frankreichs vorzubereiten, aber auch die „freien Franzosen" strecken von hier ihre Fühler in das Mutterland aus. Mit einem Mal ist Berta nicht mehr isoliert. Unter den alliierten und französischen Offizieren befinden sich viele alte Bekannte. So etwa der österreichische Schriftsteller Hans Habe – Sohn des umstrittenen Wiener Zeitungsherausgebers Imre Bekessy –, nunmehr Leutnant der US-Armee oder Andre Gide, der als Berater General de Gaulles dient. Sie alle gehen nun in der Wohnung Berta Zuckerkandls in der Avenue Clemenceau – im Vorort El Biar – ebenso häufig ein und aus, wie einst in der Wiener Oppolzergasse oder der Pariser Rue Belles-Feuilles.

Mit der Landung der Alliierten in Italien wagt die Hofrätin wieder an eine Rückkehr nach Europa zu denken. Trotz ihrer 80 Jahre hält ihre eiserne Konstitution noch stand. Sie glaubt sich bei relativ guter Gesundheit und weiß nicht, wie wenig Zeit ihr noch bleibt.

Im Herbst 1944 kann Berta Zuckerkandl endlich brieflichen Kontakt mit ihrem Kreis im befreiten Europa aufnehmen. Da ist vor allem Franz Theodor Csokor, der sich zu jener Zeit beim britischen Militär in Italien befindet. Einige ihrer Briefe an Csokor sind glücklicherweise erhalten geblieben, wenn auch dessen Antworten verlorengingen. Der erste erhaltene Brief an den Schriftsteller – mit Rücksicht auf die Zensur in englischer Sprache geschrieben – trägt das Datum 2. September 1944 . Er ist voll Optimismus und zeugt von der ungebrochenen Energie der 80jährigen.

„Teurer Freund, ich habe zwei Briefe von Ihnen am gleichen Tag erhalten. Ich war schon besorgt, weil ich solange nichts von Ihnen gehört hatte. Paris ist wieder frei und die Boches werden bald aus Florenz vertrieben werden. Ich hatte nie das Vertrauen in den Sieg der freien Nationen verloren. Wir müssen hier noch ausharren, bis Fritz ungebunden ist. Ich brenne darauf, zurückzukehren. Emil wird vielleicht nach Amerika gehen. Aber ich? Ich bin so alt. Aber ich glaube noch immer, daß es Arbeit gibt, die getan werden muß. Natürlich würde ich mir Amerika gerne ansehen, aber ich würde dort immer ein Flüchtling bleiben, während ich in Paris genauso zu Hause wäre wie in Wien."[8]

Das nächste Schreiben an Csokor – adressiert an das „Headquarters 9. Palindep Unit, Central Mediterranean Forces" – wurde zwei Tage vor Kriegsende geschrieben, zu einem Zeitpunkt, da die Autorin bereits vom Tode gezeichnet war:

„Teuerster Freund, ich habe eben Ihren Brief vom 27. April erhalten und bin glücklich, daß es Ihnen gelungen ist, Ihre große Seele der Sache Österreichs zu widmen. Ich bin stolz auf Sie, weil Sie einer der wenigen waren, die nicht bei Hitler in Wien geblieben sind, obwohl Sie es als Arier hätten tun können. Trotzdem haben Sie ein Leben in Armut und Gefahr vorgezogen. Das werde ich nie vergessen, und ich hoffe, daß alle jene, die jetzt zu urteilen haben, Ihre Charakterstärke würdigen werden. Ich sehe Sie schon als Direktor des Burgtheaters und als Symbol der neuen Größe Österreichs. Ich bedaure, daß wir uns nicht treffen konnten. Für mich ist es besser, daß es so geschehen ist. Teuerster Freund, ich bin sehr krank. Hätten Sie mich vor zwei Monaten gesehen, dann hätten Sie ganz die Alte vorgefunden. Jetzt leider nicht mehr. Eine Entzündung des Mundes und des Nackens verursacht mir große Schmerzen und macht mich fast verrückt. Ich kann nicht essen und bin schrecklich mager geworden. All das, weil ich das Klima hier nicht mehr aushalte. Mein Doktor sagt, ich solle nach Paris fahren, aber unser Appartement ist von Fremden besetzt, und es ist unmöglich, Zimmer in Paris zu finden. Also muß ich hier bleiben, so unglücklich es mich auch macht. Schreiben Sie rasch, teurer Freund. Wie schön, daß Sie unser Wien wiedersehen werden. Ja, Sie werden eine wichtige Rolle bei der Wiederherstellung Österreichs spielen."

Csokor muß sehr rasch geantwortet haben – soweit dies bei den ungewissen Postverbindungen möglich war – denn schon am 24. Juli 1945 richtet Berta ihr letztes Schreiben an ihn:

„Teurer Freund, ich schreibe keine Briefe mehr. Ich bin so krank, daß meine letzte Energie verschwindet. Die Schmerzen sind höllisch. Die Doktoren sagen immer wieder, wie gut es wäre, würde ich nach Paris fahren, denn hier in Afrika gibt es keine Heilung. Jetzt suchen wir ein Sanatorium in Paris, aber ich fürchte, daß die Kosten zu hoch sein werden Es freut mich, daß Sie in der schönsten Stadt der Welt (Rom) sind. Ich war oft dort, und vielleicht wird Sie dieser Brief dort erreichen. Oder sind Sie schon auf dem Weg nach New York? Ich war sehr traurig, als ich hörte, daß die Werfels wieder in New York sind. Nach den Jahren der Zurückgezogenheit wird er den Trubel in New York nicht aushalten.[9] Ich habe Angst um ihn. Könnten Sie mir die Adresse des Warburg Verlags mitteilen? Mein Buch ‚Clemenceau, tel que je l'ai connu' ist erschienen, und ich möchte es Ihnen schicken . . . Emil hat ein Stipendium an der Universität von Illinois erhalten und wird im Oktober hinfahren. Vielleicht wird er Sie dort treffen. Ich selbst glaube nicht mehr, daß wir uns wiedersehen werden. Tendrement, Berthe Zuckerkandl-Szeps."[10]

Knapp zwei Monate später, Mitte September 1945, gelingt es der Hofrätin und ihrem Sohn, Plätze in einer französischen Militärmaschine nach Paris zu ergattern. Dort wird sie sofort in das britische Militärspital in der Avenue Foch eingeliefert. Nach einigen Wochen transferiert man sie in eine Privatklinik im 9. Pariser Gemeindebezirk. Doch es ist bereits zu spät. Am 16. Oktober 1945 stirbt Berta Zuckerkandl in diesem Krankenhaus. Sie wird auf dem Père-Lachaise-Friedhof begraben.[11]

# NACHWORT

Berta Szeps-Zuckerkandl war fast ein halbes Jahrhundert lang schriftstellerisch, journalistisch und im weiteren Sinn literarisch tätig. Über sich selbst und ihr Leben – sieht man von einigen biographischen Zeitungsartikeln ab – begann sie erst wenige Jahre vor ihrem Tod, also nach ihrer Emigration aus Wien im Jahr 1938, zu schreiben.

Ihr erstes Erinnerungswerk – es ist nicht umfassend genug, um von „Memoiren" oder einer „Autobiographie" zu sprechen – erschien 1939, wie bereits erwähnt, fast gleichzeitig in deutscher, englischer und französischer Sprache.[1] Verfaßt wurde es in Paris, wohin die Autorin geflüchtet war und wo sie glaubte, ein neues Heim gefunden zu haben. Allerdings war sie nicht in der Lage, alle ihre Unterlagen aus Wien mitzunehmen. Daraus ergaben sich geradezu zwangsläufig einige Fehler, nicht so sehr in der Substanz als in der zeitlichen Einordnung. Überdies meinte sie, ihre politische Zusammenarbeit mit ihrem Bruder Julius Szeps, mit Rücksicht auf dessen in Wien verbliebene Witwe, nur „durch die Blume" schildern zu dürfen.

Natürlich ist dieses Buch subjektiv – in erster Linie was die Person und das Wirken ihres geliebten Vaters Moriz Szeps betrifft. Zieht man diese durchaus verständliche Voreingenommenheit ab, so bleibt das Werk dennoch ein wichtiges Zeitdokument. Es ist praktisch die einzige Quelle über Berta Zuckerkandls Jugendjahre sowie über die Beziehungen zwischen ihrem Vater und dem Kronprinzen Rudolf. Es wurde dementsprechend in jüngster Zeit in Büchern über den Kronprinzen, wie etwa dem Werk Brigitte Hamanns „Rudolf, Kronprinz und Rebell" (Wien 1978) stark berücksichtigt.

Nach ihrer zweiten abenteuerlichen Flucht von Paris nach Algier ging Berta Zuckerkandl daran, ihr zweites großes Buch – das sie bereits 1939 in Paris begonnen hatte – zu vollenden: über ihre langjährige und enge Beziehung zu einem der bedeutendsten französischen Politiker, Georges Clemenceau, dem Bruder ihres Schwagers Paul.[2]

Da ihr in Algier wesentlich mehr Zeit zur Verfügung stand als in Paris, scheint dieses Buch, rein objektiv und nicht unbedingt vom Standpunkt des literarischen Wertes betrachtet, wesentlich exakter und historisch fundierter als ihr erster Memoirenband.

In Algier schrieb sie auf Drängen ihrer Familie und Freunde, in erster Linie ihres Enkels Emil, ihre Erinnerungen an verschiedene Episoden in ihrem Leben, sowie Anekdoten über viele große Persönlichkeiten, mit denen sie in ihrem langen Leben zusammengetroffen war, die sie aber in ihren früheren Publikationen aus den verschiedensten Gründen nicht erwähnt hatte. Für ihre „österreichische Periode" standen ihr leider fast keine dokumentarischen Unterlagen zur Verfügung.

Überdies war sie zu jenem Zeitpunkt eine alte Dame von fast 80 Jahren, sehr vital, aber dennoch mit einiger Gedächtnisschwäche behaftet, so daß sich in einige dieser Manuskripte chronologische Fehler einschleichen konnten.

Ein beträchtlicher Teil dieser Schriften aus ihrem Nachlaß wurde 1970 in Wien von Reinhard Federmann unter dem Titel „Österreich intim"[3], allerdings ohne kritische Analyse veröffentlicht.[3] Andere Dokumente und Schriften blieben im Besitz ihres Sohnes und ihres Enkels und wurden bisher noch nie publiziert.

An Hand der zahlreichen Zeitungsartikel aus der Feder Berta Zuckerkandls ist es indessen möglich, den Inhalt der in Algerien verfaßten Manuskripte historisch korrekt einzuordnen beziehungsweise sie durch andere Publikationen oder Dokumente, die sich auf den gleichen Sachverhalt beziehen, zu ergänzen.

Dies trifft in erster Linie auf die beiden großen politischen Missionen zu, die Berta Zuckerkandl während des Ersten Weltkriegs und unmittelbar danach unternommen hatte, sowie über ihre Bemühungen in den zwanziger Jahren, die Bestrebungen Österreichs um ausländische Finanzhilfe mit Hilfe ihrer persönlichen Beziehungen zu unterstützen

In den Akten des deutschen Auswärtigen Amtes in Bonn findet sich die „Kehrseite der Medaille" von Bertas geheimen Versuchen, einen Separatfrieden mit Frankreich in die Wege zu leiten. Das heißt, jene Seite, von der sie selbst – damals und zeit ihres Lebens – keinerlei Ahnung hatte. Nämlich die Berichte ihres „Freundes", Harry Graf Kessler, in denen dieser ihre vertraulichen Mitteilungen an das Auswärtige Amt und die Reichskanzlei in Berlin weiterleitete.

In den Dossiers des österreichischen Staatsarchivs findet sich schließlich der Beweis, daß Berta Zuckerkandl ihre eigene Rolle im Kampf um die ersten Lebensmittellieferungen an das hungernde Österreich gegen Ende 1918 keineswegs übertrieben hat. Und auch ihre Nebenrolle bei den Finanzverhandlungen mit Frankreich ist aktenmäßig belegt.

Sieht man von ihren politischen Aktivitäten ab, so spielte Berta Zuckerkandl eine wichtige Rolle im österreichischen Kulturleben, die unbestritten, aber nicht unumstritten war.

Dies geht nicht nur aus den freundlichen Würdigungen ihrer Freunde hervor, sondern auch aus der ätzenden Kritik, mit der sie ihr Intimfeind Karl Kraus über Jahrzehnte fast pausenlos überschüttete. Glaubt man

Kraus, so konnte in der österreichischen Kulturszenerie rein gar nichts ohne das Zutun oder die Zustimmung „der Zuckerkandl" geschehen. Für ihren Kritiker ist sie mit der Wiener Werkstätte identisch, sie „machte" Schriftsteller wie Hermann Bahr oder Schauspieler wie Alexander Moissi zu dem, was sie waren oder zu dem, was sie nach Kraus' Ansicht nicht waren. Und sogar ein Genie wie Max Reinhardt war für den Herausgeber der „Fackel" eine Marionette der „Tante Klara".

Die zahlreichen Zeitungsartikel Berta Zuckerkandls – hauptsächlich in der „Wiener Allgemeinen Zeitung" und dem „Neuen Wiener Journal" erschienen – zeigen die Autorin als glühende österreichische Patriotin, Pazifistin und Kämpferin für Humanität und Menschenrechte. Und natürlich als temperamentvolle Streiterin für die moderne Kunst, obwohl man über die Meriten ihres Zeitungsstils – ein Produkt seiner Zeit – natürlich streiten kann.

Für ihre Bedeutung im gesellschaftlichen Leben Wiens gibt es glücklicherweise neben ihren Verwandten noch genügend überlebende Zeugen, die aus erster Hand ein klares Bild dieser bemerkenswerten Frau wieder aufleben lassen.

Wie konnte ihr Name also im Wien der achtziger Jahre weitgehend in Vergessenheit geraten – bei allen jenen, die sie nicht selbst kannten –, während er noch heute in einem der wichtigsten lexikalen Werke des anglo-amerikanischen Sprachraums, Webster's Biographical Dictionary, weiterhin aufscheint? Vielleicht ist es eine verspätete Folge der „damnatio memoriae" der NS-Ära.[4]

In Österreich wurde in den letzten Jahren an der Universität Wien eine Dissertation über Berta Zuckerkandl und ihre Zeit von der Journalistin Renate Redl verfaßt, die nicht zuletzt durch die Katalogisierung ihres literarischen Werks und des Literaturverzeichnisses Bedeutung erlangt.[5]

Mit diesem Buch versucht der Autor nicht nur die Persönlichkeit und das Werk Berta Zuckerkandls objektiv zu würdigen, sondern auch im Namen ihrer Landsleute reichlich verspätet eine Dankesschuld zu bezahlen, die dieser großen Österreicherin wie wenigen anderen gebührt. Für ihre Hilfe bei der Sammlung des dokumentarischen Materials ist der Autor der Familie Zuckerkandl, die ihm den gesamten literarischen Nachlaß der Hofrätin sowie das Bildmaterial überließ, zu Dank verpflichtet. Ebenso der Leitung des Archivs des Auswärtigen Amts in Bonn, den Mitarbeitern des Instituts für Zeitgeschichte an der Universität Wien sowie den überlebenden Freunden Berta Zuckerkandls, die erfreulicherweise so zahlreich sind, daß sie einzeln gar nicht genannt werden können. Für diese Unterlassung bittet der Autor um Vergebung.

# ANMERKUNGEN

## 1. KAPITEL

[1] Mehr über die frühe journalistische Karriere von Moriz Szeps in Paupié, Karl: Moriz Szeps, Dissertation, Wien 1949; und in Paupiè, Karl: Handbuch der österreichischen Pressegeschichte, Wien 1960.

[2] Paupié K.: Moriz Szeps, Dissertation, Wien 1949, S. 22.

[3] Ebd., S 49 . 1902 behauptete der Wiener Literaturpapst Karl Kraus unter Berufung auf eine unverbürgte Bemerkung Schöffels, Szeps hätte die Kampagne zur Rettung des Wienerwaldes nach Erhalt einer Millionenspende von einigen Holzhändlern eingestellt. Beweisen konnte er allerdings diese Beschuldigung nie. Siehe: Die Fackel, Nr. 113, August 1902.

## 2. KAPITEL

[1] Mitis, Oskar: Das Leben des Kronprinzen Rudolf, Wien 1971, S. 142 ff.

[2] Szeps-Zuckerkandl, Berta: Ich erlebte fünfzig Jahre Weltgeschichte, Stockholm 1939, S. 13 ff.

[3] Ebd., S. 13 ff.

[4] Ebd., S. 13 ff.

[5] Ebd., S 15.

[6] Hier handelt es sich offensichtlich um eine eigenwillige Textänderung eines „treu-deutschen" Korrektors. Ilg bezog sich anscheinend auf einen Paternoster, den man in der Madeleine einbauen wollte. Ein Vaterunser in einer Kirche ist schließlich kein Anachronismus.

[7] Neues Wiener Journal, 6. 6. 1923.

[8] Mitis, O.: Das Leben des Kronprinzen Rudolf, Wien 1971, S. 142 ff.

[9] Neues Wiener Journal, 20. 9. 1928.

[10] Szeps-Zuckerkandl, B.: Ich erlebte fünfzig Jahre Weltgeschichte, Stockholm 1939, S. 16.

[11] Ebd., S. 17 ff.

[12] Ebd., S. 24 ff.

[13] Ebd., S. 24 ff.

[14] Ebd., S. 24 ff.

[15] Ebd., S. 26 ff.

## 3. KAPITEL

[1] Mitis, O.: Das Leben des Kronprinzen Rudolf, Wien 1971, S. 69. 2 Neues Wiener Journal, 20. 9. 1928.

³ Mitis, O.: Das Leben des Kronprinzen Rudolf, Wien 1971, S. 169.

⁴ Ebd., S. 379.

⁵ Hamann, Brigitte: Rudolf, Kronprinz und Rebell, Wien 1978, S. 177-178.

⁶ Brief von Dr. Fritz Zuckerkandl an den Autor vom 27. 9. 1979.

⁷ Rudolf war 1881 als Offizier in Prag stationiert.

⁸ Szeps-Zuckerkandl, B.: Ich erlebte fünfzig Jahre Weltgeschichte, Stockholm 1939, S. 27.

⁹ Ebd., S. 28 ff.

¹⁰ Ebd., S. 28 ff.

¹¹ Ebd., S. 37.

¹² Ebd., S. 28.

¹³ Ebd., S. 60 ff.

¹⁴ Ebd., S. 60 ff.

¹⁵ Ebd., S. 60 ff.

¹⁶ Erzherzog Albrecht war der Sohn des Siegers von Aspern, Erzherzog Karls, somit ein Vetter Kaiser Ferdinands. Dennoch nannte ihn Rudolf, wohl wegen des Altersunterschiedes, respekt- aber nicht liebevoll „Onkel".

¹⁷ Szeps-Zuckerkandl, B .: Ich erlebte fünfzig Jahre Weltgeschichte, Stockholm 1939, S. 44 ff.

¹⁸ Ebd., S 44 ff

¹⁹ Paupié, K.: Handbuch der österreichischen Pressegeschichte, Wien 1960, S. 14.

²⁰ Szeps-Zuckerkandl, B.: Ich erlebte fünfzig Jahre Weltgeschichte, Stockholm 1939, S. 68.

²¹ Paupié, K.: Moriz Szeps, Dissertation, Wien 1949, S. 52.

²² Szeps-Zuckerkandl, B.: Ich erlebte fünfzig Jahre Weltgeschichte, Stockholm 1939, S. 69.

²³ Szeps-Zuckerkandl, B.: Clemenceau, tel que je l'ai connu, Algier 1944, S. 23.

²⁴ Szeps-Zuckerkandl, B.: Ich erlebte fünfzig Jahre Weltgeschichte, Stockholm 1939, S. 69 ff.

²⁵ Ebd., S 69 ff

²⁶ Ebd., S. 69 ff.

²⁷ Duroselle, Jean-Baptiste: Clemenceau, Paris 1988, S. 200

## 4. KAPITEL

¹ Szeps-Zuckerkandl, B.: Ich erlebte fünfzig Jahre Weltgeschichte, Stockholm 1939, S. 77.

² Ebd., S. 77 ff.

³ Ebd., S. 77 ff.

⁴ Ebd., S. 77 ff.

⁵ Ebd., S. 77 ff.

⁶ Ebd., S. 82 ff.

⁷ Ebd. , S. 82 ff.

⁸ Österreichische Wochenschrift, Nr. 16, 1885.

[9] Mitis, O.: Das Leben des Kronprinzen Rudolf, Wien 1971, S. 379. Emil Zuckerkandl war übrigens nicht der einzige hervorragende Mediziner in seiner Familie. Sein Bruder Otto wurde als Urologe fast ebenso berühmt.

[10] Paupié, K.: Moriz Szeps, Dissertation, Wien 1949, S. 54.

[11] Szeps-Zuckerkandl, B.: Ich erlebte fünfzig Jahre Weltgeschichte, Stockholm 1939, S. 111.

[12] Ebd., S. 115.

[13] Ebd., S. 120

[14] Ebd., S. 120ff.

[15] Szeps-Zuckerkandl, B.: Clemenceau, tel que je l'ai connu, Algier 1944, S. 28.

[16] Szeps-Zuckerkandl, B.: Ich erlebte fünfzig Jahre Weltgeschichte, Stockholm 1939, S. 120ff.

[17] Ebd., S. 120ff.

[18] Matrikel der Israelitischen Kultusgemeinde Wien.

[19] Szeps-Zuckerkandl, B.: Ich erlebte fünfzig Jahre Weltgeschichte, Stockholm 1939, S. 127ff.

[20] Ebd., S. 127ff.

[21] Ebd., S. 131ff.

[22] Ebd., S. 131 ff.

[23] Ebd., S. 134.

[24] Paupié, K.: Moriz Szeps, Dissertation, Wien 1949, S. 58.

[25] Szeps-Zuckerkandl, B.: Ich erlebte fünfzig Jahre Weltgeschichte, Stockholm 1939, S. 135.

[26] Szeps-Zuckerkandl, B.: Clemenceau, tel que je l'ai connu, Algier 1944, S. 33.

[27] Ebd., S. 37.

[28] Szeps-Zuckerkandl, B.: Ich erlebte fünfzig Jahre Weltgeschichte, Stockholm 1939, S. 135ff.

[29] Ebd., S. 135ff.

[30] Ebd., S. 135ff

[31] Neues Wiener Journal, 20. 9. 1928.

[32] Paupié, K.: Moriz Szeps, Dissertation, Wien 1949, S. 60.

[33] Szeps-Zuckerkandl, B.: Ich erlebte fünfzig Jahre Weltgeschichte, Stockholm 1939, S. 135ff.

[34] Hamann, Brigitte: Rudolf, Kronprinz und Rebell, Wien 1978, S. 195.

[35] Tatsächlich behielt Szeps das „Wiener Tagblatt" bis 1899. Dann übergab er es an Siegfried Korninger und dieser verkaufte die Zeitung schließlich an die „Steyrermühl". 1901 wurde das Blatt in „Wiener Morgenzeitung" umbenannt und 1903 endgültig eingestellt. Siehe: Paupié, K.: Handbuch der österreichischen Pressegeschichte, Wien 1960, S. 143.

[36] Szeps-Zuckerkandl, B.: Ich erlebte fünfzig Jahre Weltgeschichte, Stockholm 1939, S. 142.

## 5. KAPITEL

[1] Szeps-Zuckerkandl, B.: Ich erlebte fünfzig Jahre Weltgeschichte, Stockholm 1939, S. 142ff.
[2] Szeps-Zuckerkandl, B.: Clemenceau, tel que je l'ai connu, Algier 1944, S. 98.
[3] Ebd., S. 55.
[4] Szeps-Zuckerkandl, B .: Ich erlebte fünfzig Jahre Weltgeschichte, Stockholm 1939, S. 142ff.
[5] Szeps-Zuckerkandl, B.: Clemenceau, tel que je l'ai connu, Algier 1944, S. 66ff.
[6] Ebd., S. 66ff.
[7] Ebd., S. 66ff.
[8] Szeps-Zuckerkandl, B.: Österreich intim, Wien 1970, S. 146.
[9] Ebd., S. 146ff.
[10] Ebd., S. 132.
[11] Ebd., S. 163.
[12] Ebd., S. 163ff.
[13] Neues Wiener Journal, 20. 9. 1928.

## 6. KAPITEL

[1] Szeps-Zuckerkandl, B .: Ich erlebte fünfzig Jahre Weltgeschichte, Stockholm 1939, S. 155.
[2] Ebd., S. 162.
[3] Ebd., S. 167.
[4] Ebd., S. 167ff.
[5] Die Fackel, Nr. 96, 1902.
[6] Szeps-Zuckerkandl, B .: Ich erlebte fünfzig Jahre Weltgeschichte, Stockholm 1939, S. 167ff.
[7] Ebd., S. 167ff.
[8] Szeps-Zuckerkandl, B.: Österreich intim, Wien 1970, S. 28.
[9] Die Fackel, 19. 10. 1928.
[10] Die Fackel, September 1913.
[11] Ebd., September 1913
[12] Szeps-Zuckerkandl, B.: Ich erlebte fünfzig Jahre Weltgeschichte, Stockholm 1939, S. 167ff.
[13] Szeps-Zuckerkandl, B.: Österreich intim, Wien 1979, S. 21ff.
[14] Ebd., S. 21ff.
[15] Ebd., S. 21ff.
[16] Ebd., S. 21ff.
[17] Ebd., S. 21ff.
[18] Tatsächlich war Roserl Schlesinger nicht Berta Zuckerkandls Nichte, sondern eine jüngere Cousine. Sie war die Tochter von Sigmund Schlesinger, des Bruders von Amalie Szeps. Nach Roserls Angaben war sie mehr Freundin als Gesellschafterin der Schratt.
[19] Szeps-Zuckerkandl, B.: Österreich intim, Wien 1970, S. 21ff.

[20] Ebd., S. 21ff.
[21] Ebd., S. 21ff.
[22] Ebd., S. 21ff.
[23] Ebd., S. 21ff
[24] Ebd., S. 21ff.
[25] Ebd., S. 21ff.
[26] Ebd., S. 21ff.
[27] Ebd., S. 21ff.
[28] Ebd., S. 21ff.
[29] Szeps-Zuckerkandl, B.: Clemenceau, tel que je l'ai connu, Algier 1944, S. 105.

## 7. KAPITEL

[1] Das Portrait befindet sich heute im Besitz eines englischen Sammlers.
[2] Szeps-Zuckerkandl, B.: Clemenceau, tel que je l'ai connu, Algier 1944, S. 119.
[3] Ebd., S. 123.
[4] Ebd., S. 123ff.
[5] Der Salon der Madame Menard-Dorian, dessen Atmosphäre Marcel Proust, ein häufiger Gast, trefflich beschrieben hat, diente jahrelang als „Hauptquartier" der „Dreyfusarden", wo sie ihre Strategie planten und erörterten.
[6] Szeps-Zuckerkandl, B.: Souvenirs d'un monde disparu, Paris 1939, S. 154.
[7] Szeps-Zuckerkandl, B.: Clemenceau, tel que je l'ai connu, Algier 1944, S. 54.

## 8. KAPITEL

[1] Szeps-Zuckerkandl, B.: Ich erlebte fünfzig Jahre Weltgeschichte, Stockholm 1939, S. 176.
[2] Szeps-Zuckerkandl, B.: Zeitkunst, Wien 1908, Vorwort von Hevesi Ludwig.
[3] Szeps-Zuckerkandl, B.: Österreich intim, Wien 1970, S. 32.
[4] Szeps-Zuckerkandl, B.: Clemenceau, tel que je l'ai connu, Algier 1944, S. 122.
[5] Szeps-Zuckerkandl, B.: Ich erlebte fünfzig Jahre Weltgeschichte, Stockholm 1939, S. 176.
[6] Ebd., S. 33ff.
[7] Ebd., S. 33ff.
[8] Ebd., S. 33ff.
[9] Ebd., S. 33ff.
[10] Ebd., S. 33ff.
[11] Roschitz, Karlheinz: Ein Wiener Stil erobert die Welt. In: Die Furche, 29. 4. 1976.
[12] Die Fackel, Nr. 743, Dezember 1926.

[13] Die Fackel, Nr. 759, Mai 1927.
[14] Wiener Allgemeine Zeitung, 22. 2. 1911.
[15] Wiener Allgemeine Zeitung, 29. 4. 1911.
[16] Szeps-Zuckerkandl, B.: Österreich intim, Wien 1979, S. 33ff.
[17] Die Fackel, Nr. 72, März 1901.
[18] Szeps-Zuckerkandl, B.: Ich erlebte fünfzig Jahre Weltgeschichte, Stockholm 1939, S. 169.

## 9. KAPITEL

[1] Szeps-Zuckerkandl, B.: Souvenirs d'un monde disparu, Paris 1939, S. 147.
[2] Die Fackel, Nr. 43, Juni 1900.
[3] Szeps-Zuckerkandl, B .: Ich erlebte fünfzig Jahre Weltgeschichte, Stockholm 1939, S. 176.
[4] Szeps-Zuckerkandl, B.: Österreich intim, Wien 1979, S. 41.
[5] Ebd., S. 41.
[6] Grange de la, Henry Louis: Mahler, London 1976, Bd. 1, S. 666.
[7] Mahler-Werfel, Alma: Erinnerungen an Gustav Mahler, Berlin 1971, S. 27.
[8] Diese Aufführung fand allerdings schon im November 1900 statt
[9] Szeps-Zuckerkandl, B.: Österreich intim, Wien 1970, S. 43ff.
[10] Ebd., S. 43ff.
[11] Ebd., S. 43ff.
[12] Ebd., S. 43ff.
[13] Mahler-Werfel, Alma: Erinnerungen an Gustav Mahler, Berlin 1971, S. 28.
[14] Szeps-Zuckerkandl, B.: Österreich intim, Wien 1970, S. 43ff.
[15] Mahler-Werfel, Alma: Erinnerungen an Gustav Mahler, Berlin 1971, S. 29.
[16] Szeps-Zuckerkandl, B.: Österreich intim, Wien 1970, S. 87. Berta Zuckerkandl verlegt dieses Ereignis in ihren Erinnerungen irrtümlich in das Jahr 1908. Die umstrittene Aufführung der „Verklärten Nacht", auf die sie sich beruft, fand jedoch eindeutig am 18. März 1902 statt. Eine weitere, abweichende Version präsentiert der Wiener Musikwissenschaftler Kurt Blaukopf. Er kolportiert die gleiche Auseinandersetzung zwischen Mahler und den Protestierern gegen die Musik Schönbergs im Zusammenhang mit der Uraufführung von dessen Streichquartett in d-Moll im Jahr 1907 und nicht der „Verklärten Nacht." Siehe: Blaukopf, Kurt: Gustav Mahler oder Der Zeitgenosse der Zukunft, München 1980, S. 208.
[17] Ebd., S. 87ff.
[18] Ebd., S. 87ff.
[19] Neues Wiener Tagblatt, 9. 9. 1902.
[20] Die Fackel, Nr. 113, August 1902.
[21] Die Fackel, Oktober 1926.
[22] Szeps-Zuckerkandl, B.: Ich erlebte fünfzig Jahre Weltgeschichte, Stockholm 1939, S. 177.
[23] Die Fackel, Nr. 2, April 1899.
[24] Die Fackel, Nr. 41, Mai 1900.

# 10. KAPITEL

[1] Szeps-Zuckerkandl, B.: Zeitkunst, Wien 1908, S. 164.
[2] Szeps-Zuckerkandl, B.: Österreich intim, Wien 1970, S. 63.
[3] Ebd., S. 63ff.
[4] Ebd., S. 63ff.
[5] Ebd., S. 63ff.
[6] Ebd., S. 63ff.
[7] Ebd., S. 63ff.
[8] Ebd., S. 63ff.
[9] Neues Wiener Journal, 5. 2. 1931.
[10] Ebd.
[11] Ebd.
[12] Ebd.
[13] Ebd.
[14] Ebd.
[15] Szeps-Zuckerkandl, B.: Zeitkunst, Wien 1908, S. 163.
[16] Ebd., S. 168.
[17] Szeps-Zuckerkandl, B.: Österreich intim, Wien 1970, S. 66.
[18] Neues Wiener Journal, 5. 2. 1931.
[19] Wiener Allgemeine Zeitung, 4. 8. 1908.

# 11. KAPITEL

[1] Szeps-Zuckerkandl, B.: Clemenceau, tel que je l'ai connu, Algier 1944.
[2] Ebd., S. 146ff.
[3] Ebd., S. 146ff.
[4] Ebd., S. 146ff.
[5] Szeps-Zuckerkandl, B .: Ich erlebte fünfzig Jahre Weltgeschichte, Stockholm 1939, S. 188.
[6] Szeps-Zuckerkandl, B.: Clemenceau, tel que je l'ai connu, Algier 1944.
[7] Pokorny, Dagobert: Die Wiener Tagespresse und ihr Einflußfaktor im Ersten Weltkrieg, Dissertation, Wien 1950, S. 206.
[8] Ebd., S. 207.
[9] Der Amtssitz des französischen Ministerpräsidenten wurde erst in den dreißiger Jahren in das Palais Matignon, die ehemalige österreichische Gesandtschaft, verlegt.
[10] Szeps-Zuckerkandl, B.: Ich erlebte fünfzig Jahre Weltgeschichte, Stockholm 1939, S. 155ff.
[11] Ebd., S. 192.
[12] Ebd., S. 192ff.
[13] Neues Wiener Journal, 4. 2. 1923.
[14] Ebd.
[15] Szeps-Zuckerkandl, B.: Ich erlebte fünfzig Jahre Weltgeschichte, Stockholm 1939, S. 197.

[16] Szeps-Zuckerkandl, B.: Clemenceau, tel que je l'ai connu, Algier 1944, S. 174.

[17] Ebd., S. 174ff.

[18] Szeps-Zuckerkandl, B.: Ich erlebte fünfzig Jahre Weltgeschichte, Stockholm 1939, S. 201.

[19] In ihren Memoiren spricht Berta Zuckerkandl irrtümlich von einem „70. Geburtstag".

[20] Szeps-Zuckerkandl, B.: Clemenceau, tel que je l'ai connu, Algier 1944, S. 202.

## 12. KAPITEL

[1] Szeps-Zuckerkandl, B.: Österreich intim, Wien 1979, S. 67.

[2] Ebd., S. 69.

[3] Ebd., S. 69ff.

[4] Ebd., S. 69ff.

[5] Szeps-Zuckerkandl, B.: Zeitkunst, Wien 1908, Vorwort von Hevesi Ludwig.

[6] Szeps-Zuckerkandl, B.: Österreich intim, Wien 1970, S. 72.

[7] Ebd., S. 76.

[8] Wiener Allgemeine Zeitung, 23. 10. 1911.

[9] Illustrierte Neue Welt, Oktober 1980.

[10] Der Zirkus Busch wurde in den letzten Kriegstagen von 1945 vollständig zerstört und nicht wieder aufgebaut.

[11] Szeps-Zuckerkandl, B.: Österreich intim, Wien 1970, S. 93.

[12] Ebd., S. 93ff.

## 13. KAPITEL

[1] Reichspost, 28. 5. 1910; Neues Wiener Tagblatt, 29. 5. 1910.

[2] Szeps-Zuckerkandl, B.: Österreich intim, Wien 1970, S. 73.

[3] Ebd., S. 74

[4] Ebd., S. 74ff.

[5] Ebd., S. 105ff.

[6] Ebd., S. 1o5ff.

[7] Ebd., S. 105ff.

[8] Wiener Allgemeine Zeitung, 11. 2. 1911.

[9] Wiener Allgemeine Zeitung, 29. 2. 1912.

[10] Wiener Allgemeine Zeitung, 29. 2. 1912.

[11] Wiener Allgemeine Zeitung, 1. 4. 1912.

[12] Wiener Allgemeine Zeitung, 2. 4. 1912.

[13] Wiener Allgemeine Zeitung, 22. 5. 1911.

[14] Wiener Allgemeine Zeitung, 25. 11. 1911.

[15] Szeps-Zuckerkandl, B.: Österreich intim, Wien 1970, S. 104.

[16] Szeps-Zuckerkandl, B.: Clemenceau, tel que je l'ai connu, Algier 1944, S. 196.

## 14. KAPITEL

[1] Wiener Allgemeine Zeitung, 15. 2 . 1912.

[2] Szeps-Zuckerkandl, B.: Clemenceau, tel que je l'ai connu, Algier 1944, S. 204ff.

## 15. KAPITEL

[1] Szeps-Zuckerkandl, B.: Ich erlebte fünfzig Jahre Weltgeschichte, Stockholm 1939, S. 216.

[2] Wiener Allgemeine Zeitung, 26. 8. 1914.

[3] Wiener Allgemeine Zeitung, 21. 8. 1914.

[4] Gräfin Greffuhle, geborene Caraman-Chimay, bildete, laut André Maurois, das Vorbild für Marcel Prousts „Princess de Guermantes" in dessen Buch „Auf der Suche nach der verlorenen Zeit". Siehe: Maurois, André: A la recherche de Marcel Proust, Paris 1949, S. 59.

[5] Wiener Allgemeine Zeitung, 24. 9. 1914.

[6] Wiener Allgemeine Zeitung, 7. 10. 1914.

[7] Wiener Allgemeine Zeitung, 15. 10. 1914.

[8] Wiener Allgemeine Zeitung, 24. 10. 1914.

[9] Wiener Allgemeine Zeitung, 3. 12. 1914.

[10] Wiener Allgemeine Zeitung, 23. 10. 1914.

[11] Wiener Allgemeine Zeitung, 13. 11. 1914.

[12] Szeps-Zuckerkandl, B.: Clemenceau, tel que je l'ai connu, Algier 1944, S. 215.

## 16. KAPITEL

[1] Geheimbericht des deutschen Gesandten in Bern, Freiherr von Romberg, an das Auswärtige Amt, 21. 7. 1917.

[2] Manuskript aus dem Nachlaß Berta Zuckerkandl.

[3] Geheimbericht Rombergs an das Auswärtige Amt, 21. 7. 1917.

[4] Bericht des Grafen Harry Kessler an das Auswärtige Amt, 14. 3. 1917.

[5] Hier irrt Helene Nostitz: Berta Zuckerkandls Augen waren laut Angaben ihrer Familie blau.

[6] Nostitz, Helene: Aus dem alten Europa, Frankfurt 1926. S. 98.

[7] Szeps-Zuckerkandl, B.: Ich erlebte fünfzig Jahre Weltgeschichte, Stockholm 1939, S. 217.

[8] Ebd., S. 218.

[9] Schnitzler, Arthur: Hugo von Hofmannsthal, Charakteristik aus Tagebüchern, Freiburg 1975, S. 80.

[10] Szeps-Zuckerkandl, B.: Clemenceau, tel que je l'ai connu, Algier 1944, S. 214.

[11] Hofmannsthal, H.; Andrian, L.: Briefwechsel, Frankfurt 1968, S. 249.

[12] Szeps-Zuckerkandl, B.: Ich erlebte fünfzig Jahre Weltgeschichte, Stockholm 1939, S. 217.

[13] Manuskript aus dem Nachlaß Berta Zuckerkandl.

[14] Schreiben des Kommandos des Kriegspressequartiers an das Präsidialbüro des Kriegsministeriums, 23. 1. 1917.

[15] Manuskript aus dem Nachlaß Berta Zuckerkandl.

[16] Bericht des Grafen Kessler an Romberg im Wege des Auswärtigen Amtes, 1917.

[17] Manuskript aus dem Nachlaß Berta Zuckerkandl.

[18] Szeps-Zuckerkandl, B.: Ich erlebte fünfzig Jahre Weltgeschichte, Stockholm 1939, S. 219.

[19] Bericht des Grafen Kessler an Romberg im Wege des Auswärtigen Amtes, 14. 3. 1917.

[20] Szeps Zuckerkandl, B.: Ich erlebte fünfzig Jahre Weltgeschichte, Stockholm 1939, S. 223.

## 17. KAPITEL

[1] Wiener Allgemeine Zeitung, 7. 4. 1917.

[2] Manuskript aus dem Nachlaß Berta Zuckerkandl.

[3] Ebd.

[4] Ebd.

[5] Wiener Allgemeine Zeitung, 7. 5. 1917.

[6] Szeps-Zuckerkandl, B.: Ich erlebte fünfzig Jahre Weltgeschichte, Stockholm 1939, S. 225.

[7] Ebd., S. 226.

[8] Ebd., S. 229.

## 18. KAPITEL

[1] Szeps-Zuckerkandl, B.: Ich erlebte fünfzig Jahre Weltgeschichte, Stockholm 1939, S. 220.

[2] Brief Berta Zuckerkandls an Legationsrat Colloredo im Außenministerium, 10. 7. 1917, Politisches Archiv, Wien.

[3] Bericht Rombergs an den Reichskanzler, 21. 7. 1917, Archiv des Auswärtigen Amtes, Bonn.

[4] Szeps-Zuckerkandl, B.: Ich erlebte fünfzig Jahre Weltgeschichte, Stockholm 1939, S. 230.

[5] Manuskript aus dem Nachlaß Berta Zuckerkandl.

[6] Ebd.

[7] Ebd.

[8] Bericht des Grafen Kessler an das Auswärtige Amt, 28. 7. 1917, Archiv des Auswärtigen Amtes, Bonn.

[9] Ebd.

[10] Ebd.

[11] Bericht Kesslers an Romberg im Wege des Auswärtigen Amtes, 30. 7. 1917, Archiv des Auswärtigen Amtes, Bonn.

[12] Szeps-Zuckerkandl, B.: Ich erlebte fünfzig Jahre Weltgeschichte, Stockholm 1939, S. 231 ff.

[13] Manuskript aus dem Nachlaß Berta Zuckerkandl.

[14] Ebd.

[15] Bericht des Grafen Kessler an das Auswärtige Amt, 28. 7.1917, Archiv des Auswärtigen Amtes, Bonn.

[16] Telegramm Rombergs an das Auswärtige Amt, 28. 8. 1917, Archiv des Auswärtigen Amtes, Bonn.

[17] Bericht des deutschen Gesandten in Bern an das Auswärtige Amt, 4. 9. 1917 Archiv des Auswärtigen Amtes, Bonn.

[18] Bericht des Grafen Kessler an Staatssekretär Kühlmann, 28. 9. 1917, Archiv des Auswärtigen Amtes, Bonn.

[19] Ebd.

[20] Telegramm Rombergs an das Auswärtige Amt, 6. 10. 1917, Archiv des Auswärtigen Amtes, Bonn.

[21] Bericht des Grafen Kessler und Rombergs, 8. 10. 1917, Archiv des Auswärtigen Amtes, Bonn.

[22] Szeps-Zuckerkandl, B.: Ich erlebte fünfzig Jahre Weltgeschichte, Stockholm 1939, S. 236.

[23] Bericht Wedels an Reichskanzler Michaelis, 24. 10. 1917, Archiv des Auswärtigen Amtes, Bonn.

[24] Brief Hugo von Hofmannsthals an Berta Zuckerkandl, 12. 4. 1919, Nachlaß Berta Zuckerkandl.

## 19. KAPITEL

[1] Neues Wiener Journal, 21. 11. 1918.

[2] Szeps-Zuckerkandl, B.: Ich erlebte fünfzig Jahre Weltgeschichte, Stockholm 1939, S. 237.

[3] Brief Hermann Bahrs an Berta Zuckerkandl, 6. 12. 1919, Nachlaß Berta Zuckerkandl.

[4] Szeps-Zuckerkandl, B.: Ich erlebte fünfzig Jahre Weltgeschichte, Stockholm 1939, S. 239.

[5] Brief Hermann Bahrs an Berta Zuckerkandl, 6. 12. 1919, Nachlaß Berta Zuckerkandl.

[6] Manuskript aus dem Nachlaß Berta Zuckerkandl.

[7] Ebd.

[8] Szeps-Zuckerkandl, B.: Ich erlebte fünfzig Jahre Weltgeschichte, Stockholm 1939, S. 241.

## 20. KAPITEL

[1] Szeps-Zuckerkandl, B.: Ich erlebte fünfzig Jahre Weltgeschichte, Stockholm 1939, S. 242.

[2] Neues Wiener Journal, 17. 2. 1923.

[3] Instruktion Otto Bauers an die Gesandtschaft in Bern, 25. 11. 1918, Neues Politisches Archiv, Wien.

⁴ Szeps-Zuckerkandl, B.: Ich erlebte fünfzig Jahre Weltgeschichte, Stockholm 1939, S. 246ff.

⁵ Ebd., S. 246ff.

⁶ Ebd., S. 246ff.

⁷ Ebd., S. 246ff.

⁸ Ebd., S. 246ff.

⁹ Brief Berta Zuckerkandls an Otto Bauer, 2. 12. 1918, Neues Politisches Archiv, Wien.

¹⁰ Brief Otto Bauers an Berta Zuckerkandl, 9. 12. 1918, Neues Politisches Archiv, Wien.

¹¹ Neues Journal, 20. 2. 1923.

¹² Brief Berta Zuckerkandls an Otto Bauer, 10. 12. 1918, Neues Politisches Archiv, Wien.

¹³ Ebd.

¹⁴ Brief Berta Zuckerkandls an Otto Bauer, 21. 11. 1918, Neues Politisches Archiv, Wien.

¹⁵ Neues Wiener Journal, 20. 2. 1923.

¹⁶ Szeps-Zuckerkandl, B.: Clemenceau, tel que je l'ai connu, Algier 1944, S. 223. Das Zitat „Mein Leben gehört Dir" stammt aus einem Brief Clemenceaus an Berta Zuckerkandl aus dem Jahr 1909 – zitiert auf Seite 112.

¹⁷ Duroselle, J. B.: Clemenceau, Paris 1988, S. 350.

¹⁸ Ebd., S. 226.

¹⁹ Brief Berta Zuckerkandls an Otto Bauer, 28. 12. 1918, Politisches Archiv, Wien.

²⁰ Brief Otto Bauers an Gesandten Haupt, 29. 12. 1918, Neues Politisches Archiv, Wien.

²¹ Neues Wiener Journal, 20. 2. 1923.

## 21. KAPITEL

¹ Brief Hermann Bahrs an Berta Zuckerkandl, 17. 6. 1919, Nachlaß Berta Zuckerkandl.

² Die Fackel, Nr. 577, Juni 1921.

³ Szeps-Zuckerkandl, B.: Ich erlebte fünfzig Jahre Weltgeschichte, Stockholm 1939, S. 264ff.

⁴ Ebd., S. 268.

⁵ Szeps-Zuckerkandl B.: Österreich intim, Wien 1979, S. 140.

⁶ Die Fackel, Nr. 622, Juni 1923.

⁷ Die Fackel, Nr. 697, Oktober 1925.

⁸ Die Fackel, Nr. 601, November 1922.

⁹ Die Fackel, Nr. 601, November 1922.

¹⁰ Szeps-Zuckerkandl, B.: Österreich intim, Wien 1970, S. 142.

¹¹ Ebd.

¹² Ebd.

¹³ Paul Géraldy an die Autoren, 31. 8. 1980.

¹⁴ Szeps-Zuckerkandl, B.: Österreich intim, Wien 1979, S. 146ff.

¹⁵ Ebd., S. 146ff.

[16] Ebd., S. 146ff.

[17] Ebd., S. 146ff.

[18] Schnitzler, A.: Hugo von Hofmannsthal, Charakteristik aus Tagebüchern, Freiburg i. Breisgau 1975, S. 47.

[19] Mahler-Werfel, A.: Mein Leben, Frankfurt 1960, S. 30.

[20] Wiener Allgemeine Zeitung, 10. 8. 1922.

[21] Wiener Allgemeine Zeitung, 14. 8. 1922.

[22] Die Fackel, Nr. 601, November 1922.

[23] Brief Hugo von Hofmannsthals an Berta Zuckerkandl, 16. 9. 1922, Nachlaß Berta Zuckerkandl.

[24] Wiener Allgemeine Zeitung, 14. 8. 1922.

## 22. KAPITEL

[1] Wahrscheinlich handelt es sich um Olga Schnitzler, die Frau des Schriftstellers. Arthurs Sohn, Heinrich Schnitzler, erklärte dazu dem Autor, Berta Zuckerkandl sei mit beiden Eltern befreundet gewesen und hätte auch während des Scheidungsverfahrens beiden freundschaftlich geholfen.

[2] Szeps-Zuckerkandl, B.: Österreich intim, Wien 1979, S. 186.

[3] Csokor, Franz Theodor: Zeuge einer Zeit, München – Wien 1964, S. 44.

[4] Die Fackel, Nr. 743, Dezember 1926.

[5] Manuskript aus dem Nachlaß Berta Zuckerkandl.

[6] Ebd.

[7] Ebd.

[8] Ebd.

[9] Ebd.

[10] Generalsekretär Peter an österreichische Gesandtschaft in Paris, 31. 12. 1923, Neues Politisches Archiv, Wien.

[11] Neues Wiener Journal, 6. 6. 1924.

## 23. KAPITEL

[1] Aufruf des Hermann-Bahr-Komitees, November 1922.

[2] Brief Hermann Bahrs an Berta Zuckerkandl, 31. 1. 1920, Nachlaß Berta Zuckerkandl.

[3] Brief Hermann Bahrs an Berta Zuckerkandl, 6. 12. 1919, Nachlaß Berta Zuckerkandl.

[4] Brief Hermann Bahrs an Berta Zuckerkandl, 29. 11. 1921, Nachlaß Berta Zuckerkandl.

[5] Brief Hermann Bahrs an Berta Zuckerkandl, 10. 9. 1923, Nachlaß Berta Zuckerkandl.

[6] Ebd.

[7] Seit der Gewährung der Völkerbundanleihe hatte der aus Holland stammende Generalkommissar Zimmermann die Oberaufsicht über Österreichs Finanzen.

[8] Brief Hermann Bahrs an Berta Zuckerkandl, 10. 9. 1923, Nachlaß Berta Zuckerkandl.

[9] Brief Hermann Bahrs an Berta Zuckerkandl, 8. 11. 1923, Nachlaß Berta Zuckerkandl.

[10] Brief Hermann Bahrs an Berta Zuckerkandl, 18. 11. 1923, Nachlaß Berta Zuckerkandl.

[11] Brief Hermann Bahrs an Berta Zuckerkandl, 23. 1. 1924, Nachlaß Berta Zuckerkandl.

[12] Brief Hermann Bahrs an Berta Zuckerkandl, 11. 2. 1924, Nachlaß Berta Zuckerkandl.

[13] Brief Hermann Bahrs an Berta Zuckerkandl, 27. 3. 1924, Nachlaß Berta Zuckerkandl.

[14] Brief Hermann Bahrs an Berta Zuckerkandl, 24. 3. 1926, Nachlaß Berta Zuckerkandl.

[15] Brief Hermann Bahrs an Berta Zuckerkandl, 2. 1. 1927, Nachlaß Berta Zukkerkandl.

## 24. KAPITEL

[1] Neues Wiener Journal, 8. 6. 1924.

[2] Manuskript aus dem Nachlaß Berta Zuckerkandl.

[3] Ebd.

[4] Neues Wiener Journal, 1. 6. 1924.

[5] Neues Wiener Journal, 5. 6. 1924.

[6] Manuskript aus dem Nachlaß Berta Zuckerkandl.

[7] Neues Wiener Journal, 8. 6. 1924.

[8] Manuskript aus dem Nachlaß Berta Zuckerkandl.

[9] Ebd.

[10] Ebd.

[11] Ebd.

[12] Ebd.

[13] Ebd.

[14] Ebd.

[15] Ebd.

[16] Neues Wiener Journal, 18. 4. 1925.

[17] Manuskript aus dem Nachlaß Berta Zuckerkandl.

[18] Neues Wiener Journal, 17. 5. 1925.

[19] Bericht Eichhoffs an Außenminister Mataja, 11. 5. 1925, Neues Politisches Archiv, Wien.

[20] Ebd.

[21] Bericht Grünbergers an das Außenministerium, 18. 2. 1926, Neues Politisches Archiv, Wien.

[22] Kessler, Harry: Tagebücher 1918–1937, Frankfurt 1979, S. 482.

[23] Szeps-Zuckerkandl, B.: Ich erlebte fünfzig Jahre Weltgeschichte, Stockholm 1939, S. 292ff.

[24] Ebd., S. 292ff.

[25] Kessler, H.: Tagebücher 1918–1937, Frankfurt 1979, S. 482.

[26] Es handelt sich dabei um Berta Zuckerkandls Nachruf auf Ignaz Seipel vom 14. 8. 1932.

[27] Bericht der österreichischen Gesandtschaft in Paris an das Außenministerium, 12. 6. 1926, Neues Politisches Archiv, Wien.
[28] Neues Wiener Journal, 14. 8. 1932.
[29] Ebd.
[30] Neues Wiener Journal, 21. 10. 1928.
[31] Ebd.
[32] Szeps-Zuckerkandl, B.: Ich erlebte fünfzig Jahre Weltgeschichte, Stockholm 1939, S. 295.

## 25. KAPITEL

[1] Die Fackel, Nr. 649, April 1924.
[2] Neues Wiener Journal, 3. 4. 1924.
[3] Musil, R.: Gesammelte Werke, Hamburg 1978, 1655–56.
[4] Die Fackel, Nr. 649, April 1924.
[5] Szeps-Zuckerkandl, B.: Österreich intim, Wien 1970, S. 150.
[6] Ebd., S. 150.
[7] Brief Egon Friedells an Berta Zuckerkandl, undatiert, Nachlaß Berta Zuckerkandl.
[8] Szeps-Zuckerkandl, B.: Österreich intim, Wien 1979, S. 98.
[9] Ebd., S. 177ff.
[10] Ebd., S. 177ff.
[11] Ebd., S. 177ff.
[12] Ebd., S. 177ff.
[13] Brief Egon Friedells an Berta Zuckerkandl, undatiert, Nachlaß Berta Zuckerkandl.
[14] Ebd.
[15] Szeps-Zuckerkandl, B.: Österreich intim, Wien 1970, S. 179.
[16] Ebd., S. 157
[17] Mahler-Werfel, A.: Mein Leben, Frankfurt 1960, S. 203.
[18] Szeps-Zuckerkandl, B.: Österreich intim, Wien 1970, S 165.
[19] Ebd., S. 167.
[20] Ebd., S. 167.

## 26. KAPITEL

[1] Nicht nur in Painlevés Brief, sondern auch in Berta Zuckerkandls Memoiren und unveröffentlichten Manuskripten wird der Name Halsmann kein einziges Mal erwähnt, sondern lediglich mit „X" bezeichnet. An seiner Identität besteht jedoch kein Zweifel.
[2] Manuskript aus dem Nachlaß Berta Zuckerkandl.
[3] Ebd.
[4] Neue Freie Presse, 2. 10. 1930.
[5] Die Presse, 27. 6. 1979.
[6] Manuskript aus dem Nachlaß Berta Zuckerkandl.

## 27. KAPITEL

[1] Szeps-Zuckerkandl, B.: Österreich intim, S. 189.
[2] Manuskript aus dem Nachlaß Berta Zuckerkandl.
[3] Szeps-Zuckerkandl, B.: Ich erlebte fünfzig Jahre Weltgeschichte, Stockholm 1939, S. 304.
[4] Manuskript aus dem Nachlaß Berta Zuckerkandl.
[5] Szeps-Zuckerkandl, B.: Ich erlebte fünfzig Jahre Weltgeschichte, Stockholm 1939, S. 305.

## 28. KAPITEL

[1] Manuskript aus dem Nachlaß Berta Zuckerkandl.
[2] Ebd.
[3] Ebd.
[4] Ebd.
[5] Ebd.
[6] Ebd.
[7] Ebd.
[8] Ebd.
[9] Ebd.
[10] Ebd.
[11] Ebd.
[12] Ebd.
[13] Ebd.
[14] Ebd.
[15] Ebd.

## 29. KAPITEL

[1] Nach Angaben von Professor Milan Dubrovic wurde der Spitzname vom berühmten Kritiker Ludwig Ullmann „kreiert".
[2] Heinrich Schnitzler an den Autor.
[3] Szeps-Zuckerkandl, B.: Österreich intim, Wien 1970, S. 201.
[4] Manuskript aus dem Nachlaß Berta Zuckerkandl.
[5] Ebd.
[6] Csokor, F. T.: Zeuge einer Zeit, München-Wien 1964, S. 148.
[7] Szeps-Zuckerkandl, B.: Österreich intim, Wien 1970, S. 208.
[8] Ebd., S. 210
[9] Ebd., S. 210 ff.
[10] Ebd., S. 210 ff.
[11] Ebd., S. 210 ff.
[12] Szeps-Zuckerkandl, B.: Ich erlebte fünfzig Jahre Weltgeschichte, Stockholm 1939, S. 312.

## 30. KAPITEL

[1] Auskunft von Frau Professor Marianne Nechansky an den Autor.

[2] Mahler-Werfel, A.: Erinnerungen an Gustav Mahler, Berlin 1971, S. 299.

[3] Brief Berta Zuckerkandls an ihre Schwiegertochter Trude aus London,

[4] Rundschreiben der Zentralvereinigung österreichischer Emigranten, Dokumentationsarchiv der österreichischen Widerstandsbewegung, Wien.

[5] Handgeschriebenes Manuskript „Die Flucht", Nachlaß Berta Zuckerkandl.

[6] Ebd.

[7] „TAM", Algier, Juni 1943.

[8] Briefe Berta Zuckerkandls an Franz Theodor Csokor, Stadtbibliothek Wien.

[9] Tatsächlich erlag Franz Werfel am 26. 8. 1945 einem Herzinfarkt, aber noch in Beverly Hills, Kalifornien.

[10] Briefe Berta Zuckerkandls an Franz Theodor Csokor, Stadtbibliothek Wien.

[11] Brief Fritz Zuckerkandls an den Autor, 30. 9. 1980.

## NACHWORT

[1] Szeps-Zuckerkandl, B.: Ich erlebte fünfzig Jahre Weltgeschichte, Stockholm 1939. My Life and History, London 1939. Souvenirs d'un monde disparu, Paris 1939.

[2] Szeps-Zuckerkandl, B.: Clemenceau, tel que je l'ai connu, Algier 1944.

[3] Szeps-Zuckerkandl, B.: Österreich intim, Wien 1970.

[4] Erst gegen Ende der achtziger Jahre wurde eine Gedenktafel an ihrem Wohnhaus von Wiens Bürgermeister Helmut Zilk enthüllt.

[5] Redl, Renate: Berta Zuckerkandl und die Wiener Gesellschaft, Dissertation, Wien 1978.

## LITERATURVERZEICHNIS

*Szeps-Zuckerkandl, B.*: Dekorative Kunst und Kunstgewerbe, Beitrag zu Pflege der Kunst in Österreich, Wien 1900.

ders.: Zeitkunst, Wien 1908.

ders.: Ich erlebte fünfzig Jahre Weltgeschichte, Stockholm 1939.

ders.: My Life and History, London 1939.

ders.: Souvenirs d'un monde disparu, Paris 1939.

ders.: Clemenceau, tel que je l'ai connu, Algier 1944.

ders.: Österreich intim, Wien 1970 (posthum erschienen).

*Adler, Gusti:* ... aber vergessen Sie nicht die chinesischen Nachtigallen, München 1980.

*Botz, Gerhard:* Gewalt in der Politik, München 1976.

*Brook-Shepherd, Gordon:* Um Krone und Reich, Wien 1968.

*Crankshaw, Edward:* Der Niedergang des Hauses Habsburg, Wien 1967.

*Csokor, Franz Theodor:* Zeuge einer Zeit, München – Wien 1964.

*Czernin, Ottokar:* Im Weltkrieg, Berlin 1919.

*Danimann, Franz:* Finis Austriae, Wien 1978.

*De la Grange, Henry Louis:* Mahler, London 1976.

*Duroselle, Jean-Baptiste:* Clemenceau, Paris 1988.

*Engel-Janosi, Friedrich:* Die Friedensmission der Frau Hofrat Szeps-Zuckerkandl, Festschrift fur Heinrich Benedikt, Wien 1966.
*Feigl, Erich:* Kaiserin Zita – Legende und Wahrheit, Wien 1977.
*Gide, André:* Tagebücher, München 1949.
*Görlich, Ernst Joseph; Romanik, Felix:* Geschichte Österreichs, Innsbruck 1970.
*Hamann, Brigitte:* Rudolf, Kronprinz und Rebell, Wien 1978.
*Hofmannsthal, Hugo; Andrian, Leopold:* Briefwechsel, Frankfurt 1968.
*Jedlicka, Ludwig; Neck, Rudolf:* Vom Justizpalast zum Heldenplatz, Wien 1975.
*Kann, Robert:* Die Geschichte des Habsburgerreiches, Wien 1977.
*Kessler, Harry:* Tagebücher 1918-1937, Frankfurt 1979.
*Leichter, Otto:* Otto Bauer, Wien 1970.
*Mahler-Werfel, Alma:* Mein Leben, Frankfurt, 1960.
dies.: Erinnerungen an Gustav Mahler, Berlin 1971.
*Maurois, André:* A la recherche de Marcel Proust, Paris 1949.
*Mitis, Oskar:* Das Leben des Kronprinzen Rudolf, Wien 1971.
*Musil, Robert:* Gesammelte Werke, Hamburg 1978.
*Nebehay, Christian:* Gustav Klimt, Wien 1969.
*Nostitz, Helene:* Aus dem alten Europa, Frankfurt 1926.
*Paupié, Kurt:* Handbuch der österreichischen Pressegeschichte, Wien 1960.
*Schnitzler, Arthur:* Hugo von Hofmannsthal, Charakteristik aus Tagebüchern, Freiburg 1975.
*Schuschnigg, Kurt:* Im Kampf gegen Hitler, Wien 1965.
ders.: Ein Requiem in Rot-Weiß-Rot, Wien 1978.

## DISSERTATIONEN:

*Paupié, Kurt:* Moriz Szeps, Wien 1950.
*Pokorny, Dagobert:* Die Wiener Tagespresse und ihr Einflußfaktor im Ersten Weltkrieg, Wien 1950.
*Redl, Renate:* Berta Zuckerkandl und die Wiener Gesellschaft, Wien 1978.

## DOKUMENTE:

Nachlaß Berta Zuckerkandl, im Besitz der Familie Zuckerkandl; Paris, Montpellier und Palo Alto – Kalifornien.
Kriegsarchiv, Wien.
Staatsarchiv, Wien.
Handschriftensammlung der Wiener Stadtbibliothek, Wien.
Zentralarchiv der österreichischen Widerstandsbewegung, Wien.
Matrikelamt der Israelitischen Kultusgemeinde, Wien.
Archiv des Auswärtigen Amtes, Bonn.

## ZEITUNGEN UND ZEITSCHRIFTEN:

Wiener Allgemeine Zeitung, Wien.
Neues Wiener Tagblatt, Wien.
Neues Wiener Journal, Wien.
Reichspost, Wien.
Neue Freie Presse, Wien.
Die Fackel, Wien.
Die Furche, Wien.
Österreichische Wochenschrift, Wien.
Illustrierte Neue Welt, Wien.
TAM, Algier.
Jewish Chronicle, London.

# PERSONENREGISTER

Adler, Viktor  182, 184, 187
Ährenthal, Alois Lexa  105, 107ff, 111, 133
Albach-Retty, Rosa  69
Albrecht von Habsburg-Lothringen  28
Altenberg, Peter  64
Anouilh, Jean  274
Anzengruber, Ludwig  64
Aslan, Raoul  243
Asquith, Henry  231
Auernheimer, Raoul  243

Badeni, Kasimir  73
Bahr, Hermann  61, 63f., 86, 98,119f., 181f.,
202, 212, 218 223ff., 291
Barbusse, Henri  138
Bauer, Otto  187ff., 193ff. 233
Beer-Hofmann, Richard  64, 212, 249
Bekessy, Imre  287
Belcredi, Richard  12
Berchtold, Leopold  133
Berthelot, Marcellin  83
Bethmann-Hollweg, Theobald  163, 165
Beust, Friedrich  12
Beveridge, William  199
Billroth, Theodor  24, 39, 54
Bischoff, Norbert  283
Bismarck, Otto von  11, 17, 19, 28, 42, 49f., 53, 135
Bosel, Siegfried  245
Boulanger, Georges  53f.
Bourbon-Parma, Sixtus von  146, 151, 166
Bourbon-Parma, Xavier von  146, 151, 166
Bourbon-Parma, Zita von  145f.
Briand, Aristide  146, 234, 239
Bruckner, Ferdinand  217
Brüning, Heinrich  257
Burckhard, Max  63, 86, 88ff.

Caillaux, Joseph  134, 176, 235ff.
Carrière, Eugene  74f. 78
Castiglione, Camillo  245
Ciavacchi, Vinzenz  48
Clemenceau, Albert  49
Clemenceau, Georges  20, 31ff., 42f., 44, 46,
49f., 53f., 71, 74f., 85, 103ff., 130f., 133ff.,
143, 153, 158, 163, 168, 174, 176f., 179f., 184,
187, 189f., 192, 194, 196ff., 202, 236, 276, 282, 289
Clemenceau, Paul  44ff., 49, 74, 103, 177, 181,
193, 217, 235, 242, 276, 282, 285, 289
Clemenceau, Sophie, siehe Szeps, Sophie
Clemenceau, Therese  106
Conrad von Hötzendorf, Franz  134
Coquelin, Constant  35
Csokor, Franz Theodor  2171 275f., 287f.
Czermin, Ottokar,  145, 157, 159, 161f., 167f.,
173ff., 180, 184, 188, 233

Däubler, Theodor  218
Darwin, Charles  55

Derman, Erich  286
Devrient, Max  181
Dingelstedt, Franz  22
Disraeli, Benjamin  17, 234
Doderer, Heimito von  15
Dollfuß, Engelbert  261, 263, 265ff., 273
Dreyfus, Alfred  73ff., 104, 255f.
Dubrovic, Milan  218
Dunant, Marcel  217
Duroselle, Jean-Baptiste  33, 198

Eduard VII.  110f., 134
Eisenhower, Dwight  286
Erdödy, Thomas  166
Etienne, Michael  92

Fabre, Emile  220
Fallières, Armand  108
Fischer von Erlach, Johann Bernhard  15
Forster, Rudolf  276
Franckenstein, Georg  278
François-Poncet, André  282
Franz Ferdinand von Österreich-Este  113, 125f., 133f.
Franz Joseph I.  9, 12, 57, 111, 113, 133ff., 145, 147
Freud, Sigmund  56, 61
Freund, Marya  240
Fried, Oscar  150, 174, 240
Friedell, Egon  218, 24 8ff., 274, 279, 281
Friedländer, Max  92
Frischauer, Berthold  30f., 35f.

Gambetta, Leon  19f., 27, 29, 31, 42
Garrick, David  22
Géraldy, Paul  182, 208f., 220, 281
Geßner, Adrienne  243
Girardi, Alexander  32, 36f., 61, 65ff., 124f.
Grange, Henry Louis de la  87
Greffuhle, Elisabeth  139, 146, 152f.
Grünberger, Alfred  239, 242, 257, 266
Grünfeld, Alfred  92

Habe, Hans  287
Hainisch, Michael  243
Haldane, Viscount of Cloan  231f.
Halsmann, Max Morduch  255
Halsmann, Philipp  255ff.
Hamann, Brigitte  23f., 50
Hartel, Wilhelm von  97ff.
Hauptmann, Gerhart  223
Hennet, Leopold  190, 193, 198
Herz, Peter  119
Herzl, Theodor  73
Hevesi, Ludwig  77f., 80, 94, 116
Hirsch, Moritz  47f., 51
Hitler, Adolf  277ff., 281
Hodler, Ferdinand  140f., 162, 169
Hoffmann, Josef  79ff., 91, 129, 203, 217
Hofmannsthal, Franz von  253f.
Hofmannsthal, Gerty von  253

310

Hofmannsthal, Hugo von  64, 119, 147f., 169ff.,
179, 204, 208f., 211ff., 219, 249, 252ff., 278
Hofmannsthal, Raimund von  253
Hohenfels, Stella  22, 49
Hoover, Herbert,  187, 189, 193
Horváth, Ödön von  279
Hyrtl, Joseph  38

Jeanne siehe Just, Johanna
Just, Johanna  149, 164, 169

Kalnoky, Gustav  33
Karl I.  145, 153, 176, 180, 182
Kerensky, Alexander  168
Kessler, Harry  147, 150ff., 156, 161, 163, 166ff.,
170, 173ff., 239f., 290
Kielmannsegg, Erich  29
Kienböck, Viktor  265, 268
Klimt, Gustav  80, 86, 88ff., 95ff., 113, 115, 128
Koch, Robert  123
Kokoschka, Oskar  125
Kolb, Annette  155f., 162f., 282
Krafft-Ebing, Richard  61
Krassin, Leonid  229
Kraus, Clemens  275
Kraus, Karl  59, 61, 64, 81ff., 85, 93f., 140, 203f.,
206ff., 218, 223f., 245, 247, 250, 290f.
Kunwald, Gottfried  219, 233ff., 262, 265, 268, 281

Lammasch, Heinrich  182, 184
Latour, Joseph  16
Lehmann, Lotte  277
Liechtenstein, Alfred  39
Liechtenstein, Alois  39
Liszt, Franz  40f.
Lloyd George, David  158, 163, 168, 171, 187, 192
Loos, Adolf  82, 276
Loos, Lina  276
Ludwig, Eduard  106
Lueger, Karl  41, 73, 127

MacDonald, Ramsey  230f.
Mac Mahon, Patrice de  19
Mahler, Alma siehe Schindler, Alma
Mahler, Gustav  86ff., 92, 103f., 113ff., 118, 120,
123f.
Mahler, Justine  88
Mahler-Werfel, Alma siehe Schindler, Alma
Marx, Joseph  224, 226f.
Mataja, Heinrich  238
Mayer, Konstantin  127
Mayr, Richard  205f.
Meard-Dorian  75
Menger, Carl  24f.
Mercereau, Alexandre  138
Michaelis, Georg  165, 176
Michel, Robert  181
Miklas, Wilhelm  257
Mildenburg, Anma  120, 223f.
Mitis, Oskar von  19, 23, 50, 57

Mitterwurzer, Friedrich  22
Moissi, Alexander  119f., 202, 208, 212ff., 251f.,
291
Moll, Anna  87
Molnár, Ferenc  251
Moser, Kolo  79ff.
Musil, Robert  246

Napoleon III.  12, 19, 49
Nechansky, Marianne  282
Nehammer, Karl  26, 28, 49f.
Neumann, Robert  283
Neumayer, Josef  127
Noailles, Anne de  240
Nostitz, Alfred  146
Nostitz, Helene  146
Nothnagel, Hermann  54

Odilon, Helene  65ff.
Offenbach , Jacques  21
Olbrich, Joseph Maria  79

Paar, Eduard  68
Painlevé, Paul  103, 146, 151f., 158, 163, 166f.
171, 173ff., 229, 234ff., 238ff., 257ff., 262f.,
284
Pallenberg, Max  276
Papen, Franz von  277
Paupié, Kurt  13, 29
Peter, Franz  220
Pichon, Stephen  107f.
Picquart, Georges  74f., 103ff., 236
Poincaré, Henri  117f.
Poincaré Raymond  117, 146, 153
Poiret, Paul  129
Polgar, Alfred  283
Pollak, Heinrich  12
Proust, Marcel  64, 74

Ramek, Rudolf  235, 241
Ravel, Maurice  210f., 220
Redlich, Josef  148, 225
Reinhardt, Max  119ff., 204ff., 212f., 225
245ff., 250f., 274ff., 291
Renner, Karl  145, 187, 196
Reverseaux, Marquis de  107ff.
Revertéra, Nikolaus  180
Rist, Charles  269
Rodin, Auguste  64, 78, 86, 91f., 130f., 141
Rokitansky, Karl von  10
Rolland, Romain  141, 156
Roller, Alfred  119f.
Romberg  163ff., 173ff.
Roschitz, Karlheinz  81
Rosegger, Peter  48
Roth, Joseph  275
Rott, Hans  283
Rudolf von Habsburg-Lothringen  16, 19, 23ff.,
35, 39, 42f., 46ff., 50ff., 56f., 59, 111, 137,
289

Salten, Felix  94, 212
Seipel, Ignaz  218f., 224ff., 233ff., 239ff., 265
Seitz, Karl  269
Seydoux, Jacques  238
Slama, Franz  256
Slatin Pascha, Rudolf  190ff.

311

Snowden, Ethel 203, 230, 232
Snowden, Philip 203, 230f.
Sonnenthal, Adolf von 35, 62f.
Süß, Eduard 117
Szeps, Amalie 9, 15, 17, 31f., 94, 125, 129
Szeps, Ella 11, 16, 42
Szeps, Julius 11, 17f., 94, 105ff., 152f., 157,
163, 168, 173ff., 289
Szeps, Leo 11, 17f.
Szeps, Mathilde 152, 282
Szeps, Moriz 9ff., 17ff., 23ff., 36f., 39ff.,
44f., 47f., 51, 53, 56f., 59, 71, 77, 83, 92f.
107, 117, 202, 289
Szeps, Sophie (verh. Clemenceau) 11, 16ff., 22,
30f., 33, 35, 44f., 49f., 62f., 68, 74, 87, 90,
92, 97, 101, 103, 124, 137, 143, 146f., 149,
151f., 157, 162f., 166ff., 175, 180f., 235f.,
239f., 242, 265, 268, 276

Schenker, Gottfried 214
Schindler, Alma (verh. Mahler-Werfel) 87ff.,
103, 113ff., 118, 179, 210, 216f., 253, 273
282f., 285
Schindler, Jakob Emil 87
Schlesinger, Amalie 11
Schlesinger, Siegmund 11f.
Schneider, Emil 225
Schnitzler, Arthur 56, 61f., 64, 211f., 249
Schnitzler, Heinrich 250, 274
Schober, Johann 257ff.
Schöffel, Josef 13
Schönerer, Georg von 40f., 43, 47, 53, 73
Schönherr, Karl 243
Schramm, Karl 48
Schratt, Katharina 67ff.
Schuschnigg, Kurt von 106, 273, 278ff.
Schwarz-Hiller, Rudolf 190, 193

Stefanie von Habsburg-Lothringen 25, 46
Stekel, Erich 201
Stekel, Trude (verh. Zuckerkandl) 201, 215, 282, 286
Stekel, Wilhelm 201
Strauss, Richard 147, 227
Strauß, Adele 70
Strauß Eduard 30
Strauß, Johann 21, 61, 65, 69ff.

Strnad, Oscar 275

Taaffe, Eduard 29f.
Tabouis, Genevieve 227
Talleyrand-Pèrigord, Charles Maurice 114
Tandler, Julius 188, 218, 243
Terwin-Moissi, Johanna 252
Thimig, Helene 247, 276f.
Torberg, Friedrich 251
Toscamni, Arturo 274, 277

Unruh, Friedrich Franz von 174

Victoria von England 27, 53
Victoria Adelaide 53

Wärndörfer, Fritz 81
Wagener, Hilde 243
Wagner, Richard 40f.
Wagner, Otto 18, 78
Wagner-Jauregg, Julius 54, 61, 66, 243
Walter, Bruno 277, 283
Wassitzky, Richard 283
Weckbecker, Hugo von 95
Weingartner, Felix 116
Weiß, Karl 36f.
Werfel, Franz 179, 202, 210, 273, 282f., 285
Wilhelm I. 53
Wilhelm II. 53, 110, 135, 145
Wilson, Woodrow 187, 192
Wohlgemut, Else 213

Zang, August 10
Zifferer, Paul 220
Zola, Emile 64, 75
Zuckerkandl, Emil 35ff., 43, 45f., 52, 54ff.,
59f., 61f., 71, 87, 96f., 113, 115, 117, 123,
125, 201, 205
Zuckerkandl, Emil (Junior) 215, 286, 287
Zuckerkandl, Fritz 24, 71, 201, 217, 273, 281, 283ff.
Zuckerkandl, Leo 45
Zuckerkandl, Trude siehe Stekel, Trude
Zuckerkandl, Victor 217, 261
Zweig, Friederike 275, 283
Zweig, Stefan 275